Democracy

한국의
민주주의와 법의 지배

박종민 편

Rule
Of Law
In Korea

감사의 글

민주화 이후 한국의 민주주의는 선거주의의 오류를 드러내 왔다. 공정하고 자유롭게 보이는 선거가 실시됨에도 불구하고 선출된 정부의 위법적 혹은 초법적 통치가 지속될 수 있음을 보여주었다. 민주적 선거가 문책이 될 수 있고 법을 준수하는 정부를 자동으로 만들어 낼 것이라는 기대가 환상일 수 있음을 보여주었다. 견제와 균형 및 법의 지배가 제대로 작동하지 않고 민주적으로 선출된 대통령이 독재자처럼 통치하는 위임 민주주의의 위험을 보여주었다. 민주주의의 공고화가 불가피하거나 불가역적이지 않을 수 있음을 보여주었다.

한국의 민주화 헌법은 입헌적 자유민주주의를 지향하였지만, 민주화 이후 정치는 정부의 권력 행사를 견제하는 문책제도보다 정부를 민주적으로 구성하는 선거제도를 중시하였다. 이로 인한 제도적 불균형으로 수평적 문책성을 담보하기 위한 독립기구는 무력화되거나 정치화되었고, 민주적으로 선출된 정부의 공격으로 견제와 균형 및 법의 지배가 침식되었다. 민주주의는 다수의 지배로 받아들여졌고 정치적 다수의 전횡을 견제하는 제도는 민주주의를 위협하는 것으로 의심되었다.

iv

선행 이론과 연구는 견제와 균형 및 법의 지배가 훼손된 민주주의가 비자유적 민주주의 혹은 사이비 민주주의로 퇴행할 수 있음을 경고한다. 민주주의의 질을 높이고 민주주의의 공고화를 위해서는 다수의 지배가 민주주의의 원리를 훼손하지 않고 소수의 권리를 침해하지 않도록 권력분립과 견제와 균형 및 법의 지배가 확립되어야 함을 강조한다. 범세계적인 입헌적 자유민주주의의 후퇴와 위기 그리고 정치적 양극화 속에서 다수의 지배와 법의 지배가 갈등을 보이는 우리의 정치 현실을 고려할 때 민주주의와 법의 지배는 이론적 및 현실적으로 중요한 주제라고 할 수 있다. 이러한 배경과 논거에서 본서는 한국에서 민주주의와 법의 지배 간의 역동적 관계를 다양한 차원과 시각에서 다룬다.

각 장(제1장 제외)은 2021년 11월 12일 한국사회과학연구(SSK) '정부의 질과 거버넌스의 다양성' 연구단 주최 '한국의 민주주의와 법의 지배' 학술회의에서 발표된 논문의 수정본이다. 본서에 포함되지 않았지만, 학술회의에서 발표해 주신 이우영(서울대), 최경준(건국대) 교수께 감사한다. 학술회의에서 사회자와 토론자로 참여해 주신 강우창(고려대), 공두현(서울대), 김도현(동국대), 김선혁(고려대), 길정아(고려대), 박선경(인천대), 박성진(중앙선거관리위원회), 윤견수(고려대), 윤성현(한양대), 조원빈(성균관대), 한상훈(연세대) 교수께 감사한다. 끝으로 본서 출간을 위한 북 프로젝트 진행을 도와준 전임연구원 김다은 박사의 노고에 감사한다.

편자 박종민

목 차

제 2 편 민주정치와 법의 지배

제3편 사법부의 독립과 문책성

제4편　여론과 사법제도

제8장　여론의 법정에서 본 헌법재판소와 대법원　　　　　　　[박종민]

제9장　법원과 경찰에 대한 시민의 태도:
　　　　정당성 인식을 중심으로　　　　　　　　　　　　　　[김다은]

제1장

입헌적 자유민주주의의 공고화와 법의 지배

박 종 민

I. 서 론

한국은 1987년 헌법 개정을 통해 정부를 자유·공정 선거로 선출하는 민주주의로 전환하였다. 민주화 헌법은 대통령 직선제를 보장하면서 정부 권력의 자의적 행사를 견제하는 제도를 강화하였다. 대의기관으로서 국회의 정부에 대한 통제를 확대하고 사법부의 외부적 독립성을 보장하고 사법심사를 담당할 헌법재판소를 설치해 견제와 균형 및 법의 지배의 입헌적 자유민주주의의 원리를 제도화하였다. 이러한 권력 구조의 변화와 더불어 권리조항의 헌법적 강화 및 사법 적극주의는 권위주의 통치하에서 제한되고 유보되었던 시민적 자유와 정치적 권리의 한계를 확대하였다. 민주주의의 최소한의 특징이 보편적 참정권, 자유·경쟁 선거, 복수정당제도, 시민적 자유와 정치적 권리의 보장을 포함한다면 1987년 민주화 이후 한국의 정치체제는 선거민주주의로 온전히 이행하였다고 할 수 있다.

21세기 들어와 민주주의의 후퇴와 붕괴가 민주적 전환을 압도하는 범세계적 역류 속에서도 한국은 여전히 선거민주주의를 유지하고 있다 (Diamond 2021). 그러나 자세히 들어다보면 한국의 민주주의는 정체와 후퇴 그리고 위기의 조짐까지 보여주고 있다. 민주화 이후 한국의 민주주의는 선출된 정부의 권력 행사를 수평적으로 견제하는 문책제도보다 권력을 행사하는 정부를 민주적으로 구성하는 선거제도를 강조하였다. 이로 인한 제도적 불균형으로 선출된 대통령이 독재자처럼 견제받지 않고 권력을 자의적으로 행사하는 '위임 민주주의'의 특징을 보여왔다 (O'Donnell 1994). 수평적 문책성을 담보하기 위한 독립기구는 무력화되거나 정치화되고, 특히 정치적 다수가 정부와 국회를 통제하는 경우 견제와 균형 및 법의 지배는 형해화되었다. 민주주의의 제도적 질이 높아져 공고화되기보다 여전히 최소한의 민주주의에 머물러 있거나 비자유적(illiberal) 민주주의로 후퇴하는 모습을 나타내고 있다.[1]

이 과정에서 정부 권력의 민주적 구성을 강조하는 시각과 정부 권력에 대한 헌법적 제약을 강조하는 시각이 대립하였다. 헌법재판소의 대통령 탄핵 심판과 국회 입법에 대한 위헌 심판을 둘러싸고 나타난 반응은 이를 극적으로 보여준다.[2] 선출된 집행 및 입법권력에 대한 사법부의 흔치 않은 견제가 이루어지면서 다수의 지배와 동일시되는 민주주의와 입헌적 자유주의를 강조하는 법의 지배가 갈등을 보였다. 그 원인이 무엇이든 정치의 사법화는[3] 법관과 법원의 정치화를 자초하고 사법부의 중립성을 훼손하면서 법의 지배를 후퇴시킬 위험을 드러냈다.[4]

---

1 민주화 이후 한국 민주주의의 질에 관한 평가는 박종민 · 마인섭(2018) 참조.
2 헌법재판소의 사법심사의 민주적 정당성에 관한 논의는 차동욱(2006) 참조.
3 사법 적극주의로 나타난 사법통치(juristocracy)의 정치적 근원에 관한 논의는 허셜 (Hirschl 2004; 2008) 참조.
4 정치의 사법화에 대한 국내외 논의는 박은정(2010), 오승룡(2011), 박종현(2017),

특히 단점 정부 아래에서 이루어지는 정치적 다수의 독주와 선택적 법의 지배는 수평적 문책성과 법의 지배가 훼손된 질 낮은 민주주의의 모습을 보여주고 있다.

한국에서 민주화는 대통령 직선제의 구호가 상징하듯 민주적 선거를 통해 정부를 구성하는 제도적 과제를 우선하였다. '체육관 선거'가 아닌 민주적 선거를 통해 선출된 정부는 수평적으로 문책될 수 있고 법에 따라 행동할 것이라고 기대하였다. 신생 민주주의 연구자들이 지적한 선거주의의 오류(fallacy of electoralism)를 간과하였다(Karl 1995). 특히, 선출된 대통령의 권한 행사를 제약하는 문책제도의 중요성은 주목되지 못했다. 한국의 정치체제는 다수주의를 강조하는 선거민주주의로 전환하였지만, 정치적 다수를 제한하는 견제와 균형 및 법의 지배는 정체되거나 후퇴하였다. 이는 신생 민주주의에서 종종 발견되는 현상이라고 할 수 있다(Zakaria 1997). 최근의 범세계적인 민주주의의 후퇴와 위기는 선출된 정부가 다수의 이름으로 견제와 균형 및 법의 지배의 원리를 무시하면서 나타나고 있다(Graber, Levinson and Tushnet 2018). 민주주의의 침식과 붕괴에 관한 연구는 입헌적 자유주의의 핵심적 요소들이 하나씩 훼손되면서 붕괴의 문턱을 넘는 순간 민주주의가 무너질 수 있다는 점을 강조한다(Ginsburg and Huq 2018). 이러한 배경에서 한국 민주주의의 퇴행을 경계하고 입헌적 자유민주주의의 공고화를 진전시키기 위해 한국에서 민주주의와 법의 지배 간의 역동적 관계를 살펴본다.[5]

데이트와 밸린더(Tate and Vallinder 1995), 시더 외(Sieder, Schjolden and Angell 2005) 참조.

5 다수의 지배와 법의 지배 간의 갈등에 관한 (규범적 접근과 구분되는) 실증적 접근은 마라발과 쉐보르스키(Maravall and Przeworski 2003) 참조.

II. 민주주의와 법의 지배

민주주의와 법의 지배 간의 상호작용을 다루려면 이들 개념은 서로 겹치지 않게 규정될 필요가 있다. 민주주의의 개념에 법의 지배의 요소가 내포되거나 법의 지배의 개념에 민주주의의 요소가 내포된다면 둘 간의 관계는 정의(규정)의 문제이지 경험적 질문이 아니다. 민주주의에서도 법의 지배가 제대로 작동하지 않을 수 있다면 민주주의와 법의 지배를 서로 겹치지 않게 최소주의 방식으로 규정할 필요가 있다.

1. 민주주의

민주주의의 의미는 다중적이고 경합적이며 연구에 따라 강조하는 측면이 다르다.6 민주주의 이행에 관한 연구는 이행 이전과 구분되는 체제로서의 민주주의, 즉 절차적 조건을 포함한 최소한의 민주주의를 강조한다. 반면, 민주주의의 공고화에 관한 연구는 법의 지배를 포함한 민주주의의 자유적(liberal) 측면을 포함하고 이들 차원에서 민주주의의 질을 평가한다(Diamond and Morlino 2005). 여기서는 법의 지배와 구분되는 민주주의의 개념화를 강조해 최소주의 시각에서 접근한다.

최소주의 민주주의의 개념화를 선도한 슘페터(Schumpeter 1942)는 민주주의를 자유·경쟁 선거를 통해 통치자를 선발하고 정부를 구성하는 정치체제로 보았다. 그는 집권자가 선거에서 패할 수 있고, 패하면

---

6 코피지와 게링(Coppedge and Gerring 2011)은 민주주의의 관념을 선거민주주의, 자유민주주의, 다수민주주의, 참여민주주의, 숙의민주주의, 평등민주주의로 구분한다. 각 민주주의의 관념이 강조하는 측면은 다른데 선거민주주의는 경합과 경쟁, 자유민주주의는 견제와 균형, 개인의 권리와 시민적 자유, 다수민주주의는 다수결, 집권화, 수직적 문책성, 참여민주주의는 국민에 의한 정부, 숙의민주주의는 이성에 의한 정부, 평등민주주의는 정치적 평등을 각각 강조한다.

권력을 놓고 나가는 것을 민주주의의 핵심 요소로 간주하였다. 다알 (Dahl 1971)은 다두제(polyarchy) 개념을 사용해 슘페터의 민주주의 개념을 정교화하였다. 그는 정치적으로 평등한 시민들의 선호에 지속적으로 반응하는 정부를 민주주의의 핵심적 특징으로 간주하였다. 정부가 시민들의 선호에 반응하도록 만들기 위해서는 시민들은 자신들의 선호를 형성할 기회, 개인 혹은 집합행동을 통해 자신들의 선호를 다른 시민들과 정부에 표출할 기회 및 정부 운영에 자신들의 선호를 평등하게 반영할 기회가 있어야 한다고 하였다. 이를 위해 결사의 자유, 표현의 자유, 투표권, 정치인들이 지지의 획득을 위해 경쟁할 권리, 대안적인 정보출처, 자유롭고 공정한 선거, 정책 결정이 선호 표출에 따라 이루어지게 하는 기제 등 일련의 제도적 조건을 열거하였다. 이들 제도적 조건은 민주화의 두 차원인 권력을 위한 공개 경쟁(public contestation for power)과 참정권을 반영하는데 전자는 자유롭고 공정한 선거를 통한 조직화된 경합을, 후자는 거의 모든 성인에게 투표권과 피선거권을 부여하는 것을 의미한다.

이러한 최소주의 의미의 민주주의 개념은 후속 연구에서 광범하게 사용되었다. 민주주의 이행의 역동성에 관한 연구에서 오도넬과 쉬미터(O'Donnell and Schimitter 1986)는 정치적 민주주의의 필수 요소로 다알이 제시한 절차적 조건을 강조하였다. 이행의 산물로서의 민주주의를 이행 이전의 비민주주의와 최소한으로 구분될 수 있는 선거민주주의로 본 것이다. 이와 유사하게 린츠와 스테판(Linz and Stepan 1996)은 정부를 구성하는 정치적 절차에 대해 충분한 합의가 이루어져 있고 정부가 자유로운 보통선거를 통해 구성되면 민주주의로 이행한 것으로 보았다. 다이아몬드 외(Diamond, Linz and Lipset 1989)는 다두제의 개념에 따라 민주주의를 다음의 세 가지 조건을 충족하는 정치체제로 보았다. 첫째, 정부 구성을 위한 개인들 및 집단(정당)들 간의 경쟁이 무력의 사용 없이 주기적으로 있어야 한다. 둘째, 주요한 사회집단이 배제되지 않은 주기적이고 자유롭고 공정한 선거를 통해 정부를 구성할 때 정치참여의 수준이 매우 포괄적이어야 한다, 셋째, 정치적 경쟁과 참여를 위한 충분한 시민적 및 정치적 자유가 있어야 한다. 즉, 선거 경쟁, 정치참여 및 시민적·정치적 자유가 보장된 정치체제를 민주주의로 규정하였다. 쉐보르스키 외(Przeworski, Alverez, Cheibub and Limongi 2000)는 민주주의를 독재와 구분시켜 주는 필수 조건으로 다음의 네 가지를 제시하였다. 첫째, 행정부 수반인 대통령이나 수상이 민선으로 직접 혹은 민선으로 구성된 기구에 의해 선출되어야 한다. 둘째, 입법부가 민선으로 구성되어야 한다. 셋째, 선거에서 경쟁하는 정당이 둘 이상이어야 한다. 넷째, 현 정권이 집권할 때와 같은 선거 규칙에 따라 정권교체가 있어야 한다. 즉, 보통선거를 통해 행정부 수반을 선출하고 보통선거를 통해 입법부를 구성하며 경쟁하는 정당이 둘 이상이 있고 정권교체의 실질적 가능성이 있다면 이러한 정치체제는 민주주의라고 정의하였다. 헌팅톤(Huntington 1991)은 거의 모든 성인 인구가 투표할 자격이 있고 후보자들이 표를 얻기 위해 자유롭게 경쟁하는 공정하고 정직하고 주기적인 선거를 통해 최고 권력의 의사결정자들을 선출하는 정치체제를 민주주의라고 규정하였다. 나아가 절차적 민주주의의 공고화를 평가하는 주요 기준으로 두 번의 선거를 통한 정권교체를 추가하였다. 주요 선행 이론과 연구를 종합하면 최소주의 민주주의는 선거민주주의라고 할 수 있다. 이러한 얇은 의미의 민주주의는 자유·공정의 보통선거를 통해 대표자들을 선발해 정부를 구성하는 것을 강조한다. 여기에는 견제와 균형 및 법의 지배를 강조하는 입헌적 자유주의의 요소들이 포함되어 있지 않다.

2. 법의 지배

　민주주의와 유사하게 법의 지배의 의미도 다양하며 연구에 따라 강조하는 요소가 다르다. 타마나하(Tamanaha 2004)는 법의 지배의 다양한 관념을 체계적으로 구분한다. 그는 이들 관념을 형식적(formal) 차원과 실질적(substantive) 차원을 구분한 후, 차원별로 정의의 얇고(thin) 혹은 두꺼운(thick) 정도에 따라 세분한다. 먼저 형식적 차원에서 가장 얇은 정의는 의법 통치(rule by law)를 포함하고, 다음은 형식적 합법성(formal legality)을 포함하며, 가장 두꺼운 정의는 민주주의와 합법성을 모두 포함한다. 한편, 실질적 차원에서 가장 얇은 정의는 개인적 권리를 포함하고, 다음은 존엄의 권리와 정의(justice)를 포함하며, 가장 두꺼운 정의는 사회복지를 포함한다. 그러나 실질적 정의가 형식적 정의의 요소를 갖추게 되면서 두 차원 간의 구분이 약해지고 점차 얇은 정의는 형식적 정의, 두꺼운 정의는 실질적 정의와 동일시되고 있다. 여기서는 민주주의, 정의, 인권 등을 포함하지 않는 형식적 차원의 비교적 얇은 법의 지배의 관념에 초점을 둔다.

　풀러(Fuller 1969), 라츠(Raz 1979), 피니스(Finnis 1980)는 널리 인용되는 법의 지배에 대한 저명한 정의를 제시한다.[7] 이들의 정의는 법의 형식적인 조건들만을 부각하고 있다는 점에서 유사하다고 할 수 있다. 대표적으로 라츠(Raz 1979, 212)는 '가장 넓은 의미에서 법의 지배는 사람들이 법에 복종하고 법의 지배를 받아야 한다는 것을 의미한다. 그러나

---

　7 이들의 정의는 법의 전망성, 일반성, 명확성, 공개성, 안정성 등 법이 갖추어야 할 형식적인 조건들을 강조한다.

정치이론과 법이론에서 법의 지배는 정부가 법의 지배를 받으며 법을 따라야 한다는 좁은 의미로 읽히게 되었다.'라고 하였다. 타마나하 (Tamanaha 2007)는 실질적 혹은 두꺼운 정의도 공유하는 형식적 혹은 얇은 정의에 포함된 법의 지배의 의미를 설명한다. 그는 법의 지배의 핵심을 공직자들과 시민들이 법으로 제한되고 법에 따라 행동하는 것으로 보았다.8 여기서 법은 전망적(prospective)이고 공개(public)되고 일반적(general)이고 명확(clear)하고 안정적(stable)이고 확실(certain)해야 한다. 그는 법의 지배의 기능을 두 가지로 구분한다.9 첫째 기능은 공직자들에 대해 법적 제약을 부과하는 것이다. 정부에 대한 법적 제약은 현행법에 대한 순응을 요구하고 입법권에 대한 법적 한계를 부과하는 것이다. 현행법에 대한 순응은 정부 행위가 법적 근거를 가져야 하고 정부가 법적으로 금지된 행위를 할 수 없음을 포함한다. 한편, 정부의 입법권에 대한 제약은 법 자체에 대한 한계를 강조한다. 즉, 입법권을 가진 기관이라도 금지된 행동은 법적으로 허용되지 않는다는 것이다. 이러한 법적 제약은 헌법, 국제법, 인권, 종교법 혹은 자연법에 따른 제한을 포함한다. 둘째 기능은 질서를 유지하고 시민들 간의 행태와 거래를 조정하는 것이다. 여기서는 법의 지배가 사회적 행태를 규율하는 법적 규칙의 틀임을 강조한다.

---

8 타마나하(Tamanaha 2007)는 법의 지배가 주는 혜택으로 다섯 가지를 제시한다. 첫째, 법의 지배는 시민과 정부 간 및 시민들 간 관계의 확실성, 예측성 및 보장성을 증가시킨다. 둘째, 법의 지배는 정부 공직자들의 재량을 제한하고 자의성을 줄일 수 있다. 셋째, 법의 지배는 평화로운 사회적 질서가 유지되도록 한다. 넷째, 법의 지배는 경제발전을 촉진한다. 다섯째, 법의 지배는 법이 조건에 따라 모두에게 평등하게 적용되도록 해 근본적 정의를 이룬다.

9 클레인펠드(Kleinfeld 2006)는 법의 지배를 그것이 실현하려는 목적을 중심으로 규정할 것을 제안한다. 그가 제시한 법의 지배의 목적은 국가가 법을 준수하도록 하는 것, 법 앞에 평등을 보장하는 것, 법과 질서를 제공하는 것, 효율적이고 불편부당한 정의를 제공하는 것, 인권을 옹호하는 것이다.

이러한 형식적 혹은 얇은 의미의 법의 지배는 민주주의를 포함하지 않고 있다. 최소주의 민주주의는 통치자를 선발하는 기제로 누가 법을 만드는 권한을 갖는지 결정하는데 형식적 혹은 얇은 의미의 법의 지배는 이를 포함하지 않는다. 또한 법의 내용과 관련해 정의나 인권 등 내용적 요구 조건도 부과하지 않고 있다. 형식적 혹은 얇은 의미의 법의 지배는 공직자와 시민이 법에 따라 행동하는 것에 관한 것이다. 이러한 의미의 법의 지배에서 주목할 것은 입법과 행정 권력에 대한 법적 제약이다. 즉, 정부 행위는 현행법의 승인이 전제되어야 하며 어떤 정부 행위도 법적 금지와 제한을 위반할 수 없다는 것이다. 또한 정부의 입법권에 대해서도 헌법적 제한을 설정하여 법 자체에 제한을 가하며 위헌적 법률의 제정을 막는다. 이러한 점에서 법의 지배는 입헌주의와 관련된다고 할 수 있다.

타마나하는 형식적 혹은 얇은 의미의 법의 지배를 구축하기 위해서 다음의 문화적, 제도적 및 사회적 조건이 필요하다고 하였다.[10] 첫째, 법이 지배하고 법이 지배해야 한다는 정향이 사회에 광범하게 존재해야 한다. 즉, 법의 지배가 공유된 정치적 이상으로 문화적 신념이 되어야 한다는 것이다. 둘째, 제도화되고 독립적인 사법부가 존재해야 한다. 법을 불편부당하게 해석하고 적용하는 법관들이 있어야 공직자들이 법을 지키게 하고 시민들 간의 분쟁이 법에 따라 공정하게 해결될 수 있다는 것이다. 셋째, 법의 지배를 지지하는 견고한 법조 집단과 법률 전통이 존재해야 한다. 법의 지배에 헌신적인 법률가 집단이 전문적 교육과 훈련을 통해 형성되어 있지 못하면 법의 지배가 가능하지 않다는 것이다. 이러한 문화적, 제도적 및 사회적 조건은 법의 지배의 구축

10 법의 지배의 원인에 대한 비교연구는 몰러와 스카닝(Møller and Skaaning, 2014) 참조.

이 쉽지 않은 과제임을 시사한다. 법이 지배하고 또 지배해야 한다는 문화적 신념을 형성하고 독립된 사법부를 제도화하며 법의 지배에 헌신적인 법률가 집단을 육성하려면 여러 세대의 긴 기간이 소요되는 과제라는 것이다.

3. 다수의 지배와 법의 지배

형식적 혹은 얇은 의미의 법의 지배는 법을 만들고 집행하는 입법 및 행정 권력에 대해 법적 제약을 부과하는 입헌주의의 원리를 강조한다. 여기서 쟁점은 민주주의에서 정부 행위와 입법을 제약하는 주체가 누구인가, 즉 누가 법 해석에 대한 최종적 권한을 갖고 있느냐는 것이다. 법을 해석하는 권한을 법을 만드는 권한을 가진 기관에 부여하지 않기 때문에 이는 일반적으로 사법부에 귀속된다. 이 지점에서 반다수주의 기관인 사법부가 다수주의 기관인 입법부를 견제하면서 갈등이 발생하는 것이다. 사법부가 입법부의 다수 의사에 반하는 결정을 내리면서 다수의 지배와 법의 지배 간의 긴장이 조성되는 것이다.

민주주의와 법의 지배 간의 관계와 관련해 헌법적 제약이 민주적 다수로부터 사회적 특권을 보호하는 근본적으로 반민주적이라는 시각과 다수의 전횡으로부터 개인의 자유와 소수의 권리를 보호하는 장치라는 시각이 대립한다. 이러한 대립은 소극적(부정적) 자유와 적극적(긍정적) 자유라는 이분적 자유관과 관련된다고 할 수 있다. 법의 지배가 국가로부터 개인의 자유를 보장하는 소극적 자유를 추구한다면 민주주의는 국가를 통해 개인의 자유를 증진하는 적극적 자유를 추구한다(Sejersted 1988). 헌법이 보장하는 자유를 소극적 자유로 해석해 정부 권한을 제한하는 것을 옹호할 수도 혹은 적극적 자유로 해석해 효과적인 정부

권한을 행사하는 것을 변호할 수도 있다.[11] 민주주의와 법의 지배 간의
충돌은 행동을 결정하는 권력과 행동을 제어하는 권력 간의 충돌이라
고 할 수 있는데 이는 입헌적 자유민주주의를 통해 완화될 수 있다.

입헌적 자유민주주의에서 선출된 정부의 문책성은 선거, 견제와 균형
및 법의 지배를 통해 담보될 수 있다. 선거민주주의는 선거를 통한 수
직적 문책성을 강조한다. 그러나 주기적 선거를 통한 문책성만으로는
정부 권력의 자의적 행사를 제한하기에 충분하지도 효과적이지도 않다.
선거를 통해 정당성을 확보한 정부가 권력 행사를 자제하거나 민주주의
의 한계를 존중하지 않고 국민의 이름으로 수평적 문책성의 제도를 공
격할 수 있다. 견제와 균형 및 법의 지배는 정부의 문책성을 강화해 위
임 민주주의로의 퇴행을 막고 입헌적 자유민주주의의 공고화를 촉진한
다. 이러한 이유에서 선행연구와 이론은 법의 지배와 수평적 문책성을 민
주주의의 질을 평가하는 주요한 차원으로 포함하고 있다(Diamond and
Morlino 2005). 이는 민주주의와 법의 지배 간의 관계가 단기적으로는 갈
등적이지만 장기적으로는 상보적임을 강조한다(O'Donnell 2004).

III. 사법부의 독립과 문책성

사법부의 독립(judicial independence)은 민주주의와 법의 지배 간의
인과적 혹은 기능적 관계를 분석하는 데 있어 중요한 연결고리이다
(Macdonald and Kong 2012). 타마나하가 강조했듯이 독립된 사법부의
존재는 법의 지배의 구축을 위한 주요한 제도적 조건이다. 법의 지배는

---

11 한국의 민주화는 참여와 정치적 자유에 대한 일반적 수요를 만족시키는 것 이외에
   도 특히 권위주의 시대 발전의 혜택으로부터 소외되었던 계층의 이익을 위해 정부
   권력을 행사해야 한다는 요구를 증가시켰다. 따라서 민주화는 국가로부터의 자유만
   이 아니라 국가에 의한 자유를 동시에 조장하였다고 할 수 있다.

법관이 판결을 내릴 때 특히 외부의 압력으로부터 자유롭고 법의 권위
이외의 어떤 권위로부터 독립적일 것을 요구한다.[12] 법의 지배는 정치
화되지 않고 고도로 전문화되고 법에만 구속되는 사법부를 강조한다.
일반적으로 민주주의가 권력분립을 통해 사법부의 독립을 가져오고 사
법부의 독립은 법의 지배를 촉진하는 것으로 본다.[13] 독립된 사법부가
정치적 권력기관의 결정에 거부권을 행사해 개인의 자유와 소수의 권
리를 보호할 것으로 기대한다. 그러나 정치적 문책성으로부터 자유로
운 사법부가 실제로 그러한 역할을 할 것인지는 분명하지 않다. 이러한
의문에서 선행연구는 어떤 조건과 상황에서 민주주의가 사법부의 독립
에 영향을 주며 독립된 사법부가 법의 지배를 촉진하는지를 다루었다.

　선행연구는 민주주의에서 사법부의 독립은 행정부와 입법부가 공모
해 사법부에 대응하는 정도, 그리고 그렇게 할 때 선거에서 기대되는
유불리에 따라 달라질 수 있음을 보여준다. 즉, 입법부와 행정부가 분
할된 정치체제에서는 이들 권력기관의 공모가 쉽지 않아 독립된 사법
부를 통제하는 것이 어렵고 설사 입법부와 행정부가 분할되어 있지 않
아 공모가 이루어질 수 있는 경우라도 사법부의 중립성에 대한 대중의
지지가 높으면 선거를 의식해 사법부의 독립을 훼손하기 어렵다는 것
이다(Helmke and Rosenbluth 2009). 이는 민주주의에서라도 사법부의
독립은 권력이 정치제도 간에 분할되어 있거나 법의 지배에 대한 여론
의 지지가 강해야 확립될 수 있음을 시사한다.

　민주주의에서 사법부의 독립을 설명하는 모형은 독립된 사법부가 정
치적 의도와 계산의 산물임을 강조한다. 선행이론과 연구에 따르면 정

---

12 사법부의 독립은 법관의 소송당사자로부터의 분리, 법관 개인의 자율성, 사법부의
　정치적 중립성을 포함한다(Fiss 1993).
13 민주주의 없이는 법관들이 정부에 도전할 능력도 의지도 없어 사법부의 독립이 무
　용하며 법의 재배를 가져올 수 없다.

치인들이 사법부의 제도적 독립을 선택하는 동기는 다양하다. 현재의
입법 거래를 지키기 위해(Landes and Posner 1975), 혹은 인기 없는 정
책에 대한 비난을 피하려고(Fiorina 1981), 혹은 행정부가 입법 의도에
서 벗어나는 것을 막기 위해(McCubbins and Schwartz 1984), 혹은 미래
의 다수에 의해 지배되는 상황을 예견해 정치적 보험을 들기 위해
(Finkel 2008) 사법부에 권한을 위임하고 독립을 보장한다는 것이다. 그
러나 이들 설명이 간과하는 것은 사법부도 전략적으로 행동할 수 있다
는 것인데 이를 고려한 모형은 사법부를 좀 더 큰 정치적 환경 속에서
바라본다. 미국처럼 입법부와 행정부 간 권력분립이 확립된 정치체제
에서는 두 기관이 동의하지 않는 정책과 관련해 사법부가 더 넓은 자
유를 가질 수 있다. 반면, 영국처럼 의회가 사법부를 지배하려고 의도
하면 제도적으로 별 장애가 없는 의회 우위의 정치체제에서는 선거를
통한 통제가 개인과 소수의 권리에 대한 주요한 보호 장치로 작동할
수 있다. 즉, 제도화된 독립된 사법부와 권리보장에 대한 여론은 각각
입법부의 다수를 제한하는 대안적 기제라는 것이다.[14]

　사법부의 독립이 법의 지배에 얼마나 필수적인지는 정치체제에 따라
다를 수 있다. 경쟁적 선거는 의회 다수에 의한 소수의 권리를 침해하
는 입법을 억제할 수 있다. 즉, 사법부의 독립이 약해도 권리 존중의
사회에서는 선거라는 수직적 문책제도를 통해 의회 다수에게 사전 경
고를 보내 권한의 자의적 행사를 제한할 수 있다는 것이다. 따라서 법
의 지배를 위해 민주정치를 희생하면서 사법부의 권력을 강화할 필요
성이 크지 않을 수 있다고 지적한다.[15] 그러나 권리보장의 정치문화가

---

14 사법부의 권력 확장을 촉진하는 조건에 대한 논의는 테이트(Tate 1995) 참조.
15 여론은 가변성을 고려하면 사법부의 운명을 맡길 수 있는 토대가 아닐 수 있다. 대
　중이 사법부의 역할에 대한 충분한 정보를 갖고 있다 해도 선거는 사법부의 독립을
　담보하는 수단으로는 약할 수 있다. 이질적인 다수의 우선순위는 빠르게 변할 수

강하지 못해 선거를 통한 의회 다수의 억제가 어려우면 독립된 사법부의 존재는 중요한 대안이 될 수 있다. 이 지점에서 정치적 권력기관의 분할이 사법부의 독립을 촉진하는 주요한 조건으로 강조되는 것이다.

　사법부의 독립은 법관의 비정치적 임명 절차와 임기의 보장, 별도의 예산, 사법심사를 통한 정치적 권력기관에 대한 견제, 독립된 의사결정 등을 요구한다(Smilov 2012). 사법부의 독립에 대한 비판적 시각은 법관과 법원이 자신과 기관의 이익을 우선하면서 독립이 독주로 퇴행할 수 있음을 우려한다. 사법부의 권력 확장이 특권적이고 대표성이 없는 엘리트의 지배를 지속한다고 비판한다. 이러한 시각은 법관이 이념적 성향과 경력 야망을 갖고 있음을 주목한다. 민주주의에서 정치 법관의 등장과 사법 권력의 확장이 가져올 잠재적 위험을 우려하여 사법부의 문책성(accountability)이 강조된다(Guarnieri and Pederzoli 2002).[16] 사법부의 문책성은 법관과 법원이 헌법이나 법의 기준에 반하는 행동이나 결정에 대해 개인 차원 혹은 기관 차원에서 책임을 지도록 만드는 기제들이다.[17] 여기에는 입법부와 행정부 및 시민사회가 관여된 문책성의 장치들이 포함된다. 특히, 설명적 문책성이 강화된 사법부의 독립은 공정하고 불편부당한 판결을 담보할 수 있으며 이는 판결에 대한 수용성을 높이고 나아가 기관의 정당성을 증가시킨다고 할 수 있다.[18]

　권력분립과 법의 지배는 사법부의 권력을 정당화하는 주요한 논거이다(Smilov 2012). 독립된 사법부는 정부의 권력 행사가 법에 따르도록 하고 헌법이 부여한 권력의 한계를 넘거나 기본권을 훼손하거나 민주적 과정을 위협하면 이를 견제한다(Gloppen, Gargarella and Skaar 2004).

　　　있고 정치인들에 의해 조작될 수도 있다.
16　사법심사를 하는 헌법재판소 견제에 대한 논의는 이황희(2019) 참조.
17　사법부의 독립성과 책임성에 관한 논의는 문재완(2005) 참조.
18　최선(2015)은 사법부의 독립과 문책성의 조화를 강조한다.

이러한 사법부의 권한과 역할에 대한 여론의 지지는 사법부의 독립을
담보하기 위해 중요하다. 기관의 정당성을 형성하기 위해 사법부는 전
략적으로 행동할 수 있다(Vanberg 2005).[19] 극적이고 화려한 사건보다
일상적인 사건을 다루면서 정당성을 점진적으로 축적해 갈 수도 있고,
상황에 따라 고도의 정치적인 사건을 통해 정당성을 과감하게 확보할
수도 있다. 여론의 조명을 받은 사건의 경우 여론과 괴리되지 않는 결
정을 통해 정당성을 구축할 수 있다. 사법부는 다수에 반하는 판결로
종종 여론의 반발에 직면하지만, 법의 불편부당한 적용 및 결정에 대한
투명한 설명을 통해 기관의 정당성을 꾸준히 확장할 수 있다. 엄격하게
법을 따르는 독립된 사법부는 가장 덜 위험한 권력기관으로 작동하면서
민주주의의 공고화에 기여할 것으로 기대할 수 있다.

IV. 한국의 민주주의와 법의 지배: 수준과 추세

한국은 1987년 헌법 개정을 통해 국민주권의 원칙을 확인하고 자유·
공정 선거를 통해 정부와 국회를 구성함으로써 선거민주주의로 이행하
였다. 민주화 헌법은 대통령 직선제를 도입하고 권리보장 및 권력분립
과 견제와 균형을 강화하고 사법심사를 담당할 헌법재판소를 설치해
입헌적 자유민주주의의 열망을 나타냈다(오향미 2020).[20] 민주화 이후
30년 이상이 지난 현재 한국은 여전히 선거민주주의의 활력을 유지하

---

19 정치의 영역에 속하는 쟁점에 대한 사법심사는 사법부의 개입으로 비추어져 기관의
   정당성과 법의 지배의 토대를 훼손할 수 있는데 사법적 자제는 사법부의 자율성과
   정치적 독립성을 보존하기 위한 전략적 행동일 수 있다.
20 입헌주의는 정부의 권한이 헌법에 근거해서 정해진다는 것을 옹호한다. 이는 자의
   적 정부의 지배에 반대해 법의 지배를 지지한다. 이런 점에서 입헌주의의 핵심은
   상위법에 따른 제한된 정부의 개념이라고 할 수 있다.

고 있지만(오현진·조인영 2018), 견제와 균형 및 법의 지배에서 민주적 결손을 보이면서 입헌적 자유민주주의의 이상에 미치지 못하고 있다 (조원빈 2018; 임현 2018).[21]

1. 민주주의의 수준과 추세

한국의 선거민주주의의 질에 대한 국제적 조사기관의 평가를 살펴본다. 먼저 선거 건전성 프로젝트(Electoral Integrity Project)는 선거법의 공정성, 선거자금의 투명성, 개표의 투명성 등을 평가해 선거의 건전성 수준(최저 0점에서 최고 100점)을 측정한다.[22] 2019년 보고서에 따르면 한국은 2012년 대통령 선거의 경우 77점, 2016년 국회의원 선거의 경우 71점, 2017년 대통령 선거의 경우 72점을 받았다. 대선의 경우 2017년 대선이 2012년 대선과 비교해 점수가 낮아 건전성이 떨어졌지만, 조사된 2012 – 2018 선거 건전성의 평균이 73점으로 80점 대의 유럽국가들보다는 낮지만, 아시아 – 태평양 지역에서는 상위 수준인 것으로 나타났다.[23]

폴리티 프로젝트(Polity Project)는 절차적 민주주의의 개념에 기반하여 권위구조의 민주적 성격을 평가한다.[24] 행정수반(우리의 경우 대통령) 충원의 경쟁성과 개방성, 행정수반의 권한 행사에 대한 제약, 정치참여에 대한 규제와 개방성을 각각 평가해 종합 점수(최저 -10점에서 최고 +10점)를 산정한다. 이에 따르면 한국은 민주화 이후 민주주의의 최하 경계 점수인 +6점을 받아 민주주의로 분류되었다. 그리고 1997년 정

---

21 법 적용과 집행의 차원에서의 민주주의의 질에 대한 논의는 김도균(2021) 참조.
22 https://www.electoralintegrityproject.com/pei
23 2020년 국회의원 선거는 데이터가 없다.
24 http://www.systemicpeace.org/inscrdata.html

권교체 이후 행정수반에 대한 제약을 제외한 정치참여의 경쟁성과 행정수반의 충원에서 점수가 높아져 종합 점수가 +8점으로 2점 상승하였고 현재까지 계속 +8점을 유지하였다. 아직도 만점(+10점)에서 2점 부족한 +8점에 머물러 있는 것은 정부 권력의 남용을 견제하는 제도가 약하기 때문이다. 이는 선거민주주의의 진전에도 불구하고 여전히 대통령에 대한 견제제도가 온전히 작동하지 못함을 시사한다.

프리덤하우스(Freedom House)는 정치적 권리와 시민적 자유의 차원에서 자유의 수준을 평가한다.[25] 정치적 권리의 세부 항목은 선거제도, 정치적 다원성과 참여, 정부의 기능으로 구성되어 있고 시민적 자유의 세부 항목은 표현과 신념의 자유, 집회와 결사의 자유, 법의 지배, 개인의 자율성과 권리로 구성되어 있다. 선거제도는 대통령 선거가 자유·공정 선거인지(A1), 국회의원 선거가 자유·공정 선거인지(A2), 그리고 선거법 적용이 공정하고 선거관리가 공정하게 이루어지는지(A3)를 평가한다. 세부 항목의 점수를 공개하는 2013년부터 가장 최근 보고인 2021년까지 한국은 A1과 A2에서는 4점을 받았고 A3에서는 3점을 받았다. 대선과 총선이 자유·공정 선거이지만 선거법의 적용과 선거관리의 공정성에서는 흠이 있는 것으로 평가되었다. 정치적 다원성은 정치결사의 권리가 보장되어 있는지(B1), 야당이 선거를 통해 권력을 잡을 수 있는지(B2), 유권자의 정치적 선택이 비정치적 수단을 사용하는 정치세력의 지배로

---

25 https://freedomhouse.org/report/freedom-world. 한국은 민주화 이행 후인 1988년 정치적 권리 차원에서 2점, 시민적 자유 차원에서 3점으로 평균 2.5점의 '자유' 국가에 속하게 되었다. 1993년 시민적 자유가 2점을 받아 평균 2점으로 좀 더 자유로운 국가가 되었고 2004년 조사에서는 정치적 권리 차원에서 점수가 1점 상승하여 평균 1.5점으로 서구의 민주국가와 거의 유사한 수준까지 개선되었다. 그러나 2013년부터 정치적 권리가 2점으로 나빠졌고 현재까지 평균 2점을 유지하고 있다. 한국은 선거민주주의로 분류되고 있지만 최근 자유의 수준이 낮아져 자유민주주의의 질이 떨어진 것으로 평가받고 있다.

부터 자유로운지(B3), 다양한 사회집단이 완전한 정치적 권리와 선거 기회를 얻고 있는지(B4)를 평가한다. 한국은 2013년 B1, B2, B3에서 4점 그리고 B4에서 3점을 받았고 2014년부터 현재까지 B2를 제외하고 모두 3점을 받았다. 즉, 정권교체의 가능성을 제외한 정치적 다원주의와 참여의 세 차원에서 흠이 있는 것으로 평가되었다.[26]

민주주의 다양성 연구소(V-Dem Institute)는 선거, 자유, 참여, 숙의, 평등의 측면을 각각 강조하는 민주주의 지표의 점수를 발표한다.[27] 가장 기본이 되는 것은 선거민주주의 지표이다. 이는 다두제의 개념을 반영한 측정으로 참정권이 광범한지, 선거 과정에 부정이 없고 깨끗한지, 입법부와 정부 수반이 선출되는지, 표현과 결사의 자유는 보장되는지 등을 평가한다. 한국은 선거민주주의 지표의 점수가 1987년 0.335, 1990년 0.666, 1995년 0.739, 2000년 0.838, 2005년 0.846, 2010년 0.775, 2015년 0.717, 2020년 0.856으로 나타났다. 선거민주주의의 수준이 민주화 이후 점차 높아지다가 2010년대 중반 하락한 후 다시 반등하였다. 선거민주주의 지표의 점수는 뒤에 보고할 자유민주주의 지표의 점수보다 일관되게 높게 나타나 최소한의 절차적 민주주의가 견제와 균형 및 법의 지배보다 더 진전되었음을 보여주고 있다.

2. 법의 지배의 수준과 추세

한국의 법의 지배에 대한 국제적 조사기관의 평가를 살펴본다. 먼저 세계정의 프로젝트(World Justice Project)는 법의 지배를 8개 차원에서 평가한다.[28] 이들 차원은 정부 권력의 제한성, 부패의 수준, 질서와 안

---

26 정치적 권리 등급이 1점에서 2점으로 낮아진 이유는 선거 과정에 대한 평가는 그대로 인데 정치적 다원성과 참여 및 정부 운영에 대한 평가가 각각 하락하였기 때문이다.
27 https://www.v-dem.net/vdemds.html

전, 기본권, 정부의 개방성, 규제의 집행, 민사사법제도, 형사사법제도
이다. 여기서는 정부 권력의 제한성을 평가하는 지표와[29] 기본권을 평
가하는 지표를 중심으로 법의 지배의 수준을 살펴본다.[30] 지표 점수
(최저 0점에서 최소 1점)를 보면 한국은 정부 권력의 제한성 평가에서
2010년 0.60점, 2015년 0.79점, 2020년 0.72점을 받았다. 그리고 기
본권 평가에서 2010년 0.78점, 2015년 0.73점, 2020년 0.73점을 받았
다. 전체적으로 보면 정부 권력의 제약성에 대한 평가가 좋아졌다가
나빠졌고 기본권에 대한 평가는 점차 나빠졌다. 구체적으로 사법부, 입
법부, 감사기구, 시민사회 각각에 의한 정부 권력의 제약을 보면 사법
부에 의한 정부 권력의 제약은 약해졌고 시민사회에 의한 제약도 강하
지 않은 것으로 나타났다. 반면 여소야대의 상황에 기인하는 것으로 판
단되는 입법부에 의한 제약이나 감사기구에 의한 제약은 비교적 강한
것으로 나타났다.

　세계 거버넌스 지수(Worldwide Governance Indicators)는 법의 지배
를 평가한다.[31] 여기서 법의 지배는 국가기관이 사회의 규칙을 존중하
고 이를 준수하는 정도를 반영하며 여기에는 범죄 수준, 사법부의 효과
성과 법적 예측성, 계약의 강제 가능성 등을 포함한다. 이 지수는 다른

---

28 https://worldjusticeproject.org/rule-of-law-index/
29 정부 권력의 제한성을 평가하는 지표는 7개 하위요소로 구성되어 있다. 이들은 정
　부의 권력이 헌법에 의해 규정되는지, 입법부에 의해 효과적으로 제한되는지, 사법
　부의 의해 제한되는지, 독립적인 비정부기구의 감시를 받는지, 권력의 이전이 법에
　의해 이루어지는지에 대한 평가를 포함한다.
30 기본권을 평가하는 지표는 8개 하위요소로 구성되어 있다. 이들은 차별이 없는 평
　등한 대우, 개인의 안전과 생명에 관한 권리의 실질적 보장, 피의자의 권리보장과
　적법 절차, 의견과 표현의 자유에 대한 실질적 보장, 신앙과 종교의 자유에 대한 실
　질적 보장, 사생활의 비밀보장과 자의적 간섭으로부터의 자유, 집회와 결사 그리고
　기본적 노동권의 실질적 보장에 대한 평가를 포함한다.
31 http://info.worldbank.org/governance/wgi/

법의 지배 측정과 비교해 포괄적이다. 지수의 점수(최저 −2.5점에서 최고 +2.5점)는 행위자들이 사회의 규칙을 신뢰하고 있는지, 행위자들이 사회의 규칙을 준수하는지, 계약집행의 질이 높은지, 경찰의 질이 높은지, 법원의 질이 높은지, 범죄가 일어날 가능성이 작은지, 폭력 행위가 일어날 가능성이 작은지 등을 평가해 산정한다. 한국은 2000년 0.88점, 2005년 0.99점, 2010년 1.00점, 2015년 0.93점, 2020년 1.18점을 얻어 지난 20년간 법의 지배가 전반적으로 개선되어 온 것으로 볼 수 있다.

앞서 소개한 프리덤하우스(Freedom House)는 정치적 권리와 더불어 시민적 자유를 평가한다.[32] 시민적 자유는 표현과 신념의 자유, 결사와 조직의 자유, 법의 지배, 사적 자율성과 개인의 자유의 하위 차원으로 구성된다. 법의 지표는 독립된 사법부가 존재하는지(F1), 민사와 형사 사건에서 적법한 절차가 지켜지는지(F2), 정치적 테러, 부당한 투옥, 추방, 고문으로부터 보호되고 전쟁과 반란으로부터 자유로운지(F3), 법, 정책, 관행이 평등한 대우를 보장하는지(F4) 등을 통해 평가된다. 한국은 독립된 사법부가 존재하는지를 평가하는 F1에서 2013년부터 2018년까지는 4점을 얻었지만 2019년부터 2021년까지 3점으로 얻어 1점이 낮아졌다. 이는 최근 사법부의 독립성이 약해졌음을 보여준다.[33]

앞서 소개한 민주주의 다양성 연구소(V−Dem Institute)는 견제와 균형 및 법의 지배를 반영하는 자유민주주의를 평가한다.[34] 이는 통치자에 맞서 개인과 소수의 권리에 대한 보호가 이루어지고 있는지, 법의 지배가

---

32 https://freedomhouse.org/report/freedom−world.
33 시민적 자유의 등급에는 변화가 없지만, 여전히 최고 점수에 미치지 못하고 있다. 이는 사적 자율성과 개인 권리에 대한 평가는 개선되었지만, 결사·조직의 자유 및 법의 지배에 대한 평가는 각각 하락하였기 때문이다. 만점과 비교해 가장 큰 차이를 보이는 부문은 법의 지배로 나타났다.
34 https://www.v−dem.net/vdemds.html

이루어지고 있는지, 사법부가 독립적이며 견제와 균형의 원리가 지켜
지고 있는지를 평가한다. 한국은 자유민주주의 지표의 점수가 1987년
0.172, 1990년 0.517, 1995년 0.626, 2000년 0.764, 2005년 0.776,
2010년 0.677, 2015년 0.610, 2020년 0.792로 나타났다. 자유민주주의
의 수준이 민주화 이후 점차 높아지다가 2010년대 중반 하락한 후 다
시 반등하였다. 자유민주주의 지표의 점수는 앞서 보고된 선거민주주
의 지표의 점수보다 일관되게 낮게 나타나 견제와 균형 및 법의 지배
를 강조하는 입헌적 자유민주주의의 진전이 절차적 민주주의보다 지체
되었음을 보여준다.

주요 국제적 조사기관의 평가에 따르면 민주화 이후 한국은 선거민
주주의의 위상을 확고히 구축했다고 할 수 있다. 반면 견제와 균형 및
법의 지배를 통한 국가 권력의 제한이라는 차원에서는 지체와 후퇴가
드러났다. 절차적 민주주의의 진전에도 불구하고 견제와 균형 및 법의
지배는 민주적 결손을 드러냈다. 한국의 민주주의는 여전히 선거민주
주의의 수준에 머물고 입헌적 자유민주주의로는 심화하지 못한 것으로
보인다.

V. 책의 구성

앞서 보고한 것처럼 민주화 이후 한국의 민주주의는 법의 지배와 충
돌하면서 입헌적 자유민주주의로 심화하지 못하고 정체와 후퇴를 경험
하고 있다. 특히 지난 수년간 정치적 양극화와 당파적 대립은 견제와
균형의 헌법적 기제를 무력화하고 선택적 법의 지배를 조장하면서 민
주주의의 질을 낮추고 있다. 이러한 맥락에서 민주주의와 법의 지배 간

의 제도적 조화는 주요한 과제가 되고 있다. 본서는 한국 민주주의 앞에 놓인 이러한 제도적 도전을 직시하고 이와 관련된 주요 쟁점을 다룬다.[35]

본서는 이 장을 포함해 모두 9개의 장으로 구성되어 있다. 제1편을 구성하는 2장과 3장은 민주화 이후 사법기관의 역할과 한계를 다룬다. 제2편을 구성하는 4장과 5장은 민주정치와 사법기관 간의 상호작용을 다룬다. 제3편을 구성하는 6장과 7장은 사법부의 독립성과 문책성을 다룬다. 마지막 제4편을 구성하는 8장과 9장은 사법기관에 대한 여론의 평가와 정당성 및 신뢰의 근원을 다룬다.

각 장의 내용을 요약하면 제2장에서 이황희는 한국의 헌법재판소가 법치주의와 민주주의의 구현을 위해 수행한 역할과 한계를 다룬다. 그에 따르면 근대 입헌주의는 국가를 통해 혹은 국가로부터 자유와 권리를 보장해 개인적·집합적 자율성을 지향하며 헌법심사는 이를 실현하는 제도이다. 민주화 이후 설치된 한국의 헌법재판소는 자유와 권리에 대한 보호를 실질화하여 법의 지배를 형식적인 수준을 넘어 실질적인 차원으로 확장하였고 그 결과 법치주의는 권력 통제의 전망을 온전히 회복했다고 하였다. 한편, 헌법재판소는 민주주의를 구성하는 권리와 제도를 보장하는 역할을 통해 민주주의의 공고화를 위해 긍정적 역할을 하였다고 평가하였다. 그러나 그는 법치주의와 민주주의에 대한 헌법재판소의 긍정적 역할이 조건적임을 강조한다. 그는 민주화 이후 헌법재판소가 긍정적 역할을 해 왔다고 자부할 수 있겠지만 한계도 있음을 지적하면서 헌법재판소가 법치적 민주주의를 위해 더 나은 기관이 될 수 있는 제도적 방안을 제시하고 있다.

---

35 현대 자유주의에서 법의 지배와 민주주의의 관계에 관한 이론적 논의는 김비환
 (2006) 참조.

　제3장에서 박지광은 입헌주의 시각에서 사법심사에 초점을 두고 사법부의 독립과 다수의 지배로서의 민주주의 간의 관계를 다루었다. 그는 사법부의 수평적 독립성이 견제와 균형이라는 입헌주의 목표에 가장 중요한 요소임을 강조하면서 이러한 사법부의 독립성은 다른 무엇보다도 입법부와 행정부를 견제할 수 있는 사법심사에 달려 있다고 주장한다. 그는 미국 사례를 통해 사법심사로 인해 사법부의 수평적 독립성과 다수주의 정치가 충돌하였을 때 국민의 여론이 중요함을 상기시키면서 사법부 독립성의 기본 원천은 헌법만이 아니라 사법부에 대한 대중의 신뢰와 지지라고 지적하였다. 그는 한국에서 사법부에 대한 신뢰가 비교적 높고 법의 지배에 대한 여론이 긍정적이어서 사법부의 독립성에 대한 낙관적 전망을 내리면서도 사회적 이슈에 깊이 관여하는 판결로 여론의 역풍을 맞을 수 있어 사법심사의 전략적 행사의 필요성을 강조하고 있다.

　제4장에서 김정은 한국 민주주의의 퇴행과 복원을 설명하는 하나의 시도로 정치적 양극화와 사법부의 독립에 초점을 두고 이를 비교론적 시각에서 접근한다. 그는 민주주의의 퇴행이 선거를 통한 수직적 문책성이 작동하지 못하거나 견제와 균형을 통한 수평적 문책성이 작동하지 못해서 발생하는 것으로 보았다. 그리고 정치적 양극화는 수직적 문책성의 작동을, 사법부 독립의 퇴화는 수평적 문책성의 작동을 각각 훼손한다고 보았다. 이러한 논거를 바탕으로 민주화 이후 한국 민주주의의 퇴행과 복원을 분석한 결과 그는 민주주의의 퇴행이 사법부 독립성의 퇴화에서 비롯하였지만, 정치적 탈양극화로 비당파적 유권자들이 증가하면서 민주주의가 복원을 이루었다는 것을 확인하였다. 이러한 분석 결과를 토대로 그는 견제와 균형 및 법의 지배를 반영하는 자유

민주주의의 공고화를 위해 사법부의 독립과 더불어 선거를 통한 규율의 중요성을 시사하고 있다.

제5장에서 배진석은 정치의 사법화의 주요 행위자인 헌법재판소에 초점을 두고 정치와 법의 지배 간의 상호작용을 다룬다. 그는 헌법재판소가 다룬 초대형 정치 사건을 중심으로 헌법재판소의 판결과 입법 다수 및 일반 여론 간의 역동적 관계를 분석하였다. 분석 결과 입법 다수가 유지되고 있고 여론도 입법부의 결정을 지지할 때 헌법재판소는 합헌을 결정하였다. 반면 입법 다수가 붕괴되고 여론도 입법부의 결정을 지지하지 않을 때 헌법재판소는 위헌을 결정했다. 그리고 입법 다수가 유지되고 있지만, 여론이 입법부의 결정을 지지하지 않을 때 헌법재판소는 여론과 일치하는 위헌을 판결했다. 한편, 그는 헌법재판소 판결에 관한 이후 여론이 긍정적으로 나타나 정당화 모형과 부합하게 헌법재판소의 결정이 수용되고 있음을 확인하였다. 헌법재판소의 판결이 대체로 여론과 일치했음을 발견한 뒤 그는 정치의 사법화가 반드시 민주주의의 위기를 초래한다는 주장에 의문을 제기하고 있다.

제6장에서 최선은 사법부의 책무성(문책성)을 중심으로 민주화 이후 사법부의 탈권위주의화를 위한 제도적 개혁을 기술하고 그 성과를 평가한다. 그는 사법의 문책성 강화가 재판의 공정성과 투명성을 제고하고 재판에 대한 국민의 신뢰를 회복시킨다는 논거에서 판결문 공개를 둘러싼 제도변화를 추적한다. 그는 사법부의 문책성을 위한 통제 유형을 구분하고 사법부에 대한 수직적 통제와 재판권에 대한 통제 장치로 판결문 공개제도를 강조한다. 특히 지난 20년간 사법부의 문책성을 강화하는 방향으로 판결문 공개제도에 대한 변화가 있었지만 공개하는 판결문의 비율이 매우 낮고 판결문에 대한 접근이 쉽지 않아 판결문의

완전한 공개가 이루어지고 있지 못하다고 평가하고 있다. 그는 공개되는 판결문이 개인정보 보호의 수준을 넘어 국민의 알 권리를 과도하게 제한하고 있다고 지적하면서 법의 지배와 법원에 대한 공적 신뢰를 촉진하기 위해 사법부의 문책성을 높일 수 있는 '판결문의 완전한 공개'를 강조하고 있다.

제7장에서 최유경은 사법부 내부의 독립성에 초점을 두고 사법행정을 통한 사법부의 책무성(문책성) 강화와 관련된 쟁점을 다룬다. 그는 책무성을 '국민으로부터 사법권을 위임받아 이를 이행하는 사법 권력의 주체가 그 책임이나 의무를 수행하고 그 과정과 이유 및 결과에 대하여 책무 요구자인 국민에게 보고·설명·해명하는 의무'라고 규정하면서 이는 궁극적으로 사법부의 독립성을 담보하기 위한 것으로 본다. 그는 특히 대법원장에 과도하게 집중된 권한과 관료제화된 법원행정처의 행태를 지적하면서 이것이 법관의 독립을 저해하고 법원 내부로부터의 자율성을 약화시켜 결국 사법부의 독립성을 훼손할 수 있음을 우려하면서 사법행정의 분권화와 수평화를 위한 제도적 개혁을 강조한다. 그는 사법행정권을 일반행정권의 작용으로 보고 사법부의 재판 작용과 사법행정 작용을 제도적으로 분리하는 시도의 한계를 지적하며 사법의 책무성의 관점에서 사법행정의 귀속 주체 문제에 접근할 것을 주문한다.

제8장에서 박종민은 민주정치에서 특히 정치적 다수나 대의기관의 선호에 반하는 결정을 내릴 때 최고사법기관이 얼마나 대중의 지지를 누리고 있는지가 입헌 민주주의를 유지하는 데 결정적이라고 본다. 이러한 배경에서 설문조사를 분석해 한국의 최고사법기관인 헌법재판소와 대법원이 여론의 법정에서 어떻게 평가되고 있는지를 다룬다. 분석 결과는 최고사법기관의 제도적 정당성이 우리 사회에 견고하게 형성되

어 있지 않지만, 구체적 산출과 인적 구성에 대한 이념적 혹은 정파적 불만에 의해 현저히 훼손되지 않음을 보여준다. 나아가 법치주의에 대한 지지가 최고사법기관의 제도적 정당성의 주요한 근원임을 보여준다. 그는 입헌 민주주의를 지향하면서 민주화된 지 30년이 지났지만, 최고사법기관의 제도적 정당성이 아직 광범하게 수용되어 있지 않다는 발견은 나쁜 소식이지만 최고사법기관의 제도적 정당성이 이념이나 당파성에 토대를 두고 있지 않다는 것은 정치의 사법화에도 불구하고 우리의 최고사법기관의 헌법적 지위가 그렇게 위태롭지 않음을 시사하는 좋은 소식이라고 하였다.

제9장에서 김다은은 설문조사 자료를 활용해 주요 법기관인 법원과 경찰에 대한 시민의 태도를 다룬다. 그는 법질서를 구축하는 데 필수적인 이들 기관에 대한 시민의 태도를 정당성 개념을 통해 접근한다. 여기서 정당성은 결정을 내릴 도덕적·법적인 권리 또는 자격과 관련된 규범적 개념으로 정당성 인식은 기관의 결정에 따르거나 복종할만하다고 느끼게 한다. 분석 결과 정서적 지지와 관련된 정당성 인식은 절차적 공정성, 배분적 공정성 및 효과성 인식만이 아니라 법의 지배에 대한 지지가 영향을 미치고 있음을 발견하였다. 한편, 복종의무와 관련된 정당성 인식은 법원의 경우 절차 공정성이, 경찰의 경우 효과성이 영향을 준다는 것을 발견하여 기관의 역할에 따라 정당성 판단 기준이 달라질 수 있음을 시사하고 있다. 그는 정당성 인식이 장기간에 걸쳐 경험과 사회화 과정을 통해 형성된다고 지적하면서 사법기관이 시민의 지지와 신뢰를 확보하기 위하여 기관 결정의 공정성과 효과성을 높여야 함을 강조하고 있다.

VI. 맺음말

민주주의의 이행에 관한 연구는 민주화가 자연스럽게 민주주의의 공고화를 가져올 것이라는 기대가 환상임을 보여준다(O'Donnell 1996). 민주적인 선거로 문책이 될 수 있고 법을 지키는 정부가 자동으로 생산된다는 기대는 구조적 및 역사적 조건이 민주적 진보를 제한할 수 있음을 간과한 가정이라는 것이다(Carothers 2002). 선거주의의 오류는 공정하고 자유롭게 보이는 선거가 있음에도 불구하고 무법 혹은 초법의 지배가 지속될 수 있음을 지적한다(Karl 1995). 위임 민주주의의 위험은 견제와 균형의 수평적 문책제도가 작동하지 않아 선출된 집행부의 수장이 독재자처럼 자의적으로 통치할 수 있음을 경고한다(O'Donnell 1994). 확립된 민주주의에서조차 발견되는 탈공고화의 징후는 특히 신생 민주주의의 경우 민주주의의 공고화가 불가피하거나 불가역적이지 않음을 분명히 보여준다(Foa and Mounk 2016; 2017). 린츠와 스테판(Linz and Stephan 1996)은 민주주의가 공고화되기 위해 민주적 리더십, 효과적인 선거 및 대의제도, 법의 지배, 합리적으로 작동하는 국가 관료제가 모두 필요함을 강조하였다. 선행연구와 이론은 견제와 균형이 작동하지 않고 법의 지배가 훼손된 민주주의는 비자유적 민주주의 혹은 사이비 민주주의로 전락할 수 있음을 보여준다. 자유주의에 뿌리를 둔 법의 지배는 민주주의의 공고화를 위해 결핍될 수 없는 요소라는 것이다(Plattner 1998).

민주주의의 가장 기본적인 의미는 인민의 지배이다. 근대 국가에서 인민의 지배가 이루어지는 주요 기제는 인민의 대표자들을 선발하는 선거이다. 유권자들은 대표자들을 선출하고 인민을 위한 결정을 하도록 위임한다. 그들의 성과에 만족하지 않다면 다음 선거에서 그들을 문책한다. 이는 선거민주주의의 기본적 요소이다. 한편, 입헌적 자유주의는 권력분립과 견제와 균형 및 법의 지배를 통해 다수의 지배를 제한한다. 민주적으로 선출된 정부에 대해 민주주의의 한계를 존중하고 권력의 행사를 자제할 것을 요구한다(Schedler, Diamond and Plattner 1999). 선거민주주의가 대중적 정부(popular government)를 추구한다면 입헌적 자유주의는 제한된 정부(limited government)를 추구한다. 입헌적 자유민주주의는 이 둘 간의 균형과 조화를 추구하는 것이다.

　이러한 맥락에서 본서는 민주주의의 공고화를 위한 주요 조건으로 법의 지배를 강조한다. 법의 지배가 만연하지 못하면 선거민주주의를 넘어 입헌적 자유민주주의를 공고화하기 어렵다. 선출된 정부가 법의 지배를 받지 않으면 민주주의의 질이 높을 수 없다. 민주주의의 공고화가 불가역적이 아니라는 점을 고려하면 다수의 의사라는 이름으로 이루어지는 위법적 혹은 초법적 거버넌스는 민주주의의 완만한 부식을 거쳐 급작스러운 붕괴를 초래할 수 있다(Ginsburg and Huq 2018).

　한국의 민주화 헌법은 기본적으로 입헌적 자유민주주의를 지향하고 있다. 그런데 민주화 이후 한 세대 넘게 민주적 정부를 구성하는 선거제도는 꾸준히 발전해 왔지만, 민주적으로 선출된 정부를 문책할 수 있는 제도의 발전은 지체되었다. 다수의 지배와 법의 지배 간의 제도적 불일치가 지속된 것이다. 제왕적 대통령제로 권력분립 및 견제와 균형이 온전히 작동하지 못하였고 권력기관을 견제하는 사법부의 역할도 제한적이었다. 특히, 지난 수년간 정치적 양극화와 더불어 정치의 사법화와 사법부의 정치화는 입헌적 자유민주주의의 내재적 긴장을 선명하게 하였다. 현재 한국의 정치적 풍경은 다수의 지배를 강조하는 민주주의, 법의 지배를 강조하는 입헌주의, 국가 권력으로부터 자유를 강조하는 자유주의 간의 갈등을 보여주고 있다.[36] 이러한 갈등은 한국의 민주

주의가 선거민주주의를 넘어 입헌적 자유민주주의로 공고화되는 것을
어렵게 하고 있다.

민주화 헌법이 지향하는 입헌적 자유민주주의를 공고화하기 위해서
는 절차적 민주주의와 견제와 균형 및 법의 지배가 조화를 이루어야
한다. 주기적 선거를 통한 수직적 문책성의 한계를 고려하면 독립된 사
법부와 법의 지배는 입헌적 자유민주주의의 공고화를 위해 필수적이
다. 민주주의를 한다고 저절로 독립된 사법부와 법의 지배가 제공되는
것은 아니다. 사법부의 독립과 법의 지배를 촉진하기 위해서 권리 존중
의 정치문화가 존재하고 정치적 권력기관이 분할되어 있고 선거 경쟁
을 통한 규율이 작동해야 한다. 민주화 이후 한 세대가 지난 현재 한국
은 민주주의와 입헌적 자유주의의 원리를 제도적으로 조화시켜야 하는
큰 도전에 직면해 있다고 할 수 있다.

다수가 원하는 정책을 위해 선출된 정부가 권한을 효과적으로 행사
하는 것을 옹호하는 민주주의는 개인의 자유와 소수의 권리를 보호하
기 위해 정부 권한의 제한을 변호하는 법의 지배와 상충적일 수 있다.
민주적으로 선출된 정부가 다수의 요구를 충실히 집행하면 법의 지배
는 민주적으로 정당화하기 어려울 수 있다. 그러나 본서는 민주주의와
법의 지배가 장기적으로 상보적임을 강조한다. 민주주의와 다수주의는
구분될 필요가 있다. 다수의 지배가 민주주의의 주요한 원리이기는 하
지만 정치적 다수가 참정권을 위협하거나 표현과 언론의 자유를 침해
한다면 그러한 권리를 제한하는 입법을 막는 것은 반민주적이기보다
오히려 민주주의를 증진하는 것이라고 할 수 있다. 다수의 의사라는 명
분으로 정파적 행동을 정당화하려는 선출된 권력을 견제하는 독립된

---

36 입헌적 민주주의의 내재적 문제에 대한 종합적 논의는 엘스터와 슬래그스타드
   (Elster and Slagstad 1988) 참조.

사법부는 민주주의에 대한 위협이 아니라 민주주의의 질을 높인다고
할 수 있다. 이러한 배경과 논거에서 한국 민주주의의 침식을 경계하고
나아가 입헌적 자유민주주의의 공고화를 열망하면서 본서가 한국에서
민주주의와 법의 지배 간의 역동적 관계에 대한 우리의 이해를 높이기
를 기대한다.

참고문헌

김도균. 2021. "법에 있어서 민주주의: 민주주의의 질과 법치," 『지식의 지평』, 30: 87－101.

김비환. 2006. "현대자유주의에서 법의 지배와 민주주의의 관계: 입헌민주주의의 스펙트럼." 법철학연구 9(2): 113－144.

문재완. 2005. "사법부의 독립성과 책임성." 『미국헌법연구』 16(2), 195－231.

박은정. 2010. "'정치의 사법화'와 민주주의" 『서울대학교 법학』 51(1) 1－26.

박종민·마인섭(편). 2018. 『한국 민주주의의 질: 민주화 이후 30년』, 서울: 박영사.

박종현. 2017. "정치의 사법화의 메카니즘: 헌법재판에 의한 정치의 사법화 현상에 대한 분석 및 평가. 『법학연구』 27(1): 101－141.

오승룡. 2011. "한국 민주주의의 위기와 법의 지배: 정치의 사법화를 중심으로." 『민주주의와 인권』 10(3): 163－196.

오향미. 2020. "헌법재판권에 의한 국가권력 구조 변화: 사법우위와 행정우위 국가 사이에서." 박종민(편). 『민주화 이후 한국의 국가』, 265－295. 서울: 박영사.

오현진·조인영. 2018. "민주화 이후 한국 민주주의의 질: 제도변화 및 민주주의 지표 분석." 박종민·마인섭(편) 『한국 민주주의의 질: 민주화 이후 30년』, 25－71. 서울: 박영사.

이황희. 2019. 헌법재판소에 대한 견제: 감시자를 감시하는 방식에 관한 고찰." 『법학연구』 22(3): 423－460.

임현. 2018. "한국의 민주주의와 법치: 사법권에 대한 평가를 중심으로." 박종민·마인섭(편) 『한국 민주주의의 질: 민주화 이후 30년』, 151－186. 서울: 박영사.

조원빈. 2018. "수평적 책임성과 민주주의의 질." 박종민·마인섭(편) 『한국 민주주의의 질: 민주화 이후 30년』, 225－264. 서울: 박영사.

차동욱. 2006. "위헌법률심사제도의 민주적 정당성에 관한 고찰: 대의제 민주주의 하에서의 헌법재판제도의 정당성." 『정부학연구』 12(2): 161－195.

최선. 2015. "사법권 독립에 대한 비판적 검토: 독립과 책임의 조화를 중심으로" 『한국정치학회보』 49(1): 205－226.

Carothers, Thomas. 2002. "The End of the Transiton Paradigm." *Journal of Democracy* 13: 5－21.

Coppedge, Michael and John Gerring. 2011. "Conceptualizing and Measuring Democracy: A New Approach." *Perspectives on Politics* 9(1): 247－267.

Dahl, Robert. 1971. *Polyarchy: Participation and Opposition.* New Haven: Yale University Press.

Diamond, Larry. 2021. "Democratic Regression in Comparative Perspective: Scope, Methods, and Causes." *Democratization* 28(1): 22－42.

Diamond, Larry, Juan J. Linz and Seymour Martin Lipset (eds). 1989. *Democracy in Developing Countries.* Boulder: Lynne Rienner.

Diamond, Larry and Leonardo Morlino (eds). 2005. *Assessing the Quality of Democracy.* Baltimore: Johns Hopkins University Press.

Elster, Jon and Rune Slagstad (eds). 1988. *Constitutionalism and Democracy.* Cambridge: Cambridge University Press.

Finkel, Jodi S. 2008. *Judicial Reform as Political Insurance: Argentina, Peru, and Mexico in the 1990s.* Notre Dame: University of Notre Dame Press.

Finnis, John. 1980. *Natural Law and Natural Rights.* Oxford: Clarendon Press.

Fiorina, Morris P. 1981. *Retrospective Voting in American National*

Elections. New Haven: Yale University Press.

Fiss, Own M. 1993. "The Limits of Judicial Independence." *University of Miami Inter—American Law Review* 25(1): 57—76.

Foa, Robert and Yascha Mounk. 2016. "The Danger of Deconsolidation: The Democratic Disconnect." *Journal of Democracy* 27: 5—17.

_____. 2017. "The Signs of Deconsolidation." *Journal of Democracy* 28: 5—15.

Fuller, Lon L. 1969. *The Morality of Law.* New Haven, Yale University Press.

Ginsburg, Tom and Aziz Z. Huq. 2018. *How to Save a Constitutional Democracy.* Chicago: University of Chicago Press.

Gloppen, Siri and Roberto Gargarella, and Elin Skaar (eds). 2004. *Democratization and the Judiciary: The Accountability Function of Courts in New Democracies.* London: Frank Cass.

Graber, Mark A., Sanford Levinson and Mark Tushnet (eds). 2018. *Constitutional Democracy in Crisis?* New York: Oxford University Press.

Guarnieri, Carlo and Patrizia Pederzoli. 2002. *The Power of Judges: A Comparative Study of Courts and Democracy.* Oxford: Oxford University Press.

Helmke, Gretchen and Frances Rosenbluth. 2009. "Regimes and the Rule of Law: Judicial Independence in Comparative Perspective." *Annual Review of Political Science* 12.

Hirschl, Ran. 2004. "'Juristocracy'—Political, not Juridical." *The Good Society* 13(3): 6—11.

Hirschl, Ran. 2008. "The Judiccialization of Mega—Politics and the Rise of Political Courts." *Annual Reviw of Political Science* 11: 93—118.

Huntington. Samuel P. 1991. *The Third Wave: Democratization in the Late*

Twentieth Century. Norman: University of Oklahoma Press.

Karl, Terry Lynn. 1995. "The Hybrid Regimes of Central America." *Journal of Democracy* 6(3): 72−86.

Kleinfeld, Rachel. 2006. "Competing Definitions of the Rule of Law." *In Promoting the Rule of Law Abroad: In Search of Knowledge*, edited by Thomas Carothers, 31−73. Washington: Carnegie Endowment for International Peace.

Landes, William M. and Richard A. Posner 1975. "The Independent Judiciary in an Interest−Group Perspective." *Journal of Law and Economics* 18(3): 875−901.

Linz, Juan J. and Alfred Stepan. 1996. *Problems of Democratic Transition and Consolidation: Southern Eurpoe, South America, and Post−Communist Europe.* Baltimore: Johns Hopkins University Press.

Macdonald, Roderick A. Hoi Kong. 2012. "Judicial Independence as a Constitutional Virtue." *In The Oxford Handbook of Comparative Constitutional Law*, edited by Michel Rosenfeld and Andrasá Sajó, 831−858. Oxford: Oxford University Press.

Maravall, José María and Adam Przeworski. 2003. "Introduction." *In Democracy and the Rule of Law*, edited by José María Maravall and Adam Przeworski. Cambridge: Cambridge University Press.

McCubbins, Mathew D. and Thomas Schwartz. 1984. "Congressional Oversight Overlooked: Police Patrols versus Firm Alarms." *American Journal of Political Science* 28(1): 165−179.

Møller, Jørgen and Svend−Erik Skaaning. 2014. *The Rule of Law: Definitions, Measures, Patterns and Causes.* London: Palgrave Macmillan.

O'Donnell, Guillermo. 1994. "Delegative Democracy." *Journal of*

Democracy 5(1): 55－69.

_____. 1996. "Illusions About Consolidation." *Journal of Democracy* 7(2): 34－51.

_____. 1998. "Horizontal Accountability in New Democracies." *Journal of Democracy* 9(3): 112－126.

_____. 2004. "Why the Rule of Law Matters." *Journal of Democracy* 15(4): 32－46.

O'Donnell, Guillermo and Philippe Schmitter. 1986. *Transitions from Authoritarian Rule: Tentative Conclusions about Uncertain Democracies.* Baltimore: Johns Hopkins University Press.

Plattner, Marc F. 1998. "Liberalism and Democracy: Can't Have One Without the Other." *Foreign Affairs* 77/2(March/April 1998): 171－180.

Przeworksi, Adam, Michael E. Alverez, Jose Antonio Cheibub and Fernando Limongi. 2000. *Democracy and Development: Political Institutions and Well－Being in the World, 1950－1990.* New York: Cambridge University Press.

Raz, Joseph. 1979. *The Authority of Law: Essays on Law and Morality.* Oxford: Oxford University Press.

Sieder, Rachel, Line Schjolden and Alan Angell, (eds). 2005. *The Judicialization of Politics in Latin America.* New York: Palgrave Macmillan.

Schedler, Andreas, Larry Diamond and Marc F. Plattner, (eds). 1999. *The Self－Restraining State: Power and Accountability in New Democracies.* Boulder: Lynne Rienner.

Schumpeter, Joseph A. 1950[1942]. *Capitalism, Socialism and Democracy.* New York: Harper & Row.

Sejersted, Francis. 1988. "Democracy and the Rule of Law: Some

Historical Experiences of Contradictions in the Striving for Good Government." In *Constitutionalism and Democracy,* edited by Elster, Jon and Rune Slagstad, 131−152. Cambridge: Cambridge University Press.

Smilov, Daniel. 2012. "The Judiciary: The Least Dangerous Branch." In *The Oxford Handbook of Comparative Constitutional Law,* edited by Michel Rosenfeld and Andrasá Sajó, 859−873. Oxford: Oxford University Press.

Tamanaha, Brian Z. 2004. On the Rule of Law: History, Politics, Theory. Cambridge University Press.

Tamanaha, Brian Z. 2007. "A Concise Guide to the Rule of Law." St. John's University School of Law Legal Studies Research Paper Series No. 07−0082.

Tate, C. Neal. 1995. "Why the Expansion of Judicial Power?" In *The Global Expansion of Judicial Power,* edited by Tate, C. Neal and Torbjörn Vallinder, 27−37. New York: New York University Press.

Tate, C. Neal and Torbjörn Vallinder, (eds). 1995. *The Global Expansion of Judicial Power.* New York: New York University Press.

Vanberg, Georg. 2005. *The Politics of Constitutional Review in Germany.* New York: Cambridge University Press.

Zakaria, Fareed. 1997. "The Rise of Illiberal Democracy." *Foreign Affairs* 76(6): 22−43.

제1편

민주주의와 사법제도

제2장
헌법재판소와 법치적 민주주의

이 황 희

I. 서 론

민주주의와 법치주의는 우리 헌법의 주요한 기본원리이며, 법치적 민주주의는 이 둘의 포용과 결합을 표현한 말이다. 민주주의(democracy)는 말 그대로 민(民)이 주(主)가 되는 것, 혹은 민(demos)이 권력(kratos)을 가지는 것이자, 또한 그렇게 되어야 한다는 헌법적 원리를 가리킨다. 민주주의는 따라서 국민의 자기통치 체제이며, 국민은 '통치하는 자'이자 동시에 '통치되는 자'가 된다.

오늘날 민주주의에서 정치적 의사결정과 그것의 실행은 법을 매개로 이루어진다. 입법, 행정, 사법 간의 권력분립은 법의 제정과 집행, 해석과 적용이라는 법의 상이한 국면에 따라 국가권력 작용을 분절한 것이다. 통치하는 자이면서 통치되는 자인 국민의 지위는 법의 국면에서 '법 제정의 주체'이자 동시에 '법 적용의 대상'으로 치환된다. 법의 제정에서 국민이 주체가 된다는 사실만큼 법의 적용에서 국민이 대상이 된

다는 사실도 중요하다. 법 적용과 관련하여 국민은 국가권력에 의해 언
제든 희생될지 모르는 잠재적 피해자가 되는 까닭이다. 피해를 막기 위
해서는 국가권력에 예측가능성과 확실성이 부여되어야 하는데, 이를
위한 헌법적 원리가 바로 법의 지배(rule of law), 혹은 법치주의이다.[1]
이처럼 법을 만들고 실행하는 전반적인 과정 속에서 법의 지배(법치주의)
와 민의 지배(민주주의)는 서로 긴밀한 내적 연관을 가지게 된다.

　입헌민주주의는 헌법이라는 상위법의 효력을 이용해 법치주의와 민
주주의의 실현을 보증하려는 기획이며, 이를 뒷받침하기 위한 제도로
고안된 것이 바로 헌법재판이다. 우리는 1987년 현행헌법을 만들면서
현재와 같은 헌법재판제도를 운영하기 시작했다. 이제 이 제도가 실시
된 지도 30여 년이 흘렀다. 헌법재판소는 과연 이와 같은 입헌민주주
의의 기획에 어떤 성과와 한계를 남겼을까. 이 글은 지난 30여 년간 헌
법재판소가 우리 법치주의와 민주주의에 남긴 자취를 되짚어 보기 위
한 것이다.

　본 장의 주된 관심은 따라서 법치주의와 민주주의의 실현에서 헌법재
판소가 수행한 역할과 그로 인한 성과와 한계에 맞추어져 있다(Ⅲ, Ⅳ).
그러나 이 작업을 위해 먼저 근대 입헌주의와 헌법재판의 기본구상, 그
리고 오늘날 헌법재판제도의 구도를 살펴볼 것이다(Ⅱ). 끝으로 헌법재
판소가 법치주의와 민주주의의 진전을 위해 더욱 유의미한 기관이 될
방안을 생각해 보면서 글을 마친다(Ⅴ).

---

1 법의 지배, 법치국가, 법치(주의)는 역사적 유래와 그 내용에서 차이가 있을 수 있으
　나, 본고에서는 크게 보아 이들을 같은 개념으로 다룰 것이다(같은 입장으로, 김도
　균 2006, 3).

Ⅱ. 근대 입헌주의와 헌법재판

1. 근대 입헌주의

근대 입헌주의는 18세기 말 대서양을 사이에 둔 두 국가 즉, 미국과 프랑스의 성공적인 정치적 변혁으로부터 시작했다(Grimm 1994, 31). 국가 존립의 기본적 조건을 규정하는 근본법으로서 헌법은 국가가 존재하는 한 언제나 존재하기 마련이지만,[2] 본 장에서 다루는 근대 헌법은 18세기 말에 시작된 근대 입헌주의의 산물이며, 16·17세기에 등장한 근대 국가를 규율하기 위한 정치적 프로젝트이다. 따라서 근대라는 시대적 조건이 이 헌법의 우선적인 특징이 된다.

그러나 단순한 시간적 조건 외에도, 근대 헌법은 그 이전의 헌법과 구별되는 중요한 특징들을 가진다. 먼저, 근대 헌법은 일반적으로 성문법전의 형식으로 존재한다. 헌법전이라는 실정법의 모습으로 구현된 헌법의 역사는 그리 오래 되지 않았다. 그 시작은 근대 입헌주의의 등장을 알린 18세기 후반의 미국(1787)과 프랑스(1791)의 헌법이었다. 그후 서구에서 헌법의 실정화는 유행처럼 번져나가 스페인(1812), 노르웨이(1814), 네덜란드(1815), 벨기에(1831) 등이 이 흐름을 이어갔다. 19세기 후반, 아시아에 속하지만 서구의 일원이 되려 했던 일본 역시 동아시아 최초의 근대 헌법을 제정하면서 이 대열에 합류했다(1889). 오늘날 성문 헌법전을 가지지 않은 곳은 극소수(영국, 뉴질랜드 등)에 불과할 정도로 성문법 형식은 근대 헌법의 기본특징이 되었다.

그렇지만 근대 헌법의 보다 본질적인 특징은 그 형식이 아니라 내용에 있다. 근대 이전 헌법이 국가의 상태에 관한 서술적 성격에 치중했

---

2 이런 의미의 헌법을 일컬어 "고유의 의미의 헌법", "본래의 의미의 헌법"이라고 표현하기도 한다. 김철수(2007, 13); 문홍주(1987, 34); 野中俊彦 외(2006, 3-5).

다면, 근대 헌법에서는 국가가 어떻게 형성되고 조직되며 그 권한은 어떻게 행사되어야 하는지를 규율하는 규범적 성격이 강조되었다(Grimm 1994, 35-6). 여기서 특히 중요하게 등장한 정치적 원리는 개인의 평등한 자유와 권리에 대한 보장이었다. 이것은 중세 이후 사회적 인습과 신분, 종교적 속박에서 벗어나게 된 개인의 출현을 배경으로 했는데, 이 개인은 관념상 평등하게 자유로운 존재이며 각자가 자신의 도덕적 세계에서 중심에 서 있는 자였다.

이러한 개인의 출현은 인습이나 신학의 후원을 통해 확보되었던 사회의 권위적 질서가 더 이상 유지될 수 없음을 의미하는 것이기도 했다. 질서의 부재는 단지 불편함만을 초래하는 것에 그치지 않았다. 개인'들' 간에 잠재되어 있는 대립과 충돌, 그리고 물리적 폭력의 위협 속에서 평등한 자유와 권리는 언제든 훼손될 위험에 직면했다. 개인의 자유와 권리, 안전을 보장하기 위한 절대적인 정치적 권위가 필요해진 것이다. 영토, 국민, 주권을 핵심으로 하고 공적 권위를 독점하는 근대 국가는 이러한 배경에서 출현하게 되었다.

근대 초기 국가는 평화를 건설하기 위한 절대적 권위를 누리며 법적 구속에서 자유로운 존재로 여겨졌다. 그러나 사회의 정치적 의식이 성장하면서 국가권력을 제한하려는 노력들이 성과를 거두게 되었다. 헌법이 그 소산이었으며, 이를 통해 국가권력의 행사조건을 규율하는 동시에 그 한계도 함께 설정할 수 있었다. 한편으로, 개인의 평등한 자유와 권리를 존중해야 한다는 한계가 국가에 주어졌다(권리보장). 이것은 국가에 대해 평등대우와 권리존중을 명하는 것이었고, 이후 적법절차와 과잉금지 같은 정교한 내용으로 발전해 나갔다. 다른 한편으로, 이같은 권리보장을 위해 국가권력은 분할되어 상이한 기관들에 할당되었는데, 이로부터 권력기관은 자신의 권한을 행사해야 한다는 한계가 성립했다(권력분립). 이처럼 권리보장과 권력분립은 근대 헌법에 설계된 본질적 제한이며, 근대 입헌주의를 특징짓는 주요한 내용이 되었다. 이는 일찍이 "권리보장이 확보되어 있지 않고, 권력분립이 규정되어 있지 않은 모든 사회는 헌법을 가진 것이라고 할 수 없다."고 밝힌 1789년 프랑스의 '인간과 시민의 권리선언'(제16조)에서도 분명히 드러난다.

국가의 정당화 원천을 개인에서 찾는 것은 국가가 그 자체로 목적이 아니라 개인의 행복과 안전, 자유와 평등을 위한 수단임을 시사한다.[3] 그러나 국가는 그와 동시에 해당 영토 내에서 그 어떤 적수도 없을 만큼 강력하고 절대적인 정치적 권위를 가지게 되었기 때문에 개인의 자유와 권리를 침해할 수 있는 가장 위험한 존재이기도 했다. 말하자면, 국가는 개인의 자유와 권리의 보호를 위해 필요한 존재인 동시에, 자유와 권리의 보호를 위해 감시되어야 할 잠재적 침해자라는 두 얼굴을 가진다. 전자에서는 적극적 역할이, 후자에서는 소극적 역할이 국가에 대해서 요구된다. 근대 국가의 야누스적인 두 측면을 규율하게 된 헌법은, 따라서 '국가를 통해' 개인의 자유를 보장하는 역할과 '국가로부터' 개인의 자유를 보장하는 역할을 모두 예정한다.

한편, 평등한 자유와 권리의 보장이라는 근대 헌법의 원리는 개인적·집단적 차원에서 자율성의 보호와 증진이라는 규범적 내용을 산출했다.[4] 이제 개인은 외부의 부당한 간섭 없이 자신의 삶을 주체적으로 영위할

---

3 이것은 국가를 인간의 본성에 따른 자연적 현상으로 이해한 고대 철학자들의 관점(Aristoteles 2009, 20; Cicero 2010, 163)과 구분되는 것이며, 근대 헌법의 또 다른 특징에 해당한다.

4 두 자율성의 상호의존성과 동근원성에 관해서는 Habermas(2000)를, 두 자율성 간의 상충성에 관한 문제의식과 이를 해결하기 위한 권력분립이론의 재구성에 관해서는 Möllers(2013)를 참조.

수 있는 개인적 자율성을 가지는 동시에, 공동체의 평등한 구성원으로서 동료들과 더불어 정치적 의사결정에 참여해 집단적 자율성을 향유할 수 있는 존재가 되었다. 법치주의와 민주주의는 이렇게 성립된 개인적 자율성과 집단적 자율성을 보호하고 실현하기 위한 근대 입헌주의의 특징적인 방식이다. 근대 입헌주의는, 비록 시대와 사회에 따라 개별 헌법의 구체적 내용에서 차이가 있겠으나, 두 자율성의 존중과 보호, 증진이라는 공통의 목적을 향해 있다.

이상의 기획을 위해 헌법에 최고법의 지위를 인정한 것(규범서열) 역시 근대 헌법의 주요한 특징이다.[5] 이로써 근대 국가의 법체계는 국민에 의해 제정되어 국가권력을 규율하는 상위법인 헌법과 이 헌법의 규율 내에서 국가권력에 의해 제정되는 하위법인 일반법의 단계적 구조를 가지게 되었다.

2. 헌법재판

1) 의의

그러나 국가를 통해 혹은 국가로부터 평등한 자유와 권리를 보장해 개인적·집단적 자율성을 실현하려는 근대 입헌주의의 기획이 늘 현실에서 성공을 거둔 것은 아니다. 권력이 헌법을 위반하고 국민의 자유와 권리를 침해하는 일이 드물지 않았기 때문이다.

법은 강제력을 통해 위반행위를 실효적으로 제재할 수 있을 때 온전히 실현될 수 있다. 국가권력에 의해 제정되는 일반법은 법을 따르지 않는 국민이 있어도 국가가 공권력으로 그 법을 관철할 수 있다. 반면

---

5 헌법의 최고성은 근본법으로서의 헌법이라는 개념 자체로 인정되지만, 일부 국가는 헌법의 최고성을 헌법에 명시적으로 밝혀 놓기도 한다. 미국 헌법 제6조 제2항, 독일 기본법 제20조 제3항 등이 대표적이다.

에, 국민이 제정해 국가권력을 규율하는 헌법은 상황이 다르다. 규율대
상인 국가권력은 공권력을 독점하는 강력한 존재인 데 반해, 제정주체
인 국민은 미력한 존재이므로 헌법을 따르지 않는 국가권력에 대해 헌
법을 강제할 힘이 부족한 까닭이다.

   물론 국민의 정치적 지지가 관건인 민주국가에서 위헌행위를 한 정
부를 정치적으로 지지하지 않는 것도 그러한 행위에 대한 일종의 재제
가 될 것이다. 그러나 이것은 정치적 차원의 간접적인 통제에 그친다.
몇몇 개인의 지지철회로 정부에 현실적인 불이익을 가하기도 힘들겠지
만, 더 결정적인 문제는 이 방식으로는 위헌행위 자체를 직접 교정하거
나 무효로 만드는 데 한계가 있다는 것이다. 이 한계를 극복하기 위해
서는 위헌행위를 직접 교정할 수 있는 방식이 필요하다. 헌법재판의 효
용이 여기에 있다. 이 같은 교정수단은 사후적으로 가동되지만, 권력자
가 그 존재를 의식할수록 사전적 억제장치로도 기능하게 된다. 정치적
득실계산에 능한 권력자라면, 곧 위헌으로 결정되어 정치적 비난을 불
러올 조치를 감행하려 들지 않을 것이기 때문이다.

   헌법재판은 비교적 근래 등장한 제도이다. 뒤에서도 보겠지만, 사법적
방식으로 법률의 위헌 여부를 심사하는 제도를 본격화한 곳은 1803년
미국이었고, 이 제도를 헌법재판소라는 새로운 형식으로 시도한 최초의
국가는 1920년 오스트리아였다. 그리고 이 제도의 성공에는 아이러니하
게도 20세기 인류가 겪었던 야만, 즉 대량학살과 인권유린, 비인도적 만
행이 결정적 역할을 했다. 헌법재판제도의 확산은 이를 되풀이하지 않기
위한 노력의 소산이었다. 제2차 세계대전이 막을 내린 후 패전국인 독
일과 이탈리아, 일본이 공히 헌법재판제도를 받아들인 데에는 이러한
배경이 있었다. 미국식 헌법재판제도를 받아들인 일본과 달리, 독일과

이탈리아는 오스트리아 모델을 따랐다. 독일과 이탈리아는 1951년과 1955년 헌법재판소를 설립했는데,[6] 이들의 성공은 권위적 지배를 탈피해 민주적 체제로 이행하고자 했던 후발 국가의 모델이 되었다. 스페인 (1978)과 포르투갈(1982)이 그랬고, 1990년대 초 현실사회주의 체제가 붕괴한 후 독립한 중동유럽의 국가들 역시 민주주의로 전환하는 과정에서 이 모델을 채택했다.[7] 민주화 열망을 담은 우리의 현행헌법(1987)이 헌법재판소를 설치한 것 역시 이러한 흐름에 있었다.[8]

2) 두 가지 모델

법규범의 서열에 따라 상위법이 하위법보다 더 우월한 효력을 가진다는 관념은 서구 정치사상사에서 매우 오랜 역사를 가진다. 고대 아테네에서 상위규범인 노모스(nomos)와 하위규범인 프세피스마(psephisma)의

---

6 오스트리아가 전문적인 헌법재판기관인 헌법재판소를 설립한 이후 체코 헌법재판소(1921), 리히텐슈타인 국사재판소(1925), 스페인 헌법재판소(1931) 등이 세워졌다. 그러나 이 무렵 설립된 기관들은 정치적 격변 속에서 단명에 그치거나 운영이 마비되는 기간을 가지는 경우가 많았다. 오스트리아 헌법재판소는 파시즘 성향을 가진 집권세력에 의해 제정된 1934년 헌법에 따라 행정재판소와 통합된 다음 제 기능을 하지 못했고, 1938년 오스트리아가 나치 독일에 합병된 후에는 그마저 보유하던 헌법재판기능을 상실했다. 오스트리아 헌법재판소는 1945년 다시 설립되어 그 이전의 권한과 기능을 회복했다. 체코는 오스트리아보다도 먼저 헌법에 헌법재판소 제도를 도입한 국가였지만, 체코 헌법재판소는 오스트리아 헌법재판소가 발족한 이후인 1921년 설치되었고, 공산화된 다음 제정된 1948년 헌법에 의해 폐지되었다가 사회주의 체제가 막을 내린 이후 새로 설립되었다. 마찬가지로 이 무렵에 탄생한 스페인 헌법재판소 역시 프랑코의 권위주의 통치가 시작되면서 이내 폐지되었고, 프랑코 시대가 종식된 후 1978년 헌법에 의해 현행 헌법재판소가 세워졌다.

7 비아지는 민주주의로의 이행이라는 관점에서 제2차 세계대전 이후 새로운 질서의 형성기, 1970년대 이후 권위주의적 통치의 극복기, 1990년대 현실사회주의 붕괴 이후 옛 사회주의 국가들의 전환기에 이탈리아, 스페인, 체코의 헌법재판소가 수행한 역할을 조명한 바 있다(Biagi 2020).

8 우리는 제헌헌법에서부터 헌법재판제도를 도입해 그간 헌법위원회나 대법원에 헌법재판권한을 부여해 왔으나, 현행헌법이 헌법재판소를 설치한 이후 이 제도가 성공적으로 작동하기 시작했다고 평가된다(정종섭 2019, 60-78; 허영 2021, 77-97).

관계, 중세 교회사상가들에 정립된 자연법과 인정법 간의 위계, 17세기 영국의 법관 코크(E. Coke)가 보넘 사건(Bonham's case)에서 확인한 바와 같은 실정법에 대한 보통법의 우위, 대영제국 시대 식민지법에 대한 영국 본토법의 우위, 『페더럴리스트』 제78번에서 해밀턴(A. Hamilton) 이 주장한 일반법에 대한 헌법의 우위 등이 대표적이다(이상 Hamilton 외 1995; Cappelletti 1989; Hansen 1999; 이명웅 2014; 이황희 2015 참조).

그러나 오늘날과 같은 근대적 형태의 헌법재판을 확립한 결정적 계기는 1803년 미국 연방대법원의 마버리 대 매디슨(Marbury v. Madison) 판결을 통해 마련되었다. 해당 사건에 적용되는 헌법과 법률이 서로 충돌할 때 사법부는 법률보다 더 우월한 효력을 갖는 헌법을 적용해야 한다는 선언이었다.[9] 미국 연방대법원은 이 사건 이후 한동안 위헌심사 권한을 행사하지 않았으나 1857년 이후 다시 재개하기 시작했고,[10] 이는 시간이 흐르면서 더욱 본격화되었다(박인수 외 2010, 218 이하).

19세기 초, 프랑스 귀족 토크빌(A. de Tocqueville)은 미국을 여행하면서 신생 민주국가의 여러 면모를 관찰하고 기록했는데, 그의 눈에 법원의 위헌심사제도는 특이하고 낯설게 보였을 것이다.[11] 무엇보다도 프랑스와 미국은 법체계가 달랐다. 일반적으로 서구의 법체계는 영미법계와 대륙법계로 양분되는데, 법관에 대한 신뢰를 토대로 판례법과 선례 구속원칙을 인정하는 영미법계와 달리, 대륙법계는 권력분립원칙과 의회제정법 우위의 원칙을 강조했다(Merryman & Perez-Perdomo 2020). 대륙법계에서 법관의 역할은 입법부가 제정한 법률을 해당 사건에 그대로 적용하는 것에 불과하므로, 법관은 입법자의 인식에 철저히 종속되

---

9 5 U.S. 137 (1803). 특히 177-8.
10 Dred Scott v. Sandford, 60 US 393 (1857).
11 그는 일찍이 이 제도로 말미암아 정치문제가 사법문제로 비화하게 된다고 진단한 바 있어(Tocqueville 2007, 359), 정치의 사법화에 관한 초창기의 통찰을 제시한 인물로 평가된다.

있다. 법관은 입법자의 인식을 반박하고 그와 다르게 판단할 권한이 없었다. 그뿐만 아니라, 대륙법계는 선례구속원칙을 인정하지 않으므로 법률의 위헌 여부와 같이 법적 안정성에 큰 영향을 끼치는 문제에서조차 법관들 간의 판단이 엇갈릴 위험이 있었다(Cappelletti 1989, 77 이하). 이런 면에서 일반법원이 각자 법률의 위헌 여부를 판단할 수 있는 미국의 방식은 대륙법계와 잘 어울리지 않았다. 대륙법계 국가에서 위헌법률심사권을 독점하는 전문적이고 특수한 기관이 고안된 데에는 이러한 배경이 있었다.

미국의 방식은 법률의 해석·적용을 담당하는 일반법원이 각각 위헌법률심사권을 가지도록 하는 것인데,12 이 권한이 여러 일반법원에 분산되어 있다고 해서 분산형 모델(decentralized model) 혹은 비집중형 모델로 불린다. 미국을 모델로 한다고 해서 미국형 모델로 부르기도 한다. 이 모델에서 법률의 위헌 여부는 언제나 그 법률이 적용되는 구체적 사건을 전제로 제기되고 판단된다. 위헌법률심사는 법원이 구체적 사건에서 타당한 판결에 이르기 위한 수단으로서 사고된다는 점에서 이것은 구체적 규범통제에 해당하고, 해당 사건의 판결을 위한 선결문제로서 위헌심사가 이루어진다는 점에서 부수적 규범통제의 성격을 갖는다.

이와 비교되는 것은 이 권한을 하나의 전문적 기관에 독점적으로 수여한 모델인데, 권한이 단일기관에 집중되어 있다고 해서 집중형 모델(centralized model)로 불리는 것이다. 이 모델은 주로 유럽 국가들에 의해 주도되었다고 해서 유럽형 모델로, 오스트리아에서 연유되었다고 해서 오스트리아 모델로, 한스 켈젠(Hans Kelsen)에 의해 착안되었다고

---

12 현대 헌법재판의 모델에 관한 전반적 설명으로 Cappelletti(1989, 66 이하); 한수웅
   (2015, 433 이하).

해서 켈젠 모델로 불리기도 한다.[13] 이 모델은 구체적 사건과 관계없이
법률의 위헌 여부를 판단하는 추상적 규범통제 방식을 특징으로 출발했
지만, 분산형 모델을 참조해 구체적 규범통제 방식도 포용하는 방향으
로 발전해 나갔다.[14] 이 발전은 오스트리아 헌법재판소에 의해 주도되
었는데, 1920년 설립 당시에는 추상적 규범통제만을 두었으나 1929년
개헌을 통해 일반법원의 위헌법률심판제청권을 인정함으로써 분산형
모델의 방식을 수용했고, 이 모습은 이후 설립된 여러 헌법재판소에 큰
영향을 끼쳤다(Cappelletti 1989, 94-100).

앞서 잠시 언급한 대로, 집중형 모델은 대체로 독재나 권위주의 통
치를 종식시킨 후 새로운 민주주의를 건립했던 국가들에서 많이 발견
된다. 독일과 이탈리아, 스페인처럼 집중형 모델을 주도한 초창기 국가
의 성공 경험이 입헌민주주의의 공고화라는 같은 목표를 향해 있던 후
발 국가에게 매력적으로 다가왔다. 여기에는 기존 사법부에 대한 불신
도 한몫을 했다. 이들 국가에서 사법부는 대체로 권위주의 통치세력에
복무해 왔기 때문에, 구시대의 극복을 꿈꾸는 시민들이 볼 때 새 시대
에 적합한 존재가 아니었다. 독재 정권에 협력해 인권보호를 소홀히 했
던 자들이 새 국가가 만든 민주적 법률의 효력을 좌우하는 것을 받아
들이기 어려웠다. 이들이 생각할 때, 이 권한은 새로운 민주헌정의 가
치를 공유하는 엄선된 자들에게 맡겨져야 했다(Ferreres Comella 2009,
99-100). 이 점에서도 집중형 모델은 장점이 있었다.

---

13 빈 대학 교수였던 켈젠은 오스트리아의 1920년 헌법 제정과정에 참여했다. 그는 이
   헌법에 헌법재판소 제도를 도입하는 데 크게 기여했는데, 훗날 스스로 술회했듯이
   이 제도는 그가 자신의 작품으로 여기고 가장 소중히 생각한 부분이었다. 그는 헌
   법재판소 설립 이후 재판관으로 선임되어 활약했다(Kelsen 2010, 94-7).
14 국가에 따라서는 추상적 규범통제제도 없이 구체적 규범통제제도만을 보유한 곳도
   있다. 우리나라와 룩셈부르크 등이 그렇다. 우리의 경우 추상적 규범통제제도의 도
   입논의가 있다.

Ⅲ. 법치주의와 헌법재판소

1. 우리 법치주의의 문제들

법의 지배, 즉 법치는 인격적 지배의 대립물이다(Dicey 1993, 109). 법치는 권력행사를 비인격적인 규칙에 구속시켜 권력자의 개성과 자의에 좌우되지 않도록 하려는 시도였고, 이는 자유와 권리의 보장을 기본원리로 채택한 근대 입헌주의에서 특히 중요한 지위를 가지게 되었다.

그러나 '법의 지배'라는 기본의미에도 불구하고, 법치주의는 다양한 해석과 이해방식에 개방되어 있다(Tamanaha 2014; 김비환 2016). 이는 왜 법치가 독재나 권위주의 정부에 의해서도 지지될 수 있는지를 설명해 준다.[15] 정치적 지배의 행사를 법 장치에 결속시키려는 제도적 구상이 반드시 권력통제라는 결론만을 산출하는 것은 아니기 때문이다.

법치주의의 개념적, 해석적 개방성과 관련하여 첫 번째로 언급할 부분은 '법치'의 개념을 둘러싼 불일치의 가능성이다.[16] 근대 국가의 법은 도덕과 달리 규범의 내용이 명확한 실정규범이고, 강제력을 가진 제재규범이다. 법치주의는 이것을 국가에 재귀적으로 적용함으로써 권력행사에 예측가능성을 부여하고 그 위반행위에 대한 제재를 통해 그러한 예측가능성을 안정화한다. 이러한 맥락에서 법치주의의 기획은 주로 지배의 합법성을 확보함으로써 성취된다(형식적 법치 모델). 그러나 그와 동시에 법은 당위규범으로서 타당성을 가져야 한다.[17] 법의 타당성을

---

15 억압적인 독재하에서도 법의 지배가 가능하다는 것에 관해서는 Barros(2008).
16 법치 개념의 본질적 경합가능성에 관해서는 김혁기(2012).
17 라틴어(ius)를 위시해 독일어(Recht), 프랑스어(droit), 스페인어(derecho), 이탈리아어(diritto) 같은 여러 서구어에서 '법'을 의미하는 어휘가 동시에 '타당함'을 뜻하는 현상으로부터 법과 타당성 간의 관계를 둘러싼 서구적 인식을 엿볼 수 있다. 한자어 법(法) 역시 물(水)이 흘러가는(去) 모습이 의미하는 세상의 타당한 이치를 표상한다. 일찍이 플라톤은 법을 이성의 산물로 보았다(Platon 2009, 321).

강조한다면, 법치주의의 기획은 실질적 차원으로 확장되어 권력행사가 내용적으로 타당한 법에 기초할 때에 비로소 실현될 수 있다. 이는 합법성이라는 형식적 차원에 인권과 민주주의 같은 내용적 차원을 가미한 것이다(실질적 법치 모델).

어느 것이 더 타당한 관점인가는 논쟁적인 문제이다. 우리 학계는 실질적 법치 모델을 더 완성된 법치주의로 이해하는 입장이고(김철수 2007, 267-9; 권영성 2008, 149; 허영 2020, 162-3; 계희열 2005, 346-8), 헌법재판소도 마찬가지이지만(92헌바49등), 법치주의가 사람들이 정부에 대해 바라는 모든 좋은 것들을 대변할 수는 없으며 그 내용이 비대해지면 그에 대한 불일치가 발생해 명확한 기준이 될 수 없다는 이유로 형식적 법치 모델을 지지하는 입장도 있다.[18]

형식적 법치 모델은 법치주의의 역할과 인권이나 민주주의의 역할이 구분되어야 한다는 것일 뿐, 결코 인권과 민주주의가 제대로 보호되지 않아도 무방하다는 입장이 아니다. 여기에도 법치주의의 근본목표라 할 권력통제적인 전망이 내장되어 있다. 그러나 인권과 민주주의에 대한 보호와 실현이 미약한 상태라면, 형식적 모델이 자칫 법의 내용에 관한 비판적 논의를 무력화하는 용도로 악용될 위험이 있다. 실제로 이 모델은 "악법도 법이다"라는 정체 모를 법언과[19] 결합해 민주적 시민윤리로 오해되어 부당한 법의 효력에 의문을 품는 사람들에 대하여 침묵을 강요하는 수단으로 동원되기도 했다. 또 형식적 모델은 내적 모순을

---

18 대표적으로 Raz(1979). "형식적 합법성이 법학자들 사이에 법의 지배에 대한 지배적인 이해"라는 평가로 Tamanaha(2014, 217).

19 이제는 소크라테스가 이 말을 하지 않았다는 사실이 잘 알려져 있다. 헌법재판소는 2004년 중학교 사회교과서에 소크라테스의 사례가 등장하는 것은 헌법과 기본권을 제대로 가르치지 않았던 과거 권위주의 정권 시절에 뿌리를 두고 있다고 하면서, 이는 이제 법률의 목적과 내용이 정당해야 한다는 현행 우리 헌법의 요청과 부합하지 않는다고 했다(중앙일보 2004/11/08, 10).

노정했다. 형식적으로 정당하지만 내용적으로 부당한 법의 문제가 그
것이다. 부당한 법이라도 그것을 따르지 않으면 그 자체로 위법한 것이
되고, 그 법을 그대로 따르면 부당한 것이 되는 딜레마 속에서 이 모델
은 제대로 대처하기 어려웠다.

  두 번째로 언급할 것은 법의 타당성에 관한 불일치의 가능성이다.
법치주의를 실질적 의미로 이해함으로써 지배의 합법성에 더해 그 내
용적 타당성까지 요구한다 하더라도 불일치의 가능성은 여전히 존재한
다. 타당성은 추상적인 개념이며 필연적으로 해석상의 경합이 발생하
기 때문이다. 법이 타당한가의 문제는 어떤 것을 타당한 것으로 생각하
는가에 따라 달리 판단된다. 예컨대 전염병 예방을 위해 국가가 개인의
위치이동을 추적할 수 있다는 법에 대하여, 개인의 가치를 중시하는 사
람이라면 이를 부당하다고 판단하겠으나, 전염병의 확산으로 인한 국
가적 파국의 예방을 우선하는 사람이라면 이 제한이 합당하다고 여길
것이다. 이처럼 어떤 법이 타당한가, 아닌가는 그 자체로 논쟁적이며,
이는 독재 혹은 권위주의 정부가 지배의 편의를 위해 만든 법률조차도
그 나름의 타당성 주장을 펼칠 수 있도록 하는 토대가 된다.

  법치주의를 둘러싼 이 같은 불일치는 애초 법치주의에 장착되었던
권력통제적인 전망을 소실하고, 그 역의 방향으로 작동할 가능성을 조
성했다. 법 장치는 상황에 따라 국민이 권력에 구속력을 가하는 매체가
될 수도 있고, 반대로 권력이 국민을 통제하는 억압적인 수단으로 기능
할 수도 있는 것이다. 법이 전자로서 권력을 제어할 것인지, 아니면 후
자로서 권력을 지원할 것인지는 법이라는 형식 자체로부터 결정되지
않는다. 이것은 궁극적으로 그 사회의 역량, 특히 민주주의의 실현 수
준에 달려 있다. 그 결과 국민이 권력을 법에 기속시킬 힘을 충분히 갖

추지 못한다면, 권력이 스스로를 유지하고 강화하는 수단으로 법을 동원할 위험이 현실화된다. 법이 권력의 자의성을 제어하는 상태가 아니라, 오히려 권력이 법을 이용해 지배의 자의성을 향유하는 상태가 되는 것이다. 여기서 법은 인격적 지배의 제어라는 애초의 목적을 달성하지 못한 채 오히려 인격적 지배에 합리적 형식을 부여하는 수단으로 전락한다. 이는 우리가 몸소 겪어온 바이기도 하다. 집권세력이 국민의 자유와 권리를 통제하는 데 가장 흔하게 활용한 방식이 바로 국가보안법이나 긴급조치 같은 법의 관철이었다는 사실, 권력이 준법을 명분으로 국민의 비판적 목소리에 공세적으로 대응해 온 모습은 그간 우리의 법치가 법으로 권력을 통제하는 데 온전히 이르지 못한 채 오히려 자의적 권력의 지배수단으로 기능한 측면이 있음을 말해준다.[20]

2. 헌법재판소의 역할

1) 성과

헌법재판소는 1988년 설립 이래 구시대의 법률이 새로운 민주헌정의 질서에 부합하는지를 적극적으로 심사함으로써 법치주의 실현에 유의미한 기여를 해 왔다. 우리 재판소는 초기부터 위헌결정을 활발히 선고해 온 편인데,[21] 이는 새로운 헌법의 이념을 진취적으로 투사해 온 태도에 힘입은 바가 크다. 집권세력의 권위주의적이고 편의적인 통치를 뒷받침해 온 법률들, 억압적인 구시대적 폐습에 기대어 온 법률들이

---

20 법치주의의 쟁점으로서 '법을 수단으로 하는 지배'에 관해서는, 채진원(2014). '법을 수단으로 하는 지배'에서 법원은 시민의 자유와 권리를 보호하는 기관이라기보다 권위주의적 통치자들에게 사회통제, 정치적 반대자 제거, 정권의 정당성 강화 등을 위한 수단으로 활용되는 기관이 된다(Ginsburg & Moustafa 2008).

21 2022. 1. 5.까지 1874건의 위헌결정이 있었고, 특히 법률에 관해서 본다면 2021. 11.까지 739개의 법률조항에 대한 위헌결정이 있었다(헌법재판소 홈페이지 참조).

헌법재판소의 위헌결정을 통해 사라졌다. 표현의 자유를 억압했던 각종 제도, 형벌과 형사절차상 국민을 옥죄어 왔던 법률이 전자에 속한다면, 후자의 예로는 여성에 대한 차별적인 법률을 들 수 있다. 이를테면, 각종 사건검열제도(93헌가13등, 94헌가6등), 형사절차상의 문제가 된 조항(94헌바1, 99헌가7등), 호주제(2001헌가9등), 국적취득에서의 부계혈통주의(97헌가12), 자식에 대한 어머니 성(姓)의 사용금지(2003헌가5등) 등이 폐지되었다.

　이들 결정을 통해, 형식적 법치 모델에 내재한 문제, 즉 형식면에서는 정당하지만 내용 면에서는 부당한 법의 딜레마가 어느 정도 해소될 수 있었다. 부당한 내용의 법이 있다면, 그에 대한 위헌결정을 통해 법의 효력을 부인할 수 있게 되었기 때문이다. 이제 우리는 법률이 단지 국회에서 제정되었다는 사실만으로 그 효력을 절대적인 것으로 받아들이지 않는다. 그 내용이 헌법에 어긋난다면 더 이상 효력을 가질 수 없음을 수많은 사례를 통해 경험해 왔기 때문이다. 이로써 우리 법치주의는 형식적 수준을 넘어 실질적 차원으로 확장되었고, 권력통제적인 전망을 강화해 자유와 권리에 대한 보호를 실질화했다.

　한편 내용적 측면 외에, 법을 규율하는 형식적 측면에서도 헌법재판소는 중요한 헌법적 성취들을 보여주었다. 공익을 위해 필요한 기본권 제한이라고 하더라도 반드시 목적달성에 필요한 정도로만 제한해야 한다는 과잉금지원칙을 비롯해, 명확성, 법률유보(의회유보), 포괄위임금지, 신뢰보호 같은 규율형식에 관한 법 원리에 규범력이 채워졌다. 위헌심사의 기준으로서 현실적인 힘을 가지게 된 것이다. 이에 힘입어 권력이 법을 통치에 편리한 방식으로 제정하고 집행할 여지를 크게 줄일 수 있었다.

사실 법치주의를 둘러싼 그간의 불일치를 해소하는 데에는 우리 사회의 민주주의와 인권의식의 성장이 가장 큰 역할을 했다. 그러나 그와 더불어 헌법재판소의 일정한 역할이 있었다는 것도 분명하다. 그 결과 우리 법치주의는 권력통제적인 전망을 온전히 회복했고, 권력을 법에 결속시켜 자유와 권리를 보호한다는 선명한 자기이해를 강화해 나갔다. 이는 자유와 권리의 보호라는 법치주의와 헌법재판소의 방향이 전반적으로 일치했기 때문이다. 이 점에서 법치주의와 헌법재판소는 일반적으로 서로를 지원하고 강화하는 관계에 있다(Lübbe-Wolff 2018, 104).

헌법재판소의 성취는 우리 사회의 다른 영역, 특히 시민사회와 정치사회에도 변화를 가져왔다. 국민들은 이제 법의 실질적 정당성에 관한 주장을 능동적으로 펼치기 시작했다. 헌법소송의 급격한 증가 현상은 이러한 맥락에서 설명된다. 재판소에 접수된 사건 수를 보면, 1988년 39건으로 시작했지만 점차 증가해 2000년대 이후 1,000건을 넘어섰고, 박근혜 대통령 탄핵사건이 있었던 2017년 최초로 2,000건을 넘은 2,626건이 접수되었으며, 2020년에는 3,000건을 넘어 모두 3,241건의 사건이 접수되었다. 우리 재판소의 사건 수는 국제적으로도 매우 많은 편에 속한다.[22]

정치사회의 변화도 주목할 만하다. 잘 작동하는 헌법재판소의 존재는 입법자들로 하여금 위헌문제에 적극적인 관심을 가지도록 하는 유인이 된다. 우리는 근래 논쟁적인 법안들을 논의하는 과정에서 이러한

---

22 우리처럼 법원의 재판에 대한 헌법소원을 인정하지 않는 국가들을 보면, 이탈리아 헌법재판소는 매년 300건 내외를, 벨기에 헌법재판소는 매년 200건 내외를 처리하고 있고, 포르투갈 헌법재판소는 매년 1,200건 내외의 사건이 접수되고 있다. 재판에 대한 헌법소원을 인정하는 국가들을 보면, 독일과 스페인의 헌법재판소는 매년 6,000건에서 7,000건 정도를, 체코 헌법재판소는 매년 4,000건 정도를 심리하거나 접수하고 있는데, 재판소원 사건의 비중이 압도적임을 고려하면 이들과 견주더라도 우리의 사건 수가 상당함을 알 수 있다(이황희 2019, 155-7).

현상을 확인해 왔다. 그러나 이는 우리 사회만의 이야기가 아니며, 입법절차에서 헌법적 관점이 적극적으로 개입하는 현상은 헌법재판소가 제 역할을 수행하는 국가에서 흔히 발견된다(Stone Sweet 2000).

2) 한계

이와 같은 성과에도 불구하고, 헌법재판에 의한 법치주의의 진전이 재판관이라는 인격적 주체들에 의해 주도되었다는 측면은 헌법재판소와 법치주의 간의 동맹에 내재한 허약함과 불안함을 암시한다. 법치는 인격적 지배의 자의성을 제어하기 위해 비인격적 규칙의 우위를 추구하는 것인데, 재판관의 존재감이 커질수록 재판관의 지배라는 또 다른 인격적 지배의 위험이 부각되는 까닭이다.

헌법재판소가 초기부터 적극적인 태도로 헌정사적 성취를 이룩할 수 있었던 데에는 현대 입헌주의 이념에 맞지 않는 구시대의 법률을 과감히 제거한 결정들이 있었기 때문인데, 이들 법률은 대체로 많은 국민들이 그 부당함에 공감할 수 있었던 터라 위헌성에 대한 사회적 의견차이가 그리 크지 않았다. 그러나 이들이 상당 부분 제거된 다음에는 누구나 공감하는 부당한 법률이라는 것이 존재하기 어려운 상황이 되었다. 이제는 타당성 주장들이 첨예하게 경합하는 법률이 재판에서 다투어지고 있다.

타당성 주장들이 경합하는 상황에서는 결국 재판관 개인의 세계관과 가치관, 철학과 입장에 따라 각자의 결론이 성립하게 되는데, 이는 합헌이냐 위헌이냐의 결론이 법률 내용 자체로부터 객관적으로 판단된다기보다 그 법률을 바라보는 재판관의 성향에 따라 주관적으로 결정된다는 인상을 주게 된다. 사실 이것은 정치권과 국민들 모두가 이미 은연중에 감지하고 있는 바이기도 하다. 정치권의 경우 청문회의 결과가

이를 시사한다. 대법원과 헌법재판소 구성원에 대한 인사청문회가 시
작된 이래, 대법원장과 대법관 후보자가 청문회를 통과하지 못한 경우
는 아직 한 차례에 불과하지만, 재판소장과 재판관의 경우는 모두 다섯
차례에 이른다. 물론 청문회 통과 여부는 다양한 원인이 작용하는 문제
이겠으나, 정치권이 재판관 한 사람 한 사람의 정치적 중요성을 그만큼
무겁게 받아들이고 있다는 의미로도 해석된다. 또 국민들은 설사 선례
가 있는 사안이라도 재판부 구성이 변경되면 새로운 결론을 기대한다.
재판부 구성의 변화는 판례 변경의 가장 중요한 조건임을 잘 알기 때
문이다.[23]

헌법재판소와 법치주의가 기본적으로 서로를 강화하고 지원하는 관
계에 있음은 앞서 언급한 바와 같다. 그러나 헌법재판이 재판관에 의해
이루어진다는 사실 속에 헌법재판이 또 다른 인치의 계기로 작동할 위
험이 잠재되어 있다. 재판관의 개성과 인격성이 개입되면 될수록 법치
주의가 달성하려 했던 애초의 목적과는 멀어질 것이다. 이는 헌법재판
소와 법치주의 간의 긍정적 관계가 궁극적으로는 조건적인 것임을 의
미한다. 다만, 대체로 이 문제는 아래에서 보듯이 선출되지 않은 재판
관이 다수의 의사로 산출된 결과를 저지할 수 있도록 하는 제도가 민
주주의에 부합하는가의 문제로 다루어지는 편이다.

---

23 동일한 재판부의 임기 내에 판례 변경이 이루어진 사례가 없는 것은 아니지만(2011
    헌바271, 2014헌바254), 일반적으로 판례 변경은 선례를 남긴 재판부와 다른 재판
    부에 의해 이루어진다. 잦은 판례 변경은 우리 헌법재판소에 가해지는 비판 중 하
    나이다. 반면에 이를 긍정적으로 본다면, 헌법의 실현기준이 점점 높아지는 시대적
    흐름의 반영으로 평가할 수도 있을 것이다.

Ⅳ. 민주주의와 헌법재판소

1. 우리 민주주의의 문제들

민주주의는 원리적으로 '인민의 지배'를 의미하지만, 인민의 지배라는 정치적 원리를 어떻게 실현할 것인가에 관해서는 다양한 입장이 있을 수밖에 없다. 민주주의 역시 해석의 다양성과 이해의 경합이 발생하는 개념이다(Saward 2018; 김비환 2016).[24] 서구정치사의 고전 이론과 실무에서 민주주의를 실현하는 대표적 장치는 추첨제였고 선거제는 민주주의와 친하지 않다고 여겨져 왔지만(Aristoteles 2009, 225; Rousseau 1999, 142; Montesquieu 1990, 22), 근대 정치에서 민주주의는 선거제와 불가분의 관계에 있다. 민주주의에 대한 다양한 주장의 경합 현상은 오늘날에도 다르지 않다. 여러 상이한 체제들이 공히 스스로를 민주주의로 일컫는다. 심지어 독재자조차도 상황에 따라 민주주의자로 주장하거나 분류되기도 한다(Dunn 2015; Saward 2018).

이는 우리 역사에서도 마찬가지이다. 현행헌법 이후를 민주화 시대로 부르지만, 사실 민주주의는 제헌헌법 이래 우리 헌법이 한 번도 포기한 적 없는 자기규정이었다. 건국 이래 수차례의 개헌을 거치면서도 모든 헌법의 첫 문장은 "대한민국은 민주공화국이다."로 시작했다. 그뿐만 아니라, 가장 혹독했던 유신시대조차 그 명분은 민주주의였다. 박정희 대통령은 유신체제를 '한국적 민주주의'로 호명했고,[25] 유신헌법은

---

24 네스(Arne Naess) 등은 헤로도토스가 demokratia라는 용어를 처음 사용한 이래 1950년대까지 이 용어에 관하여 존재한 311개의 정의를 확인했다고 밝혔다 (Hyland 1995, 266).

25 박 대통령은 1972. 10. 27. 헌법 제8호(일명 유신헌법) 개정안에 대한 특별 담화문에서 "나는 이 헌법 개정안의 공고에 즈음하여, 이 땅 위에 한시 바삐 우리의 실정에 가장 알맞은 한국적 민주주의가 뿌리를 내려 올바른 헌정 질서를 확립하게 되기를 진심으로 기원하면서, 우리 국민 모두의 줄기찬 헌신을 촉구하는 바입니다."라

어느 헌법보다도 '자유민주적 기본질서'를 강조한 헌법이었다.[26]

　이처럼 1987년 이전에도 우리 스스로를 민주주의로 주장할 수 있었던 것은, 민주주의를 반공적 맥락에 입각해 북한의 우상화된 지배와 세습적 집권방식과 대비되는 의미에서 선거와 투표에 의한 대표선출과 정당화로 이해했던 탓이 크다.[27] 집권세력은 분단 상황의 위기를 앞세워 체제에 대한 순응을 강조했고, 정권에 대한 비판에 역공을 취했으며, 선거양식을 동원해 자신의 통치에 민주적 정당성의 외피를 씌워왔다. 그것이 정당한 선거와 투표였는가에 대해서는 논란이 있지만, 이승만과 박정희 대통령 모두 국민으로부터 직간접적으로 선출되었다는 점에서 민주적 정당성을 주장할 수 있었고, 유신헌법도 제정절차상의 국민투표와 신임투표적인 국민투표에서 모두 국민적 지지를 받았다는 점에서 그 정당성을 내세웠다.[28] 1987년 6월에 분출된 민주적 열망도 크게 보면 대통령직선제의 요구로 집약되었다.[29]

　민주주의를 선거와 등치시킨 협소한 이해도 문제이지만, 더욱 현실적인 문제는 이러한 선거와 투표조차도 미흡하게 보장되어 왔다는 점

　고 하면서 새로운 헌정질서를 '한국적 민주주의'라는 이름으로 포장한 바 있다.
26 유신헌법은 헌법전문과 제4조에 "자유민주적 기본질서"라는 표현을 새로이 삽입했다.
27 20세기 냉전체제는 민주주의의 반공적 토대를 강화했으며, 이것이 과거 경멸의 대상이었던 민주주의가 오늘날 가장 매혹적인 정치체제로 탈바꿈할 수 있었던 계기였다는 설명으로 Dunn(2015). 우리 헌법의 자유민주주의에 내포된 반공적 함의에 관해서는 국순옥(1994).
28 유신헌법으로의 개정은 91.9%의 투표율과 91.5%의 찬성률로 이루어졌다. 유신헌법에 대한 비판이 거세지자 박 대통령은 1975. 1. 22. 특별담화를 통해 유신헌법에 대한 국민투표를 실시할 것을 발표하면서, 이 투표결과를 자신에 대한 신임투표로 간주하겠다고 선언했다. 그 결과 79.8%의 투표율과 73.1%의 찬성률을 기록했고, 이를 통해 박 대통령은 유신체제를 정당화하는 데 성공했다.
29 현행헌법의 시민혁명적인 성격이 기존 헌법과 큰 단절성을 가져왔기 때문에 실질적인 헌법 제정에 해당한다는 입장으로는 김철수(2007, 127-8). 반면 대통령직선제 등을 제외하면 현행헌법과 구헌법들 간의 본질적인 단절이 존재하지 않는다는 입장으로는 조지형(2010, 176-7).

이다. 헌법은 보통·평등·비밀·직접 선거의 원칙을 선언했으나, 선거법에는 이를 제약하는 내용이 적지 않았다. 재외국민의 선거권이 인정되지 않았고, 일정한 형벌을 받는 자에게도 선거권이 주어지지 않았다. 선거권 행사연령도 다른 국가들에 비해 높은 편이었다.[30] 또한, 기성 정치세력에게 기울어진 선거제도는 비주류세력이나 신생세력에게 불리하게 작용했다. 이를테면 비례대표제를 운영하면서도 비례대표후보자 명부에 대한 별도의 투표 없이 지역구후보자에 대한 투표를 정당에 대한 투표로 의제하여 비례대표의석을 배분함으로써 무소속 후보자와 그를 지지하는 유권자의 권리를 제한했고, 높은 수준의 기탁금은 경제력이 약한 시민의 입후보를 제약했으며, 짧은 선거운동기간은 기성 정치에 도전하는 정치신인에게 장애가 되었다.

아울러 시민의 일상적 정치활동이나 의사표현을 가로막는 요소도 산재해 있었다. '집회 및 시위에 관한 법률'은 공익과 시민의 자유를 조정하고 양자를 정합적으로 실현하기 위한 것이지만, 오히려 집회와 시위의 자유를 훼손하는 위헌적인 내용들이 곳곳에 잠복해 있었다. 정당 활동에 대한 제한도 지적되어야 하는데, 공무원과 청소년의 정당 활동에 대한 광범위한 금지가 대표적이다.

선거와 투표가 현대 민주주의에서 불가결한 요소임은 분명하지만, 이는 법치에서 법 장치가 그러했듯이 언제든 권력자에 의해 악용될 위험이 있다. 우리는 실제로 이 같은 위험을 경험해 왔다. 그러나 선거와 투표라는 기준에 몰입함으로서 발생하는 더 큰 문제는, 이것이 민주주

---

30 제헌헌법부터 1954년 제2차 개정헌법까지는 선거권 행사연령을 입법사항으로 두고 대통령·부통령선거법과 국회의원선거법에서 21세 이상으로 규정했고, 1960년 제3차 개정헌법부터 1980년 제8차 개정헌법까지는 헌법에서 직접 20세 이상으로 규정했다. 현행헌법은 이를 다시 입법사항으로 넘기고 공직선거법 등에서 애초 20세 이상으로 정했다가 2005년 19세 이상으로, 2020년 18세 이상으로 각 개정했다.

의의 규범적 내용을 왜소하게 만든다는 점이다. 근대 민주주의는 선출된 대표에 의한 제도화된 정치와 일상의 시민들에 의한 제도화되지 않은 정치로 구조화된 규범적 이상을 담고 있는데, 그중 한 쪽에만 치중하는 것은 그 같은 이상을 충분히 실현하지 못하는 까닭이다.

2. 헌법재판소의 역할

1) 성과

국민의 대표들이 만든 법률의 위헌 여부를 심사하는 헌법재판소가 민주주의를 제약한다는 비판에 직면하는 것은 어쩌면 숙명과도 같다. 그러나 민주주의와의 관계에서 헌법재판소가 일정한 긍정적 역할을 할 수 있다는 것이 이 글의 관점이며, 또 이는 지금까지 경험적으로도 확인되었다는 것이 본고의 평가이다. 우리 헌정사에서 헌법재판의 성공은 민주주의의 성공과 궤를 같이 해 왔다. 이는 둘 간의 일정한 긴장관계에도 불구하고, 헌법재판이 민주주의의 발전에 유의미하게 기여하는 것이 가능하기 때문일 것이다. 이것은 전 세계적으로 시선을 돌리더라도 다르지 않다. 오늘날 헌법재판은 민주주의가 공고화된 국가일수록 더욱 활발하게 이루어지고 있고, 헌법재판의 비민주성을 이유로 이 제도를 폐지한 곳을 찾기는 어렵다.

그러나 기본적으로 둘 사이에 불화의 여지가 존재하는 한, 헌법재판과 민주주의 간의 긍정적 관계는 보편적인 것이라기보다 조건적인 것이다. 그리고 우리 헌법재판소는 다음과 같은 방식으로 그러한 조건을 충족해 왔다고 말할 수 있다.

우선 헌법재판소는 앞서 본 바와 같은 법치주의의 실현에 복무함으로써 민주주의의 진전에 기여해 왔다. 민주주의는 무엇보다도 확고한 법치주의를 필요로 하므로(Lübbe-Wolff 2018, 105), 법치주의를 위한 노력은 민주주의에 대해서도 긍정적 역할을 한다.

그러나 보다 직접적인 기여는, 민주주의를 구성하는 권리와 제도를 보장하는 역할에 있었다. 민주주의는 그것을 가능하게 하는 권리들을 필요로 한다(Habermas 2000, 162 이하). 선거와 투표에 관한 권리가 가장 기본이겠으나, 그 외에도 정치적 의사표현과 활동을 위한 권리들이 필수적이다. 선거권과 관련하여, 헌법재판소는 재외국민과 수형자의 선거권 제한을 위헌으로 결정해 보통선거권을 확대했고(2004헌마644등, 2009헌마256등, 2012헌마409등), 비례대표후보자명부에 대한 별도의 투표 없이 지역구후보자에 대한 투표를 정당에 대한 투표로 의제해 비례대표의석을 배분하는 제도를 위헌으로 결정하여 정당투표에 기초한 현행 비례대표선출제도의 도입에 결정적 계기를 마련했다(2000헌마91등). 선거구별 인구편차의 불평등에 대한 위헌결정은 평등선거가 단순히 1인 1표라는 수적 가치의 평등에 머물지 않고 1표 1가라는 성과가치의 평등까지 담을 수 있도록 했다(95헌마224등, 2000헌마92등, 2005헌마985등, 2012헌마192등).

정치적 의사표현이나 활동의 권리에 있어서는, 해가 저문 이후의 집회와 시위를 원칙적으로 금지한 조항에 대한 위헌결정(2008헌가25, 2010헌가2등, 2011헌가29), 국회나 국무총리 공관, 법원 등 공공기관 인근에서 개최되는 집회를 금지한 조항에 대한 위헌결정(2013헌바322등, 2015헌가28등, 2018헌바137)을 대표적으로 거론할 수 있다. 이들 조항의 기저에는 시민적 의사표현의 분출에 대한 부정적 시각이 놓여 있었는데, 위 결정들은 그 같은 시각과 결별하고 정치적 자유를 더욱 자유롭게 하는 데 중요한 역할을 했다.

민주주의는 권리 외에도 일정한 제도를 필요로 하는데, 이에 대한 보호 역시 헌법재판소의 역할이었다. 그러한 제도로는 지방자치제도를 들 수 있다. 지방자치단체의 권한이 중앙정부에 의해 침해되는지를 심사하는 권한쟁의심판이나[31] 지방자치의 제도적 본질이 훼손되는지를 검토하는 위헌법률심판은 지방자치제도의 존립과 운영을 보장함으로써 풀뿌리 민주주의의 목표가 중단 없이 추구되도록 보장한다.

한편, 근대 대의민주주의에서 잘 작동하는 의회주의는 민주주의의 실현을 위한 필수적인 조건이다. 종래 우리 국회는 다수당이 소수당의 반대를 뿌리치기 위해 입법절차를 형식화하는 모습으로 종종 비난받아 왔는데, 이러한 모습이 헌법과 법률에 위반됨을 지적한 결정들(96헌라2, 2008헌라6등, 2009헌라7등, 2009헌라8등)은 민주주의가 수적 다수에 의한 의사결정만을 의미하지 않고 소수파와 반대 토론의 존중, 절차 준수의 원칙들을 포괄하는 이념임을 우리 의식 속에 새겨 주었다.

이러한 과정 속에서 선거제가 유의미하게 개선되었고, 그에 관한 권리가 확대·강화되었다. 더 나아가, 민주적 실천이 투표행위에 국한될 수 없음을 전제로, 국가기관에 의한 제도화된 정치적 심의만이 아니라 시민들에 의한 비－제도화된 정치적 실천 역시 우리 민주주의의 주축임을 재확인해 민주주의의 규범적 이상을 복원하는 데에도 기여할 수 있었다.[32]

---

31 중앙정부의 간섭에 의한 지방자치단체의 자치권 침해를 인정한 결정으로, 2006헌라6.
32 다만 정치적 자유와 권리의 확대가 실제 정치참여의 확대를 보증해 주지는 않는다. 국민의 참여기회 확대는 국민의 폭넓은 참여를 위한 필요조건이지 충분조건은 아니다. 정치참여는 제도만으로 발생하지 않으며, 참여를 이끌어내기 위한 개인의 차원과 사회의 차원에서 별도의 노력이 필요한 까닭이다(Macpherson 1977, 99－100).

2) 한계

(1) 적극적 헌법재판의 정당성과 한계

그러나 헌법재판소가 보여준 한계도 있었다. 선출되지 않은 재판관이 정치적 다수의 결정을 저지할 수 있는 제도는 비민주적이라는 혐의에서 자유로울 수 없으므로, 헌법재판권한은 항상 민주주의와의 관계를 의식하면서 성찰적이고 신중하게 행사될 필요가 있다. 이 측면에서 우리 재판소가 남긴 문제를 짚어보고자 한다.

위헌법률심사는 법률이 위헌인가, 합헌인가라는 2원적 코드로 구성되지만, 엄밀히 말해 위헌성은 '정도'를 가지는 문제이다. 위헌성이 정도를 가진다는 것은 심사의 적극성 여부에 따라 재판의 결론이 달라질 수 있음을 의미한다. 따라서 이는 헌법재판소가 어떤 경우에 적극적 심사를 하는 것이 옳은가의 문제를 제기하고, 헌법재판소가 입헌민주주의 체제의 성공을 위한 기관임을 상기할 때 이 문제는 민주주의와의 관계에서 헌법재판소의 소임이 무엇인가라는 물음과도 긴밀한 연관을 갖는다. 민주주의의 보장과 진전에 기여할 수 있는 사안이라면, 헌법재판소의 적극적 역할은 민주주의적으로도 정당화될 여지가 커진다.

무엇보다도 그 같은 사안으로, 민주주의의 본질적 내용이라 할 시민적 동등성과 의사결정과정의 개방성을 보장하는 데 필요한 역할을 수행하는 경우를 들 수 있다. 이러한 역할로는, 구체적으로, 첫째 시민적 동등성과 의사결정과정의 개방성을 가능하게 하는 요소들을 보장하는 것이다. 민주주의가 일정한 권리와 제도의 도움을 필요로 한다는 것은 앞서 언급한 대로이며, 헌법재판소는 이러한 권리와 제도를 보호하고 그 기능을 확대하는 데에 무엇보다도 적극적이어야 한다.

둘째는 대의민주주의의 민주적 지향성을 보존하고 강화하는 것이다.

대의민주주의는 인민이 대표를 선출하고 그로부터 대표에 대한 인민의 우위와 통제를 실현한다는 점에서 민주제의 속성을 갖지만, 소수의 선출된 대표들이 의사결정을 주도한다는 점에서 과두제의 특징을 지니기도 한다. 대의제가 '근대적 혼합정'으로 불리는 이유도 여기에 있다(Manin 2004, 289). 대의제는 어떻게 운영되느냐에 따라 민주적 지배의 수단이 될 수도 있고, 과두제적 통치로 변질될 수도 있다는 것이다. 그러나 문제는, 선출된 대표가 선거제도 등 대의제의 구체적 내용을 형성할 권한을 가진다는 데 있다. 대표들은 그 권한을 이용해 자신에 대한 국민의 통제를 약화시키고 기득권을 강화하려는 유인에 늘 노출되어 있다. 헌법재판소는 이러한 유인을 감시함으로써 대의제가 민주적 지향성을 상실하지 않도록 해야 한다. 대표의 대표성을 강화하는 것, 대표들 간의 사익추구적인 결탁을 견제하는 것은 대의제의 성공을 위해 헌법재판소의 적극성이 필요한 대목이다.[33]

　헌법재판소의 적극성이 정당화될 수 있는 또 다른 사안은 민주주의의 부작용을 완화하는 경우이다. 민주주의는 다수의 의사를 중심으로 하므로 소수의 보호에 혹은 정치적 의사결정에 참여하지 못하거나 참여가 제약된 사람들의 보호에 약점이 있다. 이는 민주주의가 시민적 동등성을 논리적 전제로 받아들이는 정치적 원리임에도 불구하고, 자칫

---

33 독일 연방헌법재판소는, 의회의 다수파는 정치적 경쟁의 조건에 관한 규정을 자신에게 유리하게 제정하고, 특히 선거 법률의 제정에 있어서 공익에 관한 고려가 아니라 자신들의 권력유지라는 목적에 따라 행동할 위험이 있음을 감안할 때 선거권의 형성은 엄격한 통제의 대상이 된다고 한 바 있다(BVerfGE 129, 300, 322). 한편, 카르텔을 형성한 대표들이 외부자들의 진입을 차단하고 정치변화의 통로를 막는 문제를 헌법재판을 통해 해결할 수 있다는 것은 일리가 개진한 이른바 대표제강화론의 유명한 주장이다(Ely 2006(원서는 1980), 246). 민주주의에 대한 절차주의적 이해를 추구하는 하버마스는 이러한 일리의 시도를 높이 평가한 바 있다(Habermas 2000, 324).

다수의 횡포 수단으로 변질되어 시민적 동등성을 해치는 억압 장치가 될 수도 있음을 의미한다.[34] 따라서 민주주의의 부작용을 완화하기 위한 노력은 민주주의의 규범적 내용을 보존하고 유지하기 위한 것이므로, 이와 관련하여 헌법재판소가 적극성을 발휘하는 것은 민주주의를 위해 필요한 일이다.

이처럼 민주적 의사결정을 가능하게 하는 조건의 실현에서 헌법재판소의 적극적인 역할이 필요하고 또 정당화될 수 있다(Ely 2006; Nino 1996; Habermas 2000). 정치적 의사결정의 민주적 속성을 보증하는 것은 민주적 절차이며, 그 같은 절차와 조건을 충족하는 한 민주주의는 다양한 의사결정의 내용에 개방되어 있다. 이것을 뒷받침하는 토대는 국민이 정치적 의사결정을 최종적으로 책임질 수 있다는 신뢰이며, 이는 다시 국민이 주권자로서의 충분한 능력과 자격을 동등하게 가진다는 규범적 판단에 기초한다(2013헌다1). 헌법재판소는 따라서 민주적 절차와 조건을 충족한 정치적 의사결정에 대해서, 그것이 민주주의의 조건을 해치지 않는 한, 그 결정의 내용을 존중하는 태도를 견지해야 한다. 정당한 의사결정의 가능성 자체를 부인하는 용도로, 혹은 정당한 의사결정의 결과를 번복하는 용도로 헌법재판소의 권한이 행사되어서는 안 된다.[35] 민주주의의 절차와 조건에 관해서는 그것을 보장하기 위한 적극적인 노력이, 그러한 절차와 조건 속에서 이루어진 의사결정의 내용에 관해서는 그것을 존중하는 자제적인 태도가 필요하다.

---

34 민주주의의 평등주의적인 전제를 강조한 대표적인 입장으로 Dworkin(1996).
35 정치적 위기에 처한 기득권 엘리트 세력이 자신들의 헤게모니를 보존하기 위한 수단으로 위헌심사 제도를 활용할 위험도 지적된다(Hirschl 2004, 50 이하).

(2) 헌법재판소에 대한 평가

이 같은 내용을 기준으로 지금껏 헌법재판소가 아쉬움을 남긴 부분을 짚어보고자 한다. 먼저, 민주적 의사결정의 절차와 조건을 확립하는 역할에서 헌법재판소가 보여준 소극성을 지적할 수 있다. 이는 특히 선거와 정당에 관한 사건에서 엿보였다. 선거법상 여러 규제들은 민주주의의 동력인 선거에서 국민의 정치적 표현과 활동을 제한해 왔는데, 헌법재판소는 이에 대한 판단에서 소극성을 보인 경우가 적지 않았다. 정당과 관련해서는 공무원과 청소년의 정치적 기본권 제한에 관한 사건(정당가입 제한, 선거운동 제한 등)이 대표적이다.

그러나 어쩌면 더욱 중요한 문제는, 위헌 여부의 탐색에서 보인 소극성 혹은 그로 인한 소극적 결론 자체가 아니라, 그 판단과정에서 헌법재판소가 드러낸 우리 민주주의에 대한 충분하지 않은 신뢰에 있는지도 모른다. 그중에서도 가장 우려스러운 대목은 정치적 주체로서의 국민의 판단역량에 회의를 품은 헌법재판소의 후견적 시각이다. 이 시각은 두 가지 방향에서 문제를 낳는다. 한편으로 헌법재판소가 우리의 민주적 실천을 제한하는 법제도의 위헌심사에서 소극적 태도로 임하도록 만든 원인이기도 했고, 다른 한편으로 헌법재판소가 우리 사회의 민주적 과정에 개입해 자율적 실천의 가능성을 제약하고 그 실천의 성과를 훼손하도록 만든 원인이기도 했다. 전자가 적극성이 요구되는 부분에서 소극성을 띠게 한 요소라면, 후자는 자제적인 태도가 요구되는 부분에서 오히려 적극적 개입을 가져온 요소이다.

대표적으로, 청소년의 정치적 참여 문제를 다루는 사안을 본다. 헌법재판소는 정당의 발기인 및 당원이 될 수 있는 자격을 국회의원 선거권이 있는 자로 한정해 청소년의 정당가입을 제한한 조항이 헌법에 위반되지 않는다고 하면서(2012헌마287), 이 조항이 "정치적 판단능력이 미약한 사람들이 정당의 발기인 및 당원이 되는 것을 제한하여 정당의 헌법상 기능을 보호하기 위한" 입법목적을 가지며, "미성년자는 정신적 · 신체적 자율성이 불충분하고 가치중립적인 교육을 받아야 한다는 점"을 이유로 제시했다. 실제로 선거권이 없는 청소년이 당원이 되면 그 정당의 기능에 문제가 발생하는지부터가 의문이 들지만, 설령 그럴 가능성이 있다 해도 자기 당의 구성원 자격을 어떻게 설정할지의 문제는 본질적으로 해당 정당의 자율적 판단에 맡겨야 할 사항이며, 이에 대한 과한 간섭은 후견적 개입이라는 비판을 피하기 어렵다. 외국의 사례가 늘 옳은 것은 아니지만, 영국, 독일, 프랑스, 미국 등 여러 서구의 민주국가들이 정당가입이 가능한 연령에 관하여 법률로 규율하지 않고 각 당의 자율에 맡기고 있으며, 각 당이 비교적 낮은 연령에 대해서도 자격을 개방하는 것은 우리에게도 참조될 만하다.[36] 이는 청소년의 정치적 판단능력이 일정한 연령에 이르러 갑자기 도약하리라는 막연한 기대 대신, 지속적인 정치적 실천의 기회 속에서 그러한 능력이 키워질 개연성에 주목한 것이다.

　교사의 정당가입에 대한 금지 사건에서도 같은 문제가 있다. 헌법재판소는 이 조항을 합헌으로 결정하면서, "공무원의 정당가입 행위가 일반적으로 허용된다면, 공무원이 그 소속 당파적 이익을 대변하여 이를 관철할 수도 있으며, 편향적 공무 집행을 통해 간접적으로 특정 정당이

---

36 정당가입연령에 관한 각 당의 당헌 · 당규를 보면, 독일의 기독민주당은 16세 이상으로, 독일 사회민주당과 영국 노동당, 프랑스 사회당은 각각 14세 이상으로 규정하고 있고, 영국의 보수당은 정당가입연령에 관한 규정이 없다(이석민 2018, 94-5). 한편 우리는 종래 선거권이 있는 자에 한하여 당원자격을 인정함으로써 정당가입연령을 18세 이상으로 설정해 왔으나, 최근 정당법 개정을 통해 이를 16세 이상으로 낮추었다.

나 후보자에 대한 지지·반대를 표현하게 됨으로써 정치적 중립성을 훼손할 수도 있다."고 했고, 초·중등학교 교원들의 경우 "감수성과 모방성, 그리고 수용성이 왕성한 초·중등학교 학생들에게 교원이 미치는 영향은 매우 크고, 교원의 활동은 근무시간 내외를 불문하고 학생들의 인격 및 기본생활습관 형성 등에 큰 영향을 끼치는 잠재적 교육과정의 일부분인 점"을 고려한다고 밝혔다(2011헌바42). 물론 법은 현실에서 발생할 수 있는 여러 문제적인 상황들에 대비해야 한다. 실제로 정당가입을 인정했을 때 누군가는 헌법재판소가 염려한 행위들을 할지도 모른다. 그러나 모든 제도는 그것을 악용, 남용하려는 시도들이 있기 마련이므로, 그 같은 위험을 이유로 정치적 자유의 중요한 내용을 부정하는 것은 과도한 제한이다. 그것에 대해서는 자유를 인정하는 전제에서 보완수단을 모색할 일이지 애초부터 자유를 억제하는 방식으로 나설 일은 아니다.

　더 근본적인 문제는 이 또한 동료시민의 정치적 역량에 대한 헌법재판소의 낮은 신뢰를 보여준다는 데 있다. 재판소의 논리 속에서 학생은 주입된 교육을 무비판적으로 받아들여 그대로 따르는 존재로, 교원은 수업을 자신의 정치적 신념을 선전하는 수단으로 악용하는 존재로 상정된다. 시민을 미숙한 존재로 여길수록 후견적 개입에 힘이 실리기 마련이고, 정치적 미숙함을 내세울수록 우월적 이성에 의한 지도의 필요성이 손쉽게 정당화된다. 그 같은 부당한 후견적 개입으로부터 시민의 정치적 자유를 보호하는 것이 헌법재판소의 역할임에도 오히려 재판소가 그러한 개입을 승인해 준 셈이다.

　이와 반대로, 헌법재판소의 후견적 시각이 과도한 개입을 조장한 경우도 있다. 이 장에서는 행정수도 위헌결정(2004헌마554등)과 통합진보당 해산결정(2013헌다1)을 대표적인 사례로 살펴보려 한다.

 행정수도 위헌결정은 우리 사회에서 진지한 논의를 통해 다수의 민주적 지지로 추진된 정책결정을 관습헌법이라는 매우 논쟁적인 개념에 기초해 무효화시켰다는 점에서 우리 민주주의의 이념과 성과를 부정했다는 평가를 피하기 힘들다(윤정인·김선택 2015, 146). 대통령선거를 통해 이슈화되어 시민사회의 정치적 논의와 제도화된 정치절차에 따른 의사결정을 거친 상황에서, 기술되지 않은 헌법조항을 동원해 이를 저지한 헌법재판소의 결정은 그간 국민의 인식 속에 민주주의와 인권의 수호자로 자리매김해 왔던 헌법재판소가 오히려 민주주의의 훼방꾼이 될 수 있다는 의식을 심어 준 결정적인 계기가 되었다(김비환 2016, 395). 이는 제왕적 헌법재판소라는 비난(최장집 2005)과 더불어 정치의 사법화에 관한 문제의식을 본격적으로 불러온 결정이기도 했다.

 통합진보당 해산결정은 또 다른 맥락에서 헌법재판소의 우리 민주주의에 대한 약한 존중을 드러낸 결정이었다고 평가된다. 강제적 정당해산은 민주주의와 정치절차의 폭과 가능성을 제한하는 것이므로, 사회의 민주적 역량을 신뢰하는 것을 전제로 신중하고 자제적인 태도가 요구된다. 민주주의의 기본원리에 따르면, 어떤 정당이 그 사회의 집권세력이 되기에 결정적 문제가 있다 해도 그 정당에 대한 정치적 평가와 심판은 국민의 판단에 맡겨져 있다. 강제적 정당해산제도는 그러나 그 정당의 존립 문제를 정치적 논의의 범위에서 사법적 판단의 영역으로 옮기는 것이므로, 결과적으로 민주주의의 역량과 실천범위를 축소하는 것이다. 이는 기본적으로 우리 민주주의가 정상적인 절차로는 문제를 해결할 수 없을 때 고려되어야 할 최후의 보충적인 수단인 것이다.

 2017년 독일 연방헌법재판소는 독일민족민주당(NPD)에 대한 해산심

판청구를 기각했다. 이는 청구가 이루어진 지 3년이 지나 이루어졌는
데, 해당 정당의 정치적 영향력이 미약해 굳이 강제적으로 해산할 필요
가 없다는 것이 기각결정의 주요한 이유였다(BVerfGE 144, 20). 반면에
우리의 경우 사건이 접수된 지 1년이 조금 지난 시점에 결정이 선고되
었다. 혹자는 독일의 위 사례와 비교해 볼 때 이 기간이 정당의 존립이
라는 중차대한 문제를 판단하기에 충분하지 않다고 비판할지도 모르
나, 심리절차의 밀도 있는 진행을 전제로 한다면 위 기간이 반드시 불
충분한 것인지는 단언하기 어렵다.

　오히려 심리절차 기간에 관한 더 큰 문제는, 이로 인해 국민들이 통
합진보당에 대한 정치적 심판을 행할 기회가 박탈되었다는 데 있다. 심
리절차가 진행되는 동안 지방선거가 한 차례 있었는데, 통합진보당은
그 전에 비해 상당한 의석을 상실해 정치적 위기에 처하게 되었다. 여
기에는 진보세력의 분열로 인해 유권자들의 표가 결집하지 못한 측면
도 있었지만, 당시 진행 중이던 형사재판과 정당해산심판의 상황이 크
게 작용했다는 평가도 있었다(김동인 2014). 해당 정당의 목적이나 활동
이 민주적 기본질서에 위반되는지 여부가 쟁점이 되어 사회적인 논쟁
이 벌어지고 있었던 상황임을 고려한다면, 우리 또한 독일의 사례에서
처럼 좀 더 긴 시간을 가지면서 국민들이 그 정당에 대하여 어떠한 정
치적 판단을 내리는지를 지켜볼 필요가 있었다고 본다. 만약 국민들의
판단이 그 정당에 대한 정치적 지지의 전면적인 철회에 가까운 것으로
드러난다면, 다시 말해 정상적인 정치과정 속에서 해당 정당의 위헌성
문제에 대한 충분한 정치적 심판이 이루어진다면, 독일의 사례에서와
같이 굳이 강제적 정당해산결정에까지 이를 필요는 없었을 지도 모르
는 까닭이다. 수사와 형사재판이 진행 중이었으므로 통합진보당에 관

한 심리절차를 더 긴 호흡으로 진행한다 해서 우리 사회에 되돌릴 수 없을 급박한 해악이 발생할 상황도 아니었다. 헌법재판소가 다소 성급한 결정을 한 데에는[37] 우리 민주주의의 역량에 대한 약한 신뢰와 더불어, 자신이 아니면 이 문제를 해결할 수 없다는 주연(主演)의식이 있었다고 생각된다.[38]

V. 더 나은 헌법재판소를 위한 제안

지금까지 우리 법치주의와 민주주의에서 헌법재판소가 남긴 자취들을 확인해 보았다. 헌법재판소는 대체로 법치주의와 서로 지지하고 강화하는 관계에 있지만, 그것이 재판을 통한 재판관의 인격적 개입장치로 기능한다면 오히려 법치주의에 유해할 위험도 있다. 또 헌법재판소는 민주주의와 애초부터 일정한 긴장관계를 가질 수밖에 없다. 따라서 법치주의와 민주주의에 대한 헌법재판소의 긍정적 역할은 본질적으로 조건적인 것이다. 그간의 행적을 돌아보면 우리 재판소는 큰 틀에서 이 조건들을 충족하면서 긍정적 역할을 해 왔다고 말할 수 있지만, 미흡한 점이나 부족한 점도 존재했다. 끝으로 헌법재판소가 법치적 민주주의를 위해 더 나은 기관이 될 수 있는 방안을 생각해 보고자 한다.

먼저, 제도의 측면이다. 이와 관련하여 재판관 선출제도를 개선할 필요가 있다. 우선 재판관 자격을 확대해 비법률가들에게도 개방하는 방안을 고려해 볼 만 하다. 현재는 이 자격이 법관의 자격을 가진 자로 한정되어 있으나(헌법 제111조 제2항), 비법률가도 재판관이 된다면 재

---

37 다른 결정과 달리, 이 결정은 선고 후 결정문의 오기와 사실관계 오류가 발견되어 논란이 되었는데, 이 역시 이 결정의 성급한 진행을 드러내는 대목으로 볼 수 있다.
38 이 결정과 관련하여 헌법재판소가 스스로를 "주권적 수임기관"으로 자임한 것이라는 비판으로, 김종철(2015).

판부의 판단이 법률가만의 논리세계에 빠져 사회 일반의 사고와 유리
되는 현상을 막을 수 있고, 이는 헌법재판이 국민에게 더욱 납득 가능
한 결과를 산출하는 데 기여할 것이다.

재판관 선출방식의 문제도 있다. 현재 방식은 국회와 대통령, 대법원
장이 각 재판관 3인씩 선출 혹은 지명하는 것인데, 대법원장에게 재판
관 지명권을 인정하는 것은 재판관의 민주적 정당성 측면에서 문제가
된다. 다른 두 선출 혹은 지명 주체와 달리 대법원장은 국민들로부터
직접 선출되지 않으므로 그의 지명권은 민주적 정당성 측면에서 취약
하다. 그러나 현행 방식의 더욱 심각한 문제는, 이 방식이 해당 시기의
정치적 다수세력에게 재판소 구성에 관한 과도한 권한을 인정한다는 데
있다(김종철 2005, 26; 이창민 외 2019, 328-9). 대통령이 자신과 정치적
입장을 같이 하는 사람을 대법원장으로 임명한 상태임을 가정하면, 집
권세력과 그 동조세력은 대통령이 선정한 3인, 대법원장이 지명한 3인,
국회에서 여당이 직접 추천하거나 간접적으로 추천에 관여한 1, 2인을
임명할 수 있다.[39] 이로 인해 헌법재판소는 국민들 사이에서 형성된 정
치적 의사의 비율과 동떨어진 모습으로 구성된다.

현행 방식은 따라서 재판부의 민주적 정당성을 강화하고 헌법재판소
의 판단이 사회의 에토스를 반영할 수 있는 방향으로 개선되어야 한다.
우선 대법원장의 재판관 지명권은 위 방향에 부합하지 않는다. 국회와
대통령이 공히 재판관 임명권을 나누어가지는 방안을 생각해 볼 수도
있겠으나, 대통령은 탄핵심판의 대상이 되므로 잠재적 심판대상자가
자신을 재판하게 될 재판관을 임명하도록 하는 것은 재판의 공정성에

---

39 헌법에는 국회가 3인의 재판관을 선출하도록 규정하지만, 여당과 야당이 각각 자당
  의 정치적 입장에 부합하는 재판관 후보자를 지명해 온 것이 우리의 정치적 관행이
  었다. 예컨대 양당구도에서는 여당이 추천한 1인, 야당이 추천한 1인, 여야가 합의
  해 추천한 1인으로 선정되었다.

불필요한 의심을 불어올 수 있는 점, 국회는 다양한 정치세력으로 구성
되므로 국민들의 정치적 의사비율을 고려해 재판부의 다양성을 확보하
기에 유리한 점을 고려할 때 독일의 예와 같이 국회가 재판관 전원을
선출하도록 하는 것이 합당하다고 생각된다(이황희 2020).

다음은 인사의 측면이다. 재판부는 헌법의 이성적이고 숙고된 진의
를 충실히 구현할 수 있도록 구성되어야 한다. 인간은 이중적 존재로서
이타적이고 사회적이며 이성적인 면과 이기적이고 개인적이며 충동적
인 면을 공히 갖는다. 자유와 평등, 정의, 타자와의 연대를 갈망하며 이
성적으로 사유하는 태도와 자신의 이익에 편향되고 타자를 적대하며
충동에 휩쓸리는 태도를 동시에 가진다. 헌법은 전자의 태도들이 만들
어낸 산물이며,[40] 이에 기초한 자기 구속적인 사전서약을 통해 후자의
태도들을 제어하려는 시도이다.[41] 헌법재판소의 소임은 바로 이성적이
고 사회적이며 연대적인 자세에 기초한 민주주의에 기여하는 일이다.
우리 사회는 이러한 헌법재판소의 소임을 실천할 수 있는 인물을 선별
해야 할 것이다.

아울러 재판관에게는 입헌민주주의 체제의 주연이 아닌 조연이라는
자기이해가 요구된다. 헌법재판소가 우리 사회의 민주적 역량을 신뢰
하고 민주적 의사결정을 존중하는 태도를 견지하는 것은 민주주의를
위해서도 필요할 뿐 아니라, 장기적으로는 헌법재판소의 권위를 유지
하는 데에도 도움이 됨을 인식해야 한다.[42]

---

40 근대 입헌주의의 토대를 제공한 근대 자연법론은 이러한 인간의 이중적 측면을 바
　탕으로 했다. 그로티우스와 푸펜도르프는 공히 인간의 자기보존성(이기적 본성)과
　사회성(이타적 본성)을 긍정했다(Grotius 2005, 79-81; Pufendorf 2003, 53-6 참
　조). 사회성에서 연유한 규범을 통해 자기보존성의 문제를 규율함으로써 사회의 질
　서를 확보하는 것이 이들의 주요한 정치적 기획이었다(Grotius 2005, 85-6).
41 사전서약(precommitment)의 관점에서 헌법을 이해하는 대표적 문헌으로는
　Holmes(1988) 참조. 이에 대한 비판으로는 Waldron(1999).
42 헌법재판소의 자제적인 태도에 대한 강조로는, Lübbe-Wolff(2018); 김종철(2018).

마지막으로, 참여와 감시의 측면이다.[43] 좋은 제도를 만들고 훌륭한 인물을 임명해도 그들이 제 역할을 수행하는지 감시하고 또 관여하는 일은 반드시 필요하다. 국회와 정부, 법원의 몫도 있겠으나, 이 역할의 주체는 궁극적으로 국민이다. 재판에서 국민의 역할을 최대화하는 방안은 국민이 직접 재판에 참여해 결정을 주도하도록 하는 것이다. 그러나 사법의 민주성만큼이나 사법의 전문성도 중요한 헌법적 가치이자 사회적 자원이므로, 재판에서 일반시민의 역할을 인정한다고 해도 그것은 전문성을 존중하고 보존하는 가운데 민주성을 강화하는 방향에서 이루어져야 한다. 배심원이나 참심원 제도를 헌법재판제도에 도입하는 것은 헌법재판의 민주적 정당성을 확보하는 가장 높은 수위의 대안임이 분명하다. 그러나 헌법재판소는 사실관계 다툼보다는 규범통제 판단을 주로 하므로 법체계 전반에 관한 전문가적 식견이 필요하고, 국민의 참여를 극대화할 경우 자칫 정치적 다수를 견제하는 헌법재판소의 기능이 약화될 수 있다. 그렇지만 심판의 유형과 사건의 성격에 따라 참여를 부분적으로 도입하는 것은 생각해볼 수 있는 일이다. 사실관계를 주로 다루는 사건 혹은 전문가적 식견보다는 사회일반인의 관점에서 접근할 필요성이 큰 사건이 그렇다. 참조할만한 사례로는 이탈리아의 대통령 탄핵심판이 있다. 이탈리아 헌법재판소는 재판관 15인으로 구성되는데, 대통령 탄핵심판 사건에서는 이들 재판관과 더불어 추첨으로 선정된 16인의 국민들이 함께 재판한다(헌법 제135조).

그러나 이 같은 역할은 설혹 인정된다 해도 극소수의 국민에게만 허용된다는 한계가 있다. 법정 외부에서 국민이 할 수 있는 역할이 중요한 것은 그 때문이다. 이 역할은 간접적인 것이지만, 보다 많은 국민이 자신의 의지에 따라 원하는 실천을 할 수 있다는 장점이 있다.

---

43 헌법재판소에 대한 견제에 관한 전반적인 설명은 이황희(2019).

진행 중인 사건과 관련하여, 국민은 재판에 적용될 보편적 원칙과 규범, 결론의 방향에 관하여 논의할 수 있다. 이 논의는 재판관이 자신의 판단을 보다 숙고된 형태로 만들어 가기 위한 반성적 성찰의 도구로 활용될 수 있다. 이러한 조언적이고 참조적인 역할을 통해 국민은 이른바 '법정 밖의 참심원'이 될 수 있다.

결론이 내려진 사건에 대한 논의 역시 의미가 있다. 이미 끝난 결정이라 해도 잘잘못을 평가해 그 속에 오류가 있다면 이를 되새겨 같은 잘못을 반복하지 않으려는 노력이 필요하다. 이는 이미 확정된 재판의 결론을 여론의 위력으로 번복시키려는 정치적 불복과는 다른 것이다.

이들 역할이 헌법재판소에 대해 정치적 다수의사를 관철하려는 시도는 아니다. 정치적 다수의 의사에 헌법재판소를 종속시키면 정치적 다수에 대한 견제와 소수자 보호 같은 기능이 실행되기 어렵다. 그러나 헌법재판소가 주권자인 국민의 감시로부터 자유롭게 되면, 법의 지배를 명분으로 한 재판관의 지배를 가져올 우려가 있다. 국민이 주권자로서 헌법재판권한을 헌법재판소에 부여한 이상 자신의 위임 취지에 맞게 헌법재판소가 작동하고 있는지를 점검하고 진단해 어떤 식으로든 일정한 책임을 묻고 그 평가를 공동체와 역사에 새기는 과정은 그 자체로 정당하고 또 필요하다. 헌법재판소는 선거를 통한 정치적 심판에서 면제되지만,[44] 어떠한 책임도 지지 않는 법 위의 기관이 될 수는 없기 때문이다.

---

44 재판관의 연임을 인정하고 재판관을 국민들로부터 선출하도록 하는 것은 헌법재판소를 국민의 정치적 의사에 민감하게 만드는 데에 기여할 것이다. 그러나 이는 헌법재판소를 정치적 다수의 영향에 종속되도록 하는 것이어서 정치적 다수에 대한 견제와 소수자 보호라는 헌법재판소의 역할에 적합하지 않다. 세계적으로 보더라도 헌법재판소의 재판관을 국민이 직접 선출하는 곳이 없는 것은 바로 이러한 이유 때문일 것이다. 헌법재판소는 정치적 다수의 변덕으로부터 거리를 둘 필요가 있다.

참고문헌

계희열. 2005.『헌법학(상)(신정2판)』. 서울: 박영사

국순옥. 1994. "자유민주적 기본질서란 무엇인가." 민주법학 제8호. 민주주의법학연구회.

권영성. 2008.『헌법학원론(개정판)』. 서울: 박영사.

김도균. 2006. "근대 법치주의의 사상적 기초: 권력제한, 권리보호, 민주주의 실현."『법치주의의 기초: 역사와 이념』. 서울: 서울대학교출판부.

김동인. "진보 정당들 '어떻게 하나'." 시사인 제352호(2014. 6. 14.).

김비환. 2016.『민주주의와 법의 지배』. 서울: 박영사.

김종철. 2005. "헌법재판소 구성방법의 개혁론."『헌법학연구』제11권 제2호. 한국헌법학회.

김종철. 2015. "헌법재판소는 주권적 수임기관인가?"『저스티스』제151호. 한국법학원.

_____. 2018. "한국의 헌법재판과 민주주의 – 입헌민주주의의 공화주의적 재해석을 중심으로 –."『헌법재판연구』제5권 제2호. 헌법재판연구원.

김철수. 2007.『헌법학개론(제19전정신판)』. 서울: 박영사.

김혁기. 2012. "법과 법치 개념의 본질적 경합가능성에 대한 연구."『법철학연구』제15권 제2호. 한국법철학회.

문홍주. 1987.『제6공화국 한국헌법』. 서울: 해암사.

박인수·조홍석·남복현·방승주·손형섭·이상경·이종수. 2010.『주요 국가별 헌법재판제도의 비교분석과 시사점』. 헌법재판연구 제21권. 헌법재판소.

윤정인·김선택. 2015. "헌법재판소는 민주주의의 수호자인가."『공법학연구』제16권 제1호. 한국비교공법학회.

이명웅. 2014. "미국에서 사법심사의 발전: 1776~1802."『헌법재판연구』창간호. 헌법재판소 헌법재판연구원.

이석민. 2018. 『아동·청소년의 정치적 기본권 — 정당가입 연령제한을 중심
　　으로 —』. 헌법재판연구원.

이창민·이황희·홍정민. 2019. "헌법재판소 판례에 대한 정치적 영향 분
　　석." 『법경제학연구』. 제16권 제3호. 한국법경제학회.

이황희. 2015. "근대 입헌주의의 고전적 기원들." 『헌법학연구』 제21권 제3
　　호. 한국헌법학회.

＿＿. 2019. "헌법재판소에 대한 견제." 『법학연구』 제22집 제3호. 인하대
　　학교 법학연구소.

＿＿. 2020. "탄핵심판의 측면에서 본 현행 재판관 제도의 문제점과 해
　　법." 『성균관법학』 제32권 제3호. 성균관대학교 법학연구원.

정종섭. 2019. 『헌법소송법(제9판)』. 서울: 박영사.

조지형. 2010. "87년 헌법의 역사화와 시대적 소명." 『법과 사회』 제38권.
　　법과사회이론학회.

채진원. 2014. "민주공화국과 법치주의의 부합성: 불일치 사례와 해법."
　　『인문사회』 21 제5권 제2호. 아시아문화학술원.

최장집. 2005. "민주주의와 헌정주의: 미국과 한국." Robert A. Dahl. 박상
　　훈·박수형 옮김. 『미국 헌법과 민주주의』. 서울: 후마니타스.

한수웅. 2015. "위헌법률심판 일반론." 『주석 헌법재판소법』, 헌법재판소
　　헌법재판연구원.

허영. 2020. 『한국헌법론(전정16판)』. 서울: 박영사.

＿＿. 2021. 『헌법소송법론(제16판)』. 서울: 박영사.

Aristoteles. 2009. 천병희 옮김. 『정치학』. 고양: 숲.

Barros, Robert. 2008. 안규남 외 옮김. "독재와 법의 지배: 칠레 피노체트
　　정권에서 규칙들과 군부 세력." 『민주주의와 법의 지배』. 서울: 후마
　　니타스.

Cappelletti, Mauro. 1989. 구병삭·강경근·김승환 공역. 『현대헌법재판론』.
　　서울: 법문사.

Cicero, Marcus Tullius. 2010. 허승일 옮김. 『의무론』. 파주: 서광사.

Dicey, A. V. 1993. 안경환·김종철 옮김. 『헌법학입문』. 서울: 경세원.

Dunn, John. 2015. 강철웅. 문지영 옮김. 『민주주의의 수수께끼』. 서울: 후마니타스.

Ely, John Hart. 2006. 전원열 옮김. 『민주주의와 법원의 위헌심사』. 파주: 나남출판.

Habermas, Jürgen. 2000. 한상진·박영도 공역. 『사실성과 타당성』. 서울: 나남출판.

Hamilton, Alexander & John Jay & James Madison. 1995. 김동영(옮김). 『페더럴리스트 페이퍼』. 서울: 한울 아카데미.

Kelsen, Hans. 2010. 심헌섭 역. 『켈젠의 자기증언』. 파주: 법문사.

Lübbe-Wolff, Gertrude. 2018. "헌법재판소를 통한 법치국가와 민주주의 수호." 『헌법재판연구』 제5권 제2호.

Manin, Bernard. 2004. 곽준혁 옮김. 『선거는 민주적인가』. 서울: 후마니타스.

Merryman, John Henry & Rogelio Perez-Perdomo. 2020. 김희균 옮김. 『대륙법전통』. 서울: 책과함께.

Montesquieu, C. S. 1990. 권미영 옮김. 『법의 정신 I』. 서울: 일신서적.

Platon. 2009. 박종현 옮김. 『법률』. 서울: 서광사.

Rousseau, Jean-Jacques. 1999. 이환 옮김. 『사회계약론』. 서울: 서울대학교출판부.

Saward, Michael. 2018. 강정인·이석희 옮김. 『민주주의란 무엇인가』. 서울: 까치.

Tamanaha, Brian Z. 2014. 이헌환 옮김. 『법치주의란 무엇인가』. 서울: 박영사.

Tocqueville, Alexis de. 2007. 임효선·박지동 옮김. 『미국의 민주주의 I』. 파주: 한길사.

Biagi, Francesco. 2020. *European Constitutional Courts and Transitions to Democracy*. Cambridge: Cambridge University Press.

Dworkin, Ronald. 1996. *Freedom's Law*. Cambridge, Mass.: Harvard University Press.

Ferreres Comella, Víctor. 2009. *Constitutional Courts and Democratic Values: a European Perspective*. New Haven: Yale University Press.

Ginsburg, Tom & Tamir Moustafa. 2008. "Introduction: The Functions of Courts in Authoritarian Politics." in: Tom Ginsburg, Tamir Moustafa(eds.). *Rule by Law: The Politics of Courts in Authoritarian Regimes*. New York: Cambridge University Press.

Grimm, Dieter. 1994. *Die Zukunft der Verfassung*. 2. Aufl. Frankfurt am Main: Suhrkamp.

Grotius, Hugo. 2005. *The Rights of War and Peace*, Book Ⅰ. Indianapolis: Liberty Fund.

Hansen, Mogens Herman. 1999. translated by J. A. Crook. *The Athenian Democracy in the Age of Demosthenes: Structure, Principles, and Ideology*. Norman: University of Oklahoma Press.

Hirschl, Ran. 2004. Towards Juristocracy: *The Origins and Consequences of The New Constitutionalism*. Cambridge: Harvard University Press.

Holmes, Stephen. 1988. "Precommitment and the Paradox of Democracy." in: Jon Elster & Rune Slagstad(eds.). *Constitutionalism and Democracy*. Cambridge: Cambridge University Press.

Hyland, James L. 1995. *Democratic Theory*: The Philosophical Foundations. Manchester: Manchester University Press.

Macpherson, C. B. 1977. *The Life and Times of Liberal Democracy*. New York: Oxford University Press.

Möllers, Christoph. 2013. *The Three Branches: A Comparative Model of Separation of Powers*. Oxford: Oxford University Press.

Nino, Carlos Santiago. 1996. *The Constitution of deliberative democracy*. New Haven: Yale University Press.

Pufendorf, Samuel von. 2003. *The Whole Duty of Man According to the Law of Nature.* Indianapolis: Liberty Fund.

Raz, Joseph. 1979. "The Rule of Law and Its Virtue." *The Authority of Law: Essays on Law and Morality.* Oxford: Clarendon.

Stone Sweet, Alec. 2000. *Governing with Judges.* New York: Oxford university press.

Waldron, Jeremy. 1999. *Law and Disagreement.* New York: Oxford University Press.

野中俊彦・中村睦男・高橋和之・高見勝利. 2006.『憲法Ⅰ』第4版. 有斐閣

중앙일보. "소크라테스 "악법도 법" 준법교육 사례는 부적절." 2004. 11. 8.

제3장
사법부의 수평적 독립성, 사법 심사권, 다수의 지배로서의 민주주의

박 지 광

I. 들어가며

1987년 민주화 이후 우리나라에서 사법부의 독립성과 법치주의가 꾸준히 향상되어왔다는 점에는 일반인들뿐 아니라 학자들 사이에서도 큰 이견이 없을 것이다. 국제기구가 발표하는 다양한 지표들도 1987년 민주화 이후 우리나라 사법 독립성과 법의 지배가 눈에 띄게 향상되었다는 점을 잘 보여주고 있다(임현 2018). 다만 지난 35년간의 발전에도 불구하고 우리나라의 법치주의가 서구 민주주의 국가의 그것과 필적할 만큼 성숙한 수준에 도달했는지에 대해서는 아직은 회의적인 시각이 우세하다. 이 때문에 사법부 개혁과 발전에 대한 국민적 요구는 아직도 상당히 광범위하게 한국 사회에 존재하고 있다고 본다.

이러한 국민적 열망에 기반하여 문재인 정부는 초기부터 강한 사법 개혁을 추진하였다. 특히 박근혜 정부 사법농단 사태에 대한 언론의 대대적인 보도는 문재인 정부 초기의 사법개혁에 강한 추진력을 제공하였다.¹ 하지만 '조국 사태'를 기점으로 문재인 정부의 사법개혁에 대한 평가는 정치적 성향을 따라 극명하게 갈리게 되었다. 어떤 이들은 문재인 정부가 사법개혁의 명분하에 사법부를 사유화하였고 친정부적인 재판부가 조국 재판에서 상식에 어긋나는 판결을 내리고 있다고 비판하였다. 또 다른 사람들은 기득권층인 법관들이 조국 사태를 계기로 현 정부에 반항의 깃발을 높이 세우고 있다고 보았다. 더 나아가 진보 진영은 반민주적인 사법부가 현 정부의 개혁 노력으로부터 자신들의 특권을 지키려고만 하고 있다고 비판하는 반면 야권은 이러한 개혁이 명분일 뿐이며 실제적으로는 사법부를 장악하려는 시도이며 사법부의 독립성을 훼손시키고 있을 뿐이라고 평가하고 있다.

이렇게 엇갈리는 주장은 우리에게 두 가지 질문을 던진다. "문재인 정부 동안 사법부의 독립 또는 법의 지배는 향상되었는가?" "향상되었다면 어떤 의미에서 그리고 퇴보하였다면 어떤 의미에서 그렇다는 것인가?"

물론 먼저 첫 번째 질문에 대한 대답은 각자의 정치적 성향에 따라 엇갈릴 것이다. 흥미롭게도 '법의 지배'나 '사법부의 독립성'을 평가하는 국제기구 역시, 문재인 정부하에서의 사법부에 대해 엇갈린 평가를 내놓고 있다. 예를 들어 세계은행(World Bank)이 매년 발표하는 법의 지배(rule of law)지수는 문재인 정부하에서 법의 지배가 크게 향상된 것으로 평가하고 있다(그림 3-1 참조). 1987년 민주화 이후 향상되기 시작한 한국의 '법의 지배' 지수는 문재인 정부에서 눈에 띄게 증가하였다. 이에 비해 각국의 민주주의를 평가하는 대표적인 기관인 프리덤 하우스(Freedom House)가 매년 발표하는 '사법부 독립성' 관련 지표들은 최근 3년간(2019년-2021년) 모두 4점 만점에 3점인 것으로 나타났다.

---

1 이러한 국민의 사법부 개혁 열망은 법조비리 근절과 사법부 민주화에 더 초점이 맞춰진 것으로 보인다(장영수 2017).

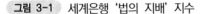

그림 3-1　세계은행 '법의 지배' 지수

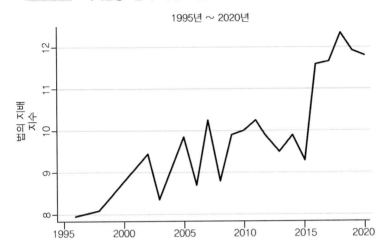

2014년 이후 2018년까지 5년간 관련 지표들이 모두 4점 만점이었던 것
에 비해 최근 3년간 사법부의 독립성은 한 단계 줄어든 것으로 나타난다
(임현 2018, 169).[2]

　이렇게 서로 엇갈리는 국제기구 지표들은 우리에게 법의 지배와 사
법부의 독립성이 국제적으로도 다양한 의미로 쓰이고 있다는 사실을
다시 한번 일깨워 준다. 따라서 법의 지배의 향상과 퇴보에 대한 평가
는 상당 부분 법의 지배를 어떻게 정의하느냐에 달려 있을 것이다.

---

2 한편 외국학계의 평가는 대체적으로 문재인 정부의 개혁에 대한 부정적인 편이다.
예를 들어 스탠퍼드대학 아시아-태평양 연구센터 한국학 프로그램이 2021년 2월
에 개최한 "Are South Korea Liberals Truely Liberal(https://www.youtube.com/w
atch?v=7nZbldsRMyY)?" 패널 토론은 한국의 진보가 서구적 의미에서 진보인지
그리고 심지어 민주적인지를 묻고 있다. 코리아 소사이티(The Korea Society)가 20
21년 개최한 강연(Sherman Family Emerging Scholar lecture)에서도 수상자인 허
아람 교수는 "Korea's Changing National Story and Democratic Future"에서 한국
사회의 파편화와 한국 민주주의가 현재 마주치고 있는 도전에 관해 언급하고 있다.
(https://www.youtube.com/watch?v=lnNYJKdaAoc). 이들 세미나에서 한국 정치
를 연구하는 외국 연구자들은 민주주의의 후퇴에 대해 우려를 표명하고 있다.

사법부의 독립성과 법의 지배에 관한 다양한 정의 중에서 본 장은 사법부의 독립성과 법의 지배를 입헌주의 관점에서 정의하고 우리나라 사법부의 독립성과 법의 지배에 대해 분석하고자 한다. 먼저 이러한 입헌주의적 관점에 모두가 동의하는 것은 아니며 입헌주의가 사법부의 독립성과 법의 지배와 관련된 모든 함의점과 통찰력을 제공할 수는 없다는 점을 미리 인정하고 논의를 진행하고자 한다. 그리고 필자의 입헌주의적 해석이 유일한 해석이 아니면 입헌주의에 기반한 다양한 해석이 가능하다는 점도 역시 미리 밝히고자 한다.3 특히 필자의 학문적인 배경으로 인해 필자의 해석은 미국 법정치학계의 견해에 치우쳐 있음을 또한 고백한다.

미국학계의 입헌주의 관점은 "현대 미국에서" 사법부의 (실질적) 독립성이 다수의 지배로서의 민주주의와 충돌하고 있다고 보고 있다. 더 정확히는 2차 대전 이후 활발해진 사법심사권(judicial review)의 적극적 사용은 다수결에 의한 정책 결정이라는 다수결주의와 갈등을 빚을 수 있다는 점을 인정하고 있다.

입헌주의는 민주주의를 독재의 부재로 정의하고 있다. 이를 위해 입헌주의는 국가의 권력을 입법·행정·사법으로 나눌 뿐 아니라 이들 정부 기관끼리 상호 견제하도록 하여 집중된 권력의 탄생을 막고자 한다. 이러한 견제와 균형 체제하에서 타 정부 부처를 견제하기 위해 사법부는 사법심사권을 부여받았다. 이러한 사법심사권은 의회의 고유권한인 입법을 사실상 통제할 수 있다는 점에서 권력분립의 원칙과는 대치되는 개념이다. 근대 입헌주의자들이 왜 이런 모순적인 권력을 사법부에

---

3 하지만 입헌주의적 접근이 최소한 서구 학계에서는 다수설의 위치를 점하고 있다. 특히 필자는 본 장에서 입헌 민주주의 학자들 사이에서 일반적으로 받아들이고 있는 해석을 충실히 반영하고자 노력하였다.

부여하였는지를 세월이 지난 현재로서는 정확히 알 수 없지만, 사법심
사권을 통해 입법부와 행정부가 국민의 기본권을 훼손하는 법안을 통
과시키는 것을 막고자 했던 것으로 보인다. 이런 점에서 사법심사권은
사법부의 독립성과 민주주의의 건전한 운영에 매우 중요한 위치를 점
하고 있다.

　본 장에서는 이러한 사법심사권의 중요성에 착안하여 사법심사권과
민주주의 관계를 분석하고 현재 우리나라 상황에 대해 살펴보고자 한다.

　사법심사권은 역사적으로 또한 법리적으로 문제가 있는 입법안을 심
사하는 데에도 이용되었다. 법률가들이 아닌 의원들이 만든 입법안이 법
률로서는 결함을 가지는 경우는 종종 있어 왔다. 사법심사권은 법리학적
으로 문제가 있는 입법안을 폐지하기 위해서도 종종 적용되었다. 이러한
사법심사권의 사용은 민주주의와 별다른 마찰을 일으키지 않는다.

　문제는 뉴딜 사태를 계기로 보수적인 판사들이 사법심사권의 행사
대상을 단순히 법률의 법리학적 측면만이 아니라 법안의 실제적 내용
으로 확대하면서부터 시작되었다. 이러한 정책의 실제 내용에 대한 사
법심사는 민주주의가 다수에 의한 정책 결정이라는 다수결주의와 국민
이 선거를 통해 직접 뽑은 대표에 의한 정책 결정이라는 대의제로 대
표된다는 점에서 민주주의와 갈등 관계에 놓인다. 이는 사법심사권이
국민의 의사와는 상관없이 지식과 전문성을 기준으로 충원된 공무원들
인 재판관에 의해 행사되기 때문이다. 따라서 법관들은 선출직 공무원
들과는 달리 대의제 민주주의에서 말하는 민주적 대표성을 가지고 있
지 않다. 민주적 대표성이 없는 법원이 사법심사권을 행사하여 국민의
대표인 의회의 다수가 통과시킨 법안을 무효화시킬 수 있다는 사실은
다수결의 원리로서의 민주주의 그리고 더 나아가 대의제 민주주의 관

점에서 분명 환영할 일은 되지 못한다. 이런 점에서 사법심사권은 '다수의 지배'라는 민주주의의 정책적 결정 원리에 반하는 반다수결주의 (counter-majoritarianism)적인 제도라는 점에 대해서 서구의 많은 학자들이 동의하는 바이다.

여기에 더하여 법관의 가치관 문제도 존재한다. 법원 판결에 관한 많은 경험적 연구들은, 특히 법정치학의 주요 이론 중 하나인 태도 모델(attitudinal model)은, 판사들의 판결이 결코 자신의 출신 배경, 교육, 성별, 인종, 정치적 이념과 성향에서 완전히 자유로울 수 없다는 것을 주장한다. 즉 법관의 판결이 법리와 보편적 양심에 의해서만 이루어지는 것이 아니며 본인의 개인적 경험과 가치관에 의해 영향을 받는다는 것이다. 이러한 법관의 주관성은 정책적 판결에서 더 두드러질 것이다. 이 때문에 정치/정책적 문제에 관한 판결이 때때로 국민 여론과는 동떨어진 판결이 될 수도 있다.[4] 대중민주주의에 위협이 될 수도 있는 부분이다.

이런 모든 점을 고려할 때 사법심사권이 보장되는 사법부의 독립성이 민주주의에 가지는 함의는 매우 다층적이라고 할 수 있다. 본 글에서는 이렇게 다양한 함의를 미국의 법정치학적 시각에서 분석하고자 하며 또한 사법부 독립성의 결정 요인들에 대한 외국 학계의 경험적 연구들을 검토하여 우리나라 사법권 독립성 연구에 주는 시사점에 대하여 논하고자 한다. 마지막으로 사법심사를 둘러싼 사법부와 다른 정부 기관 간의 갈등이 실제적으로 어떻게 해결되었는지를 미국 사례를 통해 분석하고 있다.

---

4 이 말이 형사사건에서는 판사들의 개인적 가치관이 판결에 영향을 미치지 않는다는 말은 아니다. 다만 형사사건에서는 형량법정주의가 이러한 개인 간의 차이를 상당히 바로잡아 줄 것이다.

II. 입헌주의, 사법부의 독립성, 법의 지배

법의 지배, 사법부의 독립, 그리고 입헌주의는 상호 밀접하게 관련된
개념이지만 또한 구분되는 개념이기도 하다. 먼저 이들 개념이 서로 어
떻게 연결되는지를 먼저 살펴도록 하겠다.

1. 입헌주의(Constitutionalism)와 사법부의 독립성

입헌주의/입헌민주주의는 기본적으로 정부로부터 국민의 기본권을
보호하는 것을 목표로 국가권력을 헌법으로 제한하는 정치제도이다
(Whittington 2008, 281). 민주주의가 국민이 국가의 주인이라는 국가권
력 원천에 대한 사상이라면 입헌주의는 헌법을 통해 정부의 자의적 지
배를 막는 제도적 설계에 대한 아이디어를 나타내고 있다.[5] 구체적으로
입헌주의는 민주주의를 위한 두 가지 제도적 장치를 표방하고 있다. 먼
저 입헌주의는 정부의 권력과 기능을 입법·행정·사법 3부에 나누어
주는 권력분립이라는 원칙을 채택하고 있다. 입헌주의는 더 나아가 이
들 3부 간의 상호견제를 통한 권력의 균형이라는 견제와 균형의 원칙
을 규정하고 있다(Friedrich 1968).

'권력분립'과 '견제와 균형'이라는 원칙은 근대 입헌주의 사상가들의
새로운 아이디어는 아니다. 몽테스키외를 비롯한 근대의 민주주의 사
상가들은 로마의 공화주의로부터, 특히 키케로의 저술인 "공화주의와
법"으로부터 지대한 영향을 받았다(강승식 2009).[6] 근대 입헌주의 사상

---

5 독재를 방지하기 위해서 사실 견제와 균형이 서양에만 국한된 사상은 아니다. 법가
  의 영향을 받은 정도전도 경국대전에서 삼사(三司)의 사헌부·사간원·홍문관을 통
  해 왕권을 견제하고 언론을 통한 정치를 구현하고자 하였다. 이러한 정도전의 사상
  도 유교의 사상 더 구체적으로는 주자의 사상에 영향을 받은 것이다.
6 흥미롭게도 중국에서도 이러한 권력분립이론이 오래전부터 있었다는 주장이 있다.

가들은 불안정한 권력 분립체제인 로마의 공화주의를 계승·발전시켜 정부 권한을 헌법으로 제한하여 정부의 자의적 지배 또는 독재자의 출현을 막을 수 있는 정부 제도를 설계하고자 하였다. 특히 대통령제 사상가들은 정부 권력이 분산될수록 독재의 출현이 더 어렵다는 믿음을 바탕으로 정부 권력을 입법·행정·사법으로 나누는 삼권분립이라는 제도적 장치를 고안하였다.

이들은 또한 견제와 균형을 위해 입법·행정·사법 삼부가 서로를 견제할 수 있는 권한을 각 부처에 주었다. 행정부에는 대통령 법안 거부권(presidential veto power)을 주어 입법부를 견제하도록 하였고 의회에는 예산 심사권, 정부 주요 인사에 대한 임명 동의권, 공무원에 대한 탄핵권을 주어 행정부를 견제할 수 있도록 하였다. 특이하게도 삼권 분립론자들은 견제와 균형을 위한 사법부의 역할에 주목하여 사법부에 사법심사권을 부여하였다. 사법심사권은 예산과 최고위급 법관들에 대한 인사권을 통해 타 정부 기관의 통제를 받는 약한 고리인 사법부가 타 정부 기관을 견제할 수 있는 유일한 수단이기도 하다.[7] 하지만 사법부가 사법심사권을 실제로 행사하기 위해서는 사법부의 정치적 독립성 확보가 필수적이다(Ferejohn 1998, 366; Burbank 2002). 사법부가 집권

남송(南宋) 시절에 저술된 『주례(周禮)』의 "경학(經學)" 편에는 정부의 권한을 6개의 부로 나누는 원시적 형태의 권력분립 이론을 소개하고 있다(Song 2010). 하지만 이러한 예를 통해 중국에서 민주주의 사상이 독자적으로 토대를 키우고 있었다는 해석에는 무리가 있어 보인다. 이러한 경학편에 소개된 권력분립은 독재의 방지라는 민주주의적 목표보다는 정부 부서의 전문화와 효율화의 개념에 더 가깝다는 것이 필자의 해석이다.

7 최초의 명문화된 사법부의 독립은 영국에서 시작되었다. 영국에서는 명예혁명 이후 혁명합의서(The Revolution Settlement)에 사법부의 독립을 명시하여 국왕의 권력을 제한하였다(North and Weingast 1989). 마그나 카르타에서도 사법부의 독립이 언급되지만, 명예혁명 이전까지 영국의 법원은 영국의 국왕에 종속되어 있었다. 명예혁명 이후에서야 영국의 법원은 영국 국왕의 영향력에서 자유로워졌다.

세력의 정치적 압력에서 벗어날 수 없다면 사법부가 집권 세력의 의제
인 주요 입법안을 심사하여 폐지한다는 것은 사실상 불가능하다. 많은
비민주국가에서, 그리고 우리나라에서도 권위주의 시절에는, 사법부의
사법심사권은 사실상 사문화된 헌법규정이었다. 이러한 이유로 사법부
의 정치적 독립은 정부 기관 간 수평적 책임성 그리고 더 나아가 민주
주의의 공고화를 위한 필수 불가결한 요소이다(Chavez 2008, 63).

2. 사법부의 독립성과 수평적 책임성

1) 사법권 독립성: 법원의 독립성과 법관의 독립성

민주주의에 대해 다양한 시각이 존재하듯이 사법부의 독립성에 대해
서도 다양한 견해가 존재한다. 미국 연방대법관인 브라이어(Breyer)는 사
법적 독립은 판결이 법과 보편적 상식에만 의거하여야만 이념이라고 주
장한다(Breyer 1996). 이런 최소한의 정의는 일반인에게도 익숙한 개념이
지만 학계에서는 이 정의보다는 더 세분화된 정의를 사용한다. 우리나라
헌법학자 대다수는 사법부의 독립을 법원의 독립(사법부의 독립)과 법관
의 독립으로 나누고 법관의 독립은 다시 인적 독립(신분상의 독립)과 물적
독립(재판상의 독립)으로 나누고 있다(전찬희 2017, 265; 최선 2015).[8]

법관의 독립성은 판결의 자율성을 보장하여 공정한 법의 지배라는
점에서 중요하지만, 입헌주의 관점에서 보면 입법부와 행정부의 압력
으로부터의 자유를 의미하는 사법부(법원)의 독립이 더 중요한 사법 독

---

8 최선(2015)은 법관의 독립을 판사의 임기와 정년이 적절히 보장되는 개인 신분상의
(personal) 독립과 판사가 판결과 공적 업무를 수행하는 데에 있어서 법률 이외의
권위에 복종하지 않는 실질적(substantive) 독립으로 나누고 있다. 피스(Fiss 1939)
의 경우는 사법부의 독립성을, 법관의 소송당사자로부터의 분리, 법관 개인의 자율
성, 사법부의 정치적 중립성으로 나누고 있다.

립성 개념이다. 특히 사법심사권을 실제적으로 그리고 자율적으로 행사할 수 있는 독립성이야말로 독재 방지라는 입헌주의 관점에서 보는 사법부(법원) 독립성의 핵심이라고 할 수 있다.[9] 즉 사법부가 타 정부기관을 견제할 수 있는 사실상 유일한 권력이 사법심사권이기 때문에 사법심사권은 '수평적 책임성'의 핵심적인 요소이다.[10] 본 장에서는 이러한 독립성을 수평적 독립성이라고 부르겠으며 이에 초점을 맞추어 분석하고자 한다.

2) 법관의 독립성과 수평적 독립성

비록 사법부의 수평적 독립성이 입헌주의에 가장 중요한 관심사이지만 법관의 독립성 또한 궁극적으로 사법부의 수평적 독립성에 지대한 영향을 미친다. 이는 사법부에 대한 외부 압력만이 사법부의 수평적 독립성을 해치는 유일한 요소가 아니기 때문이다. 업무수행 및 결정 과정에서 윗선으로부터 지시가 있을 경우 비록 이러한 지시가 부당하다고 할지라도 현실적으로 법관이 이를 거부하기란 쉽지 않다. 이는 윗사람과의 인간적 관계에 대한 고려뿐만이 아니라 이러한 거절이 업무 배정이나 인사상의 불이익으로 이어질 수도 있기 때문이다. 특히 정치적으로나 정책적으로 민감한 사안에 대해서 거절을 하면 윗선으로부터 압력이나 회유를 받게 될 가능성이 상당히 크다. 따라서 법관들은 이러한 판결에서 법리와 보편적 양심에 의해서만 판결하지 않는 경우가 나올수 있다. 따라서 법관의 독립성은 궁극적으로 사법부의 독립성에 그리

---

9 사법부 운영의 독립성도 중요한 독립성의 개념이다. 입법부가 법원의 예산을 축소하거나 축소하겠다고 위협을 가할 경우 법원은 집권당과 관련된 판결에서 자기검열을 실시할 우려가 있기 때문이다(Toma 1996).

10 미국에서도 사법부의 독립성을 무엇으로보다 외부정치세력의 영향력으로부터, 특히 행정부와 입법부로부터의, 자유를 의미한다(U.S. v. Will 1980, 218).

고 민주주의에 영향력을 끼치게 된다. 우리는 과거 권위 정부 시절 법
관에 대한 개인적인 압력과 회유를 통해 정권이 사법부의 견제와 감시
기능을 무력화시켰다는 것을 잘 알고 있다.

　한편 상부의 압력이 전혀 없더라도 법관이 자신의 금전적 · 정치적
이해관계를 판결에 반영시킨다면 이 또한 판결의 공평성만을 해치는
것이 아니라 직 · 간접적으로 사법부의 수평적 독립성에 타격을 미치게
된다. 우리나라의 민주주의가 성숙해질수록, 그리고 법관의 독립성이
향상될수록 법관의 개인적인 이해관계 때문에 법관의 독립성이 훼손될
가능성은 크다.

　현재 미국에서는 법관의 개인적 이해관계가 정책 이슈에 대한 판결
에 영향을 끼치는 것으로 인식되고 있다. 미국의 경우 연방 법관들은
모두 대통령의 임명과 상원의 동의를 거쳐야 하므로 정치적 연줄 없이
연방 고등법원이나 연방 대법원 판사로 임명된다는 것은 사실상 불가
능하다. 따라서 상급법원 판사를 꿈꾸는 야망 있는 하급법원 판사들은
정치적으로 민감한 정책판결에 있어서 정당의 압력에 취약하며(Sisk,
Heise and Morris 1998) 이들 사안에 대한 법원의 판결이 집권당 선호를
반영하는 경향이 있다는 비판이 존재한다(Spiller and Gely 1992; Cross
and Nelson 2001).[11] 특히 주법원 판사들은 선거를 통해 선출되거나 재
신임 되어야 하는데 판사는 공천권을 행사하는 정당뿐만이 아니라 선
거자금과 표 동원 능력을 갖춘 조직화한 세력을 의식하지 않을 수 없
다.[12] 이 때문에 주법원 판사들이 정책 이슈(예를 들어 환경문제, 낙태, 동

---

11 노동 관련 판결들에 대한 경험적 분석은 Spiller and Gely(1992) 그리고 다른 다양
　한 경험적 분석들은 Cross and Nelson(2001)를 참조할 것. 한편 이를 반박하는 연
　구는 Segal(1997)을 참조할 것.
12 미국에서 주 정부는 다음의 3가지 종류의 법관선거 중 하나를 채택할 수 있다. 정당
　표기 법관선거(partisan election)에서는 일반적인 선거에서처럼 주법원판사직에 출마

성애, 노동이슈 등)에서 이와 관련된 이해 집단으로부터 온전히 자유로울
수 없다. 실제로 텍사스주에서 실시된 한 여론조사에서 변호사들의
99%가 그리고 판사들 86%가 선거기부금이 판결에 어느 정도 영향을
끼친다고 대답하였다(Feldman 2000).

  우리나라의 경우도 판사들이 선망하는 대법관과 헌법재판관은 정치
적 임명직이며 대법원장이 법관 인사권을 행사하고 있다. 따라서 고위
직이나 좋은 보직을 희망하는 판사들이 정치적으로 민감한 사안에 대
해 정치권의 눈치를 볼 수도 있다. 즉 외부의 압력이 없더라도 판사 스
스로 개인적 영달을 위해 자발적으로 판결의 공정성을 훼손하는 경우
가 발생할 수 있다. 설령 법관이 이러한 유혹을 이겨낸다고 하더라도
법원이 위계적 관료제의 형태로 운영되고 있는 우리나라에서 법관들이
상급자의 부당한 간섭과 압력을 거부하기는 쉽지 않다. 사실 법관들이
인사와 위계적 질서로 인해 받는 스트레스는 상당하다. 1987년 민주화
이후 인사제도와 법원 운영과 관련된 요구가 사법파동을 통해 쏟아져
나왔다는 것은 우연이 아니다. 공정하고 투명한 법관인사제도, 특히 윗
선에 의해 좌지우지되지 않는 인사제도는 법관의 독립성뿐 아니라 사
법부의 수평적 독립성 또한 향상시킬 것이다.

  하지만 정치적으로 완전히 독립된 법관인사제도를 어떻게 성취할 수
있을지는 쉽지 않은 문제이다. 현재 논의되고 있는 아이디어인 '사법평
의회'가 이러한 기능을 수행할 수 있을지에 대해서는 전망이 엇갈리고

한 후보자들이 공화당 또는 민주당의 공식적인 지명을 받아야 한다. 비정당 법관선거
(non-partisan election)에서는 정당의 지명이 불필요하고 투표용지에도 소속정당이
표기되지 않는다. 가장 정치적인 색채가 옅은 연임가부선거(retention election)에서
는 판사들이 주지사나 주의회에 의해 임명되나 연임여부는 선거에 의해 결정된다. 이
때 유권자들은 현직 판사의 유임여부에 가부(可否)만을 표시할 수 있을 뿐이다. 자세
한 사항은 박지광(2011)과 김명식(2011)을 참조할 것.

있다. 사법평의회의 설치가 일반 판사들이 반대할 수 있는 자유와 법원 운영에 의사결정에 참여할 수 있는 권리 등 법원의 민주화를 촉진할 수 있다는 기대감도 존재한다(김도균 2021). 하지만 다른 한편으로는 정치세력의 참여를 허락하는 사법평의회가 인사권한을 가지게 된다면 판사들이 오히려 정치적 압력에 더 취약하게 될 가능성이 있다는 비판도 존재한다(전찬희 2017). 법원의 수평적 독립성이라는 관점에서도 법관의 독립성을 높이는 인사제도는 분명히 필요하다. 다만 사법평의회는 아직 서구에서조차 논쟁 중인 제도라는 측면에서 신중하고 깊이 있는 논의가 도입에 우선되어야 할 것이다.

3) 입헌주의와 실질적 법치주의

사법부의 독립성과 자주 같이 쓰이는 용어는 법치주의 또는 법의 지배이다. 물론 '법치주의'라는 용어도 학계에서 다양한 의미로 사용되고 있으며(Tamahana 2004) 국내에서도 법치주의의 정의를 놓고 학자들 간의 논쟁이 존재한다(김도균·최병로·최종고 2006; 김비환 2006). 이런 다양한 법치주의의 정의 중 실질적 법치주의는 입헌주의와 가장 밀접하게 관련되어 있다.

좁은 의미의 법의 지배는 국가공권력의 모든 작용과 행사가 사전에 정해진 명확한 일반규칙 즉 법률에 따라서 작동하고 이루어져야 한다는 원칙이다(김도균·최병로·최종고 2006; 김도균 2012). 이러한 좁은 의미의 법의 지배는 정부 기관과 관리들의 행위가 적법성(legality)에 저촉받는 정부 체제이며 일반 국민들이 해당 정부 행위가 법에 저촉되는지 여부를 테스트할 수 있고 만약 저촉된다면 이를 교정할 수 있는 체제를 말한다(Merryman 1985, 40－41; Tamahana 2012; Fuller 1963; Raz 2009). 하지만 이런 좁은 의미의 법치는 민주주의만의 특징은 아니며 비민주주의 국가에서도 충분히 가능한 법 운영체제이다(Peerenboom 2002b). 심지어 고대의 중국에서도 백가쟁명 시대에 법에 의한 지배라는 법가사상이 주창되었으며 이후 유학자들에 의해 받아들여져 유교 통치 사상의 일부가 되었다.

반대로 법치의 개념을 매우 폭넓게 해석해야 한다는 견해도 있다. 법치는 모든 시민이 법 앞에서 공평하다는 원칙, 법과 규제의 적용에 있어서 예측 가능성, 사법적 정의와 보편적 인권, 재판 접근권 등을 매우 많은 권리와 이상을 포함하는 개념이라는 것이다(Chavez 2008, 64). 이상적인 국가의 거의 모든 조건을 포함한 듯한 이런 정의를 일부 진보학자들이 받아들이지만, 보편적인 개념이라고 보기는 힘들다.[13]

현재 우리나라뿐 아니라 전 세계적으로도 가장 많이 통용되고 있는 법치주의의 정의는 이러한 두 극단 중간에 위치한 '실질적 법치주의'이다(김도균 2012; 최대권 2008). 이러한 실질적 법치주의는 법치를 법(률)에 의한 지배(rule by law)에 더하여 어떠한 개인이나 집단도 국가권력을 독점하지 못하며 각 정부 기관 수장의 권력도 법에 의해 제한되는 정치제도로 규정되고 있다(최대권 2008; 김도균 2012, 52; Berman 1983, 292). 이런 점에서 실질적 법치주의는 국가기관들이 상호 견제하여 법과 국민의 지배하에 놓이는 "수평적 책임성(horizontal accountability)"을 전제로 하고 있다(O'Donnell 1994, 61-62),[14] 이 때문에 사법부가 다른 정부 기관을 견제할 수 있는 사법심사권은 실질적 법치주의의 매우 중요한 요소이다(김도균 2012).[15] 사법심사권이 없이는 사법부의 수

---

13 법치를 사람들이 좋아하는 모든 것들을 포괄하는 의미로 사용하는 것에 대한 비판은 김비환(2006)을 참조할 것.
14 민주주의는 정부가 국민에 책임을 지는 수직적 책임성(vertical accountability)뿐만이 아니라 정부 차원에서 정부기관 간의 서로 책임을 물을 수 있는 수평적 책임성을 요구한다.

평적 독립성이 없고 사법부의 수평적 독립성이 없다면 견제와 균형, 즉
정부 기관 간의 "수평적 책임성"은 존재하지 않기 때문이다. 이런 점에
서 실질적 법치주의는 입헌주의를 품은 법의 지배라고도 할 수 있다.
우리 대법원도 실질적 법치주의를 입헌적 법치주의 국가라는 개념으로
정식화했다(김도균 2012, 57).

4) 한국 헌법재판소의 사법심사권 행사

앞에서는 우리는 사법부의 수평적 독립성이 견제와 균형이라는 입헌
주의 목표에 가장 중요한 독립성 개념임을 살펴보았다. 이러한 사법부
의 수평적 독립성은 다른 무엇보다 다른 정부 기관을 견제할 수 있는
사법심사권에 달려 있다. 따라서 사법부의 수평적 독립성을 객관적으
로 측정하는 가장 손쉬운 방법은 사법심사가 실제로 행사되고 있느냐
를 살펴보는 것이다.

이런 점에서 우리나라 사법부의 수평적 독립성은 상당히 높은 것으
로 측정된다. 우리나라에서 사법심사권 행사는 사실상 민주화 이후에
시작되었다. 1971년 제1차 사법파동이 보여주듯이 1987년 민주화 이
전에는 법관의 독립성마저 제대로 지켜지지 않았기 때문이다. 특히
1988년에 설치된 헌법재판소는 사법심사권 확립에 촉매제 역할을 하였
다. 사법심사권 행사에 소극적일 것이라는 애초 예상과는 달리 헌법재
판소는 적극적으로 위헌법률심사권과 헌법소원심판권을 행사하여 입법
안과 행정명령의 위헌성과 위법성을 심사하였다.[16] 그 결과 많은 입법

---

15 최대권 교수는 실질적 법치주의를 입법에 대한 사법심사 제도로 규정하고 있다(최
   대권 2008). 여기서 사법심사 제도는 사법부의 수평적 독립성의 제도적 장치로 치
   환 가능하다.
16 헌법재판소가 사용할 수 있는 사법심사권에는 위헌법률심판권, 헌법소원심판권, 위
   헌정당해산권 탄핵심판권 권한 쟁의심판권 등이 있다.

안과 행정명령이 폐지되었으며 한국 사회에도 큰 영향을 미쳤다. 헌법
재판소의 적극적 사법심사권 사용은 통계자료로도 입증이 된다. 한국
의 헌법재판소는 1988년 성립 이후 2021년 11월 3일까지 1,855건의
위헌결정을 내렸다.[17] 이러한 위헌결정 수는 사법심사가 활발한 미국이
나 독일의 위헌결정 수와 비교하여도 상당히 많은 숫자이다(Law 2009).
이와 동시에 법원도 '양심적 병역 거부' 등 각종 판결을 통해 정책 이
슈에 참여하기 시작하면서 정책 결정 과정이 이제는 더는 행정부와 입
법부만의 게임이 아니게 되었다(전찬희 2017).

때때로 이러한 사법심사 결과에 대한 국민적 지지가 정치적 성향에
따라 극명하게 갈리면서 커다란 정치적 파장을 낳기도 하였고 정치의
사법화에 대한 우려도 존재하지만(조원빈 2018, 241)[18] 사법부가 사법심
사권을 적극적으로 행사하고 있다는 점에서 한국의 사법부는 상당한
수준의 수평적 독립성을 가지고 있으며 견제와 균형이라는 입헌주의를
확립해 나가는 중이다.

이런 우리나라 사법부의 적극적인 사법심사권 사용은 옆 나라인 일본
과 극명하게 대비된다. 일본에서는 사법부가 판결을 통해 정치적 이슈에
개입하는 것을 금기시하는 문화가 존재한다. 일례로 일본대법원은 2차
대전 이후 60년 동안 단 8건의 위헌결정을 내렸을 뿐이다(Law 2011). 같
은 기간 동안 독일의 헌법재판소는 600건 이상의 위헌결정을 그리고
미국의 연방대법원은 약 900건의 위헌결정을 내렸다(Law 2009). 더욱
문제가 되는 것은 위헌·위법 판결이 다른 정부 기관들에 의해 무시되
고 있다는 점이다. 선거구획정과 같이 정치적으로 중대한 사안에 대한

---

17 해당 자료는 헌법재판소 홈페이지 '헌법재판통계'에서 11월 3일 자로 확인한 결과임.
   https://www.ccourt.go.kr/site/kor/stats/newEventStaticBoard1.do
18 2006년 퇴임한 윤영철 헌법재판소장은 퇴임을 앞두고 자신의 재임 기간을 정치의
   사법화와 사법의 정치화라고 규정했을 정도이다.

위헌결정조차 일본의 중의원은 간단히 무시해 버렸다(Bailey 1997, 178-81). 단순한 행정상의 또는 입법상의 실수가 아닌 경우 법원의 권한쟁의심판이 실제 법 집행이나 행정에서 반영되는 경우도 매우 드물다. 이러한 이유로 로(Law 2009)는 일본의 사법심사권은 이론적으로만 존재하는 권한이라고 평가하였다(최대권 2008 참조). 일본에서는 집권당이 사법부의 운영에 간섭하지 않고 사법부는 예산과 인사권을 독자적으로 행사하는 전통을 가지고 있다. 이런 점에서 법관의 독립성도 높고 법원 운영의 독립성도 높은 것이 사실이다. 하지만, 이러한 조직으로서의 높은 자율성이 사법부로서의 높은 수준의 수평적 독립성으로 이어지지 못하고 있으며 정부 기관 간 수평적 책임성에도 이바지하지 못하고 있다.

III. 민주주의와 사법부의 수평적 독립성

1. 신생민주주의 발전과 사법부의 수평적 독립성

경험적 연구들은 신생민주주의 국가뿐 아니라 오랜 민주주의 역사를 가진 나라에서도 사법부의 수평적 독립성이 민주주의의 질을 높이는 데에 중요하다는 것을 보여준다(Gloppen et al. 2005; Rios-Figueroa 2006; Larkins 1996). 하지만 사법부의 수평적 독립성 확보는 생각보다 어려운 과제이다. 일반인들의 생각과는 달리 확립된 민주주의 국가에서조차 정치권이 사법부의 독립과 판단을 언제나 존중하는 것은 아니다. 사실 서구에서조차 집권 세력은 자신들의 주요 정책 어젠다가 사법부에 의해 저지·약화·지연되는 것을 최소화하기 위해서 다양한 방법으로 사법부를 압박 또는 우회하고자 시도한다.

일례로 보수적인 텍사스가 2021년 통과시킨 낙태 관련 법안을 들 수 있다. 이 법안은 낙태의 조건을 더 엄격하게 규정하고 있어 낙태 찬성론자들의 반발을 불러일으켰다. 낙태 찬성론자들이 미연방대법원에 긴급 항소하였지만, 이들의 항소는 기각당하였다. 이에 민주당은 텍사스 낙태법을 연방법으로 뒤집어엎겠다고 반발하고 있다. 특히 오카시오코르테즈 하원의원은 연방대법관 정원을 늘려서 연방대법원의 구성을 진보로 돌려놓아야 한다는 급진적인 주장을 트위터에 올리고 있는 실정이다. 즉 서구에서조차 논쟁적인 사안에 대한 법원의 판결은 정치권에 의해 순순히 받아들여지는 것은 아니라는 것이다.

사법부에 대한 이러한 정치적 압력은 비상시국 또는 집권 세력 교체 후에 특히 강하게 나타나는데, 사법부의 권위가 그 어느 나라보다도 높은 독일에서조차, 2차 대전 직후 정치인들은 전후 복구라는 명분으로 독일 헌법재판소의 사법심사권을 축소하려 하였다(Vanberg 2000).[19]

신생민주주의 국가에서 사법부의 수평적 독립성은 민주주의의 존립과 직결된 문제이다. 신생민주주의 국가들에 관한 연구들은 이러한 국가들에서 흔히 발견되는 사법부의 종속성이 민주주의 공고화에 부정적인 영향을 끼친다는 점을 주장한다(예를 들어 Kapiszewski and Tayler 2006). 따

---

19 독일에서 사법부의 높은 독립성과 막강한 권한을 보여주는 일화가 있다. 프리드리히 대왕이 자신의 여름 궁전에 머물렀을 때 그는 주변의 풍차로부터 나오는 소음으로 인해 크게 고통을 받고 있었다. 이를 해결하기 위하여 프리드리히 대왕은 풍차의 주인에게 풍차를 자신에게 팔라고 하였지만, 주인은 끝끝내 이런 제안을 거부하였다. 화가 난 프리드리히 대왕은 "내가 누군지 모른단 말인가? 나는 너의 풍차를 그냥 뺏을 수도 있다. 그러니깐 순순히 나에게 파는 것이 좋을 것이다."라고 협박을 하였다. 풍차 주인은 "폐하는 그렇게 하실 수 있습니다. 하지만 제가 베를린 판사들에게 이 사건을 가지고 간다면 그들은 저를 외면하지 않을 것입니다." 이 말을 들은 프리드리히 대왕은 화가 났지만, 풍차를 강제로 빼앗은 것을 포기하였다고 한다. 이 일화는 독일법원이 이미 19세기에 황제도 어떻게 할 수 없는 판결에 있어서 독립성을 확보하였다는 것을 보여준다. 이 일화가 사실인지는 확인되지 않았지만, 독일법원의 정치적 위상을 보여주는 일화로 널리 회자되고 있다(Vanberg 2008).

라서 아직 민주주의 공고화 과정에 있는 신생민주주의 국가에서 이러한 사법부의 수평적 독립성을 어떻게 확립해 나갈 것인가는 입헌주의 관점에서 큰 관심사라고 할 수 있다. 흥미롭게도 모든 신생민주주의 국가들에서 사법부의 종속성이 강하게 나타나는 것은 아니다. 사실 사법부의 수평적 독립성은 이들 국가 사이에서도 많은 차이를 보인다.[20] 심지어 같은 공산주의 블록권이었던 동유럽국가나 구소련 국가들 사이에서도 사법부의 수평적 독립성에는 큰 차이가 있다는 사실이 알려지기 시작하면서 사법부의 수평적 독립성 결정요인에 대한 국가 간 비교연구가 지난 30년간 활발히 이루어졌다.

그동안의 경험적 연구는 먼저 사법부의 수평적 독립성을 위해서는 정당 간 수평적 정권교체가 이루어지는 경쟁적인 정당제도가 가장 중요하다는 사실을 발견하였다. 자민당의 오랜 통치는 일본 사법부의 수평적 독립성을 훼손시켰고(Ramseyer 1994), 또한 멕시코의 제도혁명당 장기 집권의 경우도 마찬가지였다(Domingo 2000). 동아시아 비교법학자인 긴스버그는 한국·몽골·대만 간의 비교연구를 통해 상대적으로 높은 한국 사법부의 독립성은 한국이 가지고 있는 경쟁적 정당 체제 때문임을 주장한다(Ginsburg 2003). 정권교체가 가능하다는 사실은 무엇보다도 판사들이 집권 세력과 결탁할 인센티브를 약화시킨다. 또한, 집권 세력의 입장에서도 독립적인 사법부의 전통을 확립하는 것이 자신들이 실각했을 때 사법부가 자신들의 정치적 생명을 보장해주는 안전장치로 작동할 수 있다. 따라서 경쟁적 정당 체제하에서는 집권 세력이 굳이 큰 노력을 들어 사법부를 굳이 종속화시킬 필요성이 줄어들게 된다.

---

20 예를 들어 다른 제3세계 국가들에 비해 인도나 몽골과 같은 국가에서는 사법부가 정치권으로부터 더 자유롭다. 인도는 영국 지배의 영향으로 사법부의 독립성이 높다고 볼 수 있으나 공산주의국가였던 몽골에서 사법부의 정치적 독립성이 존중받는 이유에 대해서는 아직도 연구가 필요하다.

한편 민주화 초기에 사법부가 사법권 행사를 절제하는 것이 독립된 사법부를 세우는 데에 도움이 되는 것으로 나타났다(Ginsburg 2003; Carrubba and Rogers 2003; Epstein, Knight, and Shvetsova 2001). 따라서 많은 신생 민주주의 국가에서 사법부는 행정부나 입법부 또는 노조나 군부와 같은 강력한 정치적 세력과의 충돌을 회피하는 성향을 보여준다(Murphy 1964). 미국에서 최초의 사법심사(Marbury v. Madison) 판결을 통해 사법심사의 선례를 확립한 마샬 연방대법원장도 사법심사의 대상(jurisdiction)을 법률적인 문제로만 국한하여 행정부·의회·주 정부의 핵심 이해관계를 침범하지 않으려고 노력하였다(Graber 1998, 232). 주요 정치 행위자의 핵심 이해관계를 함부로 건드렸다가는 심각한 역풍에 맞을 수 있기 때문이다. 사법부의 독립성이 아직 확고히 확립되지 않았을 때 사법심사권의 무분별한 행사는 오히려 법원의 몰락을 가져올 수도 있다. 소련 붕괴 후 옐친 대통령과 사사건건 반목하면서 성급하게 사법심사권을 적극적으로 행사한 러시아 법원이 좋은 예이다. 반항적인 사법부에 격노한 옐친 대통령은 다수의 판사를 일시에 해임하고 러시아 법원을 일시 폐쇄하는 것으로 대응하였다(Schwartz 2000, 12).

사법권의 독립성을 위해서는 사법개입자제를 중시하는 사법 문화가 중요하다고 보는 견해도 있다. 예를 들어 칠레에서는 정권이 사법부의 운영과 판결에 간섭하지 않는 것으로 유명하다. 하지만 이는 칠레 법원이 사법심사권을 실제로 행사하지 않고 정치적 사건에 개입하는 것 자체를 회피하기 때문이다(Couso 2003). 집권 세력의 입장에서 본다면 이런 상황에서는 사법부 운영에 군이 개입할 필요가 없다. 일본의 예에서 살펴보았듯이 이런 종류의 사법적 독립성은 견제와 균형의 원칙을 포기한 결과이며 낮은 정부 간 수평적 책임성으로 이어진다. 이런 점에서 칠레 사법부의 독립성은 정치적 독립성이라기보다는 정치적 격리 (insulation from politics)에 더 가깝다. 신생민주주의에서 사법부의 독립성을 신장시키는 요인으로 사법개입자제(judicial restraint)를 꼽는 연구들은 입헌주의 사상가들이 왜 정부의 권력을 단순히 나누는 것에 만족하지 않고 서로를 견제할 수 있는 권력을 3부에 나누어 주었는지를 간과하고 있는 것이다. 이러한 사법 문화는 법관의 독립성과 법원 운영의 자율성을 보장할 수 있을지는 모르겠으나 사법부의 수평적 독립성에는 오히려 해가 된다.

2. 사법부의 수평적 독립성과 다수결주의로서의 민주주의의 충돌

본 장의 두 번째 주제는 사법부의 독립성과 민주주의 간의 관계이다. 사법부의 수평적 독립성은 권력의 상호견제를 통해 정부 간의 수평적 책임성을 신장시킬 수 있다. 이런 점에서 법의 지배는 민주주의 발전에 필수적인 요소로 여겨지고 있다. 하지만 사법부의 독립성 또는 법의 지배가 민주주의의 발전에 긍정적인 영향만을 끼치는지에 대해서는 이론 (理論)이 존재한다(조지형 2010; 문재완 2005). 사법권의 절대화는 오히려 민주주의에 해가 될 수 있으며 민주주의가 성숙해짐에 따라 사법권에 대한 감시와 견제를 높여야 한다는 주장도 제기되고 있다(최선 2015). 이러한 상이한 견해들은 부분적으로 민주주의를 어떻게 이해할 것인가에 연결되어 있다. 따라서 본 장에서는 민주주의를 보다 정치(精緻)하게 정의하고 사법부 독립성과의 관계를 논하고자 한다. 보다 구체적으로 사법부 독립성의 어떤 측면이 민주주의의 어떤 측면과 서로 보완적인지 또는 갈등 관계에 놓이는지를 분석하고자 한다.

1) 민주주의란 무엇인가?

고대 그리스 이후 현대에 이르기까지 "민주주의가 무엇인지" 그리고 "민주국가는 어떠해야 하는지"에 대한 수많은 주장이 제기되어왔다. 그리고 역사발전에 따라 민주주의의 자체도 변화·발전하여 왔다. 그러다 보니 현재 "민주주의"라는 말 자체가 너무나도 다양한 의미로 해석되고 있다. 이러한 "민주주의"라는 말의 다면성은 민주주의와 관련한 논의에서 종종 커뮤니케이션상의 혼란을 일으키기도 한다. 이러한 혼란을 줄일 수 있는 한 방법은 민주주의의 의미를 특정해서 사용하는 것이다. 이 때문에 민주주의는 종종 다양한 수식어와 함께 쓰이고 있다. 몇 가지 예만 들어도, 참여 민주주의(participatory democracy), 심의 민주주의(deliberative democracy), 대의 민주주의(representative democracy), 입헌 민주주의(constitutional democracy) 등이 있다.[21] 이러한 수식어들은 화자가 민주주의의 어떠한 측면을 논하고자 하는지를 보다 분명하게 나타내 주기 때문에 청자들이 화자의 주장을 파악하는 데에 많은 도움을 준다. 따라서 본 장에서도 민주주의를 수식어와 함께 사용하고자 한다.

사법부의 독립성이 민주주의에 끼치는 영향은 다층적이라고 할 수 있다. 먼저 독재의 방지라는 민주주의의 근본 목표에는 크게 긍정적으로 작용한다고 할 수 있다. 하지만 민주주의의 다양한 측면 중 두 가지와는 갈등을 빚을 소지가 있다. 먼저 다수의 지배로서의 민주주의이다.

---

21 일찍이 정치학자 사르토리는 민주주의에 관한 300개가 넘는 정의가 존재한다면서 민주주의의 가장 간단한 정의는 독재가 없는 상태로 정의하고 있다(사르토리 1999). 하지만 이러한 정의는 독재가 무엇인지를 정의해야 하는 새로운 문제를 낳고 우리가 흔히 독재를 민주주의의 반의어로 생각한다는 점에서 독재의 부재를 민주주의로 정의하는 것은 동의 반복(tautology)에 불과하다는 비판을 피할 수가 없다. 다양한 민주주의의 정의는 우리가 민주주의라고 생각하는 정치체제가 매우 다양한 특징들을 가지고 있으며 민주주의의 주요 특성들에 대해 개인마다 다른 견해와 우선순위를 가지고 있다는 사실을 잘 보여준다.

특히 정부의 결정이 국민 다수의 견해를 따라야 한다는 직접민주주의
적 다수결 사상과는 근본적으로 갈등 관계에 있다. 또 다른 하나는 보
다 근대적인 개념인 대의제 민주주의(representative democracy)이다. 대
의제 민주주의는 자유롭고 공정한 선거를 통한 정부의 구성이라는 선
거 민주주의(electoral democracy) 이상의 의미를 내포한다.[22] 대의제 민
주주의는 비록 국정 운영의 세세한 부분은 선출된 공직자들과 직업 공
무원들이 전담하더라도 선출된 공직자들이 주요 정책을 결정할 때 여
론을 반영해야 하고 이에 실패할 시 다른 정치세력으로 교체될 수 있
다는 민주적 책임성(democratic accountability) 원칙을 전제로 한다
(Fenno 1978; Broockman and Butler 2017). 즉 국민은 정치인들이 국정
운영에 실패하고 자신들의 의사에 반하는 정책을 추진한다면 선거를
통한 이들을 해임할 수 있는 권리를 가진다.

2) 사법심사권, 다수결주의, 그리고 대의제

　다수의 지배와 대의제라는 관점에서 접근할 때 "정책법안에 대한 사
법심사권 행사"는 민주주의와 상호모순적일 수 있다. 입법안은 국민의
대표인 의회가 다수결의 원칙에 의해 제정하고 대통령이 승인한 사항
이다. 따라서 간접민주주의에서 입법안은 다수의 의사를 대표한다고
할 수 있다. 사법심사권은 국민의 의사와는 상관없이 구성된 사법부가

---

22 이는 아리스토텔레스까지 거슬러 올라가는 민주주의의 가장 오래된 정의로 민주정
　은 정부 지도자들이 세습이나 권력이 아니라 국민의 선택으로 구성되는 정부 형태
　이며 민주주의는 이러한 정부 형태를 지지하는 사상이다. 현대사회에서는 우리가
　독재나 권위주의 정부라고 부르는 정부도 선거에 의해 선출되는 형태를 띠고 있다.
　따라서 단순히 정부가 선거의 4대 원칙에 의해 구성되었다고. 이런 정부를 대의제
　민주주의를 만족시키는 정부라고 할 수는 없다. 나치 정권이 좋은 예일 것이다. 선
　거민주주의는 오히려 독재정권이 자신들의 정권의 정당성을 옹호하는 수단으로 자
　주 악용된다. 북한에서도 전두환 정권도 선거를 통해 자신들의 정당성을 확보하고
　자 하였다.

사법심사를 통해 국민의 대표들이 다수결로 만든 입법안을 무효화시킬 수 있는 권한이다. 이런 점에서 사법심사권이 그 태생부터 입법에서의 반다수결주의(counter−majoritarianism)적 성격을 띠고 있고 사법심사권을 그 핵심으로 하는 사법부의 수평적 독립성은 다수결주의 그리고 대의제로서의 민주주의와 원리적으로 상충하는 측면이 있다.23

하지만 이러한 원칙적인 갈등이 20세기 중반까지 심각하게 표출되지 아니하였다. 이는 과거의 사법부가 사법심사권을 법리적으로 문제가 심각한 법안과 민주주의를 훼손할 수 있는 법안에만 제한적으로 사용하였기 때문이다. 다수의 횡포를 막는 최후의 보루로서의 사법심사권 발동이나 윤창호법과 같이 다른 범죄와의 형평성을 고려한 사법심사권의 발동은 큰 사회적 파장으로 이어지지 않을 것이다.

문제는 뉴딜 정책에 대한 사법심사권 발동으로 시작된 사법개입주의 시대의 사법권 심사라고 할 수 있다.24 사실상 모든 중요한 정책에 관여할 수 있는 사법심사권 적극적 행사에 대해서는 현재 학계에서도 찬반이 갈리고 있다. 이러한 정책들이 법관이 결정한 사안인지 그리고 법관이 더 잘 결정할 수 있는 사안인지에 대한 질문들이 존재한다. 거기에 더해 법관마다 판결이 갈릴 수 있다는 점 역시 사법자제를 주장하는 학자들이 적극적 사법심사권을 반대하는 이유이다. 하지만 정책안

---

23 같은 이유로 사법부의 수평적 독립성은 국민 다수의 의견을 반영하는 법 해석을 해야 한다는 사법부의 책임성(judicial accountability)과도 근본적으로 긴장 관계에 있다는 주장도 있다(Vanberg 2008). 필자의 생각에는 이 주장은 지나치게 나아간 감이 있다.

24 흔히 미국에서는 진보적인 법학자들은 사법 개입주의를 옹호하고 보수적 법학자는 이를 반대하는 것으로 알려져 있다. 하지만, 미국에서 사법부 개입의 기원은 프랭클린 루스벨트 대통령 시절의 공화당 대법관들이 내린 일련의 반 뉴딜 판결들이다. 정책 이슈에 대해 헌법적 가치의 수호라는 명분으로 개입한 것이다. 보수적 대법관들이 깨버린 타부를 이후 진보적 대법관들이 적극적으로 채택한 것은 역사의 아이러니라고 할 수 있다.

에 대한 사법심사는 이미 너무 널리 도입되었기 때문에 정책심의라는
비판을 받는 사법개입주의를 완전히 되돌리기에는 이미 너무 늦은 것
으로 보인다.

　민주주의 관점에서 본다면 이러한 문제점보다 다른 문제점이 더 크
다. 사법심사의 결과가 여론과 다른 방향일 때 사법심사권은 다수결주
의로서의 민주주의와 실제로 충돌하게 되며, 더 거창하게 말한다면 국
민주권(popular sovereignty)에 기반한 대중민주주의와도 충돌하게 된다
는 점이다(Friedman 2002).[25]

　실제로 적극적 사법심사의 시초라고 할 수 있는 뉴딜 판결들은 연방
대법관들이 사법심사권을 자의적으로 행사하여 여론의 지지를 받는 정
책을 좌초시킨 경우이다. 미국 연방대법원은 최저임금을 포함한 뉴딜
법안들을 줄줄이 위헌결정하였다. 이러한 결정은 당시 여론과도 배치
될 뿐 아니라 위헌결정을 내린 연로한 연방대법관들이 시대의 변화를
제대로 따라가지 못했기 때문에 발생한 측면이 강하다. 하지만 연방대
법관들에게는 사법심사권이라는 권한이 있었고 뉴딜정책의 핵심 정책
의 도입을 수년간 저지시킬 수 있었다. 문제는 단순히 연방대법관들이
이러한 판결을 내렸다는 것이 아니라 연방대법관들이 언론과 대중의
비난을 받았지만 이러한 연방대법관을 해임할 수 있는 방안이 없었다
는 것이다. 사법부의 수평적 독립성이 다수결주의로서의 민주주의와
대의제 민주주의와 갈등을 빚는 순간이었다. 그리고 이러한 현상은 비
단 뉴딜정책에만 국한되는 것은 아니다. 이전 정부가 임명한 대법원 판
사가 정권교체 후 새로운 정부의 정책에 제동을 거는 현상은 미국에서

---

25 대중민주주의를 제한하는 극단적인 사법권의 예는 이란의 이슬람 법원을 들 수 있
　　다. 이란의 이슬람 법원은 정부의 모든 기관을 통제할 수 있고 선거 입후보자도 제
　　한할 수 있다(Cross 2003, 199-201).

광범위하게 목격되었다(Dahl 1957).[26]

　여기에 더해 정책법안에 대한 판결이 법관마다 다를 수 있다는 사실은 정책문제에 대한 광범위한 사법심사권의 행사의 정당성에 의문을 제기한다. 사법심사권은 암묵적으로 법관들이 해당 사안이 위헌이나 위법의 요소가 있는지에 대해 일치된 견해를 가지고 있다는 것을 전제한다. 하지만, 사회과학자들은 오래전부터 법관의 판결이 자신의 가치관과 이념적 성향에 의해 상당한 영향을 받는다고 믿고 있다(Peretti 2002, 110-11). 예를 들어 법정치학의 주요 이론인 태도 모델(attitudinal model)은 판사들의 판결이 결코 자신들의 과거 경험과 교육을 통해 형성된 태도에서 자유롭지 못하다는 점을 경험적 분석을 통해 강력히 주장하고 있다(Segal and Spaeth 2002). 캐머론과 박(Cameron and Park 2009)은 미국 연방대법원 판사들의 보수-진보 성향 점수를 통해 이들의 미래 판결을 상당한 정확하게 예측할 수 있다는 것을 보여준다.

　이러한 판사의 개인적 태도는 형사사건과 같은 일상적인 재판에서보다는 낙태·동성결혼·불법 이민 등 가치관이 개입되는 사회적·정치적 판결에 더욱 영향력을 드러낸다.[27] 최근 낙태와 관련된 연방법원의 판결은 같은 사건에 대한 판결이 판사에 따라 다를 수 있음을 보여준다. 2020년 3월 켄 팩스틴 텍사스 주지사는 코로나 대처를 위해 필요한 의료진과 장비 등 확보를 위해 '필수적이지 않은 수술'을 이달 21일까지 취소하는 명령을 내렸다.[28] 하지만 이 수술의 범위 내에 낙태가 포함되

26　하지만 아르헨티나에서는 정반대 현상이 목격되었다(Helmke 2005).

27　사실 판사라는 엘리트 집단이 일반 국민과 같은 사회적 환경에서 출생하고 교육받았다고 보기 힘들다. 따라서 이들의 가치관이나 태도가 일반인들의 그것과는 구조적으로 다를 수도 있으며, 따라서 이들의 판결이 대중의 뜻과는 때때로 매우 거리가 있을 수 있다.

28　조선일보 2020.04.08. "美 법원 "코로나 이유로 낙태 시술 제한은 적법" 판결"
　　https://www.chosun.com/site/data/html_dir/2020/04/08/2020040801886.html

면서 낙태 옹호 단체들이 집단 반발에 나섰다. 게다가 이달 21일이라는 시한은 필요에 따라 연장될 수도 있었다. 낙태 옹호 단체들은 "낙태는 시간에 민감한 수술이자 필수 의료 서비스 대상으로, 낙태 제한은 보건 위기 상황에서 또 다른 위기를 만들고 있다"라며 소송을 냈다. 1심 재판을 맡은 텍사스 서부지법 리 예켈 판사는 "낙태를 지연시키는 것은 임신 진행 등 회복할 수 없는 손해를 초래할 것이고, 낙태가 더 위험해지고 궁극적으로 불법이 될 수 있다"라면서 낙태 제한 조치의 효력을 중단시켰다. 하지만 미국 뉴올리언스에 있는 제5연방고등법원은 지난주 하급심에서 텍사스주가 코로나 대처를 이유로 낙태를 금지한 조치의 효력을 제한하는 1심 판결을 파기했다. 항소심 재판부는 "코로나의 확산이 가속화되는 상황에서, 국가의 중대한 이익은 공중보건 보호에 있다"라면서 1심의 판단을 뒤집었다. 누구의 판결이 옳으냐를 떠나서 이러한 판결에는 가치관이 개입될 수밖에 없다는 점을 잘 보여준다. 가치관이 개입되는 정책문제에 있어서 공정하고 공평한 판사라는 이상은 허상에 가까울 수 있다. 오히려 소수의 대법원 판사들이 사법심사권을 통해 자신들의 가치관을 정부 정책에 투영시키는 반민주주의적 행태를 걱정하는 것이 지나친 기우만은 아닐 것이다.

　법관들이 정책에 관여하는 것이 정당하냐는 문제와는 별개로 법관들이 이러한 정책을 더 잘 판단할 수 있느냐는 문제도 또한 존재한다. 사법개입주의 시대인 현대에는 법원이 원하지 않더라도 이익집단들이 소송을 통해 정책 이슈를 법원으로 가지고 오는 경우가 많다. 이러한 전문적 정책 이슈들에 있어서 법관들이 다른 사람들보다 더 잘 판단할 수 있는 능력이 있다고 볼 수 있는 근거가 희박하다. 법률가로서의 훈련과 경험이 과연 "2019년 최저임금으로 8,350원이 적합한지"를 경제학자나 정치인보다 더 합리적으로 결정하는 데에 도움이 될지는 의문이다.[29] 특히 법관들이 이러한 정책 이슈들에 대하여 일반 대중의 여론과는 다른 판결을 할 때 일반 대중이 이를 받아들일 것인가는 매우 의심스럽다. 여론에 반하는 판결은 사회적 갈등을 종결하는 것이 아니라 오히려 한층 심화시키는 결과를 가져오게 될 가능성이 높다.

또 다른 문제는 헌법재판관이나 대법관들이 개인적 가치관에 매몰되어 정책 이슈에 있어서 여론과는 다른 판결을 내린다고 해서 이를 제재할 방법이 마땅히 없다는 것이다. 선거를 통해 교체할 수 있는 정치인들과는 달리 신분 보장이라는 갑옷을 입은 법관을 해임할 방안이 없기 때문이다. 일반적인 형사·민사 재판의 경우 법관의 신분 보장이라는 제도가 법원의 정치적 독립성을 높이고 정치권으로부터의 영향력을 차단하는 긍정적인 요소로 작용하지만, 정책 이슈에 대한 판결의 경우 법관의 신분 보장이 오히려 독으로 작용할 수 있다. 즉 판사가 자신의 가치관에 따른 독단적인 판결을 내릴 수 있다. 이 때문에 미국에서도 독립 직후 연방주의자와 반연방주의자 간에 독립적인 사법부를 어떻게 통제할 것인가에 대한 논쟁이 있었다(Ketcham 1986).

이러한 문제들은 앞으로 우리나라에서도 크게 부각이 될 것으로 보인다. 앞에서도 보았듯이 우리나라의 헌법재판소는 사법심사권을 적극적으로 행사하고 있다. 이황희(본서, 제2장)에 따르면 초기의 헌법재판소 사법심사는 상대적으로 용이하였다. 야간집회금지와 같이 보편적인 법리에 어긋나고 권위주의 시대 유물과도 같은 법률이나 동성동본 결혼 금지, 호주제 등 시대의 흐름에 뒤떨어진 가치관을 반영하는 법률의 심사였기 때문이다. 하지만 앞으로 사법심사의 대상은 전문적인 정책 이슈가 다수가 될 가능성이 높다. 미묘한 정책법안에 대한 사법심사의

---

29 https://m.khan.co.kr/national/court−law/article/201910072218005#c2b

의도치 않은 결과로 사법부가 정치적 논쟁에 휘말리게 될 확률이 높아질 것으로 보인다.

3) 사법심사권의 정당성

사법부의 독립성이 민주주의와 충돌한다는 사실에 학자들은 다양하게 반응하고 서로 다른 해결책을 제시하고 있다. 법학자들의 경우 대부분 사법부의 독립성을 옹호하는 주장을 펼치고 있다. 예를 들어 민주주의를 단순히 다수결주의로 해석하지 않으면 국민의 권리를 지키기 위한 사법부의 독립성과 민주주의는 상호 모순이 아니다는 주장이나(김도권 2021), 또는 다수의 횡포를 방지하기 위해 최후의 보루로서의 법원의 역할을 위해서 사법부의 독립성을 강조하는 견해도 있다(최대권 2008). 이러한 입장들은 민주주의 사회에서는 법관들의 독립적인 판결이 사회에 더 이익이 될 것이라는 믿음에 기초한 것이다. 이러한 입장은 어느 정도의 설득력이 있지만, 고도로 복잡해진 현대사회에서 전문정책에 대한 그리고 가치관의 영역에 속하는 판결에조차 성립되는지는 의문이다.

사법심사권이 반다수주의라는 비판에 대해 이중민주주의 개념을 통해 사법심사권을 정당화하려는 학자들도 있다. 비슷한 예로 민주주의 사법심사권이 헌법에 보장된 권리이기 때문에 민주적이라는 견해도 있다(최대권 2008). 그렇다면 "사법심사권이 헌법에 보장되지 않은 미국의 경우는 사법심사권이 반민주적이 되는가?" 하는 의문이 생긴다. 이에 더하여 성문헌법을 가지고 있지 않은 국가에서 사법심사권은 어떻게 보아야 할 것인가 하는 질문도 생긴다. 필자의 견해로는 보편적인 사법부의 권리로서의 사법심사권이 헌법에서의 규정 여부로 결정될 문제는 아닌 것으로 보인다. 사법심사권은 견제와 균형이라는 입헌 민주주의

사상의 근본원칙이기 때문에 정당하게 받아들여지는 것이다. 따라서 성문헌법에 의해 규정되어 있든 있지 않든 규범적 헌법에 해당된다고 할 수 있다.

그리고 사법심사권이 다수결주의 그리고 대의제로서의 민주주의의 정책 결정 원리와 갈등에 놓일 수 있다고 지적하는 것은 결코 사법심사권이 반민주주의적이라는 것은 아니다. 사법심사권에 대한 비판은 결코 모든 사법심사를 겨냥한 것이 아니라 사법개입주의로 지칭되는 정책 이슈에 대한 적극적 판결만을 대상으로 하기 때문이다. 이러한 비판은 오히려 완벽하지 않은 민주주의의 제도적 설계와 민주주의가 발전하는 과정에서 발생하는 현실적인 모순에 대한 지적이라고 할 수 있다.

Ⅳ. 사법부와 다른 정부 기관과의 갈등

1. 미국 실제 사례들

앞에서 우리는 사법심사권이 다수의 지배로서의 민주주의 그리고 대의민주주의로서의 민주주의와 갈등을 빚을 수 있음을 살펴보았다. 이러한 갈등을 어떻게 해결할 수 있는지에 대한 처방은 쉬워 보이지 않는다. 이 장에서는 이러한 문제에 대한 규범적인 처방보다는 "사법부가 국민의 대표로 선출된 입법부와 행정부와 갈등을 빚었을 때 실제로 그러한 갈등이 어떻게 해결되었는가?" 그리고 "이러한 갈등이 사법부의 수평적 독립성에 어떠한 영향을 미쳤는가?"를 살펴보고자 한다. 이를 위해 필자가 자의적으로 미국에서 사법부가 다른 정부기관과 갈등을 빚은 사례 3가지를 선택하였다.

먼저 가장 유명한 사법심사권과 관련된 정부 기관 간 충돌사례는 프랭클린 루스벨트 대통령 정권에서 일어난 뉴딜정책 위헌 판결을 들 수 있을 것이다. 대공황의 위기 속에 1933년 대통령으로 선출된 프랭클린 루스벨트 대통령은 경제위기 타파를 위해서 뉴딜 정책을 입안하였다. 이러한 뉴딜 정책은 그 당시로서는 획기적이고 급진적인 경제정책을 포함하고 있었는데 이 중 상당수가 당시 미연방대법원으로부터 위헌결정을 받았다. 이는 당시 연방대법관의 다수가 보수적인 공화당원이었던 때문이었다. 남북전쟁 이후 프랭클린 루스벨트 대통령의 선출 직전까지 공화당은 미국정치를 지배하였다. 따라서 대통령의 지명을 받고 상원의 인준을 받아야 하는 대법관의 대부분이 공화당 당원들이었다. 따라서 연방대법관들이 루스벨트 대통령의 뉴딜정책을 반대하는 것은 당연지사이었다. 하지만 문제는 이들이 기존의 관례를 깨고 뉴딜 정책을 사법심사의 대상으로 삼았다는 것이다. 당시 대부분의 법학자들은 판도라의 상자를 여는 것이라고 이에 반대하였다. 연방대법관들은 결국 자신들의 재판권을 이용하여 뉴딜정책을 좌초시키려 한 것이다. 루스벨트 대통령은 이들 판결에 격노하여 대법관의 정원을 증원하는 것을 포함한 "1937년 법원절차개혁안"을 상원에 제출하였다. 흔히 대법원 자기 편 사람으로 채우기로(court-packing) 불리는 1937년 사법절차개혁안은 지지 부족으로 결국 폐기되었다. 단순히 공화당 상원의원들뿐 아니라 대부분의 남부 출신 상원의원들을 포함한 민주당 상원의원 상당수가 이 법안에 강력히 반대하였다. 게다가 사법부 독립에 대한 국민적 지지가 너무나 확고하여 여론전의 귀재였던 루스벨트 대통령도 미국민들이 이 법안을 지지하도록 설득하지 못하였다(Leuchtenurg 1995, 156-61; Caldeira 1987). 결국 루스벨트 대통령은 이 싸움에서 상당한 정치적 타결을 입었고 이는 입법부가 사법부의 인사제도에 함부로 개입해서는 안 된다는 정치적 전통으로 이어졌다. 하지만 다른 한편으로는 사법부는 이후 루스벨트 행정부와의 갈등을 피하는 전략적인 타협을 모색하였다. 1937년 이후 미연방대법원이 사법심사를 통하여 뉴딜정책에 저지하는 행태는 사실상 중지되었다.

하지만 미국이라고 사법심사권을 둘러싼 정치적 전투에서 사법부가 언제나 어느 정도의 성공을 거두었던 것은 아니다. 연방대법원이 타 정부 기관의 명백한 불법행위를 사법심사를 통해 무효화시키고자 했지만, 완전히 실패한 경우도 있다. 1830년대까지만 해도 미국 인디언들은 조지아주를 비롯한 남부의 여러 주에 자신들만의 자치주(Indian Territory)에서 살고 있었다. 이러한 자치주는 인디언 부족들과 초기 미국 정부와의 국가 간 조약의 산물이었다. 하지만 인구가 팽창함에 따라서 남부 주들은 인디언의 땅을 복속시키기 원했고 당시 앤드류 잭슨 대통령은 남부 주들 편에 서서 인디언 부족들이 자치주를 포기하고 미국 정부에 복속되든지 아니면 미시시피 서쪽 지역으로 이주하라고 명령하였다. 대부분의 인디언 족속들은 복속을 선택했지만, 체로키 인디언만은 이에 강력히 저항하였고 우호적인 백인들의 도움을 받아서 법정 소송을 벌였다. 미국 연방대법원은 1831년 체로키 부족 대 조지아주(Cherokee Nation v. Georgia) 판결과 1832년 워세스터 대 조지아주(Worcester v. Georgia) 판결을 통해 체로키 인디언들이 조지아주에서 자신들의 자치주를 계속 유지할 권리가 있다고 판결하였다. 법률적으로만 보면 이러한 연방대법원의 판결은 매우 당연하고 정당한 판결이었지만 앤드류 잭슨 대통령과 조지아 주 정부에 의해 무시되었고 체로키 인디언들은 1838년에 군대에 의해 강제로 서쪽으로 추방되었다 (Morris 2007). 불행하게도 국민 여론과 언론은 이러한 불법 조치에 침묵하거나 오히려 적극적으로 지지하여 결국 사법심사권이 무시되는 나쁜 선례만이 남게 되었다.

　더 극단적으로는 미국에서는 행정부와 입법부가 협력해서 자신들의 입맛에 맞지 않는 법원을 폐쇄한 적도 있다. 20세기 초 미국 연방법원은 특별관할법원인 상업법원의 설치를 갈망하고 있었다. 이러한 특수법원의 설치 권한은 의회에 있었다. 오랜 로비 끝에 1910년 만－엘킨스 법안(Mann－Elkins Act)을 통해 사법부는 마침내 상업법원을 설치할 수 있게 되었다. 하지만 새로 정권을 잡은 민주당 의회와 윌슨 대통령은 1913년에 상업법원(Commerce Court)을 정치적 이유로 폐지한다(Dix 1964, 238－39). 어렵게 설치된 상업법원이 얼마 가지 못하고 폐지된 것은 새롭게 정권을 잡게 된 민주당이 상업법원과 갈등을 빚고 있던 주간통상위원회(Interstate Commerce Commission)를 지지하였고 상업법원의 판결을 매우 못마땅하게 생각했기 때문이다. 흥미롭게도 상업법원의 폐지는 매우 순조롭게 진행되었는데 이는 상업법원이 어떠한 정치세력의 지지도 받지 못했고 상업법원은 사법부 독립(judicial insulation)의 대상으로 여겨지지 않아 여론의 관심을 받지도 못하였기 때문이다(Peltason 1955, 23).

　이러한 사례들은 민주주의 국가에서 행정부/입법부와 사법부 간의 힘겨루기에서 여론의 중요성을 강조하는 기존의 연구 결과와 그 궤를 같이한다(Caldeira 1986; Staton 2006). 집권 세력에게 가장 큰 타격은 단순히 정책 어젠다가 표류하는 것이 아니라 표심을 잃는 것이기 때문이다. 앞서 언급한 서독의 헌법재판소 사례에서도 여론이 불리하게 전개되자 서독 정부는 서독 헌법재판소에 대한 압력을 중지하였다. 따라서 사법심사권과 사법부의 위상이 법리적으로는 헌법에 의해 정해지지만,

실제적으로는 사법부에 대한 국민적 신뢰와 지지에 의해 크게 좌우된다고 할 수 있다.

2. 왜 여론은 사법부를 지지하는가?: 미국의 사례

여론이 사법부의 독립성에 크게 중요하다는 사실과 더불어 사법부의 독립성과 관련된 연구들은 사법부와 여타 정부 기관 간 갈등 시 여론은 대체적으로 사법부의 편에 서는 경향이 있다는 것을 발견하였다. 이러한 사법부의 우위는 민주주의 국가에서 국민이 사법부를 다른 정부 기관보다 더 신뢰하고 정부 간 갈등에서 입법부의 대표성보다는 사법부의 독립성을 지지하는 경향이 있기 때문이다(Gibson, Caldeira, and Baird 1998; Gibson and Caldeira 2012).

이러한 여론의 사법부 지지 현상을 설명하기 위해 몇 가지 이론들이 제시되었다. 본인-대리인 프레임에 기초한 설명은 사법부의 독립성을 명시한 영국의 명예혁명 이후 일반 국민은 사법부를 집권 세력의 폭주를 방지하기 위한 안전장치로 생각하는 경향이 있다는 것을 주장한다. 즉 대의민주주의 국가에서 국민(본인)은 정치세력(대리인)에게 국가정책을 결정할 수 있는 결정권을 양도한다. 하지만 집권 세력은 국민의 안위보다는 자신들의 권력 확대를 추구하는 경향이 있다(Weingast 1997). 게다가 일반 국민은 정부의 세세한 정책을 체크하고 평가할 시간과 능력을 가지고 있지 못하다. 따라서 경제학에서 말하는 본인-대리인 문제는 대의민주주의에 편재해있다고 할 수 있다. 국민은 사법부와 집권 세력 간의 갈등을 자신들의 경비원(watch dog)인 사법부가 일종의 경보(fire-alarm)를 울리는 것으로 생각하는 경향이 있다는 것이다.

또 다른 설명은 사법부의 전략적 대응이다. 여론의 중요성을 잘 인식하고 있는 사법부가 여론과 배치되는 판결을 자체 검열(self-policing)하고 여론에 불리한 싸움은 처음부터 시작하지 않는다는 것이다. 이러한 전략적 선택이론은 경험적 연구들에 의해 지지되고 있다. 미국과 독일 대법원과 관련된 연구들은 미연방대법원과 독일의 헌법재판소가 여론에 반하는 판결을 피하는 경향이 있다는 것을 보여준다(Dahl 1957; McCloskey 1994; Vanberg 2005). 특히 미국 연방대법원은 하급법원이 여론에 반하는 판결을 내리면 이를 환송 파기하는 경향이 있다(McGuire and Stimson 2004).[30] 포스너 판사가 지적했듯이 여론과 정면으로 배치되는 판결을 계속해서 내린다면 결국 국민의 신망을 잃게 될 것이기 때문이다(Posner 2002, 739). 실제로 사법부가 여론과 배치되는 판결을 지속해서 내릴 경우 사법부에 대한 대중의 지지는 감소한다는 연구 결과가 있다(Durr, Martin, and Wolbrecht 2000; Caldeira 1986).[31] 종합하면 사법부에 대한 대중의 신뢰와 지지는 상당히 존재하지만, 이는 결코 절대적인 것은 아니며 만약 사법부가 여론과 반대되는 판결을 계속해서 내린다면 사법부는 자신들에게 가장 중요한 정치적 자산이 대중의 지지를 잃게 될 것이다. 이를 잘 인식하고 있는 서구의 법원 지도부는 법원의 판결이 여론과 괴리되지 않도록 자체적으로 판결을 조절해 나가는 것으로 보인다.[32]

다만 정치적 양극화가 극심한 사회에서는 정치적 이념이 사법부의

---

30 모든 경험적 연구가 이에 동의하는 것은 아니다. 반론으로는 Stimson et al.(1995) 와 Flemming and Wood(1997)을 참조할 것.

31 흥미롭게도 법원의 주요 판결이 법원에 대한 대중지지도에 미치는 영향은 불분명하다(Mondak 1992; Caldeira and Gibson 1992). 이러한 연구들은 대주의 법원에 대한 지지는 한두 건의 판결에 의해 결정되지 않다는 것을 암시하는 것으로 보인다.

32 헌법재판소 연구관 출신인 교수의 전언에 의하면 우리나라 헌법재판관들도 여론에 관심을 기울이고 있다고 한다. 다만 헌법재판관들이 모든 여론에 관심을 갖는 것은 아니고 상식적이고 합리적인 여론에는 관심을 기울인다고 한다.

판결과는 상관없이 정치적 이념이나 특정 태도가 법원에 대한 신뢰도 크게 좌우할 수도 있음을 보여준다(Caldeira and Gibson 1992).[33] 법원에 대한 신뢰도가 떨어진다면 법원의 독립성도 떨어질 것이다. 김정(본서, 제4장)도 정치적 양극화가 사법부의 독립성에 악영향을 끼칠 수 있음을 주장하고 있다.

3. 한국에서의 사법부 수평적 독립성과 국민 여론

앞에서의 논의는 사법심사권으로 인해 사법부의 수평적 독립성과 정치가 충돌하였을 때 국민의 여론이 중요함을 보여준다. 그런 점에서 사법부 독립성의 기본 원천은 헌법만이 아니라 국민의 신뢰와 지지라고 할 수 있다. 미국의 경우 사법심사권은 헌법에 규정되어있지 않지만, 일반 대중과 정치권의 강력한 지지로 규범적 헌법상의 권리로 인정되고 있다. 일본의 경우 헌법 규정과는 상관없이 국민적 무관심 때문에 사법심사권이 사문화된 규정이 되어버렸다.

그렇다면 우리나라에서 사법부에 대한 여론은 어떠한가? 이와 관련된 여론조사들은 사법심사권으로 대표되는 사법부의 수평적 독립성에 대한 광범위한 국민적 지지가 존재한다는 것을 잘 보여준다. 박종민 (2018)은 아시아 바로미터 조사와 한국 민주주의 바로미터 조사에서 사법부와 관련된 여론조사 문항을 추출하여 우리 국민의 사법부에 대한 신뢰가 높음을 보여주고 있다. 먼저 "판사들은 중요한 판결을 내릴 때 정부의 입장을 수용해야 한다."라는 주장에 대한 2003년에는 응답자의

---

33 하지만 2009년에 출간된 자신들의 저서(Citizens, Courts, and Confirmations)에서는 정치적 양극화가 사법부의 신뢰도를 떨어뜨리기보다는 사법부를 정치적 기관으로 비난하는 이념적 논쟁이 법원에 대한 대중지지도를 떨어뜨릴 수 있다는 뉘앙스가 다른 결론을 내리고 있다.

69%가, 2006년에는 72%가, 2011년에는 67%가, 그리고 2015년에는 68%가 부정적으로 대답하였다. 일반적으로 한국 사회에서는 정부는 행정부를 의미하며 좀 더 나아가 입법부를 포함한 집권 세력을 지칭한다. 이런 점에서 이러한 여론조사 결과는 다수의 국민이 다른 정부 기관으로부터 자유로울 수 있는 사법부의 수평적 독립성을 지지하고 있다는 것을 보여준다(박종민 2018, 377 – 378). 또한 "정치지도자에게 가장 중요한 것은 절차를 지키지 못하더라도 목표를 이루는 것이다."라는 주장에 대해서는 응답자의 대다수가 부정적으로 평가하였다. 구체적으로 2003년에는 응답자의 77%가, 2006년에는 응답자의 75%가 이러한 주장에 반대함으로써 국민들이 목표 달성이나 성과보다는 절차적 정당성을 중요시하는 의견을 표시하였다. 이들 여론조사가 진행되었던 시기인 2003년에서 2015년까지 헌법재판소는 노무현 대통령 탄핵, 수도 이전, 낙태죄, 통합진보당 해산 등 많은 논쟁적 사건에 대해 판결을 내렸다. 이들 사건에 대한 헌법재판소의 판결이 모든 국민에게 언제나 환영을 받았던 것은 아니지만 위의 여론조사 결과는 이러한 판결들이 최소한 사법부의 독립성을 지지하는 여론을 감소시키지는 않았다는 것을 잘 보여준다. 여러 가지 점에서 우리나라에서 사법부의 수평적 독립성에 대한 국민적 지지는 상당히 굳건한 것으로 보인다.

박종민(본서, 제8장)은 2021년 여론조사를 통해 이러한 결과를 다시 한번 확인하고 있다. 이 여론조사에서 그는 "헌법재판소(대법원)가 나라를 위해 올바른 판결을 내릴 것이라고 신뢰할 수 있다"라는 질문을 사람들에게 던졌다. 헌법재판소와 대법원판결을 신뢰하는 응답자의 비율은 각각 47.2% 그리고 44.2%이었던 데에 비해 불신하는 비율은 13.8%와 12.1%에 불과했다. 배진석(본서, 제5장)도 비슷한 여론조사 결과를 보여준다. 우리나라에서 크게 논쟁이 되었던 노무현 대통령 탄핵, 박근혜 대통령 탄핵 그리고 수도이전에 있어서 헌법재판소 판결이 공포된 후 여론은 헌법재판소 판결을 지지하는 방향으로 10%에서 20% 정도 움직였다.[34] 물론 이를 여러 가지로 해석할 수 있겠지만 헌법재판소의 결정을 국민들이 권위 있는 결정으로 받아들이고 있다고 보는 것이 가장 자연스러운 해석일 것이다. 이러한 헌법재판소의 영향력은 일반 국민들이 헌법재판소의 판결에 대해 신뢰하고 있다는 것을 잘 보여준다. 이러한 국민의 신뢰는 사법부의 독립성 유지와 향상에 큰 자산이 될 것이다.

V. 맺는말

한국은 경이적인 경제 성장만큼이나 빠르게 민주주의 발전을 이루고 있는 국가이다. 그리고 사법부의 독립성과 법의 지배라는 측면에서도 괄목할 만한 성장을 이루었다고 할 수 있다. 이러한 사법부의 상대적으로 높은 (수평적) 독립성은 헌법재판소가 그동안 확립한 사법심사권에 의해 잘 뒷받침되고 있다. 이제까지 우리나라에서 사법심사권의 사용은 해보다는 득이 훨씬 더 컸다고 할 수 있다. 하지만 앞으로도 이러할지는 확신할 수 없다. 사법심사권을 어떻게 운영할지는 헌법재판관들의 결정할 사항이지만 사회적 이슈에 깊이 관여하는 판결은 자치하면 여론의 역풍을 맞을 수 있다는 점은 지적되어야 할 것이다.

사법부의 수평적 독립성과는 달리 우리나라에서 법관의 독립성은 아직 높다고 볼 수 없다. 권위적인 조직문화 속에서 윗선의 간섭과 압력

---

34 흥미롭게도 통진당 해산에 대한 판결은 여론에 어떠한 영향을 주지 못하였다.

이 당연시되고 인사와 보직 이동을 통해 보복과 보상이 횡행한다면 법
관의 독립성은 훼손될 수밖에 없을 것이다. 현재 논의되고 있는 사법부
개혁에서 법관의 독립성에 대한 여러 제안이 쇄도하는 것도 이러한 현
실을 반영한 것일 것이다. 그리고 이러한 법관의 독립성은 결국 사법부
의 독립성 더 나아가 정부 간의 수평적 책임성에도 영향을 끼친다는
점에서 앞으로 사법부(권)의 독립성 논의에서 법관의 독립성에 대한 보
다 많은 관심이 필요하다. 그리고 이제까지는 외부 정치세력으로부터
의 압력과 사법부 윗선으로부터의 압력이 법관의 독립성 논의에서 주
요한 문제였다면 앞으로는 법관들의 자발적인 독립성 포기의 문제가
점점 더 커질 것이다. 서구의 사례를 살펴볼 때, 일부 법관이 금전적인
동기나 승진이나 보직, 정치입문을 위해 자발적으로 특정 정치세력과
결탁하는 경우를 더욱 자주 목격하게 될 것으로 보인다.

참고문헌

강승식. 2009. "권력분립 해석론에 관한 연구: 미국에서의 논의를 중심으로."『저스티스』, 113: 5－29.

김도균. 2012. "한국 사회에서의 법치주의,"『지식의 지평』, 13: 47－63.

_____. 2021. "법에 있어서 민주주의: 민주주의의 질과 법치,"『지식의 지평』, 30: 87－101.

김도균·최병로·최종고. 2006.『법치주의의 기초: 역사와 이념』서울: 서울대학교 출판부.

김명식. 2011. "사법권독립과 민주주의의 조화: 미국의 법관선거제도에 대한 찬반 논쟁을 중심으로."『미국헌법연구』, 22(2): 1－28.

김비환. 2006. "현대자유주의에서 법의 지배와 민주주의의 관계: 입헌민주주의의 스펙트럼."『법철학연구』9(2): 113－144.

문재완. 2005. "사법부의 독립성과 책임성."『미국헌법연구』16(2), 195－231.

박종민. 2018. "민주주의에 대한 시민들의 태도:변화와 지속."박종민(편).『한국 민주주의의 질: 민주화 이후 30년』, 351－387. 서울: 박영사.

박지광. 2011. "미국의 사법선거제도: 연임가부투표와 범죄율."『국제지역학논총』, 4(1): 1－22.

사르토리, G. 1999.『민주주의 이론의 재조명 I』. 서울: 인간사랑.

신평. 2011.『한국의 사법개혁』. 서울: 높이깊이.

임현. 2018. "한국의 민주주의와 법치: 사법권에 대한 평가를 중심으로."박종민(편).『한국 민주주의의 질: 민주화 이후 30년』, 151－186. 서울: 박영사.

장영수. 2017. "사법개혁, 사법 민주화와 사법부 독립의 사이에서."『유럽헌법연구』24, 263－290.

전찬희. 2017. "사법권 독립과 책임에 관한 연구."『법이론실무연구』5(1): 261－86.

조원빈. 2018. "수평적 책임성과 민주주의의 질."박종민(편).『한국민주주

의의 질: 민주화 이후 30년』, 225-264. 서울: 박영사.

조지형. 2010. 『사법부의 독립과 권력분립』, 서울: 미래한국재단.

최대권. 2008. "우리나라 법치주의 및 의회주의의 회고와 전망,"『서울대학
교 법학』, 49(4): 208-248.

최선. 2015. "사법권 독립에 대한 비판적 검토: 독립과 책임의 조화를 중심
으로."『한국정치학회보』 49(1): 205-226.

Bailey, William Somers. 1997. "Reducing Malapportionment in Japan's
Electoral Districts: The Supreme Court Must Act" *Pacific Rim Law
and Policy Journal* 6(1): 169-198.

Berman, Harold J. 1983. *Law and Revolution: The Formation of the
Western Legal Tradition.* Cambridge: Harvard University Press.

Breyer, Stephen G. 1996. "Judicial Independence in the United States," *St.
Louis University Law Review*, 40: 989-96.

Broockman, David E. and Danieal M. Butler. 2017. "The Causal Effects of
Elite Position-Taking on Voter Attitudes: Field Experiments with
Elite Communication," American Journal of Political Science, 61:
208-221.

Burbank, Stephen B. 2002. "What Do We Mean by 'Judicial
Independence'?" *Ohio State Law Journal* 64: 323-339.

Caldeira, Gregory A. 1986. "Neither the Purse Nor the Sword: Dynamics
of Public Confidence in the Supreme Court," *American Political
Science Review* 80(4): 1209-1226.

_____. 1987. "Public Opinion and The U.S. Supreme Court:
FDR's Court-Packing Plan". *American Political Science Review*,
81(4): 1139-1153.

Caldeira, Gregory A., and James L. Gibson. 1992. "The Etiology of Public
Support for the Supreme Court." A*merican Journal of Political*

Science, 36(3): 635-64.

Cameron, Charles M. and Jee—Kwang Park. 2009. "How Will They Vote? Predicting the Future Behavior of Supreme Court Nominees, 1937—2006," *Journal of Empirical Legal Studies*, 6(3): 485—511.

Carrubba, Clifford, and James R. Rogers. 2003. "National judicial power and the dormant Commerce Clause." *Journal of Law, Economics and Organization* 19(2): 543—570.

Chavez, Rebecca Bill. 2008. The Rule of Law and Courts in Democratizing Regimes, *The Oxford Handbook of Law and Court*, Oxford: Oxford Univeristy Press.

Couso, J.A. 2003. "The politics of judicial review in Chile in the era of democratic transition, 1990—2002," *Democratization*, 10:70—91.

Cross, Frank B. 2003. "Thoughts on Goldilocks and Judicial Independence," Appeals," *Ohio State Law Journal* 64: 195—219.

Cross, Frank B. and Blake Nelson. 2001. "Strategic Institutional Effects on Supreme Court Decision making," *Northwestern University Law Review* 95: 1437—94.

Dahl, Robert A. 1957. "Decision—making in a democracy: The Supreme Court as a national policy maker," *Journal of Public Law*, 6: 279—95.

Dix, George E. 1964, "The death of the Commerce Court: a study in institutional weakness," *American Journal of Legal History*, 8: 238—60.

Domingo Pilar. 2000. "Judicial Independence: the Politics of the Supreme Court in Mexico," *Journal of Latin American Studies*, 32(3): 705—35.

Durr, Robert H., Andrew D. Martin, and Christina Wolbrecht. 2000. "Ideological Divergence and Public Support for the Supreme

Court," *American Journal of Political Science* 44(4): 768−776.

Epstein, Lee. J Knight, and O Shvetsova. 2001. "The role of constitutional courts in the maintenance and establishment of democratic systems of government," *Law and Society Review*, 35: 117−63.

Feldman, Christen. 2000. "A State constitutional remedy to the sale of justice in Texas courts," *South Texas Law Review* 41: 1415−21.

Fenno, Richard. 1978. Home Style: *House Members in their Districts*, Boston: Little, Brown

Ferejon, John A. 1998. "Independent Judges, Dependent Judiciary: Examining Judicial Independence," *Southern California Law Review* 72: 353−84.

Fiss, Owen M. 1993. "The Limits of Judicial Independence." *The University of Miami Inter−American Law Review* 25(1): 57−76.

Flemming, Roy B., and B. Dan Wood. 1997. "The Public and the Supreme Court: Individual Justice Responsiveness to American Policy Moods." *American Journal of Political Science* 41(2): 468-98.

Friedman, Barry. 2002. "The Birth of an Academic Obsession: The History of the Countermajoritarian Difficulty, Part Five," *Yale Law Journal* 112: 153−259.

Friedrich, Carl J. 1968. "Constitutions and constitutionalism," in *International Encyclopedia of the Social Sciences*, ed. D.L. Sills, Vol.3. New York: Macmillan.

Fuller, Lon L. 1963. *The Morality of Law*. New York: Yale University Press.

Gibson James L., Gregory Caldeira, and Vanessa Baird. 1998. "On the legitimacy of national high courts," *American Political Science Review*, 92(2): 34−58.

Gibson, James L. and Gregory A. Caldeira. 2012. "Campaign Support, Conflicts of Interest, and Judicial Impartiality: Can Recusals Rescue the Legitimacy of Courts?" *Journal of Politics* 74(1): 18-34.

Ginsburg, Tom. 2003. *Judicial Review in New Democracies: Constitutional Courts in Asian Cases.* Cambridge: Cambridge University Press.

Gloppen, Siri, Roberto Gargarella, and Elin Skaar (eds.), 2005, *Democratization and the Judiciary: the Accountability Function of Courts in New Democracies*, Hove: Psychology Press.

Graber, Mark A. 2008. "Constitutional Law and American Politics," in *The Oxford Handbook of Law and Court*, Oxford: Oxford University Press.

Helmke Gretchen. 2005. *Courts Under Constraints: Judges, Generals, and Presidents in Argentina*, New York: Cambridge University Press.

Kapiszewski, Diana and Matthew M. Tayler 2006. "Doing Courts Justice? Studying Judicial Politics in Latin America," Perspectives on Politics 6(4): 741-67.

Ketcham, Ralph. 1986. *The Anti-Federalist Papers and the Constitutional Convention Debates*, New York: Mentor Books.

Larkins, Christopher M., 1996, "Judicial Independence and Democratization: A Theoretical and Conceptual Analysis," *The American Journal of Comparative Law* 44: 605-626.

Law, David S. 2009. "The Anatomy of a Conservative Court: Judicial Review in Japan,", *Texas Law Review* 87. 1545-93.

Law, David S. 2011. "Why Has Judicial Review Failed in Japan?" *Washington University Law Review* 88(6): 1426-66.

Leuchtenburg, William E. 1995. *The Supreme Court Reborn: The Constitutional Revolution in the Age of Roosevelt.* New York, NY: Oxford University Press.

McCloskey, Robert G. 1994. *The American Supreme Court.* Chicago: University of Chicago Press.

McGuire, Kevin T. and James A. Stimson. 2004. "The Least Dangerous Branch Revisited: New Evidence on Supreme Court Responsiveness to Public Preferences," *Journal of Politics*, 66(4): 1018-1035.

Merryman, John Henry. 1985. *The Civil Law Tradition: An Introduction to the Legal Systems of Western Europe and Latin America,* 2nd ed, Stanford: Stanford University Press.

Mondak, Jeffery J. 1992. "Institutional Legitimacy, Policy Legitimacy, and the Supreme Court," *American Politics Research* 20(4): 457−77.

Morris, Michael. 2007. "Georgia and the Conversation over Indian Removal." *The Georgia Historical Quarterly*, 91(4): 403-23.

Murphy, Walter F. 1964. *Elements of Judicial Strategy*, Chicago: University of Chicago Press.

North. Douglass C. and Barry R. Weingast. 1989. "Constitutions and Commitment: The Evolution of Institutions Governing Public Choice in Seventeenth−Century England," *The Journal of Economic History* 49(4): 803−832.

O'Donnell, Guillermo A. 1994. "Delegative Democracy?" *Journal of Democracy* 5: 55−69.

Peerenboom, Randall. 2002. "Let One Hundered Flowers Bloom, One Hundred Schools Contend: Debating Rule of Law in China," *Michigan Journal of International Law* 23: 471−544.

Peltason, Jack W. 1955. *Federal Courts in the Political Process*, New York : Doubleday & Company, Inc.

Peretti, Terri. 2002. "Does Judicial Independence Exist? The Lessons of Social Science Research," in Judicial Independence at the Crossroads: *An Interdisciplinary Approach*, Stephen B. Burbank, Barry Friedman, eds., New York: Sage Publication.

Posner, Richard A. 2002. "Pragmatism Versus Purposivism in First

Amendment Analysis," *Stanford Law Review* 54: 737−752.

Ramseyer, Mark J. 1994. The Puzzling (In)Dependence of Courts: A Comparative Approach," *Journal of Legal Studies* 23(2): 721−47.

Raz, Joseph. 2009. *The Authority of Law: Essays on Law and Morality 2nd ed.*. Oxford: Oxford University Press.

Rios−Figueroa, Julio, 2006, *Judicial Independence: Definition, Measurement, and Its Effects on Corruption, An Analysis of Latin America*, Doctoral Dissertation, New York University.

Schwartz, Herman. 2000. *The Struggle for Constitutional Justice in Post−Communist Europe.* Chicago: University of Chicago Press.

Segal, Jeffrey A. 1997. "Separation−of−Powers Games in the Positive Theory of Congress and Courts," *American Political Science Review* 91(1): 28−44.

Segal, Jeffrey and Harold Spaeth. 2002. *The Supreme Court and the Attitudinal Model Revisited*, New York: Cambridge University Press.

Sisk, Gregory C., Michael Heise, and Andrew P. Morris 1998. "Charting The Influences On The Judicial Mind: An Empirical Study Of Judicial Reasoning." *New York University Law Review* 73(5): 1377−1500.

Song, Jaeyoon. 2009. "The Zhou Li《周禮》And Constitutionalism: A Southern Song Political Theory," *Journal of Chinese Philosophy,* 36(3): 424−38.

Spiller, Pablo T. and Rafael Gely. 1992. "Congressional Control or Judicial Independence: The Determinants of U.S. Supreme Court Labor−Relations Decisions, 1949−1988," *RAND Journal of Economics* 23(4): 463−492.

Staton, Jeffrey K. 2006. "Constitutional Review and the Selective Promotion of Case Results," *American Journal of Political Science*

50(1): 98−112.

Stephen M. Feldman, 2021. *Pack the Court! A Defense of Supreme Court Expansion*, Philadelphia: Temple University Press.

Stimson, James A., Michael B. MacKuen, and Robert S. Erikson. 1995. "Dynamic Representation." *American Political Science Review* 89(3): 543-65.

Tamanaha, Brian Z. 2004. *On the Rule of Law: History, Politics, Theory.* Cambridge: Cambridge University Press.

Tamanaha, Brian Z. 2012. "The History and Elements of the Rule of Law." *Singapore Journal of Legal Studies* 2012: 232−247.

Toma, Eugenia. 1996. "A Contractual Model of The Voting Behavior of the Supreme Court: The Role of the Chief Justice," *International Review of Law and Economics* 16(4): 433−447.

Vanberg, Georg. 2000. "Establishing Judicial Independence in West Germany: The Impact of Opinion Leadership and the Separation of Powers," *Comparative Politics,* 32(3): 333−353.

Vanberg, Georg. 2005. *The Politics of Constitutional Review in Germany.* Cambridge: Cambridge University Press.

Vanberg, Georg. 2008. "Establishing and Maintaining Judicial Independence," in *The Oxford Handbook of Law and Court,* Oxford: Oxford Univeristy Press.

Weingast, Barry 1997. "The Political Foundations of Democracy and the Rule of Law," *American Political Science Review,* 91(2): 245-263.

Whittington, Keith E. 2008, "Constitutionalism," in *The Oxford Handbook of Law and Court,* Oxford: Oxford University Press.

Marbury v. Madison, 5 U.S. 137 (1803)

United States v. Will, 449 U.S. 200 (1980)

제2편

민주정치와
법의 지배

제4장

정치적 양극화, 사법부 독립성, 민주정체 퇴행: 한국 사례의 비교연구*

김 정

I. 서 론

한국은 왜 '민주정체 퇴행(democratic backsliding)'과 '민주정체 복원(democratic resilience)'을 차례로 경험했는가? 한국의 민주정체는 정치적 양극화로 인해 퇴행했는가 혹은 사법부 독립성의 퇴화로 인해 퇴행했는가? 민주정체 퇴행 연구에서 한국 사례가 갖는 비교적 함의는 무엇인가?

본 장은 이상의 질문에 대답하려는 하나의 시도이다. 민주정체를 '다수파강제(majoritarian)' 부분체제(partial regime)와 '다수파억제(countermajoritarian)' 부분체제의 '제도 집합체(institutional ensemble)'로 이해하면서, 본 장은 민주정체 퇴행이 정치적 양극화로 인한 '수직 문책성(vertical accountability)' 기능부전과 견제와 균형의 형해화로 인한 '수평 문책성(horizontal accountability)'

* 이 글은 2021년 11월 한국사회과학연구(SSK) '정부의 질과 거버넌스의 다양성' 연구단 주최 '한국의 민주주의와 법의 지배' 학술회의에서 발표한 초고를 바탕으로 연구 결과를 발전시킨 것이다. 건설적 비평을 해주신 강우창 교수에게 감사드린다.

기능부전으로 발생한다고 주장한다. Ⅱ절에서 정치적 양극화 및 사법부 독립성과 연결하여 어떠한 조건에서 집권당의 '행정부 권한 확장(executive aggrandizement)'이 성공하는지를 게임이론으로 모형화하고 관측 가능한 함의를 도출한다. Ⅲ절에서 한국을 포함한 OECD 회원국을 표본으로 삼아 이론적 가설을 검증하고 그 결과를 보고한다. 한국에서 민주정체 퇴행은 사법부 독립성 퇴화에서 비롯했지만, 정치적 탈 양극화로 인한 비당파적 유권자 비율의 증가로 '대각(對角) 문책성(diagonal accountability)'이 작동하여 민주정체 복원이 가능했다.

Ⅱ. 이론 분석: 민주정체 퇴행의 정치게임

민주정체 퇴행과 관련한 분석적 접근은 '수직 문책성'의 기능부전에 초점을 맞추는 이론과 '수평 문책성'의 기능부전에 초점을 맞추는 이론으로 대별할 수 있다. 전자는 정치적 양극화를 메커니즘으로 하여 민주규범보다 당파 이익을 우선하는 시민이 자신이 지지하는 집권당의 '행정부 권한 확장'을 허용하기 때문에 선거체제(electoral regime)의 수직 문책성 제도가 기능부전에 빠져 그 결과 민주정체 퇴행이 발생한다는 논리에 기반한다(Chiopris, Nalepa, and Vanberg 2021; Graham and Svolik 2020; Grillo and Prato 2020; Luo and Przeworski 2020). 후자는 견제와 균형의 형해화를 메커니즘으로 하여 전제(autocratic) 지향을 가진 집권당이 사법부의 독립성을 점진적으로 침식하여 행정부 권한 확장을 실현하기 때문에 법치체제(rule-of-law regime)의 수평 문책성 제도가 기능부전에 빠져 그 결과 민주정체 퇴행이 발생한다는 논리에 기반한다(Helmke, Kroeger, and Paine forthcoming; Gratton and Lee 2021;

Howell, Shepsle, and Wolton 2021; Miller 2021).

본 장은 민주정체를 선거체제와 법치체제라는 부분 체제들의 제도 집합체로 개념적으로 포착하여 선거 문책성 부식 기반 민주정체 퇴행 이론과 사법 문책성 부식 기반 민주정체 퇴행 논리를 상보적 논리로 연결한다.[1] 선거 문책성에 분석의 초점을 맞춘 '민주정체의 슘페터 구상 (Schumpeterian conception of democracy)'과 선거 문책성 및 사법 문책성에 분석의 초점을 동시에 맞춘 '민주정체의 메디슨 구상(Madisonian conception of democracy)'은 민주정체에 대한 상이한 이해를 발생시킨다. 전자는 선거 경쟁을 통해 시민 다수의 지지를 받은 집권당이 자신의 정책을 구현하는 과정으로 민주정체를 이해하는 '다수파강제 민주정체'의 구상을 대표한다. 후자는 선거 경쟁을 통해 시민 다수의 지지를 받은 집권당이 헌법 및 법률의 제약 속에서 자신의 정책을 구현하는 과정으로 민주정체를 이해하는 '다수파억제 민주정체'의 구상을 대표한다(Vanberg 2021).

본 장은 전자의 구상보다 후자의 구상이 민주정체의 역사적 발전에 보다 부합한다고 이해한다. 1779년 미국 사례에서 1987년 한국 사례에 이르기까지 민주정체 이행 이후 선거 경쟁은 예외 없이 행정부 권력의 구성 및 집행과 관련하여 법률적 순응을 요구하는 '입헌 협약 (constitutional pact)'의 제약 속에서 이루어졌기 때문이다. 민주정체에서 다수파억제 제도가 다수파강제 제도에 선행하여 작동한다. 민주정체는 선거 경쟁을 통해 시민 다수의 지지를 받은 집권당이 자신의 정책을 구현하는 다수파강제 과정이 헌법과 법률이 선행적으로 구획한

---

1 Haggard and Kaufman(2021) 및 Ginsburg and Huq(2018)은 개념적으로 민주정체를 선거체제, 법치체제, 권리체제(rights regime)의 제도 집합체로 포착한다. 이 연구는 선거체제와 법치체제에 분석의 초점을 맞추고 권리체제를 직접 다루지는 않는다.

다수파억제의 범위 안에서 이루어지는 것을 전제로 한다. 다수파억제 제도의 존재는 집권당이 추진하는 다수파강제 정책 결정의 정치적 득실 규모를 줄이고 그 결과 반대당이 입헌 협약을 이탈할 유인을 낮춘다. 다수파억제 제도의 부재는 집권당이 추진하는 다수파강제 정책 결정의 정치적 득실 규모를 키우고 그 결과 반대당이 입헌 협약을 이탈할 유인을 높인다. 지속 가능한 민주정체가 다수파억제 제도에 의존하는 연유이다(Weingast 2015).

이상의 논의를 기반으로 민주정체의 퇴행과 관련한 모형화를 시도한다.[2] 1차원 정책 공간에 집권당과 반대당이 경쟁하는 민주정체를 가정하자. 집권당의 정책 이상점을 X_G, 반대당의 정책 이상점을 X_O로 각각 표시한다. 중위투표자의 정책 이상점을 X_M, 다수파억제 제도 존재 민주정체의 정책균형점을 X_C로 각각 표시한다. 집권당이 현상 정책의 변경을 시도하여 성공할 확률을 p, 반대당이 집권당의 현상 변경에 저항하여 성공할 확률을 $1-p$, 집권당의 현상 변경 비용을 C_G로 각각 표시한다.

<그림 4-1>의 상단 면은 지속 가능한 민주정체의 정치적 조건을 나타낸다. 두 정당의 정책 이상점을 지나는 무차별 곡선은 정책 양보의 규모를 통해 각 정당의 협상력의 차이를 보여준다. 무차별 곡선이 구성하는 원의 크기가 작을수록 정당의 협상력이 높다. 집권당이 현상 정책인 X_C를 X_M으로 변경하려고 시도하고 반대당이 묵인할 경우 결과는 X_M이고, 반대당이 저항할 경우 결과는 $B_1 = pX_M + (1-p)X_C - C_G$이다. 반대당의 효용($U_O$)은 $U_O(B_1) > U_O(X_M)$이기 때문에 반드시 집권당의 현상변경에 저항할 것이고, 집권당의 효용(U_G)은 $U_G(X_C) > U_O(B_1)$이기

---

2 이하의 논의는 Alberts, Warshaw, and Weingast(2012)의 논리를 본 장의 맥락에 맞게 수정한 것이다.

때문에 반대당의 저항을 예측하여 애초에 현상변경을 시도하지 않을
것이다. 그 결과 집권당과 반대당 어느 쪽도 다수파억제 입헌 협약을
이탈할 유인이 부재한 지속 가능한 민주정체가 성립한다.

그림 4-1 민주정체 안정 및 퇴행의 정치적 조건

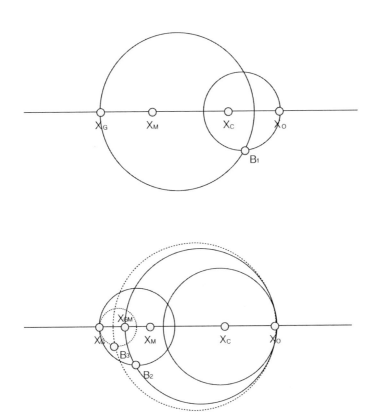

이상의 분석을 통해 민주정체 퇴행이 발생할 정치적 조건을 특정할 수 있다: (1) p가 높아지는 상황 및 (2) C_G가 낮아지는 상황. 첫째, p가 높아지는 상황은 집권당이 행정부 권한확장을 추진할 동기를 부여하는 민주정체 퇴행의 수요 측면을 구성한다. 정치적 양극화가 선거 문책성의 부식을 발생시켜 민주정체 퇴행으로 이어진다는 논리가 이에 조응한다. 둘째, C_G가 낮아지는 상황은 집권당이 행정부 권한 확장을 추진할 기회를 부여하는 민주정체 퇴행의 공급 측면을 구성한다. 견제와 균형의 형해화가 사법 문책성의 부식을 발생시켜 민주정체 퇴행으로 이어진다는 논리가 이에 조응한다.

<그림 4-1>의 하단 면은 민주정체 퇴행이 발생할 정치적 조건을 나타낸다. 집권당이 현상 정책인 X_C를 X_M으로 변경하려고 시도하고 반대당이 묵인할 경우 결과는 X_C이고, 반대당이 저항할 경우 결과는 $B_2 = pX_M + (1-p)X_C - C_G$이다. 반대당의 효용은 $U_O(X_M) > U_O(B_2)$이기 때문에 집권당의 현상 변경을 묵인할 것이고, 집권당의 효용은 $U_G(X_M) > U_O(B_2)$이기 때문에 반대당의 묵인을 예측하여 현상 변경을 시도하여 성공할 것이다. 그 결과 집권당은 다수파억제 입헌 협약을 이탈하고 반대당은 그것을 묵인하는 민주정체 퇴행이 발생한다.

이상의 논의는 민주정체 퇴행과 관련한 다음과 같은 분석적 함의를 갖는다. 첫째, 다수파억제 제도를 포함하는 민주정체가 장기간 존속하면 슘페터 구상이 예측하는 중위투표자의 정책 이상점과 실제 정책균형점 사이에 체계적 간극이 발생하기 때문에 X_C를 X_M로 변경해야 한다는 집권당의 '포퓰리즘(populist)' 정책이 시민에게 호소력을 가질 가능성이 높아진다. 둘째, 시민이 행정부 권한 확장을 견제할 동기가 낮은 조건에서 집권당이 포퓰리즘 정책을 강화하면 p가 높아진다. 셋째,

사법부가 행정부 권한 확장을 견제할 기회가 낮은 조건에서 집권당이 포퓰리즘 정책을 강화하면 C_G는 낮아진다. 그 결과 정치적 양극화가 높아지거나 혹은 사법부 독립성이 낮아지면 민주정체 퇴행의 확률은 늘어난다.[3]

일단 민주정체 퇴행이 발생하면 다수파억제 제도 부재 민주정체로 이행하기 때문에 현상 정책 X_M은 슘페터 구상의 예측과는 달리 안정성을 가진 정책균형점의 지위를 획득하기 어렵다. 집권당이 현상 정책을 X_M에서 자신의 정책 이상점인 X_G로 변경하려는 시도를 견제할 다수파 억제 제도가 부재하기 때문이다. 민주정체 퇴행 이후 집권당과 반대당의 비대칭적 협상력이 점선으로 표시한 무차별 곡선만큼 변화한다고 가정하면, 집권당이 현상 정책 X_M에서 자신의 정책 이상점에 근접한 X_{GM}로 변경하려는 시도는 $U_O(X_{GM}) > U_O(B_3)$ 및 $U_G(X_{GM}) > U_O(B_3)$의 조건에서 성공할 것이다. 민주정체 퇴행은 X_C에서 X_M로, X_M에서 X_{GM}로, X_{GM}에서 X_G로 점진적이고 순차적인 경로를 경유하는 특징을 갖는다.

민주정체 퇴행의 점진적이고 순차적인 특성으로부터 민주정체 회복의 단서를 찾을 수 있다. (1) p가 낮아지는 상황 및 (2) C_G가 높아지는 상황. 첫째, p가 낮아지는 상황은 집권당이 행정부 권한 확장을 추진할 동기를 차단하는 민주정체 복원의 수요 측면을 구성한다. 정치적 탈양극화가 선거 문책성의 회복을 추동하여 민주정체 복원으로 이어진다는 논리가 이에 조응한다. 둘째, C_G가 높아지는 상황은 집권당이 행정부 권한 확장을 추진할 기회를 차단하는 민주정체 복원의 공급 측면을 구성한다. 견제와 균형의 복구가 사법 문책성의 회복을 추동하여 민주정

---

3 Scheppele(2018)의 '전제적 합법주의(autocratic legalism)' 혹은 Varol(2015)의 '잠행적 전제화(stealth authoritarianism)'의 메커니즘에 대한 하나의 이론적 단서를 제공한다.

체 복원으로 이어진다는 논리가 이에 조응한다.

III. 경험 분석: 민주정체 퇴행의 국제비교

지난 30년 동안 한국 민주정체에 대한 평가는 변화무쌍했다. 한국 민주정체의 경험은 '기적'이기도 했고(Hahm 2008), '위기'이기도 했으며 (Haggard and You 2015), '전진'이기도 했고(Shin and Moon 2017), '부식'이기도 했다(Shin 2020). 각각의 평가가 한국 민주정체 역사의 국면적 진실을 담고 있다는 사실을 부인하기는 어렵다. 실제로 한국 민주정체의 급격한 부침은 국제비교적 시각에서도 두드러지는 특징이다.

<그림 4-2>는 '민주정체 다양성 프로젝트(Varieties of Democracy project)'가 생성한 '자유민주정체 지수(LDI: Liberal Democracy Index)'로 1990년에서 2020년까지 한국 민주정체 수준의 통시적 변화를 측정한 것이다(최솟값 0, 최댓값 1)(Lührmann et al. 2020). 0.5를 민주정체와 전제정체를 가르는 역치(閾値)로 삼아 0.5 이상 0.75 미만을 저위(低位) 민주정체 영역으로, 0.75 이상 1 이하를 고위(高位) 민주정체 영역으로 각각 구획하면, 한국 민주정체가 0.75 역치를 중심에 두고 위아래로 선회하고 있는 것이 보인다. 한국 민주정체는 1990년부터 1998년까지 저위 민주정체 영역, 1999년에서 2007년까지 고위 민주정체 영역, 2008년부터 2016년까지 저위 민주정체 영역, 2017년부터 2020년까지 고위 민주정체 영역에 각각 머물렀다. 한국은 9년 주기로 고위 민주정체 영역과 저위 민주정체 영역을 차례로 오가고 있다.

비교 목적으로 동일한 시기 OECD 35개 회원국의 LDI 평균값을 파선으로 표시했다.[4] OECD 회원국 평균 민주정체 수준은 1991년 고위

---

4 1990년부터 2020년까지의 LDI 평균값이 0.5 미만인 멕시코, 콜롬비아, 터키 등 3개

그림 4-2 한국 민주정체 수준의 통시적 변화(1990-2020)

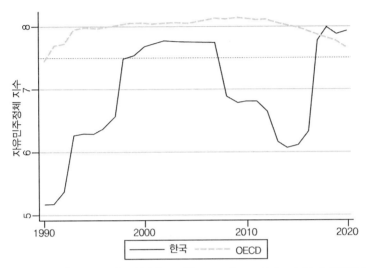

출처: V-Dem dataset version 11.1 (https://www.v-dem.net/vdemds.html. 검색일: 2022.
1.10.).

민주정체 영역으로 진입한 이후 2009년까지 완만한 증가세를 보였고,
2010년부터 2020년까지 LDI 누적합 −0.048의 감소세를 보이고 있지
만, 여전히 고위 민주정체에 영역에 머물러 있다. 2008년 이후 한국 민
주정체 수준의 하락세는 OECD 회원국 평균 추세에 비추어 그 규모가
매우 컸던 하나의 예외적 변화였고, 2016년 이후 그 상승세는 OECD
회원국 평균 추세에 비추어 그 방향이 정반대였던 하나의 예외적 변화
였다는 사실을 확인할 수 있다.

　<그림 4-3>은 OECD 35개 회원국의 2010년 LDI와 2020년 LDI
의 상관성을 산점도로 나타낸 것이다. 회원국이 45도선 우측에 위치하

───────────────

국은 표본에서 제외했다.

면 2010년과 비교하여 2020년 민주정체 수준이 감소한 것을 뜻하고, 45도선 좌측에 위치하면 동일한 기간 민주정체 수준이 증가한 것을 뜻한다.

그림 4-3 OECD 35개 회원국 민주정체 수준의 통시적 변화(2010-2020)

출처:

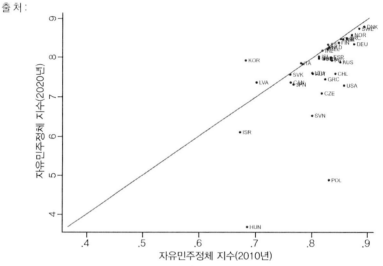

V-Dem dataset version 11.1 (https://www.v-dem.net/vdemds.html. 검색일: 2022. 1.10.)

35개 회원국 가운데 민주정체 수준이 하락한 것은 29개국이고, 상승한 것은 6개국이다. 전자 가운데 LDI 감소폭이 −0.1 이상인 나라는 폴란드, 헝가리, 슬로베니아, 미국, 체코 등 5개국이고, −0.1 미만 −0.01 이상인 나라는 칠레, 그리스, 이스라엘, 호주, 오스트리아, 포르투갈, 독일, 리투아니아, 일본, 스페인, 캐나다, 프랑스, 덴마크, 영국, 노르웨이, 코스타리카 등 16개이며, −0.01 미만인 나라는 스웨덴, 핀란드, 아이슬란드, 뉴질랜드, 벨기에, 네덜란드, 슬로바키아, 스위스 등

8개국이다. 후자 가운데 LDI 증가폭이 0.01 미만인 나라는 아일랜드, 룩셈부르크, 에스토니아, 이탈리아 등 4개국이고, 0.01 이상 0.1 미만인 나라는 라트비아 등 1개국이며, 0.1 이상인 나라는 한국 등 1개국이다.

한 방향으로만 이동한 다른 회원국과는 달리 하락 및 상승의 양방향으로 움직인 한국 민주정체 수준 변화를 포착하기 위해 2010년과 2015년의 LDI 상관성(KOR_15) 및 2010년과 2020년의 LDI 상관성(KOR_20) 등 두 지점을 산점도에 표시했다. 전자가 −0.07 감소를 나타내고, 후자가 0.111 증가를 나타내어 2010년 이후 한국 민주정체 수준이 급격한 하락과 상승을 오갔다는 사실을 다시 한번 확인할 수 있다.

OECD 35개 회원국 가운데 민주정체 퇴행이 발생한 나라를 보다 엄밀하게 확인하기 위해 다음과 같은 기준을 적용한다: (1) LDI가 −0.01 이상 감소하면 민주정체 변화 시기가 개시한다; (2) 개시 이후 4년 동안 LDI가 −0.01 이상 감소하지 않거나 혹은 0.02 이상 증가하면 민주정체 변화 시기를 종결한다; (3) 개시 시점과 종결 시점 직전 사이 LDI 누적합이 −0.1 이상 하락하면 민주정체 퇴행이 발생한 것으로 규정한다.[5] <표 4−1>은 그 결과를 나타낸 것이다.

경험적 발견은 다음과 같다. 첫째, OECD 35개 회원국 가운데 민주정체 변화 개시 시점에서 종료 직전 시점 사이 LDI −0.1 이상 감소 기준을 충족하는 민주정체 퇴행 사례에는 한국, 헝가리, 슬로베니아, 체코, 폴란드, 미국 등 6개국이 해당한다. 한국이 가장 이른 시기인 2008년에 민주정체 퇴행에 이르는 변화를 개시했고, 2010년 헝가리, 2012년 슬로베니아, 2013년 체코, 2014년 폴란드, 2016년 미국이 그 뒤를 이었다. 민주정체 퇴행의 규모는 헝가리가 가장 크고, 폴란드, 한

---

5 Croissant and Haynes(2021) 및 Lührmann and Lindberg(2019)의 방법을 차용하여 '선거민주정체 지수(Electoral Democracy Index)' 대신 LDI를 적용했다.

표 4-1 OECD 6개 회원국 민주정체 퇴행 사례, 1990-2020

구분	개시	종결	개시직전	종결시점	감소	유형	복원
한국	2008	2016	0.774	0.633	−0.163	민주정체 퇴행	○
헝가리	2010	2020	0.782	0.368	−0.414	민주정체 퇴행 및 붕괴	×
슬로베니아	2012	2020	0.792	0.651	−0.141	민주정체 퇴행	×
체코	2013	2020	0.821	0.708	−0.113	민주정체 퇴행	×
폴란드	2014	2020	0.824	0.487	−0.337	민주정체 퇴행 및 붕괴	×
미국	2016	2020	0.850	0.728	−0.122	민주정체 퇴행	×

출처: V-Dem dataset version 11.1 (https://www.v-dem.net/vdemds.html. 검색일: 2022. 1. 10.)

국, 슬로베니아, 체코, 미국의 순서로 이어진다.

둘째, 민주정체 퇴행을 경험한 나라 가운데 헝가리와 폴란드는 민주정체 붕괴에 다다랐다. 2010년부터 2020년까지 헝가리의 LDI는 누적합 −0.414의 하락, 2014년부터 2020년까지 폴란드의 LDI는 누적합 −0.337의 하락을 각각 기록했다. 헝가리 민주정체의 약 4할에 해당하는 부분 체제, 폴란드 민주정체의 약 3할에 해당하는 부분 체제가 부식한 결과 두 나라는 전제정체로 이행한 것이다. 민주정체 퇴행이 개시하면 그 흐름을 역전시키기가 쉽지 않고 결국 체제전환국면에 도달할 수 있다는 함의를 갖는다.

셋째, 슬로베니아, 체코, 미국은 비교적 완만한 민주정체 퇴행을 경험하고 있다. 슬로베니아는 2012년부터 2020년까지 LDI 누적합 −0.141, 체코는 2013년부터 2020년까지 LDI 누적합 −0.113, 미국은 2016년부터 2020년까지 LDI 누적합 −0.122을 각각 기록했다. 이 나라들은 민주정체의 약 1할 내외에 해당하는 부분 체제의 부식이 진행하고 있어 아직은 체제 전환과는 거리가 있어 보이는 사례에 해당한다.

넷째, 민주정체 퇴행을 경험한 나라 가운데 한국은 유일하게 그 흐름을 역전시켜 민주정체 복원에 성공한 사례이다. 2008년부터 2015년까지 LDI 누적합 −0.163의 하락세 및 2016년부터 2019년까지 LDI 누적합 0.193의 상승세가 있었던 점이 특기할 만하다. 민주정체 붕괴를 경험한 폴란드와 헝가리는 물론 슬로베니아, 체코, 미국이 모두 2020년 현재 민주정체 퇴행이 진행하고 있는 사례라는 점에서 한국 민주정체의 복원은 매우 흥미로운 발견이며 설명을 요구하는 현상이다.

다수파억제 제도 부식이 민주정체의 지속가능성을 위협한다는 이 연구의 이론적 예측과 6개국 민주정체 퇴행 사례와 관련한 경험적 발견 사이에 상관성이 있는지 검증하기로 한다. 선거 문책성을 약화하는 정치적 양극화와 사법 문책성을 강화하는 사법부 독립성이 민주정체의 수준 변화에 미치는 영향을 추정하기 위해 다음과 같이 변수를 조작화한다. 첫째, 정치적 양극화는 '유권자 양극화 지수(voter polarization index)'를 구축하여 활용한다.[6] 둘째, 사법부 독립성은 '실질적 사법부 독립성 지수(de facto judicial independence index)'를 구축하여 활용한다.[7]

---

6 유권자 양극화 지수는 다음과 같은 공식으로 도출한다: i가 개별 유권자를 나타낼 때 $SQRT\{\Sigma(유권자비율i) \times ([유권자 정책위치 점수i - 유권자 평균 정책위치 점수]/5)^2\}$이다(Dalton 2008). 유권자의 정책위치 점수 및 그 비율은 '세계가치조사(World Value Survey)'가 생성한 '정치 좌우 척도(political left−right scale)'를 정규화하여 사용했고, 제5파(2005−2009) 결과를 2010년에, 제7파(2017−2020) 결과를 2020년에 각각 대입했다.(https://www.worldvaluessurvey.org/WVSDocumentationWVL.jsp. 검색일: 2022. 1.10.).

<그림 4-4>는 OECD 29개 회원국의 2010년 유권자 양극화 지수와 2020년 유권자 양극화 지수의 상관성을 산점도로 나타낸 것이다.[8] 회원국이 45도선 우측에 위치하면 2010년과 비교하여 2020년 정치적 양극화 수준이 감소한 것을 뜻하고, 45도선 좌측에 위치하면 동일한 기간 정치적 양극화 수준이 증가한 것을 뜻한다.

경험적 발견은 다음과 같다. 첫째, 한국의 유권자 양극화 지수는 2010년 0.470에서 2020년 0.391로 -0.079 감소했고, 미국의 유권자 양극화 지수는 2010년 0.394에서 2020년 0.548로 0.153 증가했다. 한국의 정치적 양극화 하락폭은 표본 가운데 1위이고, 미국의 정치적 양극화 상승폭은 표본 가운데 1위이다. OECD 29개 회원국 가운데 미국은 가장 급격한 정치적 초양극화를, 한국은 가장 급격한 정치적 탈양극화를 각각 경험한 셈이다. 미국의 민주정체 퇴행 원인이 정치적 양극화로 인한 선거 문책성의 기능부전에서 비롯했을 가능성이 높아 보이는 반면, 한국에서 민주정체 퇴행 원인이 정치적 양극화로 인한 선거 문책성의 기능부전에서 비롯했을 가능성은 낮아 보인다.

둘째, 헝가리, 폴란드, 체코, 슬로베니아의 유권자 양극화 지수는 2010년 각각 0.490, 0.428, 0.477, 0.384에서 2020년 각각 0.511, 0.424, 0.464, 0.380으로 소폭 증가 혹은 감소했다. 정치적 양극화 변화폭은 헝가리 0.021, 슬로베니아, -0.003, 폴란드 -0.005, 체코, -0.013이었다. 헝가리, 폴란드, 체코, 슬로베니아의 민주정체 퇴행 원

---

7 실질적 사법부 독립성 지수는 V-Dem dataset version 11.1에서 '최고 법원의 독립성(high court independence)' 점수 및 '최고 법원 결정의 강제성(compliance with high court)' 점수를 더한 값의 산술 평균값을 활용했다(Staton, Reenock, and Holsinger Forthcoming).

8 이하의 분석에서는 세계가치조사 자료가 가용하지 않은 벨기에, 코스타리카, 아일랜드, 이스라엘, 라트비아, 룩셈부르크 등 6개국을 표본에서 제외했다.

그림 4-4   OECD 29개 회원국 정치적 양극화 수준의 통시적 변화
(2010-2020)

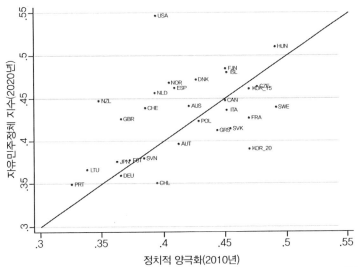

출처: WVS timeseries dataset (1981-2020) (https://www.worldvaluessurvey.org/WVSD
ocumentationWVL.jsp. 검색일: 2022. 1. 10.).

인이 정치적 양극화로 인한 선거 문책성의 기능부전에서 비롯했을
가능성은 낮아 보인다.

셋째, 민주정체의 퇴행 및 복원을 경험한 한국의 변화를 포착하기
위해 2010년과 2015년의 유권자 양극화 지수의 상관성(KOR_15) 및
2010년과 2020년의 유권자 양극화 지수의 상관성(KOR_20) 등 두 지점
을 산점도에 표시했다. 전자가 −0.008 감소를 나타내고, 후자가
−0.079 하락을 나타낸 것으로 미루어 2010년 이후 한국에서 정치적
탈양극화가 지속적으로 이루어진 것으로 보인다.

 **그림 4-5** OECD 29개 회원국 사법부 독립성 수준의 통시적 변화

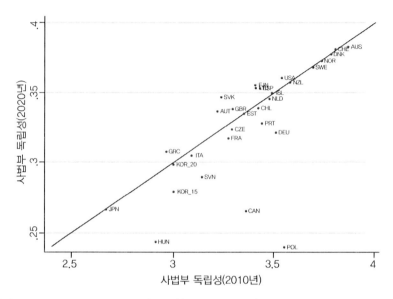

출처: V-Dem dataset version 11.1 (https://www.v-dem.net/vdemds.html, 검색일: 2022. 1. 10.)

<그림 4-5>는 OECD 29개 회원국의 2010년 실질적 사법부 독립성 지수와 2020년 실질적 사법부 독립성 지수의 상관성을 산점도로 나타낸 것이다. 회원국이 45도선 우측에 위치하면 2010년과 비교하여 2020년 사법부 독립성 수준이 감소한 것을 뜻하고, 45도선 좌측에 위치하면 동일한 기간 사법부 독립성 수준이 증가한 것을 뜻한다.

경험적 발견은 다음과 같다. 첫째, 미국의 실질적 사법부 독립성 지수는 2010년 3.543에서 2020년 0.500으로 0.056 증가했다. 미국은 민주정체 퇴행을 경험한 OECD 6개 회원국 가운데 유일한 사법적 독립성이 증가한 사례이고, 그 상승폭은 표본 가운데 8위이다. 미국의 민주

정체 퇴행 원인이 사법부 독립성 퇴화로 인한 사법 문책성의 기능부전
에서 비롯했을 가능성은 낮아 보인다.

둘째, 폴란드, 헝가리, 슬로베니아, 체코의 실질적 사법부 독립성 지
수는 2010년 각각 3.554, 2.919, 3.146, 3.296에서 2020년 각각 2.400,
2.431, 2.899, 3.236으로 감소했다. 사법적 독립성 퇴화폭은 폴란드
−1.154, 헝가리 −0.488, 슬로베니아 −0.247, 체코 −0.060이었다.
폴란드, 헝가리, 슬로베니아, 체코의 민주정체 퇴행 원인이 사법적 독
립성 퇴화로 인한 사법 문책성의 기능부전에서 비롯했을 가능성이 높
아 보인다.

셋째, 민주정체의 퇴행 및 복원을 경험한 한국의 변화를 포착하기
위해 2010년과 2015년의 실질적 사법부 독립성 지수의 상관성
(KOR_15) 및 2010년과 2020년의 실질적 사법부 독립성 지수의 상관성
(KOR_20) 등 두 지점을 산점도에 표시했다. 전자가 −0.214 하락을 나
타내고, 후자가 −0.015 감소를 나타낸 것으로 미루어 2010년 이후 한
국의 사법부 독립성이 일단 퇴화한 이후 다시 회복했다는 사실을 확인
할 수 있다.

<그림 4−6>은 이상의 경험적 발견을 요약하기 위해 민주정체 퇴
행을 경험한 OECD 6개국의 2010년 및 2020년 사이 정치적 양극화와
사법부 독립성의 통시적 변화를 나타낸 것이다. 민주정체 퇴행 및 복원
을 경험한 한국의 변화를 포착하기 위해 2015년의 유권자 양극화 지수
및 실질적 사법부 지수의 상관성(KOR_15)을 나타내는 지점을 산점도에
표시했다.

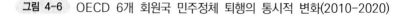

그림 4-6 OECD 6개 회원국 민주정체 퇴행의 통시적 변화(2010-2020)

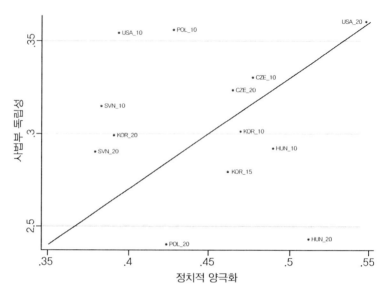

출처: WVS timeseries dataset (1981-2020) (https://www.worldvaluessurvey.org/WVSD
ocumentationWVL.jsp. 검색일: 2022.1. 10.); V-Dem dataset version 11.1 (https://
www.v-dem.net/vdemds.html. 검색일: 2022. 1. 10.)

　　첫째, 한국 민주정체 퇴행은 2010년부터 2015년 사이 사법부 독립
성 퇴화가 그 원인인 것으로 보인다. 동일한 시기 정치적 양극화는 오
히려 줄어들고 있었고 2020년까지 지속적으로 약화하고 있기 때문이
다. 정치적 탈양극화의 진전 및 사법부 독립성의 회복은 한국 민주정체
복원을 설명할 원인으로 보인다. 민주정체 퇴행을 경험한 OECD 6개
회원국 가운데 어느 나라도 정치적 탈양극화의 규모에서 한국 사례에
비견할 수 없고, 사법부 독립성 회복 규모에서도 필적하지 못했다. 집
권당이 사법부의 독립성을 침식하면서 행정부 권한 확장에 나섰지만,

정치적 탈양극화의 결과 당파적 유권자의 비율보다 비당파적 유권자의
비율이 높아져 한국은 민주정체 퇴행을 억제하고 민주정체의 복원을
이룬 것으로 보인다(Grossman et al. forthcoming). 수직적 및 수평적 책
임성이 부식한 상황에서 대각 책임성이 작동한 것이다(Laebens and
Lührmann 2021).

둘째, 헝가리와 폴란드의 민주정체 퇴행은 사법부 독립성의 급격한
퇴화에 그 원인이 있는 것으로 보인다. 체코와 슬로베니아의 민주정체
퇴행 또한 사법부 독립성의 완만한 퇴화에서 비롯한 것으로 보인다.
2010년부터 2020년 사이 네 나라의 정치적 양극화는 소폭 늘었거나
거의 변화가 없는 수준이기 때문이다. 유권자의 탈양극화가 부재한 조
건에서 집권당이 사법부 독립성을 침식하여 행정부 권한 확장에 성공
하여 민주정체 퇴행을 이루어진 것으로 보인다.

셋째, 미국의 민주정체 퇴행은 사법부 독립성의 퇴화가 아닌 유권자
의 정치적 초양극화가 진전하여 선거 문책성이 기능부전에 빠진 결과
발생한 것으로 보인다. 2010년부터 2020년 사이 미국의 사법부 독립성
은 오히려 증가했기 때문이다. 집권당이 유권자 양극화를 촉진시켜 포
퓰리즘 정책을 추진할 수 있는 조건에서 민주정체 퇴행이 발생한 것으
로 보인다.

IV. 결 론

본 장은 한국 민주정체의 퇴행과 복원을 설명하려고 시도했다. 다수
파억제 제도가 다수파강제 과정을 제약하는 입헌 협약은 지속 가능한
민주정체의 제도적 기초였다. 정치적 양극화는 집권당의 포퓰리즘 정

책 추구의 동기를 제공했고, 견제와 균형의 형해화는 행정부 권한 확장의 기회를 부여했다. 정치적 양극화는 집권당이 입헌 협약 파기에 성공할 확률을 높이고, 사법부 독립성 침식은 입헌 협약 파기에 따르는 비용을 낮춘다. 그 결과 다수파 억제제도가 붕괴하면 민주정체 퇴행은 점진적 및 순차적으로 체제 전환으로 이어질 가능성이 높아진다.

이상의 이론적 예측을 OECD 회원국을 표본으로 한 국제 비교를 통해 그 적실성을 확인했다. OECD 회원국 가운데 민주정체 퇴행을 경험한 나라는 미국, 슬로베니아, 폴란드, 체코, 한국, 헝가리었다. 사법부 독립성 퇴화 혹은 정치적 양극화는 이 나라들이 어떻게 민주정체 퇴행의 경로를 걸었는지를 설명했다. 그 가운데 유일하게 민주정체 복원을 달성한 한국 사례는 흥미롭다. 한국 민주정체 퇴행은 사법부 독립성 퇴화에서 비롯했지만, 정치적 탈양극화는 비당파적 유권자의 비율을 높였고, 그 결과 대각 문책성이 발동하여 민주정체 복원이 이루어졌다.

| 부　록 | OECD 38개 회원국 자유민주정체 지수(1990-2020) |

연도 국가	1990	1995	2000	2005	2010	2015	2020
캐나다	0.76	0.76	0.76	0.75	0.76	0.74	0.74
미국	0.81	0.82	0.81	0.81	0.85	0.85	0.73
영국	0.76	0.76	0.80	0.81	0.81	0.79	0.80
덴마크	0.88	0.88	0.88	0.89	0.89	0.89	0.88
아이슬란드	0.79	0.79	0.79	0.79	0.81	0.79	0.80**
노르웨이	0.85	0.85	0.86	0.86	0.87	0.86	0.86***
터키	0.37	0.39	0.45	0.52	0.40	0.23	0.11
스페인	0.82	0.82	0.82	0.81	0.83	0.78	0.80
포르투갈	0.82	0.81	0.81	0.83	0.83	0.83	0.79
프랑스	0.80	0.80	0.80	0.80	0.82	0.81	0.80
아일랜드	0.76	0.79	0.81	0.81	0.82	0.82	0.82
벨기에	0.80	0.81	0.81	0.81	0.82	0.83	0.82
독일	0.84	0.86	0.87	0.87	0.87	0.85	0.83
그리스	0.79	0.81	0.81	0.81	0.82	0.79	0.74
스웨덴	0.88	0.88	0.88	0.88	0.88	0.88	0.87
스위스	0.83	0.83	0.84	0.84	0.85	0.86	0.85
오스트리아	0.79	0.78	0.79	0.79	0.80	0.80	0.76
네덜란드	0.82	0.82	0.81	0.81	0.83	0.83	0.82
룩셈부르크	0.78	0.78	0.77	0.78	0.78	0.78	0.78
이탈리아	0.74	0.75	0.76	0.76	0.78	0.79	0.79
일본	0.75	0.75	0.75	0.76	0.77	0.73	0.73
핀란드	0.82	0.83	0.83	0.83	0.84	0.83	0.84
호주	0.85	0.85	0.84	0.83	0.85	0.83	0.79
뉴질랜드	0.81	0.82	0.84	0.84	0.85	0.85	0.85

| 부 록 | OECD 38개 회원국 자유민주정체 지수(1990-2020) (계속) |

연도 국가	1990	1995	2000	2005	2010	2015	2020
멕시코	0.19	0.28	0.43	0.50	0.46	0.42	0.41
체코	0.61	0.83	0.81	0.83	0.81	0.77	0.71
헝가리	0.70	0.77	0.76	0.77	0.68	0.49	0.37
폴란드	0.48	0.81	0.80	0.81	0.83	0.80	0.49
한국	0.52	0.63	0.77	0.77	0.68	0.61	0.79
슬로바키아	0.64*	0.55	0.76	0.76	0.76	0.73	0.76
칠레	0.62	0.79	0.81	0.82	0.84	0.83	0.76
슬로베니아	0.50	0.77	0.76	0.74	0.80	0.81	0.65
이스라엘	0.69	0.69	0.69	0.68	0.67	0.65	0.62+
에스토니아	0.70	0.80	0.81	0.81	0.83	0.84	0.83
라트비아	0.45	0.68	0.71	0.72	0.70	0.76	0.74
리투아니아	0.74	0.78	0.77	0.78	0.80	0.79	0.76
콜롬비아	0.32	0.44	0.43	0.43	0.49	0.54	0.45
코스타리카	0.84	0.85	0.85	0.85	0.86	0.86	0.85

출처: V-Dem dataset version 11.1(https://www.v-dem.net/vdemds.html (검색일: 2022. 1. 10.).

주) *1993년 지수; **2018년 지수; ***2019년 지수; +2017년 지수.

참고문헌

Alberts, Susan, Chris Warshaw, and Barry R. Weingast. 2012. "Democratization and Countermajoritarian Institutions: Power and Constitutional Design in Self−Enforcing Democracy." Tom Ginsburg (ed.), *Comparative Constitutional Design.* New York Cambridge University Press: 69−99.

Chiopris, Caterina, Monika Nalepa, and Georg Vanberg. 2021. "A Wolf in Sheep's Clothing: Citizen Uncertainty and Democratic Backsliding." Working paper.

Croissant, Aurel and Jefferey Haynes. 2021. "Democratic Regression in Asia: Introduction." *Democratization* 28(1): 1−21.

Dalton, Russell J. 2008. "The Quantity and the Quality of Party Systems: Party System Polarization, its Measurement, and its Consequences." *Comparative Political Studies* 41(7): 899−920.

Ginsburg, Tom and Aziz Z. Huq. 2018. *How to Save a Constitutional Democracy.* Chicago: University of Chicago Press.

Graham, Mattew H. and Milan W. Svolik. 2020. "Democracy in America? Partisanship, Polarization, and the Robustness of Support for Democracy in the United States." *American Political Science Review* 114(2): 392−409.

Gratton, Gabriele and Barton E. Lee. 2021. "Liberty, Security, and Accountability: The Rise and Fall of Illiberal Democracies." Working paper.

Grillo, Edoardo and Carlo Prato. 2020. "Reference Points and Democratic Backsliding." Working paper.

Grossman, Guy, Dorothy Kronick, Matthew Levendusky, and Marc

Meredith. Forthcoming. "The Majoritarian Threat to Liberal Democracy." *Journal of Experimental Political Science.*

Haggard, Stephan and Jong-sung You. 2015. "Freedom of Expression in South Korea." Journal of Contemporary Asia 45(1): 167-179.

Haggard, Stephan and Robert Kaufman. 2021. *Backsliding.* New York: Cambridge University Press.

Hahm, Chaibong. 2008. "South Korea's Miraculous Democracy." *Journal of Democracy* 19(3): 128-142.

Helmke, Gretchen, Mary Kroeger, and Jack Paine. Forthcoming. "Democracy by Deterrence: Norms, Constitutions, and Electoral Tilting." *American Journal of Political Science.*

Howell, William G., Kenneth A. Shepsle, and Stephane Wolton. 2021. "Executive Absolutism: The Dynamics of Authority Acquisition in a System of Separated Powers." Working paper.

Laebens, Melis G. and Anna Lührmann. 2021. "What Halts Democratic Erosion? The Changing Role of Accountability." *Democratization* 28(5): 908-928.

Lührmann, Anna and Staffan I. Lindberg. 2019. "A Third Wave of Autocratization is here: What is New about it? *Democratization* 26(7): 1095-1113.

Lührmann, Anna, Nils Düpont, Masaaki Higashijima, Yaman Berker Kavasoglu, Kyle L. Marquardt, Michael Bernhard, Holger Döring, Allen Hicken, Melis Laebens, Staffan I. Lindberg, Juraj Medzihorsky, Anja Neundorf, Ora John Reuter, Saskia Ruth-Lovell, Keith R. Weghorst, Nina Wiesehomeier, Joseph Wright, Nazifa Alizada, Paul Bederke, Lisa Gastaldi, Sandra Grahn, Garry Hindle, Nina Ilchenko, Johannes von Römer, Steven Wilson, Daniel Pemstein, and Brigitte Seim. 2020. "Codebook Varieties of Party Identity and Organization

(V-Party) V1." Varieties of Democracy Project.

Luo, Zhaorian and Adam Przewoski. 2020. "Democracy and its Vulnerabilities: Dynamics of Democratic Backsliding." Working paper.

Miller, Michael K. 2021. "A Republic, if You can Keep It: Breakdown and Erosion in Modern Democracies." *Journal of Politics* 83(1): 198－213.

Scheppele, Kim Lane. 2018. "Autocratic Legalism." *University of Chicago Law Review* 85: 545－583.

Shin, Gi－Wook. 2020. "South Korea's Democratic Decay." *Journal of Democracy* 31(3): 100－113.

Shin, Gi－Wook and Rennie J. Moon. 2017. "South Korea After Impeachment." *Journal of Democracy* 28(4): 117－131.

Staton, Jeffrey, Christopher Reenock, and Jordan Holsinger. Forthcoming. *Can Courts Be Bulwarks of Democracy? Judges and the Politics of Prudence.* New York: Cambridge University Press.

Vanberg, Georg V. 2021. "A Square Peg in a Round Hole: Democracy, Constitutionalism, and Citizen Sovereignty." *Georgetown Journal of Law and Public Policy* 18: 655－668.

Varol, Ozan O. 2015. "Stealth Authoritarianism." *Iowa Law Review* 100: 1673－1742.

Weingast, Barry R. 2015. "Capitalism, Democracy, and Countermajoritarian Institutions." *Supreme Court Economic Review* 23: 255－277.

제 5 장

헌법재판소의 전략적 선택: 초대형 정치 사건을 중심으로

배 진 석

I. 서 론

본 장의 목적은 두 가지이다. 하나는 초대형 정치사건(mega-politics)[1] 과 관련된 헌법재판소의 판결에 영향을 미치는 정치적 고려를 분석하는 것이다. 헌법재판소가 고려하는 정치적 환경이 의회 다수세력인지 혹은 여론의 동향인지를 본 장은 살펴보고자 한다. 다른 하나는 초대형 정치 사건과 관련된 헌법재판소 판결의 영향력을 고찰하는 것이다. 정치적 갈등의 최종 심판으로서 헌법재판이 이 갈등을 완화시키는가, 혹은 증폭시키는가 하는 점을 분석하는 것이다.

1987년 민주화 이후 한국의 헌법재판소는 2000년대 이전까지 정치 발전에 긍정적 영향을 미친 것으로 평가받아 왔다(Ahn 1997; 박종현 2017). 권위주의 시대에 남용되었던 국가권력을 통제하는 역할과 삼권

---

1 "정치체제 전체를 규정하거나 때로는 확연히 분할할 만큼 극도로 중요성을 가지는 정치적 사건"을 의미한다(Hirschl, 2008: 94). 선거결과 등 정권교체와 관련된 분쟁 부터 근본적인 집단 정체성과 관련된 사안까지 초대형 정치사건에 포함된다.

분립 중 가장 수동적이었던 사법부의 영향력을 복원해 수평적 책임성
을 제고한 점, 그리고 무엇보다도 소수자의 기본권 보호에 기여했다는
평가가 대세였다. 2000년대 들어 상황은 변화했다. 이른바 '정치의 사
법화'에 대한 논의가 시작되면서 헌법재판에 대한 비판적 평가가 등장
했기 때문이다(박명림 2005; 박찬표 2006; 박은정 2010; 오승룡 2011; 채진
원 2011). 선출된 권력인 입법부와 행정부의 주요 결정이 법적 문제로
불거져 헌법재판의 대상이 된 것이다. 소수의 엘리트 법관이 헌법에 대
한 최종적 유권해석을 통해 국민이 직접 선출한 입법부와 행정부의 결
정을 무력화한 것에 대한 우려였다. 과연 헌법재판소를 포함한 사법부
가 이런 권한을 행사할 자격이 있느냐 하는 문제제기였다. 이런 접근은
민주주의와 법의 지배 간의 긴장관계를 다룬 반다수결주의적 난제
(counter–majoritarian difficulty, Bickel 1986)의 문제의식이 반영된 것이
라고 할 수 있다.

　헌법재판에 대해 우호적이던 평가가 변하게 된 배경에는 몇 가지 주
요한 정치적 사건이 있었다. 2004년 국회가 추진한 노무현 대통령 탄
핵소추안이 헌법재판소에 의해 기각되었고, 2003년 연말에 여야 합의
로 통과된 행정수도 이전법이 2004년 10월에 헌법재판소의 위헌 판결
로 무산되었다. 이 사건 이후 정치의 사법화가 민주주의에 미치는 영향
에 대한 본격적인 논의가 시작되었다. 2010년대 들어 두 건의 초대형
정치적 사건이 헌법재판의 대상이 되면서 이 논의는 확산되었다. 2014
년 통합진보당 해산결정과 2017년 박근혜 대통령 탄핵 인용이 역시 헌
법재판의 대상이 되었다. 이 4건의 초대형 정치적 사건은 한국사회를
떠들썩하게 만든 만큼 헌법재판소의 존재감을 부각시켰다. 이 사건들은
예외적으로 최종판결을 TV로 생중계할 만큼 국민적 관심 또한 뜨거웠다.

 2000년대 이전까지 헌법재판소는 주로 일반적인 법정책의 위헌성과 기본권 관련 사안들을 위헌법률심판권과 헌법소원심판권을 통해 행사해 왔다. 위에서 언급한 4건의 초대형 정치적 사안들 중 3건은 헌법상 권한 임에도 불구하고 헌법재판소가 그동안 행사할 기회를 갖지 못했던 탄핵심판권과 정당해산심판권이 행사된 사안이었다. 나머지 한 건인 행정수도 이전문제를 포함해 4건 모두 개인의 기본권과 직결된 사안이라기보다는 고도의 정치적 판단을 요하는 사안들이었다는 점도 특징적이다.

 '정치의 사법화'의 원인과 결과에 대한 비판적 논거의 논리구조는 1)정치적 양극화에서 촉발된 2)정치의 사법화 현상이 3)사법의 정치화로 이어지고, 이는 다시 4)정치적 양극화를 심화시킨다는 것으로 요약될 수 있다. 이 과정에서 2)정치의 사법화와 3)사법의 정치화가 민주주의에 미치는 부정적 효과가 주로 논의되었다. 다만 2)와 3)에 대한 비판적 접근은 주로 규범적 차원에서 이루어졌고, 특히 3)사법의 정치화에 대한 국내 연구의 비판은 실증적 근거가 부족한 것으로 본 장은 진단하고 있다.

 이들 비판적 연구의 핵심은 두 가지이다. 첫째, 정치의 사법화는 필연적으로 사법의 정치화를 야기한다는 것이다. 타협과 절충의 운영원리로 정치의 영역에서 해결되어야 할 사안들이 객관적으로 옳고 그름을 다투는 사법의 영역으로 이전됨에 따라, 헌법에 기반을 둔 객관적 판단보다는 정치적 판단에 휩쓸릴 가능성이 높다는 의미이다. 게다가 민주적 정당성이 부족한 소수의 엘리트 법관들이 헌법의 해석권한을 독점함으로써 헌법재판은 민주주의에 부정적 영향을 미친다는 것이다. 둘째, 민주적 정당성이 부족한 헌법재판의 판결은 정치적·사회적 갈등을 종식시키지 못하고 오히려 정치적 양극화와 민주주의 제도에 대한 불신을 심화시킨다는 주장이 있다. 초대형 정치적 사건들이 헌법재판까지 옮겨오게 된 것은 대의기구인 의회와 행정부의 결정에 대한 불복의 성격이 강하다. 따라서 헌법재판소의 최종 결정에 만족하지 못하는 진영에서는 정치적 불복의 근거로 헌법재판소의 민주적 정당성 부족을 들고 나오게 된다. 그 결과 고도의 정치적 사안에 대한 헌법재판소의 판결은 정치사회적 갈등의 해결과 사회적 통합보다는 갈등의 재생산과 원심력을 부추길 가능성이 높다는 것이다.

본 장은 위의 두 가지 문제의식을 구체화시켜 다음과 같은 연구 질문을 제기한다. 첫째, 사법의 정치화는 구체적으로 무엇을 의미하는가? 헌법재판소가 "권력의 시녀"가 될 것이라는 비판적 논자들의 우려에서 권력은 어떤 권력을 말하는가? 한국적 정치상황에서 "제왕적"이라고 평가받는 대통령을 말하는가? 여당이든 야당이든 의회 다수당을 의미하는가? 혹은 헌법재판소는 정치적 환경을 고려하지 않고 오직 헌법에 근거해 법리적 해석에만 집중하는가? '사법의 정치화'의 실체에 접근해보려는 것이 본 장의 첫 번째 질문이다. 둘째, 헌법재판소의 판결이 실제로 정치적 갈등을 증폭시키는가? 다시 말해 정치의 영역에서 논쟁적이었던 사안들을 다룬 헌법재판소의 판결에 여론이 순응하는지 여부를 밝혀보고자 한다.

본 장은 다음과 같이 구성되었다. Ⅱ.에서는 정치의 사법화와 사법의 정치화의 관계를 분석한다. Ⅲ.에서는 사법의 정치화가 이루어지는 메커니즘을 중심으로 관련되는 선행연구를 분석한다. Ⅳ.에서는 초대형 정치사건 4건에 초점을 맞추어 한국 헌법재판소가 고려한 정치적 혹은 전략적 선택을 입법다수와 여론 차원에서 분석한다. Ⅴ.은 연구의 주요 발견과 이론적 의미를 다룬다.

II. 사법의 정치화와 정치의 사법화

1. 사법심사의 등장 배경

 정치적 양극화와 포퓰리즘은 대의민주주의의 위기를 논할 때 빠지지 않고 등장하는 현상들이다. 정치적 양극화는 대표성의 약화를 야기한다. 상당수의 유권자들은 격화되는 정쟁에 피로감을 느끼고 자신을 대변하지 못하는 기성 정당들에게 불신감을 증폭시킨다(정동준 2020). 정치적 양극화는 동시에 포퓰리즘의 좋은 온상이 된다. 기성 엘리트 정당 간의 격화되는 정쟁에 염증을 느낀 유권자들은 포퓰리즘에 포획되기 쉽다. "부패한 엘리트"와 달리 "선한 국민"들을 대변한다고 나서는 포퓰리즘 정치는 전 세계적으로 확산되고 있다(Mudde 2016). 다원주의를 허용하지 않는 포퓰리즘은 '국민의 뜻'을 내세워 민주주의가 추구해온 핵심적인 실질적 가치를 훼손할 수 있다는 우려도 동시에 제기되고 있다. 인민주권(popular sovereignty)과 다수독재(tyranny of majority)를 명쾌하게 구분하기 힘들다(Mishler and Sheen 1993)는 정치학자들의 오랜 고민은 깊어질 수밖에 없다.

 이런 대의민주주의의 한계를 극복하려는 노력은 크게 두 가지 방향에서 전개되고 있다. 훼손된 대표성을 극복하려는 노력은 직접민주주의의 확대를 도모하는 방향으로 전개되고 있다. 국민투표의 확산은 대표적인 직접민주주의의 확대 노력의 일환이다. 대표성의 확대는 물론 책임성 제고에도 도움이 된다는 것이다(Altman 2017). 또 다른 노력의 하나는 절차적 민주주의의 한계를 극복하기 위해 실질적 민주주의의 확대를 도모하는 것이다. 다수의 지배라는 절차적 민주주의가 과잉 해석되어 포퓰리즘의 위험에 처하는 것을 막기 위한 방안으로 사법심사

(judicial review)가 새롭게 주목되고 있다(Ely 1980; Brettschneider 2005).

국민투표의 확대와 사법심사의 강화는 의회에 대한 불신을 제도 차원에서 극복하려는 노력이라는 점에서 공통점을 갖지만 추구하는 방향은 반대라고 할 수 있다. 국민투표라는 제도는 인민주권을 바탕으로 다수결주의를 극단화하는 방식이다. 반면 사법심사는 법의 지배를 바탕으로 반다수주의적 결정을 허용함으로써 '다수의 독재'가 야기할 수 있는 부작용을 예방하는 방식이다. 국민투표와 사법심사는 민주주의와 법의 지배(rule of law) 간의 긴장 관계를 대표하는 제도라고도 할 수 있다.

선출된 대의기구인 입법부와 행정부가 내린 정치적 결정이 갈등을 해결하지 못했을 때 사법심사가 발동된다. 정치의 영역에서 다수결주의에 패배한 소수파는 수의 논리가 아닌 헌법에 기대어 다수의 결정을 번복하려고 한다. 한국 헌법재판소의 권한 중 위헌법률심판, 권한쟁의심판, 헌법소원심판 등이 이런 시도에 활용된다. 정치적 다수파 역시 다수결 결정으로 획득한 승리를 제도적으로 확정 짓기 위해 헌법재판소를 찾게 된다. 탄핵심판과 정당해산심판이 여기에 해당된다. 정치적 소수나 다수 모두 결과적으로 정치 영역에서 종결짓지 못한 갈등의 최종적 해결을 위해 사법심사를 요청하는 것이다.

사법심사는 정치인들이 '정치의 실패'로 인해 어쩔 수 없이 끌려다니는 소극적 출구전략인 것만은 아니다. 사법심사를 통해 얻을 수 있는 이득이 있기 때문에, 정치인의 입장에서 정치의 사법화는 적극적으로 활용할 수 있는 정치 전략이 된다는 의미이다. 헌법재판소에 최종 권한을 위임함으로써 정치인들이 얻게 되는 이득은 바로 책임 회피 혹은 책임 전가이다(Graber 2006; Hirschl 2004, 2013; 윤정인·김선택 2015). 정치적으로 민감한 사안들을 스스로 책임지기보다 헌법재판소의 권위에 맡김으로써 그 책임에서 면책될 수 있기 때문이다. 대체로 대통령제에서 분점정부와 같이 권력이 분산되어 있는 경우에 사법의 정치적 영향력이 확대되기 쉬운 것으로 이해되고 있다(Tate 1995). 동시에 정치적 교착이 자주 발견되는 양당체제 역시 '사법의 정치화'가 자라나기 좋은 환경이다. 잦은 교착에 따른 정치적 양극화 상황에서 상대 정당을 대하면서 직면하는 곤란한 이슈를 더 붙잡고 있지 않아도 된다. 사법부의 법률적 판단을 요청하면서 떠넘길 수 있기 때문이다. 이 과정에서 정치적 다수결주의에 패배한 소수 정치세력 역시 포퓰리즘 등을 동원해 지지그룹을 규합하게 된다. 이 결과 정치의 영역에서 다루어져야 할 결정들이 법원이나 헌법재판소로 이전되면서 정치의 사법화는 강화되게 된다.

정치의 사법화는 필연적으로 사법의 정치화를 야기한다. 이 점에서 사법의 정치화와 정치의 사법화는 동전의 양면이 된다(Hirshcl 2013). 초대형 정치 사건들이 사법심사의 대상이 되면서 정치의 사법화가 심화되면, 정치 영역의 이해당사자들은 사법부와 헌법재판소에 더 많은 영향력을 행사하려고 시도하게 된다. 그 결과 대법관이나 헌법재판관의 인선이나 개별적인 재판 결과에 정치적인 영향력이 침투하게 된다. 민주주의 국가의 최소 필요조건인 사법부의 독립에 우려가 제기될 수밖에 없다. 정치적 영향력이 커진다는 점만 강조해 사법부 입장에서 반길 일만은 아니라는 의미이다. 선후관계를 따져보면, 정치의 사법화가 사법의 정치화에 앞선다는 점에도 주목할 필요가 있다. 사법심사를 담당하는 헌법재판소는 사회적 갈등의 해결을 위해 선제적으로 나서는 기관이 아니라, 선출된 대의기구가 해결하지 못한 분쟁의 해결을 위해 이들로부터 '초청'되는 것이다. 이 점에서 사법의 정치화의 책임을 헌법재판소에만 돌리는 것은 온당하지 못하다고 할 수 있다.

헌법재판소의 이 같은 수동성은 미국 연방대법원에 대한 성격분석을 다룬 연구에서도 확인된다. 사법적극주의에 대한 우려와 달리, 연방대법원은 의회나 행정부의 변화에 조응하는 역할을 담당했을 뿐, 미국 사회의 변화를 주도하는 권력을 보유한 적도, 그러한 의지를 보인 적도 없었다는 것이다(Rosenberg 2008). 연방 대법원의 주요한 판결들이 미국사회의 변화에 기여했다고 알려져 있으나, 사실상 이러한 변화들은 대통령이나 의회의 주도로 이루어졌고 대법원의 판결은 그 변화를 반영한 것에 불과하다는 것이다. 로젠버그는 이 점에서 미국 사법부를 주도형 사법부(dynamic court)라기보다는 제약형 사법부(constrained court)로 분류한다. 미국연방대법원이 가지고 있는 사법적극주의의 이미지가 과장되었다는 분석들도 있다. 이런 이미지를 낳게 한 연방대법원의 판결들 역시 사법부의 적극적 의지의 반영이라기보다는 대통령이나 의회, 혹은 여론의 도전에 수세적으로 대응한 결과라는 것이다(Clayton 1999).

결국 사법심사는 '정치의 사법화'와 '사법의 정치화'가 교차하는 지점에 놓여있다. 선출된 권력이 아니라는 점에서 상대적으로 민주적 정당성이 부족한 사법부로 권력이 이동되는 것에 대한 우려와 부정적 평가가 이 교차지점에서 등장한다. '정치의 사법화'와 '사법의 정치화'를 부정적으로 인식하는 근저에는 '법관에 의한 지배'(juristocracy)라는 극단적 상황에 대한 우려가 잠재되어 있다. 엘리트 법관들이 헌법에 대한 최종적 유권해석을 남용 및 오용해 초입법자의 역할을 맡게 될 수도 있다는 것이다(Hirschl 2008, 2011; 박종현 2017).

2. 사법심사의 딜레마: 독립성과 정치성

사법부의 독립성은 민주주의의 전제조건이자 사법부의 존재이유이
다. 사법심사를 맡고 있는 헌법재판소도 마찬가지이다. 사법심사권이라
는 권한을 독립적 기구인 헌법재판소에 부여한 제도 디자인의 본질은
정치적 압력으로부터 헌법재판소를 절연시키는 것이다. 미국 연방대법
관들은 선출되지 않고 종신직을 보장받으며 탄핵당한 사례도 드물다.
이들이 요구받는 것은 대법관의 전문성과 양심에 따라 독립적으로 헌
법을 해석하는 것이다. 재선의 압력에 시달리는 의회나 대통령과 달리
다수결 논리에 구속될 이유가 없다. 대법관들이 대중에게 직접적으로
책임질 일이 없다는 것이다. 사법부의 독립적 특성에 대해 규범적으로
이의를 제기할 근거는 없다. 다만 이 논거를 따르자면, 사법부에게 반
다수결주의(counter-majoritarian)를 허용한 미국 민주주의는 태생적으
로 이른바 반다수주의적 난제(counter-majoritarian difficulty)에 시달리
고 있는 것이 된다(Bickel 1986). 선출되지 않았다는 점에서 민주적 정
당성이 취약한 사법부가 민주적으로 선출된 의회나 대통령의 결정을
뒤집을 수 있기 때문이다. 사법부 독립성의 비용이라고 할 수 있다.

사법심사가 처한 현실은 다르다. 사법부의 독립성이라는 당위적 요
청과 달리, 미국 연방대법원과 이와 유사한 역할을 담당하는 민주주의
국가들의 헌법재판소가 현실 정치로부터 완전히 독립적이라고 판단하
는 논의는 드물다. 헌법재판기구가 정치적 영향으로부터 독립된 진공
상태에서 사법적 판단을 내린다고 믿는 것은 일종의 신화라고 할 수
있다. 정치학에서 이 논의를 이끈 연구는 다알(Dahl 1957)이다. 다알은
미국 연방대법원을 순수한 법적 기구로 인식하는 것은 그 역할을 과소
평가한 것일뿐더러 순진한 생각이라고 했다. 대법원은 고결한 역할에

머무르지 않는다는 것이다. 연방대법원은 명분과 달리 반다수주의를 추구하는 사법기구가 아니라 대통령, 의회와 함께 지배연합의 필수불가결한 부분으로 작동하고 있다는 것이 다알의 분석이었다. 다알의 관찰에 따르자면 의회와 백악관의 입법다수가 최근에 제정한 법률을 대법원이 뒤집는 경우는 거의 없다. 그 결과 사법심사의 원래 취지인 소수파의 이익이 사법심사로 보호되는 경우는 드물었다는 것이다. 사법부에게 반다수결주의(counter–majoritarian)를 허용한 미국 민주주의가 이른바 반다수적 난제(counter–majoritarian difficulty)에 시달리고 있다는 진단은 현실과 다르다는 의미이다. 사법심사는 오히려 "다수주의의 어려움"(majoritarian difficulty)에 봉착해있다는 진단도 등장했다(Hall and Ura 2015). 항간의 오해와는 달리 사법심사는 주변화된 정치적 소수세력이 아니라 의회 다수세력의 이해를 증진시켜왔다는 것이다.

이 지점에서 사법심사는 딜레마에 빠진다. 헌법재판소를 포함해 사법부가 반다수결주의에 충실해 다수의 의지에 복속되지 않으면, 민주적 정통성 부족을 근거로 비판받는다. 반대로 사법부가 대중의 선호에 쉽게 반응하면, 대법원은 다수에 저항하는 소수를 보호할 수 없다. 소수보호라는 헌법적 가치와 주권자의 다수 의지를 동시에 충족하기는 힘들기 때문이다. 또 다른 딜레마는 사법부가 정치의 영향으로부터 독립적인 결정을 내렸다고 해도 이 판결이 비정치적인 것은 아니라는 점이다. 사법부의 판결은 사법부의 의도와는 관계없이 실제 정치적 영향력을 행사하기 때문이다.

다음 Ⅲ.에서 사법부가 정치적 영향으로부터 자유롭지 않다는 진단을 전제로 사법의 정치화가 작동하는 메커니즘을 선행연구로부터 확인하고자 한다.

Ⅲ. 선행연구: 사법의 정치화는 어떻게 이루어지는가?

정치의 사법화가 야기할 부정적 효과에 대한 진단과 엘리트 지배체제의 헤게모니를 보존 및 강화시킬 것이라는 우려는 국내 연구에서도 자주 관찰된다(박명림 2005; 박찬표 2006; 오승용 2010). 사법의 독립성 혹은 사법의 정치화에 대한 우려는 많지만, 어떤 조건에서, 어떤 과정으로 사법이 정치화되는 것인지에 대한 국내 이론 및 실증적 논의는 찾아보기 쉽지 않다. 당장 아래와 같은 기초적인 질문에 대한 답도 기존 연구에서 확인하기는 어렵다. 사법적 판단 외에 헌법재판에 영향을 미치는 정치적 요인은 무엇인가? 헌법재판소는 왜 정치적 고려를 해야만 하는가? 헌법재판소는 무엇을, 누구를 의식해서 정치적인 고려를 한다는 것인가? 대통령인가? 집권여당인가? 일반 대중의 여론인가? 언제 어떤 조건에서 이런 정치적 고려가 더, 혹은 덜 발현되는가? 이 절에서는 주로 미국을 배경으로 진행된 관련 연구들을 중심으로 한국 사례에 적용할 수 있는 논의들을 진행하기로 한다.

1. 사법부의 제도적 취약성

사법부가 정치에 영향을 받을 것이라는 진단은 사법부의 제도적 취약성에서 비롯된다. 사법부가 입법부나 행정부에 비해 상대적으로 조직적 역량이 취약한 부처임은 부인하기 힘들다. 일찍이 해밀턴이 사법부를 "가장 덜 위험한 부처"(the least dangerous branch)라고 진단한 것도 같은 맥락이다. 행정부처럼 집행을 담당할 하부 관료조직도, 입법부처럼 정책의 집행을 위한 예산 조달능력도 없기 때문이다. "지갑도 칼도 없는 부처"(having the power of neither purse nor sword)라는 표현이 과장된 것은 아닐 것이다.[2] 그 결과 사법부는 행정부나 입법부의 영향력으로부터 자유롭기가 쉽지 않다. 연방대법원의 구성 자체가 대통령의 지명과 상원의 청문회 및 동의가 전제된다는 점을 고려하면, 독립적인 권한이 법적으로 부여된다고 하더라도 사법부가 대통령이나 의회의 영향력에서 완전히 자유롭기는 쉽지 않을 것이다.

연방대법원이 대통령과 의회의 정치적 선호를 상시적으로 의식해야 하는 이유는 의회가 사법부를 직간접적으로 제재할 수 있는 다양한 권한을 보유하고 있기 때문이다(Rosenberg 2008). 대표적인 것이 사법 관할권 제한(jurisdiction stripping)이다. 1957년 공산주의 관련 보호 법안에 대한 대법원의 일련의 판결들은 의회를 자극해 실제 연방대법원의 관할권을 제한하는 법안이 준비된 적도 있다(이제우 2016). 연방대법원의 권한 범위와 역할을 규정하는 의회의 법원조직법은 대법원 입장에서 잠정적 위협이 될 수 있기 때문이다(Friedman 1997). 예산삭감 역시 대법원에게 의회의 영향력을 확인시켜주는 제재수단이다. 연방법원의 연간 예산안을 제출받아 승인하는 연방의회는 예산삭감이라는 수단을 통해 연방대법원의 독립성에 충분히 영향을 미칠 수 있기 때문이다(Hall et al. 2005) 무엇보다도 이른바 대법원 구성계획(court-packing)도 대법원 입장에서는 의식할 수밖에 없는 의회의 제재수단이다. 뉴딜 정책에 우호적인 대법관의 수를 늘리기 위해 루즈벨트 대통령이 추진했던 사법절차개혁법안(Judicial Procedures Reform Bill of 1937)이 현실화되지는 못했지만 대법원의 조직 측면에서 매우 위협적인 제재수단으로 인식될 수 있다(이제우 2016). 미국 역사상 단 한 차례에 그쳤지만,

---

2 해밀턴이 사법부를 "가장 덜 위험한 부처"라고 강조한 것은 미국 건국 초기 연방법원 설립에 반대했던 제퍼슨의 논의를 의식한 것으로 판단된다. 제퍼슨은 연방법원이 설치될 경우 사법권력이 비대해질 것을 경고했다. 상세한 논의는 차동욱 2006 참조.

탄핵 역시 의회가 동원할 수 있는 제재수단으로 거론된다(Rosenberg 2008). 만약 이 수단들이 동원되어 성공한다면, 대법원은 실질적 권한 이나 정통성 측면에서 많은 비용을 치러야 한다(Epstein et al. 2001). 실 제로 이 제재수단들이 사용되는 경우는 매우 드물다. 의회 역시 이 수 단들을 사용할 경우 치러야 할 비용이 크기 때문이다. 현실화되지 않더 라도, 의회가 대법원을 제재하려는 시도만으로도 대법원의 정통성은 치명적인 손상을 입게 된다(Clark 2009). 따라서 사법심사를 담당하는 연방대법원은 의회나 행정부의 선호에 특별히 민감해질 수밖에 없게 된다(Hall 2014; Lindquist and Solberg 2007).

　의회의 직접적 제재수단보다 대법원에 실질적으로 더 큰 영향력을 행사하는 것은 판결대응입법(Congressional override)이다. 연방대법원이 선고한 판결에 불복하는 수단으로 의회는 이를 견제하는 입법을 추진 할 수 있다. 연방헌법을 해석할 수 있는 최종적 권한은 대법원에게 있 지만, 연방의회의 판결에 반하는 입법이 불가능하지 않기 때문이다. 1967년부터 2011년 사이에 판결대응입법이 총 286차례 이루어졌다는 연구도 있다(이제우 2016). 의회의 판결대응입법을 합리적으로 예상할 수 있기 때문에, 의회는 실제 대법원의 판결에 제약을 가하는 영향력을 발휘한다(Ferejohn and Shipan 1990; Gely and Spiller 1990; Epstein et al. 2001; Meernik and Ignagni 1997). 이 밖에도 제재나 대응입법 등의 공 식적 대응 이외에도, 의회나 행정부가 대법원의 결정을 적극적으로 실 행하지 않고 미루는 것 역시 대법원 입장에서는 곤혹스러운 부분이다. 법원의 결정이 의회나 행정부에서 빈번하게 실행되지 않으면, 시간이 지남에 따라 법원의 제도적 정통성은 취약해질 것이기 때문이다(Hall 2014). 정책의 실행을 담당할 하부 조직과 권한이 대법원에는 없기 때문이다. 의회나 행정부 입장에서도 법원의 결정을 실행하지 않고 무시하는 편이 비용 측면에서는 상대적으로 쉬운 방법이기 때문에, 이 역시 대법원에게는 제도적 취약성으로 작용할 수 있다(Horowitz 1977; Rosenberg 2008).

앞서 살펴본 것처럼 의회나 행정부에 비해 취약한 연방대법원의 제도적 속성으로 인해 재판관들은 대법원의 조직 유지를 의식할 수밖에 없다(Segal et al. 2011). 대법원은 의회나 행정부와 상호작용을 염두에 두고, 의회의 비난을 불러올 수 있는 결정을 피함으로써 조직의 권력과 정통성을 보호할 수 있다. 명목상 사법부의 독립은 이런 대법원의 조직적 취약성으로 인해 정치적 압력에 직면할 수밖에 없게 된다.

2. 사법부는 언제 다수의 결정을 뒤집는가?

사법심사제도는 반다수주의의 난제를 안고 있다고 인식되어 왔지만, 앞서 살펴본 바와 같이 실제로 미국 연방대법원이 입법부나 행정부의 다수결 결정에 위헌 판결을 내리는 경우는 예외적이다. 그렇다면 어떤 조건에서 사법부는 입법부에 대항해 반다수주의 결정을 내리게 되는가? 기존 연구는 크게 두 갈래로 이루어져왔다. 여론의 축소판이라는 점에서 의회의 입법다수를 간접적 지표로 사용하는 연구와 여론의 동향 자체를 직접적으로 다루는 연구로 구분될 수 있다.

1) 의회 입법다수의 지표: 간접적 반응

입법다수(law-making majority)라는 개념은 다알(Dahl 1957)의 연구에서 시작되었다. 이때 입법다수는 여론, 즉 전국적 다수(national majority)의 대체물로 간주된다. 선출직 의원들은 재선을 위해 여론에 민감하게 반응하기 때문에, 입법다수는 여론의 축소판 역할을 할 수 있다고 본 것이다(Norpoth et al. 1994; Giles et al. 2008). 다알은 미국 대법원을 반다수주의적 기관이 아니라 대통령 – 의회와 연계되어 있는 지배연합의 일부분으로 인식했다(Hall and Ura 2015). 그 결과 의회와 대통령의 입법다수가 최근에 제정한 법률을 대법원이 뒤집는 경우는 거의 없다는 것이다. 다알의 관찰에 따르면, 대법원이 반다수주의적 결정을 내리는 조건은 매우 짧게 형성되는 권력 전환기로 제한된다. 후속 연구는 이 시기를 미국 정치에서 선거 재정렬(electoral realignment)이 일어나는 시기로 구체화했다(Funston 1975). 권력변동기인 이 시기에 신규 대법관의 대거 임명으로 대법원 구성원의 변화도 두드러진다는 것이다. 강한 입법다수가 확고하게 건재할 경우 대법원이 위헌 판결을 내릴 확률은 낮고, 입법다수가 약하거나 혹은 사멸했거나 취약할 경우 대법원이 반기를 들 확률은 높아진다는 것이다. 입법다수의 강도 및 내구성이 대법원의 판결에 영향을 미친다는 의미이다. 앞서 살펴봤던 직간접적 제재로 대법원을 보복할 수 있는 강한 입법다수가 의회 내에 건재하다고 판단했을 때에는 대법원이 위험을 감수하지 않는다는 것이다.

　다알은 강한 입법다수의 건재 여부를 파악하기 위해 사법심사 판결 직전 4년 이내에 송부된 사법심사 사례를 관찰대상으로 삼았다. 지나치게 오래전에 입법된 법률들은 그 입법에 참여한 다수가 그대로 유지되지 않았을 것이라는 점을 염두에 둔 것이다. 다알이 설정한 판결 직전 4년 동안의 사법심사 판결은 입법다수의 강도와 내구성을 고려해 설정한 것으로 볼 수 있다. 후속 연구는 법률 통과 시기의 입법다수가 사법심사 판결 당시에도 건재한지를 파악하기 위해 두 시기를 직접적으로 비교하는 방법을 사용하기도 했다(Taylor 1992).

　다알의 주장에 대한 반박도 제기되었다. 대법원이 입법다수에 반대해 판결의 독립성을 행사한 정도를 다알이 과소평가했다는 것이다. 실제 대법원은 다알이 말한 지배적인 입법연합의 정책을 변화시키거나 재해석하려는 의지를 관철시켜왔다는 것이다(Casper 1976; Johnson and Strother 2021). 그럼에도 불구하고 입법다수의 건재 여부에 주목한 다알의 선구적 연구는 사법부에 미치는 정치적 영향력을 탐구하는 후속 연구의 지배적 패러다임을 형성했다고 볼 수 있다.

2) 여론의 동향: 직접적 반응

다알(Dahl 1957)은 대중여론(전국적 다수)의 대체물로 입법다수의 건재 여부를 측정했다. 여론을 중심에 놓고 본다면 다알의 주장은 간접적 반응성과 관련된 것으로 볼 수 있다. 동시에 이런 연구방식은 의회의 제재나 반발 등 사법부에 직접적으로 미치는 영향력을 관찰했다는 점에서 직접적 반응이라고도 할 수 있을 것이다.

여론조사 기법이 발달하면서 대중의 선호가 사법적 판단에 미치는 영향에 대한 본격적 연구가 이어졌다. 대법원의 결정과 전국적 단위의 여론조사를 비교한 연구(Marshall 1989)에 따르면 연방대법원의 판결은 60퍼센트 이상 여론조사 결과와 일치했다. 정책영역에 따라 일치도는 차이가 났지만, 대법원 역시 대체적으로 의회나 대통령처럼 여론에 반응한다는 것이다. 그 후속 연구들도 여론이 대법원에 판결에 미치는 직접적 영향을 실증적으로 검증했다(Epstein and Martin 2010; Casillas et al. 2011; Hall 2014). 반다수결주의가 허용된 대법원마저도 여론의 동향에 민감하게 반응했다는 점은 비켈(Bickel 1986)이 우려했던 미국 민주주의의 '반다수주의 난제'가 더 이상 유효하지 않다는 것으로 해석될 수 있다. 오히려 미국 민주주의가 우려해야 할 것은 '다수주의의 난제'라는 주장도 제기되었다(Hall and Ura 2015).

대법원은 선출기구가 아니다. 대법관들은 종신직을 보장받기 때문에 재임용을 걱정할 필요도 없다. 의회나 대통령과 달리 시민들에게 직접적인 책임성을 요구받지도 않는다. 그럼에도 불구하고 대법원은 왜 여론에 민감하게 반응하는가? 대법원이 여론에 직접적으로 반응한다고 주장하는 연구들은 대법원의 전략적 접근에 주목한다. 앞서 살펴본 바와 같이 대법원은 입법부나 행정부에 비해 조직적 취약성을 가지고 있다. 따라서 대법원은 정통성에 기반을 둔 권위를 유지하는 것만이 조직의 권한을 보존하는 방법이라고 인식하는 것이다(Mishler and Sheehan 1993; Casillas et al. 2011; Hall 2014). 반다수주의가 허용된 대법원이 그 헌법적 기능을 제대로 수행하기 위해서 다수 여론에 민감하게 반응한다는 것은 역설적으로 비칠 수 있다. 입법부나 행정부에 비해 취약한 조직적 능력을 극복하려면 대중의 광범위한 지지가 필요하다. 사법기관에 대한 대중적 지지가 전제되어야만, 대법원 본연의 역할인 정치적 다수에 반하는 반다수주의 결정도 대중에게 수용될 수 있기 때문이다.[3]

3) 사안의 현저성

대법원이 대중의 여론에 반응한다는 공감대는 기존 연구에서 폭넓게 확인된다. 최근 연구들은 사안에 따라 법원이 여론에 반응하는 정도가 다를 것이라는 점에 주목해왔다. 반응성의 정도가 조건적일 수 있다는 의미이다. 이 조건에 대해서는 이론적으로나 경험적으로 다양한 스펙트럼을 보이고 있다. 대법원은 대중적 관심도가 높은 사안에서 여론에 반응하는가, 혹은 그 반대인가? 혹은 단선적인 패턴을 벗어난, 다른 유형의 상관관계가 발생하는가? 사안의 현저성은 대법관들의 판결에 어

---

3 사법기관에 대한 대중적 지지의 유형과 지지의 근원에 대한 상세한 설명은 박종민 (본서 제8장) 참조.

떤 영향을 미치는가?

가장 기본적인 접근은 사안의 대중적 주목도에 비례해 대법관들의 여론 반응성도 높아진다는 주장이다(Bailey and Maltzman 2011). 이 주장은 연방대법원의 제도유지(institution maintenance)를 중요시하는 전략적 접근과 맞닿아 있다. 대법원이 여론의 역풍을 맞아 조직위기에 봉착하지 않으려면 대중이 높은 관심을 가지고 있는 사안들에서 대중이 원하는 것을 제공해야 한다는 것이다. 반대로 대중이 관심을 가지지 않는 낮은 주목도의 사건에서는 대법관이 여론에 제약될 필요가 없다. 이 경우 대법관들은 개인의 소신(attitude)을 따라 판결을 내릴 수 있다.

반대로 대중적 주목도가 낮은 사안에서만 대법원의 여론 반응성이 확인된다는 연구들도 있다(Giles et al. 2008; Casillas et al. 2011). 대법관들은 비록 여론에 역행해 치러야 하는 비용이 있더라도, 본인이 중요하다고 여기는 사안에서는 소신에 기반해 판결을 내린다는 것이다. 이 때 그 효용은 비용을 압도하기 때문이다. 비록 사안의 대중적 주목도가 높더라도 대법관들은 여론보다 본인의 소신을 택할 가능성이 높다는 것이다. 당연히 여론 반응성은 떨어지게 된다. 다만 평소에 주목도가 낮은 사안들에서는 여론의 지지를 축적해둬야 한다. 주목도가 낮은 사안에서 축적된 여론의 지지는 주목도가 높은 사안에서 대법관들이 여론에 우호적이지 않은 판단을 내릴 때 훌륭한 자산이 될 수 있다는 것이다.

앞서 살펴본 두 부류의 연구가 사안의 주목도와 여론의 반응성 사이에 단선적인 관계를 발견했다면, U자형 곡선으로 두 변수 사이의 관계를 파악한 연구도 있다(Collins and Cooper 2016). 사안의 주목도가 아주 낮거나 아주 높을 때에는 대법관들이 여론에 반응하지만, 중간 범위의 주목도에서는 여론 반응도가 낮다는 의미이다. 사안의 주목도가 낮

을 때에는 여론에 역행해서 내린 판결의 효용이 그 비용보다 크지 않
다고 이들은 판단한다. 반대로 사안의 주목도가 높을 때에도 여론 역시
매우 활성화되어 있어 여론에 역행했을 때 치러야 할 비용이 효용보다
크게 된다는 것이다. 따라서 주목도가 아주 낮거나 아주 높을 때에 여
론의 반응성이 높아진다. 중간 범위의 주목도를 가진 사안은 장기적 관
점에서 잠재적 중요성이 높지만 여론의 감시는 떨어진다. 게다가 대중
은 높은 주목도의 사건에 비해 활성화 정도가 낮다. 이때 대법관은 여
론을 덜 의식하고 이념과 같은 본인의 소신에 기반을 두어 판결할 가
능성이 높다는 것이다.

　여론에 반응하는 정도가 조건적이라는 위의 연구들은 대법원의 판결
과 여론 사이의 인과관계를 규명할 이론적, 경험적 단서를 제공해준다.
다만 세 부류의 연구가 각기 다른 경험적 증거를 제시하고 있어서 그
간극을 메울 수 있는 방법론적 진전이 요청된다. 이론적으로 풀어야 할
숙제도 있다. 대중적 주목도가 낮은 사안에서 대법원의 여론 반응성이
확인된다는 주장의 경우, 여론의 지지를 축적할 수 있다는 진단에는 논
리적 세련화가 필요하다. 중요도가 떨어지는 사안에서 대법원은 대중
의 지지를 얻기 위해 법관들의 소신에 따른 정책적 이익을 포기할 수
있다. 다만 대중들도 그 사안에 대한 관심도가 낮기 때문에 법원의 판
결에 관심을 가지지 않을 가능성이 높다. 이 논리를 따르자면, 결국 법
원이 소신을 포기한다고 해도 대중적 지지가 현실화될 가능성은 높지
않다(Johnson and Strother 2021). 덧붙여 조직유지에 초점을 두는 전략
모델의 분석단위는 집합적 법원 조직이지만, 소신 판결에 초점을 두는
태도모델의 분석단위는 개별 법관이라는 점에서 단위비약의 오류를 경
계할 필요가 있다.

3. 사법심사 판결이 여론에 미치는 영향

사법심사를 담당하는 미국 연방대법원은 여론 동향에 제약을 받지만, 동시에 사법심사의 결과 역시 여론에 영향을 미친다. 전통적인 시각에서 가장 영향력이 큰 설명은 긍정적 반응모델 혹은 정당화(legitimacy)모델이다(Dahl 1957). 대법원이 내린 판결에 대중이 긍정적으로 반응해 그 결정을 수용하고 정당화한다는 것이다. 대법원은 법률과 헌법에 대한 궁극적 최종 심판자이기 때문에 이들의 전문성에 대한 대중의 신뢰를 기대할 수 있다는 의미이다. 대법원에 대한 대중의 신뢰가 축적되었을 때 예상할 수 있는 반응이라고 할 수 있다. 또한 대법원의 헌법심판 결정에 따라 법적 정당성을 얻게 된 정책들은 사회적 정당성을 동시에 얻게 되면서 사회의 일상화된 규범으로 자리 잡게 된다(Barnes and Burke 2006).

정당화모델과 정반대 현상은 반발모델(backlash model)이라고 할 수 있다. 대법원의 결정에 승복하지 못하는 그룹들의 적극적인 반발이 나타나는 경우이다. 동성혼을 합헌으로 규정한 미국 대법원의 결정은 대중적 차원에서 동성혼에 대한 지지나 성적 소수자를 수용하는 여론을 저하시킨다는 경험적 연구들이 이 모델을 뒷받침하고 있다(Stoutenborough et al. 2006). 이런 반발모델의 내구성은 약한 것으로 밝혀지고 있다(Ura 2014). 대법원의 판결 이후 이에 승복하지 못하는 여론의 반발이 일시적으로 관찰되나, 시간이 지나면서 대법원의 판결을 수용하는 방향으로 여론의 변화가 나타난다는 점이 근거로 제시되고 있다.

정당화모델에 대한 도전은 반발모델에만 국한되지 않는다. 이른바 양극화모델(polarization model)도 설득력을 얻고 있다. 양극화모델 역시 대법원의 정책적 선택이 대중에게 긍정적인 반응으로 반드시 귀결

되는 것은 아니라는 주장을 편다. 대체로 대법원의 최종 판결은 대중들
에게 정당성 있는 판결로 받아들여지지만, 정치적 맥락에 따라 선택적
으로 수용될 수 있다는 것이다. 미국 정치에서 낙태와 관련된 대법원의
판결에 주목한 연구들은 대법원의 결정이 여론의 양극화를 야기했다고
주장한다(Franklin and Kosaki 1989). 대법원의 결정은 특정 집단 내 여
론의 강도를 증가시키기 때문이다. 대법원의 판결 전에 이 사안에 대해
모호한 태도를 취했던 여론이 대법원 판결 이후 양쪽 입장으로 집결되
었기 때문이다. 실제 1973년 낙태문제에 대한 대법원의 판결(Roe v.
Wade) 이후 낙태에 대한 찬반은 정확히 50 대 50으로 양분되었다
(Johnson and Martin 1998). 여론의 주목을 크게 받지 못했던 낙태문제
는 대법원의 판결과정에서 관련 정보를 증가시켰고, 이 정보에 노출된
유권자들은 모호한 태도를 버리고 특정 입장에 집결함으로써 양극화가
가속화되었다는 것이다(Kim et al. 2013).

마지막으로 무반응모델도 있다. 대법원의 판결이 여론의 변화를 야
기하지 않는 경우이다. 대법원은 의회와 정치적 충돌을 원하지 않기 때
문에, 선거에서 여론의 눈치를 살펴야 하는 의회와 이해관계를 공유할
가능성이 높다는 것이다(Stimson et al. 1995). 이때 대법원의 위헌판결
가능성은 낮아진다. 의회의 결정을 수용하는 대법원의 최종판결은 여
론의 관심을 끌기 힘들기 때문에 다른 모델에 비해 여론의 반응도도
낮다는 것이다(Flores and Barclay 2016). 즉 합의가 이루어진 여론에 따
라 의회의 입법이 이뤄지고 의회와 대법원이 이를 추인하는 효과를 가
지기 때문에, 추가적인 여론의 변화를 기대하기 힘들다는 것이다. 이
점에서 무반응모델이 합의모델(consensus model)로 불리기도 한다.

미국 사례로 패널데이터를 통해 이상의 네 가지 모델을 경험적으로

검증한 최근의 연구(Flores and Barclay 2016)는 합의모델과 정당화모델이 가장 설명력이 높고, 반발모델과 양극화모델은 상대적으로 적용가능성이 낮다는 점을 밝히고 있다. 다만 본 장의 사례는 미국이라는 연구범위와 동성결혼 문제라는 주제에 국한되어 있기 때문에 일반화에는 주의가 필요할 것으로 보인다.

Ⅳ. 한국 헌법재판소의 초대형 정치적 사건 처리

Ⅲ.의 이론적 논의를 바탕으로 Ⅳ.는 2000년대 이후 한국 헌법재판소가 헌법재판을 통해 초대형 정치적 사건을 다룰 때 고려했을 것으로 추론되는 정치적 환경을 분석한다.

1. 분석의 틀

분석의 틀은 입법다수의 유지 여부와 여론의 반응에 초점을 맞춘다. 헌법재판의 대상이 된 정치적 사안을 결정한 국회 또는 행정부가 헌법재판 판결에 정치적 영향력을 행사할 수 있을 만큼 다수의 지위를 유지하고 있는지 여부가 첫 번째 관심사이다. 만약 헌법재판소에 보복을 가할 수 있을 만큼 의회나 행정부의 정치적 영향력이 여전히 크다면, 의회나 행정부의 결정을 위헌으로 판결하려고 했을 때 헌법재판소가 느낄 정치적 부담은 그만큼 클 수밖에 없다. 반대로 의회나 행정부가 그 사안에 대해 결정을 내렸을 당시보다 정치적 영향력이 축소되었다면 헌법재판소의 정치적 부담 역시 그만큼 감소되었을 것으로 추론할 수 있다. 헌법재판의 대상이 된 정치적 결정들은 의회 다수세력에 의해 내려졌기 때문에, 이 연구는 다알(Dahl 1957)의 입법다수(law-making

majority) 개념을 바탕으로 법률 통과 시기의 입법다수가 사법심사 판
결 당시에도 건재한지를 파악한 테일러(Taylor 1992)의 분석방법을 준
용한다.

　다음은 여론의 반응이다. 국회나 행정부는 선거를 고려해 대체로 여
론의 동향을 반영한 결정을 내렸을 것이다. 경우에 따라서는 여론과 동
떨어진 결정을 내릴 가능성도 배제할 수는 없다. 이 글에서 더 중요한
것은 헌법재판소 판결 직전의 여론 동향이다. 국회나 행정부의 결정이
내려졌을 당시의 여론이 계속 유지될 수도 있지만, 결정 이후 여론이
변동했을 가능성도 고려해야 한다. 이 글의 관심은 국회 다수파의 결정
이 내려졌을 당시의 여론과 헌법재판소 판결 시기까지 여론이 변화했
을 가능성을 포함한다.

　입법다수의 유지여부와 여론의 우호적 반응 여부가 교차하는 지점에
서 헌법재판소가 고려하는 정치적 환경이 형성된다. 아래 <그림
5-1>은 이 장의 기본 분석틀을 제시한다.

그림 5-1 헌법재판소의 정치적 환경

		입법다수	
		약화	유지
여론	우호	A 합헌 또는 위헌	B 합헌
	비우호	C 위헌	D 합헌 또는 위헌

입법다수가 그대로 유지되고 여론 또한 입법부의 결정에 우호적일 경우 헌법재판소는 합헌 판결에 정치적 부담을 덜 수 있다(B). 반대로 입법다수가 정치적 환경 변화로 인해 소멸했거나 약화되었고, 여론 역시 국회의 결정에 부정적일 경우 헌법재판소는 위헌 판결에 정치적 부담이 줄어든다(C). 이 두 조합에서 헌법재판소의 정치적 고려는 비교적 간단하다. 문제는 A나 D의 조합이다. 입법다수는 그대로 유지되고 있어 여전히 정치적 영향력을 행사할 수 있지만, 여론은 국회나 행정부의 결정에 비판적일 경우(D) 헌법재판소의 정치적 계산은 복잡해질 수밖에 없다. 반대의 경우도 마찬가지이다. 정치적 결정을 내린 입법다수는 약화되거나 무력해졌지만, 이들이 내린 결정이 여론의 지지를 받고 있을 경우에도(A), 헌법재판소는 고민할 수밖에 없다. 실제로 Ⅲ.에서 살펴본 기존 연구들은 A나 D의 경우에 대한 고민이 반영되어 있지 않다. 의회의 결정은 당연히 여론의 동향을 반영했을 것이라는 전제에서 벗어나지 않았기 때문이다. 다알 역시 입법다수를 전국적 여론의 축소판으로 인식했기 때문에(Dahl 1957), 입법다수의 결정이 여론과 상이할 수 있다는 가능성을 배제하고 있다. 대표성과 책임성이 취약한 신생민주국가에서 충분히 예상할 수 있는 A와 D 상황을 본 장은 포괄하고자 한다.

이 장의 두 번째 관심사는 헌법재판 판결이 여론에 미치는 영향력이다. 앞서 살펴본 바와 같이 정치의 사법화는 정치영역의 갈등이 해당 영역에서 해결되지 못하고 사법의 영역으로 이전된 것이다. 정치적 양극화는 정치의 사법화를 부추긴다. 정치적 경쟁과정에서 다수세력에게 패한 소수세력은 헌법재판소의 판결에 기대를 걸게 된다. 이때 헌법재판소의 최종 판결이 이 정치적 갈등을 완화시킬 수 있을지 여부는 정치적 안정성 측면에서 중요한 의미를 가진다. 아쉽게도 국내 연구는 이 주제에 관심을 기울이지 못했다. 본 장은 Ⅲ.에서 살펴본 정당화모델, 반발모델, 양극화모델, 그리고 무반응(합의)모델을 한국 상황에 적용해 헌법재판소의 판결이 여론에 미친 영향력을 규명해보고자 한다.

2. 사례선택

본 장은 2000년대 이후 헌법재판소가 관여한 초대형 정치사건 (Mega-politics) 4건을 연구대상으로 삼았다. 최근 사례부터 열거하자면, 2017년 박근혜 대통령 탄핵 인용, 2014년 통합진보당 해산 명령, 2004년 신행정수도 이전 특별법 위헌 판결, 그리고 2004년 노무현 대통령 탄핵 기각 사건이 이에 해당한다. 헌법재판소는 이상 4건의 초대형 정치사건 중, 두 건은 의회와 행정부의 결정을 수용했고 나머지 두 건은 의회의 결정을 뒤집었다.

1988년 9월 1일 헌법재판소 개소 이후 접수된 누적 사건 수는 2022년 3월 현재 4만 5천여 건에 달하고, 2021년 한 해에도 2,827건이 접수되어 2,621건이 처리되었다. 총 접수된 4만 5천여 건 중 헌법재판청구가 받아들여진 위헌성 결정도 1,885건에 이른다.4 이 사례 중 해당 사건에 관한 여론의 동향을 확인할 수 있는 사례수는 제한적이다. 본 장의 목적에 맞게끔 해당 결정이 국회나 행정부에서 결정될 때 여론의 동향과 헌법재판소의 판결 전후의 여론 추이를 확인할 수 있는 사건은 총 4건에 불과하다. 헌법재판의 중요 사안들은 언론보도를 통해 알려지지만, 여론조사를 통해 여론 추이를 확인할 수 있는 사례는 제한적일 수밖에 없다.

---

4 헌법재판소 웹사이트 https://www.ccourt.go.kr/site/kor/stats/selectEventGeneralStats.do

본 장이 분석하고자 하는 초대형 정치사건은 이 조건을 충족한다. 사례로 선택한 4건의 정치적 사건은 국회나 행정부의 결정 전후부터 논쟁적인 사안이었다. 그만큼 사안의 중요성이 컸기 때문에, 전 국민적 관심사가 되었고 언론보도는 물론 관련 여론조사도 헌법재판소로 넘어가기 전부터 실시되었다. 사안이 논쟁적인만큼 헌법재판소의 결정 역시 전국민적 관심사였다. 1988년 개소 이래 헌법재판이 TV로 생중계된 사건은 총 5건인데, 이 중 4건이 본 장의 분석대상이다. 여론조사 대상의 시계열적 인식 변화를 확인할 수 있는 패널조사는 존재하지 않지만, 국회나 행정부의 결정 전후, 그리고 헌법재판 판결 전후의 집합적 여론동향을 간접적으로 비교할 수는 있다.

4건의 연구사례는 분석 목적에 맞게 입법다수의 변동과 여론 변화의 조합으로 헌법재판소가 직면한 정치적 환경을 유형화할 수 있다는 특징을 가지고 있다(상세 내용은 [부록] 참조).

3. 분석

<그림 5-2>는 이 장에서 다루는 4건의 초대형 정치적 사건들이 국회(통합진보당 해산의 경우 행정부)에서 의결될 당시의 정치적 환경을 표현하고 있다. 그림의 가로축은 해당 사건이 의회에서 통과될 때 입법다수의 위치를 나타낸다. 의회에서 다수결로 결정된 사안들이기 때문에 기본적으로 A나 C의 영역이 아니라 B와 D의 영역에 표시된다. 그림의 세로축은 해당 사건이 의회에서 통과되기 직전, 의회 결정에 대한 찬성여론을 표시하고 있다.

박근혜 대통령 탄핵 소추는 2016년 12월 9일, 재적의원 300명 중 234명의 의원이 찬성했기 때문에 약 78.2%의 찬성률로 표시된다. 국회

의 대통령 탄핵소추 직전에 조사된 탄핵 찬성 여론은 75% 내외였기 때문에(연합뉴스 2016/12/1), B 영역에서도 비교적 우상단에 위치하게 된다. 통합진보당 해산은 2013년 11월 5일 법무부가 상정한 '위헌정당 해산심판 청구의 건'을 국무회의에서 의결한 사건이다. 규정상 국회가 아니라 국무회의에서 심의 및 의결한 사건이지만, 야당의 반대에도 불구하고 정부와 여당이 추진한 사안이므로 당시 여당이었던 새누리당의 의석비율(50.1%)을 표시했다. 정부와 여당이 추진한 통합진보당 해산사건에 대한 찬성여론은 66%대를 기록했다(문화일보 2013/9/16).

그림 5-2 초대형 정치사건의 입법 당시 정치적 환경

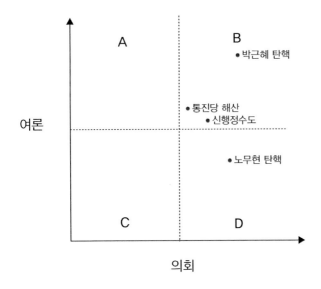

신행정수도 특별법은 2003년 12월 29일에 여야 합의로 재적의원 271명 중 167명의 의원이 찬성해서 통과된 법안이다. 입법다수는 61.6%에 해당한다. 특별법 제정 당시 찬성여론은 57%내외였다(한겨레 2003/2/26). 노무현 대통령 탄핵소추는 여소야대 상황이었던 2004년 3월 12일에 야당 공동으로 추진한 대통령 탄핵소추안이다. 당시 재적의원 271명 중 193명(71.2%)이 찬성했다. 소추 당시의 탄핵 찬성 여론은 31% 내외를 기록했다(한겨레 2004/3/10). 나머지 3건의 경우 국회 의결 당시에 찬성 여론이 과반을 넘어 B영역에 표시되었으나, 이 사안에 대한 찬성 여론은 절반에 미치지 못해 D영역에 표시되었다.

그림 5-3 헌법재판소 판결 직전까지 변화한 정치상황

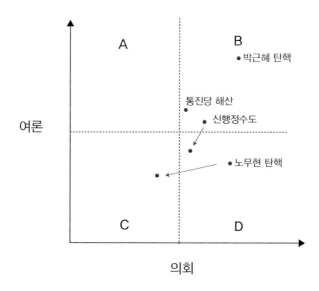

<그림 5-2>가 국회 입법 당시의 정치적 상황을 표현하고 있다면, <그림 5-3>은 헌법재판소 판결 직전까지 변화한 정치 상황을 표현하고 있다. 박근혜 대통령 탄핵 사건과 통합진보당 해산 사건의 경우 정치 상황의 변화가 거의 나타나지 않았지만, 행정수도 이전 사건과 노무현 대통령 탄핵사건은 뚜렷한 변화가 나타났다. 아래에서는 이 사안들을 주도했던 입법다수의 성격변화 여부와 여론의 추이를 중심으로 개별 사건 별로 변화한 정치 상황을 살펴보기로 한다.

2016년 12월 9일 야당이 주도하고 여당 소속의 상당수 의원들이 동참한 박근혜 대통령 탄핵소추는 헌법재판소의 최종 판결이 내려진 2017년 3월 10일까지 약 3개월 동안 정치 환경에 큰 변화가 나타나지 않았다. "친박"으로 분류되던 소수세력을 제외하고 여야 모두 대통령 탄핵소추에 적극적이었다. 탄핵소추를 추진한 국회 내 입법다수는 건재했고, 전국적인 대규모 촛불시위에서 확인되듯이 대통령 탄핵에 찬성하는 여론은 80%대에 육박할 정도로 압도적이었다(서울경제 2017/3/9). 입법다수가 유지되고 이들의 결정에 찬성하는 여론이 높을 경우, <그림 5-1>의 B 영역으로 표시되듯이 헌법재판소는 합헌 판결에 정치적 부담이 크지 않다. 실제 2017년 3월 10일 헌법재판소는 판결에 참여한 8명의 헌법재판관 전원일치로 탄핵소추를 인용했다.

통합진보당 해산사건은 야당의 반대에도 불구하고 정부와 여당 단독으로 추진된 사안이었다. 당시 여당이었던 새누리당은 국회 재적의원 300명 중 152명을 차지해 과반을 겨우 넘긴 상황이었다. 입법다수의 비율만 고려한다면, 통합진보당 해산사건을 주도한 새누리당의 의석점유율(50.2%)은 박근혜 대통령 탄핵소추를 주도한 원내 여야 공동세력의 의석점유율(78.0%)에 미치지 못한다. 다만 여론조사상 확인되는 당시 새누리당의 지지도는 제1야당이었던 민주당 지지율을 두 배 이상 압도했고, 박근혜 대통령의 국정지지율도 60% 중반대였다. 게다가 통합진보당 해산에 대한 찬성 여론도 60% 내외를 유지하고 있었다(머니투데이 2014/11/28). 이 사건 역시 <그림 5-1>의 유형에 따르자면 B 영역에 표시될 수 있다. 다시 말해 헌법재판소의 입장에서는 합헌 판결에 정치적 부담이 크지 않은 상황이라고 할 수 있다. 실제로 헌법재판소는 2014년 12월 19일에 헌법재판관 9명 중 8명이 통합진보당 해산 심판 청구를 인용했다.

박근혜 대통령 탄핵사건과 통합진보당 해산사건은 <그림 5-3>에서 확인되듯이 국회나 행정부 결정 당시의 정치 상황이 헌법재판소 판결 직전까지 큰 변화 없이 유지된 경우이다. 반대로 행정수도 이전과 노무현 대통령 탄핵사건의 경우 국회 결정 당시의 정치적 환경이 헌법재판소 판결 때까지 유지되지 못하고 큰 변동을 겪게 된다. 이 변화를 이끈 것은 2004년 4월 15일에 실시된 제17대 국회의원 선거였다. 선거는 행정수도 이전 관련 입법의 국회 통과(2003년 12월 29일), 그리고 노무현 대통령 탄핵소추(2004년 3월 12일)와 각각의 헌법재판소 판결(2004년 10월 21일, 2004년 5월 14일) 사이에 실시되었다.

노무현 대통령 탄핵소추는 야당연합이 추진한 사건이었다. 새천년민주당과 한나라당은 소수여당인 열린우리당의 강력 반대에도 불구하고 탄핵소추를 강행했다. 그 결과 재적의원 271명 중 193명이 탄핵소추에 찬성했다. 잘 알려진 대로 노무현 대통령에 대한 국회의 탄핵소추는 여론의 역풍에 직면했다. 탄핵소추에 반대하는 촛불집회가 전국적으로 확산됐다. 탄핵소추 직전에도 찬성 여론은 30%대로 낮았지만, 탄핵소추 이후에는 찬성 여론이 20%대로 낮아졌다(동아일보 2004/4/1).

　제17대 국회의원 선거는 노무현 대통령의 탄핵소추를 주도했던 입법
다수를 변화시켰다. 탄핵을 주도했던 한나라당과 새천년민주당은 선거
에서 완패했다. 원내 제1당이었던 한나라당은 121석에 그쳐 제2당으로
전락했고, 새천년민주당도 9석에 그쳐 원내교섭단체를 구성할 수도 없
게 되었다. 탄핵소추 당시 의석 비율 71.2%는 44.0%로 급격하게 축소
되었다. 반면 소수 여당이었던 열린우리당은 재적의원 299석 중 총
152석을 차지해 단독 과반을 확보했다. 헌법재판소 입장에서 이러한
정치 환경의 변화는 탄핵심판에 대한 정치적 부담을 급감시켰을 것으
로 해석할 수 있다. 탄핵심판을 주도했던 입법다수는 국회의원 선거 결
과 정치적 영향력을 상실했고, 다수 여론 역시 탄핵에 반대했기 때문이
다. 그 결과 2004년 5월 14일에 헌법재판관 6인 이상의 찬성으로 탄핵
심판 청구를 기각했다.

　행정수도 이전 문제는 이상의 3건 사건보다 훨씬 동적인 양상을 띠
고 있다. 행정수도 이전은 2002년 대통령 선거 당시 노무현 후보의 핵
심 공약이었고, 노무현 대통령은 취임 이후 본격적으로 행정수도 이전
을 추진했다. 노대통령은 정부를 제출자로 해서 2003년 10월 21일에
'신행정수도의건설을위한특별조치법안'을 발의했다. 이 법안은 재적의
원 271명 중 194명이 출석한 제244회 임시회에서 여야 합의에 의해
167명의 찬성으로 가결되었다.[5] 여론 역시 57% 내외의 찬성률을 보여
행정수도 이전에 우호적이었다(한겨레 2003년 2월 26일). 다만 조사된 여
론의 80.4%가 국민투표 절차를 거치는 것이 바람직하다는 의견을 나
타냈다.

　이 법안의 입법다수는 법안 통과 이후 급격한 변화를 겪게 된다. 앞

---

5 한나라당이 이 법안 통과에 합의했지만, "진정한 의미에서 합의를 한 것은 아니었
　다."는 분석은 차동욱(2006) 참조

서 언급한 바와 같이 법안 통과 이후 치러진 제17대 국회의원 선거에서 여당인 열린우리당이 전체 299석 중 152석을 얻어 단독과반을 확보했다. 행정수도 이전에 합의했던 당시 제1야당이자 원내 제1당이었던 한나라당은 노무현 대통령 탄핵소추 후폭풍으로 121석을 확보하는 데 그쳤다. 충청권을 의식해 행정수도 이전에 반대하기 곤란했던 한나라당은 17대 국회에서 참패한 이후 입장을 변경했다. 수도 이전 반대에 대한 여론이 높아지자, 2004년 6월 21일 당시 한나라당 박근혜 대표는 이 법안 통과에 합의해준 것에 대해 사과했고 한나라당은 9월 22일에 반대당론을 확정했다. 이로써 여야 합의로 통과된 행정수도 이전 특별법의 입법다수는 외형상 붕괴되고 말았다.

행정수도 이전과 관련된 입법다수가 이로 인해 실제로 붕괴된 것인지에 대한 평가는 갈릴 수 있다. 여야 합의로 통과된 법안이 총선 이후 파기되었고, 법안에 찬성했던 의석비율 역시 축소되었기 때문에 입법다수가 약화된 것이라는 분석이 가능하다.[6] 반대의 해석도 가능하다. 비록 여야합의는 붕괴되었지만, 입법다수의 성격은 더 강해진 것으로도 해석할 수 있기 때문이다. 2003년 당시의 여야합의는 비교적 느슨한 성격의 합의였기 때문이다. 한나라당은 노무현 대통령의 공약이었던 행정수도 이전을 적극적으로 지지하기 힘들었지만, 충청권의 눈치를 보지 않을 수도 없었다. 그 결과 소극적인 태도로 이 법안에 협조했다고 볼 수 있다. 비록 한나라당이 당론으로 행정수도 이전에 반대 입장을 취해 기존의 입법다수에서 퇴각했지만, 여당인 열린우리당이 단독으로 국회의석 과반수를 확보함으로써 입법다수의 성격은 더 강해졌다고 볼 수 있다. 게다가 당시는 17대 국회의 임기 초반이라는 점, 그

---

6 다알(Dahl 1957)이 언급한 바 있는 과도기적(transient) 입법다수라는 평가는 전정현(2012) 참조.

리고 대통령과 여당의 행정수도 이전에 대한 확고한 의지도 이러한 평
가의 근거가 된다. 문제는 여론의 변화다. 행정수도 이전에 대한 찬성
여론이 급감했기 때문이다. 2003년 60%대에 육박하던 찬성 여론은
2004년 들어 40%대로 낮아졌다(경향신문 2004/7/19). 게다가 다수 여론
은 행정수도 이전을 결정하기 위한 국민투표 실시가 바람직하다는 것
이었다.

　헌법재판소는 2004년 10월 21일에 행정수도 이전 특별법을 위헌으
로 판결했다. 총 9명의 헌법재판관 중 8명이 위헌으로 판결했고, 1명이
소수의견을 제출했다. 비록 2013년 12월 당시에 형성된 입법다수는 외
형상 붕괴했지만, 열린우리당의 단독 과반 확보로 입법다수는 그대로
유지된 상태였다. 대통령과 여당의 의지도 확고했다. 다만 행정수도 이
전 법안에 대한 찬성 여론은 급감했고, 국민투표 실시를 요구하는 여론
이 다수가 되었다. 결국 헌법재판소는 여론의 동향과 일치하는 판결을
내렸다. 위헌의 근거로 제시되었던 관습헌법 규범은 많이 알려진 바와
같이 논란의 대상이 되었다. 관습헌법에 따른 헌법재판소의 법리구성
이 타당했는지 여부는 본 장의 범위를 넘어선다. 다만 헌법재판소는 국
민투표 실시를 요구하는 다수 여론에 반응해야 할 필요성이 있었을 것
이고, 국민투표 요건에 부합하는 근거를 찾는 과정에서 관습헌법이라
는 무리한 법리구성이 제시되었을 것으로 추론할 수 있다.

　이상의 분석을 종합하자면 다음 <그림 5-4>와 같다. 입법다수가
그대로 유지되고 여론 역시 입법부의 결정을 지지할 때, 헌법재판소는
합헌을 결정했다(A 영역). 박근혜 대통령 탄핵소추와 통합진보당 해산
심판청구 건이 이에 해당한다. 반대로 입법다수가 붕괴되고 여론도 입
법부의 결정을 지지하지 않을 때 헌법재판소는 위헌을 결정했다(D 영

역). 노무현 대통령 탄핵소추가 이에 해당한다. 헌법재판소가 법률적 판단 외에 정치적 고려를 했다면, 이상의 3건은 비교적 정치적 부담이 작은 선택이었을 것이다. 문제는 입법다수가 그대로 유지되고 있지만 여론이 이 결정을 지지하지 않을 경우였다(B 영역). 행정수도 이전 건이 여기에 해당한다. 헌법재판소는 대통령과 다수여당의 의사에 반하여 여론의 동향과 일치하는 위헌을 판결했다. 헌법재판소가 정치적으로 전략적인 선택을 했다면, 비교적 정치적 부담이 큰 선택으로 추론할 수 있다. <그림 5-4>의 C 영역은 분석대상에서 발견되지 않았다.

그림 5-4 헌법재판소가 직면한 정치적 환경과 선택

		입법다수	
		약화	유지
여론	우호	A	B(합헌) · 박근혜 탄핵 · 통합진보당 해산
	비우호	C(위헌) · 노무현 탁핵	D(위헌) · 신행정수도

마지막으로 헌법재판의 결과가 여론에 미치는 영향은 다음 <그림 5-5>에 요약되어 있다. Ⅲ.에서 살펴본 대로, 헌법재판의 결과는 여론의 순응을 이끌기도 하고(정당화 모델), 여론의 역풍에 직면하기도 하며(반발모델), 여론을 찬반 양쪽 입장에 집결시킬 수도 있다(양극화 모델). 경우에 따라서는 여론에 별 영향을 미치지 않을 수도 있다(무반응 모델).

그림 5-5 헌법재판소 결정 수용 여론 추이

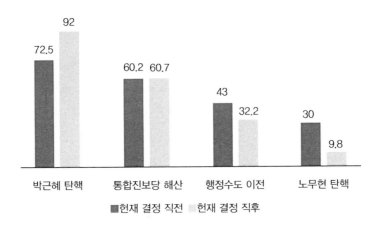

박근혜 대통령 탄핵심판의 경우, 헌법재판소 탄핵 인용 판결 이후에 찬성비율이 판결 이전보다 약 15%p 늘어나 92%에 달했다(MBN 2017/3/10). 대체로 헌법재판소 판결을 수용하는 것으로 해석할 수 있다. 통합진보당 해산심판은 헌법재판소 판결 직전과 직후에 찬성 여론이 60%대를 유지해 큰 차이가 없었다(연합뉴스TV 2014/12/21). 최소한 헌법재판소 해산심판 결정에 반발하는 양상으로 나타나지는 않은 것으로 판단된다. 행정수도 이전에 대한 찬성 여론은 헌법재판소 위헌 판결 이후에 찬성 비율이 10%p 이상 낮아져(경향신문 2004/10/21), 대체로 헌법재판소의 결정을 수용하는 양상으로 해석된다. 노무현 대통령 탄핵심판의 경우, 탄핵에 찬성했던 비율이 헌법재판소에 의해 기각된 이후 약 20%p 정도 낮아져(한겨레 2004/5/14), 역시 탄핵 기각 결정을 수용하는 양상으로 나타났다.

요약하자면, 통합진보당 해산심판 결정을 제외하고 나머지 3건에 대한 헌법재판소의 판결에 대해 여론은 긍정적으로 반응한 것으로 볼 수 있다. 앞서 분류한 유형 중 정당화모델에 부합한다고 할 수 있다. 통합 진보당 해산심판의 경우 판결 이전과 이후에 찬성 여론에 큰 차이가 없어서 무반응모델로 분류할 수 있다. 결국 분석 대상에 포함된 4건의 초대형 정치적 사건은 정치적으로 휘발성이 높은 사안들이었지만, 대체적으로 헌법재판소의 결정이 수용되고 있음을 확인할 수 있었다. 선행연구에서 살펴본 바와 같이 미국 대법원의 사법심사 판결 이후 나타났던 반발모델과 양극화모델이 이 장의 분석대상에서는 확인되지 않았다.

V. 토론 및 결론

본 장은 두 가지 연구목표를 제시한 바 있다. 우선 헌법재판소가 법리적 해석 이외에 정치적이고 전략적 고려를 했다면, 그 대상은 누구 혹은 무엇인가 하는 점을 검토하고자 했다. 다른 하나는 초대형 정치사건과 관련된 헌법재판소 판결의 영향력을 고찰하는 것이다. 정치적 갈등의 최종 심판으로서 헌법재판이 이 갈등을 완화시키는가, 혹은 증폭시키는가 하는 점을 분석했다.

본 장이 확인한 주요발견은 다음과 같다. 첫째, 입법다수가 그대로 유지되고 여론도 입법부의 결정을 지지할 때, 헌법재판소는 합헌을 결정했다. 박근혜 대통령 탄핵심판 인용과 통합진보당 해산심판 인용이 이에 해당한다. 반대로 입법다수가 붕괴되고 여론도 입법부의 결정에 반기를 든 경우, 헌법재판소는 위헌을 결정했다. 노무현 대통령 탄핵심판 기각이 이에 해당한다. 둘째, 입법다수가 유지되고 있지만 여론의 지지를 받지 못할 때 헌법재판소는 입법다수보다 여론의 선택에 힘을

싣는 위헌판결을 내렸다. 행정수도 이전 특별법에 대한 위헌 판결이 여기에 해당한다. 셋째, 헌법재판소의 최종 판결은 초대형 정치사건처럼 민감한 주제인 경우에도 여론에 의해 대체로 수용되어 왔다.

다알(Dahl 1957) 이후 미국을 대상으로 한 선행연구들이 입법다수(law-making majority)와 여론이 일치할 것이라는 전제에 바탕을 두었다면, 본 장은 그 전제에 의문을 제기했다. 국회와 대통령은 제도적 속성상 여론에 부응하는 결정을 내렸을 것이라는 전제가 모든 국가에서 반드시 통용되지는 않는다. 입법부나 행정부가 여론을 제대로 대표하지 못하는 결정을 내렸을 수도 있다. 노무현 대통령 탄핵사건이 여기에 해당한다. 반대로 입법 당시에는 여론을 제대로 반영했지만 변화하는 유권자의 선호와 괴리가 생길 수도 있다. 행정수도 이전 특별법이 대표적인 사례이다. 이런 문제의식으로 본 장은 국회 입법다수의 유지여부와 입법다수의 결정에 대한 여론의 지지여부를 두 축으로 놓고 각각의 조합에 해당하는 초대형 정치적 사건의 성격변화와 이에 대한 헌법재판소의 대응을 고찰했다는 점에서 의의를 갖는다.

본 장은 초대형 정치사건에 관한 헌법재판소의 판결이 대체로 여론과 일치했음을 확인했다. "살아있는 권력"인 대통령과 국회 입법다수의 결정이 여론과 달랐을 경우에도 헌법재판소는 대통령이나 국회가 아니라 다수 여론의 동향에 부응하는 판결을 내렸다. 사법의 정치화를 우려할 때 자주 등장하는 "권력의 시녀"는 최소한 본 장의 분석 범위에서는 발견되지 않았다. 오히려 대의기구인 국회가 여론을 제대로 대표하지 못한 결정을 내렸을 때, 이를 헌법재판소가 교정했다고도 볼 수 있다. 따라서 정치의 사법화로 야기된 사법의 정치화를 반드시 민주주의의 위기로 보기 힘든 측면도 있다. 헌법재판소의 '정치적' 결정이 결과적으로 국회나 행정부의 대의기능 약화를 보완했다는 평가도 가능하기 때문이다.

헌법재판소의 이러한 대의기능 보완 역할은 "의도하지 않은 결과(unintended consequences)"일 가능성이 크다. 헌법재판소는 권력견제의 기능을 가지고 있지만, 그 근거와 수단은 헌법의 해석일 뿐이다. 헌법재판소에게 "반다수결" 결정 권한을 부여한 제도 디자인의 목적은 여론을 포함한 다수의 정치적 압력으로부터 헌법재판소를 절연하려는 것이었다. 선출된 권력의 결정을 선출되지 않은 권력이 견제하도록 허용한 것은 바로 이 때문이다. 헌법재판소가 정치의 영역에서 다루어져야 할 반응성(responsiveness)을 기준으로 여론을 의식한 판결을 내렸다고 가정해보자. 이때 국회의 결정에 반하는 헌법재판소의 "반다수적" 결정은 제도 디자인의 취지에 부합한다고 할 수 있을까? 이 점에서 초대형 정치사건을 다룬 한국 헌법재판소의 판결에서 우리가 우려해야 할 것은 "반다수결주의적 난제"(counter－majoritarian difficulty, Bickel 1986)가 아니라 "다수결주의적 난제"(majoritarian difficulty, Hall and Ura 2015)일 수 있다.

이 지점에서 헌법재판소 딜레마에 빠진다. 헌법재판소를 포함해 사법부가 반다수결주의에 충실해 다수의 의지에 복속되지 않으면, 민주적 정통성 부족을 근거로 비판받는다. 절차적 민주주의에 그치지 않고 실질적 민주주의를 수호하려는 헌법재판소의 의지는 "민주적 통제"의 구호에 제압당하기 쉽다. 반대로 사법부가 대중의 선호에 쉽게 반응하면, 대법원은 다수에 저항하는 소수를 보호할 수 없다. 소수보호라는 헌법적 가치와 주권자의 다수 의지를 동시에 충족하기는 힘들기 때문이다. 사법부는 "둘 중 하나의 총알을 입으로 물어야"(Johnson and

Strother 2021)하는 선택을 피할 수가 없다. 본 장의 분석결과는 헌법재판소가 헌법적 가치 대신 다수 의지라는 '총알'을 입에 물었을 가능성이 크다고 진단한다. 사법부가 정치적 영향으로부터 자유롭지 않았다는 것이다.

헌법재판소에 대한 유권자들의 신뢰는 들쑥날쑥해 보인다. 정기적으로 장기적 경향을 파악할 수 있는 장기 시계열 자료도 발견하기 어렵다. 2000년대에 국가기관 신뢰도 조사에서 자주 1위를 차지했던 헌법재판소는 결정적으로 여론이 갈리는 정치적 사건을 다루게 되었을 때 곤란에 처할 상황도 예상할 수 있다. 다른 국가기구에 비해 현재 신뢰도가 높지만, 낙관적으로만 예상하기 힘들다(박종민, 본서 제8장). 다행스러운 것은 본 장이 밝히고 있듯이, 초대형 정치사건 관련 헌법재판소 판결 직전과 직후의 여론조사 결과는 헌법재판소 판결에 대체로 승복하는 양상으로 나타났다. 자신의 선호에 반하는 헌법재판소 결정에도 불구하고, 판결 직후에는 그 결정을 수용하고 승복하는 여론이 관찰되고 있다. 판결 이후 포퓰리즘에 기반을 둔 정치적 선동이 더 횡행하는 것은 적과 아로 구분해 지지 세력을 결집해야 하는 정치엘리트들의 포퓰리즘적 반응일 가능성이 크다. 이러한 정치적 동원 시도는 계속되겠지만, 이 장에서 확인한 바와 같이 여론이 헌법재판소의 결정을 거부하는 양상은 발견되지 않았다.

도전요인도 만만치 않다. 선출된 권력의 결정을 선출되지 않은 권력이 견제하는 것을 "민주적 통제의 부재"로 이해하고 불온시하는 시각은 우리 사회에 여전하다. 법원이나 헌법재판소가 선출된 권력이 아니라는 이유로 선출된 권력의 결정에 제동을 걸 수 없다는 인식은 "다수의 지배"에 바탕을 둔 민주주의 원칙이 "법의 지배"에 바탕을 둔 공화정의 원칙을 일방적으로 압도해야 한다는 주장과 맥이 닿아 있다. '다수의 지배'인 민주주의와 '법의 지배'인 공화정의 조화로운 결합이 헌법에서 명시한 민주공화국의 정신이다. 양자 간의 지속적인 충돌은 민주공화정의 위기로 작동할 수 있다는 점도 분명하다. 마지막으로 문재인정부 출범 이후 일련의 사법농단 사건들은 헌법재판소를 포함해 사법부의 입지를 좁히고 있다. 준사법기관인 검찰과 여당의 대립은 이 국면을 더욱 정치적인 상황으로 몰고 가고 있다(Shin 2020). "선출되지 않은권력"을 "민주적으로 통제"해야 한다는 주장이 더 거세질 가능성도 크다. "착한 국민"과 "나쁜 엘리트"라는 이분법에 기댄 포퓰리즘의 발흥도 예상할 수 있다. 이 점에서 초대형 정치사건에 대한 헌법재판소의전략적 선택은 민주주의에 대한 도전요인으로 판단할 수 있다.

참고문헌

박명림, 2005, "헌법, 헌법주의, 그리고 한국 민주주의: 2004년 노무현 대통령 탄핵사태를 중심으로,"『한국정치학회보』제39집 제1호.

박은정. 2010. "'정치의 사법화'와 민주주의"『서울대학교 법학』51(1): 1-26.

박종현. 2017. "정치의 사법화의 메카니즘: 헌법재판에 의한 정치의 사법화 현상에 대한 분석 및 평가."『법학연구』27(1): 101-141.

박찬표. 2006. "헌법에 기대기: 민주주의에 대한 두려움 혹은 실망."『한국 정당학회보』5.1: 71-102.

오승룡. 2011. "한국 민주주의의 위기와 법의 지배: 정치의 사법화를 중심 으로."『민주주의와 인권』10(3): 163-196.

윤정인 · 김선택. 2015. "헌법재판소는 민주주의의 수호자인가"『공법학연 구』16(1): 135-162.

이제우. 2016. 미국 연방대법원 판결의 유형과 사회적 영향에 대한 연구. [JPRI] 연구보고서, 2016(11),

전정현. 2012. "노무현 정부 시기 헌법재판소와 반다수제 (countermajoritarian difficulty) 문제: 주요정책이슈에 대한 위헌결정사례분석."『한국정치연 구』21.

정동준. 2020. "민주주의 위기의 원인과 대안에 대한 이론적 고찰: 국민투 표, 사법심사권, 그리고 정당해산제도를 중심으로."『현대정치연구』 13(1): 79-115.

차동욱. 2006. "사법적극주의의 경험적 분석을 위한 이론적 고찰: 미국에서 의 논의를 중심으로 비교 제도적 확장을 위하여."『세계헌법연구』 12.1: 293-324.

채진원. 2011. "정치의 사법화 현상의 이론적 쟁점"『평화연구』19(2): 257-295.

Ahn, Kyong Whan. 1997. "The influence of American constitutionalism on South Korea." S. Ill. ULJ 22: 71.

Altman, David. 2017. "The Potential of Direct Democracy: A Global Measure(1900−2014)." *Social Indicator Research* 133(3): 1207−1227

Bailey, Michael A., and Forrest Maltzman. 2011. *The Constrained Court: Law, Politics, and the Decisions Justices Make.* Princeton: Princeton University Press.

Barnes, Jeb, and Thomas F. Burke. 2006. "The Diffusion of Rights: From Law on the Books to Organizational Practices." *Law & Society Review* 40(3): 493-524.

Bickel, Alexander. 1986. *The Least Dangerous Branch: The Supreme Court at the Bar of Politics*, 2nd ed. New Haven: Yale University Press.

Brettschneider, Corey. 2005. "Balancing Procedures and Outcomes Within Democratic Theory: Core Values and Judicial Review." *Political Studies* 53(2): 423−441.

Casillas, Christopher J., Peter K. Enns, and Patrick C. Wohlfarth. 2011. "How public opinion constrains the US Supreme Court." *American Journal of Political Science* 55(1): 74−88.

Casper, Jonathan D. 1976. "The Supreme Court and National Policy Making." *American Political Science Review* 70: 50−60.

Clark, Tom S.. 2009. "The separation of powers, court curbing, and judicial legitimacy." *American Journal of Political Science* 53(4): 971−989.

Clayton, Cornell W..1999. "Law, Politics, and the Rehnquist Court: Structural Influences on Supreme Court Decision Making." In Howard Gillman and Cornell Clayton eds. *The Supreme Court in American Politics: New Institutionalist Interpretations.* 151−177.

Lawrence: University Press of Kansas

Collins, Todd A and Christopher A Cooper. 2016. "The Case Salience Index, Public Opinion, and Decision Making on the US Supreme Court." *Justice System Journal* 37(3): 232−245.

Dahl, Robert. 1957. "Decision−Making in a Democracy: The Supreme Court as National Policy−Maker." *Journal of Public Law* 6: 279−95.

Ely, John Hart. 1980. *Democracy and Distrust: A Theory of Judicial Review*. Cambridge, MA: Harvard University Press.

Epstein, Lee, Jack Knight, and Andrew D. Martin. 2001. "The Supreme Court as a Strategic National Policymaker." *Emory Law Review* 55: 583−611.

Epstein, Lee, Olga Shevtsova, and Jack Knight. 2001. "The Role of Constitutional Courts in the establishment and maintenance of democratic systems of government." *The Law & Society Review* 35: 117−164.

Ferejohn, John, and Charles Shipan. 1990. "Congressional In fluence on Bureaucracy." *Journal of Law, Economics, & Organization* 6: 1−20.

Flores, Andrew R., and Scott Barclay. 2016. "Backlash, consensus, legitimacy, or polarization: The effect of same−sex marriage policy on mass attitudes." *Political Research Quarterly* 69(1): 43−56.

Franklin, Charles H., and Liane C. Kosaki. 1989. "Republican Schoolmaster: The U.S. Supreme Court, Public Opinion, and Abortion." *American Political Science Review* 83(3): 751−771.

Friedman, Barry. 1997. *Things Forgotten in the Debate over Judicial Independence*. Ga. St. UL Rev., 14, 737.

Funston, Richard. 1975. "The Supreme Court and Critical Election." *American Political Science Review* 69: 759−811.

Gely, Rafael, and Pablo T. Spiller. 1990. "A Rational Choice Theory of Supreme Court Statutory Decisions with Appli cations to the State Farm and Grove City Cases." *Journal of Law, Economics, & Organization* 6(2).

Giles, Micheal W, Bethany Blackstone and Richard L Vining Jr. 2008. "The Supreme Court in American Democracy: Unraveling the Linkages Between Public Opinion and Judicial Decision Making." *Journal of Politics* 70(2): 293-306.

Graber, Mark A. 2006. "Foreword: from the countermajoritarian difficulty to juristocracy and the political construction of judicial power." *Maryland Law Review* 65(1): 1−14

Hall, Kermit. L, James W. Ely, Jr., and Joel B. Grossman. (Ed.). 2005. *The Oxford Companion to the Supreme Court of the United States.* Oxford University Press.

Hall, Matthew. E. 2014. "The semiconstrained court: public opinion, the separation of powers, and the US Supreme Court's fear of nonimplementation." *American Journal of Political Science,* 58(2): 352−366.

Hall, Matthew EK, and Joseph Daniel Ura. 2015. "Judicial majoritarianism." *The Journal of Politics* 77(3): 818−832.

Hirschl, Ran. 2004. *Towards Juristocracy: The Origins and Consequences of the New Constitutionalism.* Cambridge, MA: Harvard University Press.

Hirschl, Ran. 2008. "The judicialization of mega−politics and the rise of political courts." *Annual Review of Political Science* 11: 93−118.

Hirschl, Ran. 2013. "Epilogue: Courts and Democracy Between Ideals and Realities." *Representation* 49(3): 361−373.

Horowitz, Donald L. 1977. *The Courts and Social Policy.* Washington, DC:

Brookings Institution Press.

Johnson, Ben, and Logan Strother. 2021. "TRENDS: The Supreme Court's (Surprising?) Indifference to Public Opinion." *Political Research Quarterly* 74(1): 18−34.

Johnson, Timothy R., and Andrew D. Martin. 1998. "The Public's Conditional Response to Supreme Court Decisions." *American Political Science Review* 92(2): 299−309.

Kim, Young Mie, Ming Wang, Melissa R. Gotlieb, Italy Gabay, and Stephanie Edgerly. 2013. "Ambivalence Reduction and Polarization in the Campaign Information Environment: The Interaction between Individual− and Contextual−Level Influences." *Communication Research* 40(3): 388−416.

Lindquist, Stephanie, and Rorie Spill Solberg. 2007. "Judicial Review by the Burger and Rehnquist Courts: Explaining Justices' Responses to Constitutional Challenges." *Political Research Quarterly* 60(1): 71−90.

Maravall, Jose and Adam Przeworski. 2003. *Democracy and the Rule of Law*. Cambridge University Press

Marshall, Thomas. 1989. *Public Opinion and the Supreme Court*. New York: Longman.

Meernik, James, and Joseph Ignagni. 1997. "Judicial Review and Coordinate Construction of the Constitution." *American Journal of Political Science* 41(2): 447−467.

Mishler, William, and Reginald S. Sheehan. 1993. "The Supreme Court as a countermajoritarian institution? The impact of public opinion on Supreme Court decisions." *American Political Science Review* 87(1): 87−101.

Mudde, Cas, and Cristobal Rovira Kaltwasser. 2018. "Studying Populism in

Comparative Perspective: Reflections on the Contemporary and Future Research Agenda." *Compartive Political Studies* 51(13): 1667−1693.

Norpoth, Helmut, Jeffrey A Segal, William Mishler and Reginald S Sheehan. 1994. "Popular Influence on Supreme Court Decisions." *American Political Science Review* 88(3): 711−724.

Rosenberg, Gerald N. 2008. *The hollow hope.* University of Chicago Press.

Segal, Jeffrey *A.*, Chad Westerland, and Stephanie A. Lindquist. 2011. "Congress, the Supreme Court, and Judicial Re view: Testing a Constitutional Separation of Powers Model." *American Journal of Political Science* 55(1): 89−104.

Shin, Gi−Wook. 2020. "South Korea's Democratic Decay." *Journal of Democracy* 31(3): 100−114.

Stimson, James A., Michael B. Mackuen, and Robert S. Erikson. 1995. "Dynamic Representation." *American Political Science Review* 89(3): 543−565.

Stoutenborough, James W., Donald P. Haider−Markel, and Mahalley D. Allen. 2006. "Reassessing the Impact of Supreme Court Decisions on Public Opinion: Gay Civil Rights Cases." *Political Research Quarterly* 59(3): 419−433.

Tate, Neal C. 1995. "Why the Expansion of Judicial Power." in Tate, C. Neal & Torbjorn Vallinder. eds. *The Global Expansion of Judicial Power.* New York: New York University Press.

Taylor, John B. 1992. "The Supreme Court and Political Eras: A Perspective on Judicial Power in a Democratic Polity." *Review of Politics* 54(3): 2345−2368.

| | 부 록 | | 주요 초대형 정치사건의 특징 | | | | |

구분	의회결정		헌법재판			
	입법다수	결정이전 여론	입법다수	판결이전 여론	최종판결	판결이후 여론
박근혜 탄핵	2016-12-09 234/300 78.0% 여야공동	75% 내외	234/300 78.0% 여야공동	77% 내외	2017-03-10 인용: 8 대 0	92% 내외
통합 진보당 해산	2013-11-05 152/300 50.1% 여당 단독과반	66% 내외	152/300 50.1% 여당 단독과반	60% 내외	2014-12-19 인용: 8 대 1	61% 내외
행정수도 이전	2003-12-29 167/271 61.6% 여야공동	57% 내외	152/299 50.8% 여당 단독과반	42% 내외	2004-10-21 위헌: 8 대 1	28% 내외
노무현 탄핵	2004-03-12 193/271 71.2% 야당공동	31% 내외	134/299 44.0% 야당공동	28% 내외	2004-05-14 기각: 6인 이상	10% 내외

제3편

사법부의 독립과
문책성

제6장

민주화와 사법부의 책무성: 판결문 공개를 중심으로*

최 선

Ⅰ. 민주화와 사법부의 탈권위주의화

대통령 직선제라는 절차적 민주주의를 복원한 1987년 민주화 이후 한국사회의 주요 과제는 권위주의 과거 청산을 통한 사회 전반적인 민주적 개혁이었다. 권위주의 과거 청산은 권위주의 체제의 유산을 청산하는 것으로서, 권위주의 통치 집단이 구축한 비민주적 법과 제도, 통치조직과 기구, 범죄적 및 비윤리적 행위, 특권화, 체제 유지를 위한 정치자금 조달 및 배분, 정권과 관료의 뇌물수수, 유권자 동원과 매수, 계층적 및 지역적 편견을 부추기는 행위 등을 바로잡는 것이었다(임혁백 2017, 35–36). 이는 새로운 민주적 규칙과 절차를 제도화하는 민주주의 공고화로 연결된다. 정치적, 경제적, 사회적 영역에서 민주적 규칙과 절차가 보편적으로 인정되고, 민주주의의 가치와 규범, 민주적 규칙

---

* 이 글은『헌법학연구』제28권 제1호(2022년 3월)에 게재된 글을 일부 수정 및 보완한 것이다.

이 일상화, 습관화, 내면화되는 과정을 의미한다(김형철 2016).

민주화 이후 한국에서 진행된 민주주의 공고화를 위한 노력은 절차적 민주주의 확립과 탈권위주의화를 중심으로 진행되었다. 1987년 민주화의 결과로 헌법을 개정하여 대통령 직선제를 도입하고, 1994년 통합선거법으로서 「공직선거 및 선거부정방지법」을 제정하여 금권선거를 제한하고 공정한 선거경쟁을 위한 제도적 기반을 마련하였으며, 2004년 정치자금법을 비롯한 정치관계법을 개정하는 등 절차적 민주주의의 정착과 진전을 위한 노력이 진행되었다. 또한 인물중심의 정당에서 탈피하여 정당공천제를 도입하는 등 정당민주화가 진행되고, 지방자치를 본격적으로 실시하여 분권화를 시도하는 등 정치적 영역에서 탈권위주의를 위한 변화가 이루어졌다. 경제적 영역에서도 금융실명제와 부동산실명제, 고위공직자 재산공개 등을 실시함으로써 부정부패를 척결하고 경제적 투명성과 합리성 확보를 위해 노력했다. 그리고 하나회를 해체하여 군의 탈정치화와 더불어 군 내부의 특권층을 없앴으며, 제한적으로나마 과거사 정리 사업을 진행함으로써 사회 전반적으로 권위주의적 잔재를 청산하기 위한 노력이 진행되었다.

그러나 이처럼 정치·사회 전반적으로 민주적 개혁이 이루어지던 것과는 대조적으로, 민주화의 물결은 사법부까지 영향을 즉각적으로 미치지는 못했다. 1987년 이루어진 개헌은 대통령 직선제 중심의 정치적 타협의 결과였던 관계로 사법제도의 개혁은 관심밖에 머물렀고, 그 결과 헌법에서 사법부 조항의 근본적인 변화는 이루어지지 않았던 것이다(Choi 2016, 36-38). 민주적 헌법으로의 개헌이 대통령 직선제라는 대표적인 제도에 모든 논의의 초점이 모아지면서 사법조직에 대한 논의는 주변으로 밀려날 수밖에 없었고, 그 결과 사법제도는 권위주의시

기에 형성되어 유신시기에 약화되거나 변형된 형태로 정착된 것이 민
주화 이후에도 근본적으로 변화하지 않고 지속되었던 것이다. 그 결과
사법부의 조직구조는 "민주화와 자유화에 따른 조건과 상황의 변화를 수
용하기에 적절하지 못한" 형태가 되었던 것이다(김종철 2010, 109-110).
이에 더해서 민주화 이후 사법부의 탈권위주의화 및 민주적 개혁은 더디
게 진행되었다. 1993년의 김영삼 문민정부시기 이후부터 매정부마다
사법개혁을 위한 노력이 이루어졌고, 그 과정에서 사법관료제를 완화
시키고 사법에 대한 국민적 불신을 해소하려는 다양한 노력이 진행되
어 왔으나, 부분적인 성과에도 불구하고 여전히 근본적인 변화를 이루
었다고 평가하기에는 부족한 것이 사실이다.[1]

　사법부 탈권위주의화의 지체는 권위주의 시기에 권력의 시녀로 역할
했던 사법부에 대한 불신이 민주화 이후에도 지속되는 사회적 문제로
이어졌다. 권위주의적 사법관료제가 지속되고, 법조비리와 전관예우 등
의 문제가 끊이지 않고 있으며, 신영철 대법관 사태나 양승태 대법원장
의 재판거래 사태 등과 같이 사법부 고위층이 재판에 개입하려는 시도
가 나타나는 등 재판에 대한 국민적 불신이 쉽게 해소되기 어려운 상
황이다. 권위주의 시기에 형성되어 지속되어 온 사법관료제는 사법권
뿐만 아니라 행정권과 인사권이 대법원장에게 온전히 집중되어 있는
것이 특징이며, 이러한 현상은 세계적으로 유사한 사례를 찾기 힘들다

1　민주화 이후 현재까지 진행된 대표적인 사법제도 개혁을 위한 주요 노력은, 1993년
　의 사법제도발전위원회, 1995년의 세계화추진위원회, 1999년의 사법개혁추진위원
　회, 2003년의 사법개혁위원회와 그 후속인 2005년의 사법제도개혁추진위원회, 2010
　년의 국회의 사법제도개혁특별위원회 등이 대표적이고, 이후 새로운 국회에서 사법
　제도개혁특별위원회가 설치되어 활동하기도 하였다. 이에 더하여 대법원 내부에서 추
　진된 사법개혁으로는 1997년의 법관인사제도개편위원회, 2000년의 사법발전계획추진
　위원회, 2003년의 법관인사제도개선위원회, 2009년의 사법정책자문위원회, 2018년
　사법발전위원회 등이 있었다.

(정진경 2001, 120). 사법부는 대법원장을 정점으로 상하의 위계질서가 엄격하고 각 직급이 서열화 되어 있으며 승진구조에 의해서 계급화와 관료화가 심화되어 있다(정종섭 2001, 232−233). 이러한 상황 속에서 법관은 사법부의 상층부로부터의 재판에 대한 간섭과 영향을 받기 쉽다. 사법부의 수직적 관료구조는 다른 국가영역이 민주화의 영향으로 기능 재편이 이루어졌던 것과는 달리 굳건하게 지속되어 왔다. 1987년 6월의 민주항쟁으로 시작된 민주화의 물결 역시 권위주의 시기의 사법제도를 근본적으로 변화시키지는 못했고, 그 결과 현행 헌법의 사법구조는 큰 틀에서 권위주의 시기의 사법구조의 연속이라고 할 수 있다 (Choi 2016, 36−40).

　한국에서 민주화 이후에도 끊임없이 계속되는 법조비리의 문제는 법관에 대한 불신과 더불어 사법에 대한 신뢰의 위기를 야기하는 결정적인 원인 중 하나가 되어 왔다. 1998년의 의정부법조비리사건, 1999년의 대전법조비리사건, 2004년의 인천지방법원 골프접대 사건, 2004년의 춘천지방법원 판사 성접대 사건, 2005년의 윤상림 게이트, 2006년의 김홍수 게이트, 2011년의 부산법조비리사건 등 끊임없이 불거져 나오는 법조비리 사건들은 사법에 대한 국민적 불신을 가중시켰다.[2] 또한

2　1998년 의정부법조비리사건은 의정부의 이순호 변호사가 전·현직 판사, 검사, 경찰 등 수십 명으로부터 사건을 소개받고 그 대가로 금품과 향응을 제공한 사건이다. 1999년 대전법조비리사건은 대전의 이종기 변호사가 현직 판사 및 검사를 비롯하여 검찰과 법원직원, 경찰관 등 수백 명에게 사건수임을 알선하고 소개비를 주거나 뇌물성 향응을 제공한 사건이 드러난 것이다. 2004년 인천지방법원 골프접대 사건은 인천지방법원의 법원장과 부장판사가 사건 당사자인 대기업 간부로부터 골프접대를 받은 사건이다. 2004년 춘천 성접대 사건은 춘천 지방법원의 이모 판사가 자신의 사법연수원 동기생인 김모 변호사로부터 정모 판사와 함께 성접대를 받았던 사건이다. 2005년 윤상림 게이트는 법조브로커 윤씨가 전·현직 판사, 검사, 결찰, 군인 등에게 금품을 주거나 소개비를 받고, 수사무마 명목으로 기업체로부터 금품을 수수하는 등 대표적인 법조브로커 사건이었다. 2006년 김홍수 게이트도 법조브로커로서 판사, 검사, 경찰간부 등에게 사건을 청탁하고 금품과 향응을 제공한 사건

최   선   **213**

전관예우금지에 관한 법률이 2011년 도입되어 시행되고 있으나, 여전히 전관예우에 관한 논란은 지속되고 있다. 전직 판사나 검사 출신의 변호사가 법원이나 검찰로부터 특별한 대우를 받아 사건처리에 영향을 미치는 전관예우는 재판의 결과를 왜곡시키고 투명성과 공정성을 저해시키는 문제를 야기한다(신평 2013, 3; 한상희 2011, 218 - 220).

사법부 고위층이 권한을 남용하여 재판에 부당한 영향력을 행사하려는 시도 역시 지속되고 있다. 신영철 대법관 사태는 2008년 당시 서울중앙지방법원장에 있던 신영철 대법관이 미국산 쇠고기 수입 반대 촛불시위 관련 사건을 특정 재판부에 몰아주기 식으로 배당한 후, 담당 법관들에게 사건을 빠르게 처리할 것을 독촉하는 이메일을 보내는 등 부당한 압력을 행사한 사건이다. 이는 2009년 신영철 서울중앙지방법원장이 대법관 후보자가 되어 국회에서 인사청문회를 진행하는 과정에서 드러나게 되었다. 이에 대해 대법원은 진상조사단을 구성하여 법원장의 직무감독 범위를 벗어나 재판에 관여한 행위였다는 결론을 내리고 신영철 대법관에 대해 엄중경고 조치를 하였다. 나아가 2009년 11월 국회에서는 신영철 대법관에 대한 탄핵소추안이 발의되기까지 하였으나 자동 폐기되었다. 한편, 양승태 대법원장 재판거래 의혹 사태는 양승태 대법원장이 박근혜 정부 시기에 고등법원 상고부 설치를 목적으로 당시 정부와 재판거래를 시도한 사건이다. 이 과정에서 판사 블랙리스트를 만들어 인사자료로 활용하는 등 권한 남용 의혹이 제기었고, 2018년 5월 검찰조사가 진행되어 임종헌 전 법원행정처 차장과 양승태 전 대법원장이 구속 기소되었다. 이러한 사건들로 인해서, 사법부 내부에서 재판의 독립을 보장하는 것이 중요한 과제로 부각되고 있다.

이다. 2011년 부산법조비리사건은 현직 판사와 검사가 변호사로부터 사건청탁을 대가로 자동차와 금품 및 향응을 제공받은 사건이다.

　사법부를 둘러싸고 나타나는 이러한 현상들은 권위주의 시기에 형성된 사법에 대한 국민적 불신을 해소하기 어려운 여건을 만들고 있다. 한국법제연구원이 실시한 국민 법의식 조사 결과에 의하면, 민주화 직후인 1991년과 그로부터 17년이 지난 2008년 공히 응답자의 94% 이상이 권력이나 재력이 재판에 영향을 미친다고 응답했으며(박상철 외 1991, 103; 이세정·이상윤 2008, 237), 2009년 실시한 법전문가를 대상으로 하는 설문조사에서도 87%의 응답자가 권력이나 재력이 재판결과에 영향을 미친다고 응답했다(이상윤 2009, 17). 또한 법의 공정성에 대한 인식에 관한 조사에서 2008년에는 65.5%의 응답자가 불공정하다고 응답하였고, 2019년에는 84.3%의 응답자가 불공정하다고 응답했다(이유봉·김대홍 2020, 80−81). 이처럼 민주화 이후에도 재판에 대한 높은 국민적 불신이 해소되지 않고 현재까지 지속되고 있는 상황이다.

　이러한 문제인식하에서 그동안 재판에 대한 국민적 신뢰 회복을 위해서 다각적인 제도 개선을 위한 노력이 진행되어 왔다. 판결문 공개의 확대, 국민참여재판 제도 도입, 양형위원회 제도 도입 등이 대표적이다. 이들은 재판이 보다 공정하고 투명하게 이루어질 수 있도록 견제하는 제도적 장치로서 사법의 책무성(judicial accountability)을 강화하는 것으로 기대되고 평가된다. 비록 다른 정치·사회적 영역보다는 더디지만, 사법부도 탈권위주의화를 위한 노력과 함께 공정성과 투명성을 확보하기 위한 노력이 진행되어 왔던 것이다. 이러한 배경에서 이 장은 민주화 이후 판결문 공개 확대를 통해 사법부의 책무성을 확보하기 위한 노력의 과정과 쟁점을 정리하고 평가하는 것을 목적으로 한다. 이를 위해서 사법부 책무성의 개념을 이론적으로 검토하고, 판결문 공개 확대의 취지와 배경을 살펴본 후, 판결문 공개 확대를 위한 논의과정에서 나타난 쟁점을 분석하고, 그 성과와 한계를 정리하고자 한다.

Ⅱ. 사법부의 책무성

사법부의 책무성(judicial accountability)은 사법부에 대한 견제나 통제를 내용으로 하는 것으로서, 사법부의 자율성을 내용으로 하는 사법권 독립(judicial independence)과 길항을 형성한다. 사법권의 독립과 책무성 강화 사이의 논쟁은 미국에서 오랜 시간 동안 지속되어온 것이기도 하다(Geyh 2008, 1261; Vanberg 2008, 101). 그러나 책무성은 오늘날 전 세계적으로 널리 사용되고 있는 용어임에도 불구하고 여전히 불명확하고 논쟁적이어서 합의된 정의는 찾아보기 어렵고 사용하는 사람이나 학문의 영역에 따라 다양한 내용과 형태로 사용된다(Mainwaring 2003, 6; Mulgan 2003, 5; Schedler 1999, 13).

이러한 상황에도 불구하고, 책무성은 일반적으로 설명(account)이나 답변(answer), 제재(sanction)와 통제(control) 등의 내용을 포함하고 있다. 먼저, 책무성은 공직자들이 자신들이 행한 행동이나 집행한 정책에 대해서 설명하거나 답변하는 것을 의미한다. 책무성은 공직자들(public officials)의 행동을 설명하도록 강제하는 절차로서, 책임 있다(accountable)는 것은 선택한 정책과 행위에 대해 대답할 수(answerable) 있다는 것을 의미하므로, 민주주의 사회에서 정부는 정책의 관리와 집행에 대해서 국민들에게 설명하고 대답해야 한다(Moncrieffe 1998, 393-404).

또한 책무성은 제재(sanction)와 통제(control)를 의미하기도 한다. 대의제 민주주의하에서 시민들이 누가 정부를 대표하는지를 알 수 있고, 그들의 대표를 적절히 제재할 수 있다면 정부의 책무성이 확보된다. 따라서 선거를 통해 정부의 임기연장 여부를 시민들이 결정하는 것과 같이, 책무성은 공공기관에 대한 제재를 위한 행위의 결과로부터 도출된다(Przeworski 1999, 9-10). 만약 A가 B를 위해서 행동을 하고, B가 공식적 제도나 비공식적 규칙에 의해 A의 행동이나 수행에 대한 제재나 보상을 할 수 있는 권한을 가지고 있다면 A가 B에게 책임이 있는 것이다(Fearon 1999, 55). 또한 만약 어떤 개인이나 단체 혹은 기관인 B가 A의 행동에 대해 설명이나 정당화를 요구하거나 정보를 요청할 수 있다면 A는 B에 대해 책임이 있는 것이며, 이 경우 B는 A가 행한 설명의 내용에 대해서는 제재를 가하지 못하더라도, A의 설명이나 정보제공의 실패 등에 대해서 제재를 가할 수 있어야 한다(Philp 2008, 32-35).

결국 책무성은 설명과 제재라는 두 내용이 동시에 함축된 개념으로 볼 수 있다. 책무성은 A가 B에게 정보를 주고 설명해야 하는 의무와 수정 및 제재를 수용할 의무를 동시에 가지는 경우나(Mulgan 2003, 10-11), A가 B에게 A의 행동이나 결정에 대해서 알려야 하고, 행동이나 결정을 정당화해야 하며, A가 범한 위법행위에 대해서 처벌 받을 의무를 가지고 있을 때(Schedler 1999, 14-17) A는 B에 대해 책무가 있다고 할 수 있다. 이를 정리하면, 책무성은 첫째, 공직자들이 그들의 결정이나 행동에 대한 정보의 제공이나 설명 혹은 그에 대한 정당화의 의무와 함께, 둘째, 위법행위나 권한을 벗어난 행위에 대해 통제받을 의무를 그 내용한다.

사법의 책무성은 법의 지배(the rule of law), 공적 신뢰(public confidence), 제도적 책임(institutional responsibility) 등을 목표로 한다(Geyh 2006). 먼저, 사법의 책무성은 사법의 독립성(independence)과 통합성(integrity), 공정성(impartiality)을 저해할 가능성이 있는 판사들의 행위를 단념시켜 법의 지배를 증진시킨다. 책임성과 독립성을 대립적 관계로 이해하는 입장에서는 사법적 책임성이 독립을 증진시킨다는 주

최   선   **217**

장이 직관에 어긋나는 것이라고 비판할 수 있다. 탄핵이라는 절차에 의
해 책임을 지는 판사는 그가 무사히 뇌물을 수수할 수 있는 독립성을
잃게 되기 때문이다. 그러나 적절한 수준의 책임성은 판사가 법의 지배
를 따르려고 하는 능력을 방해하는 부적절한 내·외적 영향에 스스로
종속시킬 수 있는 자유를 감소시킨다. 즉 책임성은 판사들이 뇌물수수
나 편파성, 편견 등에 빠질 수 있는 것을 단념시킴으로써 판사들이 법
의 지배에서 요구되는 재판에서의 독립을 증진시키는 것이다.3 둘째,
사법적 책무성은 법관과 법원의 공적 신뢰(public confidence)를 증진시
킨다. 만약 독립된 판사들이 법을 따르지 않는다는 공적 인식이 높을
경우, 사법적 의사결정을 대중이나 정치적 통제에 복종시키려는 개혁
이 추진된다. 이는 실제 판사들이 법률을 따르는지의 사실여부와는 무
관한 인식의 문제이며, 이렇게 추진되는 개혁의 목표인 사법적 결정에
대한 대중이나 정치적 통제는 법의 지배를 근본적으로 손상시킬 수 있
다. 따라서 사법적 책무성은 사법적 결정에 대해 비판적인 대중들이 판
사들에 대해서 그들의 업무를 적절하게 수행하고 있다고 생각하도록
안심시키고, 사법권 독립을 존중하게 함으로써 보다 가혹하고 비생산
적인 법원에 대한 통제를 미연에 방지할 수 있다. 셋째, 사법적 책무성
은 사법부를 하나의 분리된 정부기관으로서, 봉사의 대상인 대중들이
요구하는 것에 대해 책임이 있는 사법부로 만듦으로써 제도적 책임
(institutional responsibility)을 증진시킨다. 대중은 법원이 공정성을 효과
적이고 효율적이며 신속하게 수행하도록 하는 권리를 가지고 있다. 사
법부도 다른 정부기관처럼 국민의 세금으로 운영되므로 다른 기관과
같이 사법부 역시 작동을 보다 간소화하고 비용 효율적으로 만들기 위

---

3 이는 민주주의와 입헌주의의 관계에서 입헌주의가 민주주의를 사전구속(precomm-
itment)함으로써 민주주의의 보다 나은 작동과 지속을 가능케 한다는 원리와 유사하다.

한 통제에 따라야 한다(Geyh 2006, 916-919).

이러한 목적을 가지는 사법의 책무성은 사법부의 자발적인 노력과 함께, 사법부를 감시하고 견제하는 통제에 의해 실현된다. 사법부에 대한 통제는 통제의 주체와 대상에 따라 분류가 가능하다(최선 2015, 18-23). 먼저, 통제의 주체에 따라서 사법부와 수직적 관계에서 이루어지는 수직적 통제와 사법부와 수평적 관계에서 이루어지는 수평적 통제로 나누어 볼 수 있다. 수직적 통제는 사법부 내부에서 상급자나 상급법원에 의해 이루어지는 심급제도, 인사권, 행정권, 징계권 등의 제도에 의해서 이루어지는 '내부적 통제'와 사법부 외부에서 국민이나 언론, 시민단체 등에 의해 이루어지는 국민참여재판, 판결문공개 등의 제도에 의해 이루어지는 '외부적 통제'가 해당된다. 수평적 통제는 입법부나 행정부에 의해서 이루어지는 탄핵, 국정조사, 하급법원구성, 법원 관련 입법 등과 국가인권위원회나 옴부즈맨 등의 특수기관에 의해 이루어지는 감시나 권고 등이 이에 해당된다.

한편, 사법부에 대한 통제를 통제의 대상에 따라 사법행정권에 대한 통제, 재판권에 대한 통제, 법관 행동에 대한 통제 등으로 구분할 수 있다. 사법행정권에 대한 통제는 사법조직을 대상으로 하는 인사권, 예산권, 개혁기구 구성 등이 해당되고, 재판권에 대한 통제는 판사의 사법적 결정을 대상으로 하는 심급제, 판결문 공개, 국민참여재판, 양형위원회 제도 등이 해당되며, 법관 행동에 대한 통제는 판사의 사법적 결정 이외의 행동을 대상으로 하는 탄핵, 법관윤리제도, 범죄의 소추, 징계제도 등이 해당된다.

판결문 공개는 사법부에 대한 수직적 통제이자 재판권에 대한 통제의 대표적인 장치라고 할 수 있다. 판결문은 법적 분쟁에 대한 판단 및 결정이라는 법관의 공적 행위에 대해 설명하고 정당화 하는 것을 내용으로 한다. 따라서 판결문이 대중에 공개되면 법관은 판결문의 오류를 최소화하기 위해 노력하는 등 법관이 자신이 행하는 재판에 대한 책임을 강화하게 된다(류영재 2019, 112-113). 그러므로 판결문을 적극적으로 공개하는 경우에는 판결문을 제한적으로만 공개하거나 혹은 공개하지 않는 경우보다 판결에 대한 공정성과 투명성이 높아지게 되고, 이는 곧 재판이라는 사법적 행위에 대한 책무성을 강화하는 것이라고 할 수 있다(이상원 2012, 67).

Ⅲ. 판결문 공개의 취지와 배경

판결문의 공개는 민주화 이후 진행된 사법부의 책무성 확보를 위한 제도 개혁의 여러 사항들 중 하나이다. 판결문의 공개는 기본적으로 '재판공개의 원칙'과 국민의 '알 권리'라는 헌법적 원리에 기반한다. 현행 헌법은 제109조에서 "재판의 심리와 판결은 공개한다."라고 규정함으로써 재판공개의 원칙을 명시하고 있다. 그에 따라 「법원조직법」에서도 "국가의 안전보장·안녕질서 또는 선량한 풍속을 해할 우려가 있는 때"를 제외하고는 심리와 판결을 공개해야 함을 규정하고 있다(제57조). 이러한 재판의 공개주의는 여론의 감시하에서 판결의 공정성과 적정성을 확보하고 재판의 내용을 확인하며, 소송당사자의 인권을 보장함으로써 재판에 대한 국민의 신뢰를 확보하는 데 의의가 있다(김배원 2006, 7; 이해완 2006, 473).

한편, 국민의 '알 권리'는 "모든 정보원으로부터 일반적 정보를 수집하고 또 처리할 수 있는 권리"를 의미한다(이해완 2006, 472). 이는 헌법상 명문의 규정은 없지만 학설과 판례에 의해 인정된다. 헌법재판소는 국민의 '알 권리'에 대해서 "'알 권리'의 생성기반을 살펴볼 때 이 권리의 핵심은 정부가 보유하고 있는 정보에 대한 국민의 알 권리 즉, 국민의 정부에 대한 일반적 정보공개를 구할 권리(청구권적 기본권)라고 할 것이며, 또한 자유민주적 기본질서를 천명하고 있는 헌법 전문과 제1조 및 제4조의 해석상 당연한 것이라고 봐야 할 것이다."라고 설명하고 있다.[4] 또한 헌법 제21조에서 규정하는 표현의 자유에 '알 권리' 역시 당연히 포함되는 것으로 보고 있는데, "자유로운 표현은 자유로운 수용 또는 접수와 불가분의 관계"에 있기 때문이다. 따라서 법률이 제정되어 있지 않아서 이를 구체화시키지 못한다고 하더라도 '알 권리'는 헌법 제21조에 의해서 직접 보장될 수 있다는 것이다.[5] 1996년에 제정된 「공공기관의정보공개에관한법률」은 이를 구체화하는 것이다. 「공공기관의정보공개에관한법률」은 국민의 알 권리를 보장하고 국정에 대한 국민의 참여와 국정운영의 투명성을 확보하는 것을 목적으로 하는 것으로서(제1조), 국민의 정보공개 청구권을 명시하였으며(제6조), 공공기관이 보유·관리하는 정보는 원칙적으로 공개해야 한다는 정보공개의 원칙을 규정하고 있다(제3조).

그러나 재판공개의 원칙과 국민의 알 권리는 무제한적으로 보장되는 것이 아니라, 국가의 안전보장이나 사생활의 비밀과 자유라는 또 다른 헌법적 원리에 의해서 일정부분 제한을 받는다. 헌법 제109조는 재판의 심리와 판결의 공개를 규정하면서 동시에 단서조항을 두고 있는 바, "다만, 심리는 국가의 안전보장 또는 안녕질서를 방해하거나 선량한 풍속을 해할 염려가 있을 때에는 법원의 결정으로 공개하지 아니할 수

---

4 헌재 1989. 9. 4. 88헌마22.
5 헌재 1991. 5. 13. 90헌마133.

있다."고 명시함으로써 재판공개의 예외를 규정하고 있다. 또한 헌법
제17조는 "모든 국민은 사생활의 비밀과 자유를 침해받지 아니한다."
고 명시하여 자유권적 기본권의 하나로 사생활의 비밀과 자유를 보장
하고 있다. 그리고 이에 근거하여 「공공기관의정보공개에관한법률」은
비공개대상 정보를 구체적으로 나열하고 있다(제7조). 이처럼 헌법에서
규정하는 재판공개와 국민의 알 권리는 헌법이 보장하는 사생활의 보
호와 국가안보 등의 또 다른 권리와 충돌하여 부분적으로 제한을 받게
되는 것이다. 이러한 판결문 공개를 둘러싼 헌법적 원리의 충돌은 제도
개혁을 논의하는 과정에서 주요 쟁점 중 하나가 되었다.

　판결문 공개의 확대가 제안된 이유는 사법권의 남용에 대한 통제의
필요성에 대한 인식 때문이었다. 사법개혁위원회에서 판결문 공개를
추가 안건으로 제안한 김선수 위원은 이와 관련하여 "강력한 사법부
독립 보장으로 인해 법관의 권한남용에 대한 통제가 쉽지 않으므로 이
에 대한 일반국민의 견제와 감시가 필요하다."고 언급하고 "판결문의
공개는 사법과정에 직·간접적으로 참여하는 집단 내부에 자연스럽게
개별판사들에 대한 평판을 형성할 것이고, 각 판사의 가치관이나 전문
분야가 외부로 드러나게 되며 나아가 광범위한 시민의 평가도 가능하
게 될 것이다."라고 기대하고 있다(김선수 2008, 406). 이에 따라 법관은
승진체계나 위계질서에 의존하지 않게 되어 개별 헌법기관으로서 기능
을 다 할 수 있을 것이라는 주장이다.

　사법개혁위원회의 논의 결과 채택한 건의문에서도 판결문의 공개에
대해서 "재판의 적정성 여부를 판단하는 기본 자료가 되기 때문에 법
관에 대한 평가의 중요한 자료가 될 것이며, 재판 내용의 확인을 통하
여 사법절차를 보다 더 투명하게 하고 나아가 재판에 대한 국민의 신

뢰를 제고하는 데 기여할 수 있을 것"이라고 기대하고 있다(사법개혁위원회 2005a, 235). 즉 판결문의 공개는 재판의 공개와 더불어 그 자체로 국민의 알 권리를 충족시키는 기능 이외에 법관에 대한 견제와 감시, 즉 통제의 기능을 수행함으로써 재판의 공정성을 확보하는 기능을 수행하며(이상원 2012, 67), 그러한 기대에 의하여 제도의 도입이 논의되었던 것이다.

판결문의 공개가 본격적으로 논의되는 2005년 당시까지 판결문의 공개는 부분적으로 이루어지고 있었는데, 판례집의 발간, 대법원 홈페이지를 통한 공개, 정보공개제도를 통한 공개, 법고을 LX DVD에 의한 공개 등의 방식으로 이루어졌다(여미숙 2006, 390 - 393). 판례집 발간을 통한 판결문의 공개는 대법원 판결의 경우 『판례공보』와 『대법원판례집』에 의해 이루어지고,6 하급심 판결의 경우 『각급법원(제1,2심) 판결공보』를 통해서 이루어졌다.7 대법원 홈페이지를 통한 공개는 판례속보 제공, 언론보도 판결 제공, 종합법률정보시스템을 통한 공개 등으로 이루어졌다.8 정보공개제도를 통한 판결의 공개는 대법원 홈페이지의 정보공개코너를 이용하거나 기타의 방법을 이용하여 청구된 판결문에

---

6 『판례공보』는 월 2회 발간되며, 1회 약 30건의 중요 대법원 판결을 수록하고, 『대법원판례집』은 연 2회 발간되며, 1회 약 50건의 선례적 가치가 있는 주요 판결을 원심판결, 상고이유서와 함께 수록한다.

7 『각급법원(제1,2심) 판결공보』는 월 1회 발간되며, 1회 약 30건의 각급법원(제1 · 2심)의 주요 판결을 수록한다.

8 대법원은 판결 선고 즉시 중요판결의 요지를 대법원 홈페이지를 통해 게시하고, 『판례공보』 및 『각급법원판결공보』 발간 즉시 그 요약본을 홈페이지에 게시하는 등 판례속보를 제공한다. 또한 최근 언론에 보도된 중요 판결의 전문을 홈페이지에 게시한다. 그리고 『판례공보』 및 『각급법원판결공보』가 발간되는 즉시 그 수록을 데이터베이스화하여 판례검색시스템인 종합법률정보시스템에 수록하여 홈페이지를 통한 검색이 가능토록 하고 있는데, 연 600건의 대법원 판결 전문과 연 300건의 하급심 판결의 판시사항과 판결요지를 수록하여, 1948년 이후 2005년까지 대법원 판결 약 4만여 건, 하급심 판결 약 8천여 건을 수록하고 있다.

대하여 판결문 중 개인 신상에 관한 정보를 삭제한 후 제공하는 것이
다. 법고을 LX DVD에 의한 판결문의 공개는 공간된 대법원 판결 4만
여 건과 하급심 판결 8천여 건, 그리고 공간된 대법원 판결의 원심판결
2만 7천여 건이 수록되어 있다(여미숙 2006, 390-393).

　문제는 공개되는 판결문의 비율이 매우 낮다는 점이다. 2005년 기준
으로 대법원이 선고하는 판결의 숫자는 대략 연간 1만 7천 건에서 2만
건 정도이고, 하급심 판결은 연간 45만 건 정도인 데 반해서, 공개되는
대법원 판결은 연간 1천 건을 넘지 않고, 하급심 판결은 연 300건을
넘지 않는다(김선수 2008, 408; 박경신 2006, 484). 즉 전체 선고되는 판결
중에서 공개되는 판결의 비율이 대법원 판결의 경우 5% 정도이고 하
급심 판결의 경우 0.1% 미만으로, 공개되는 판결의 비율이 매우 낮음
을 알 수 있다.

　이러한 판결문 공개의 비율이 낮다는 문제의식에 공감하여 사법개혁
위원회에서는 판결문의 공개를 확대하는 방안이 논의되었다. 특히 하
급심 판결의 경우, 하급심 판결공보 등의 수록 범위를 점차 확대시키
고, 각급 법원의 홈페이지에 최신 판결을 비실명처리 후 공개하는 방안
을 건의하게 되었다. 이후 사법제도개혁추진위원회에서는 법원도서관
에 특별 창구를 마련하여 법원 내부용 판결문검색시스템을 외부 열람
자가 검색할 수 있도록 하고, 판결문 교부신청을 할 경우 개인정보를
삭제한 판결 파일을 이메일로 송부하는 방안에 대한 논의가 이루어졌
다. 이러한 내용의 제한적인 판결문의 공개를 대법원이 2006년부터 시
행하였다. 이후 2010년 국회의 사법제도개혁특별위원회에서는 판결문
전문을 인터넷에 공개하는 내용의 전면적인 공개방안이 논의되었다.

Ⅳ. 판결문 공개를 위한 논의 과정과 쟁점

1. 제한적 공개를 위한 논의와 쟁점

판결문의 공개가 본격적으로 논의된 것은 2003년의 사법개혁위원회와 이후 사법제도개혁추진위원회에서였고, 그 내용은 판결문의 제한적인 공개였다.[9] 사법개혁위원회와 사법제도개혁추진위원회에서 판결문 공개를 논의하는 과정에서 부각된 쟁점은 크게 세 가지로서, 판결공개의 원칙과 프라이버시 보호의 문제, 판결문 공개를 위한 공간과 시간의 제한 문제, 판결문 공개에 필요한 예산에 관한 문제 등이 그것이다. 먼저, 판결공개의 원칙과 프라이버시 보호의 문제에 있어서, 사법개혁위원회에서 대부분의 위원들은 하급심 판결의 전면적인 공개에 대해서 동의하는 분위기였다. 다만, 개인의 프라이버시 보호를 위하여 판결문

---

9 사법개혁위원회는 제4차 사법파동 이후 사법제도 전반에 관한 개혁의 필요성에 공감하여 2003년 8월 노무현 대통령과 최종영 대법원장이 공동으로 사법제도 전반에 대한 개혁을 추진하기로 합의한 이후, 2003년 10월 출범하였다. 법원, 법무부, 변호사회, 법학교수, 행정부, 시민단체, 언론계, 국회, 헌법재판소, 경제계, 노동계, 여성계 등 각계각층의 인사 21명의 위원으로 구성하여 2004년 12월까지 27차례의 전체위원회와 25차례의 분과회의를 개최하여 사법개혁을 위한 건의안을 마련하였다(사법개혁위원회 2005a, 11−19). 한편, 2005년 1월에 발족한 사법제도개혁추진위원회는 사법개혁위원회가 건의한 내용을 추진하기 위해 대통령 산하에 설치된 사법개혁추진기구이다. 사법제도개혁추진위원회는 「정부조직법」 제4조의 자문기구에 해당하는 것으로, 대법원 산하에 설치된 사법개혁위원회가 건의한 사법개혁의 종합적이고 체계적인 추진에 관해 대통령의 자문에 응하는 것을 목적으로 하고 있다. 위원회는 2006년 12월 31일까지 존속하는 한시적인 기구로서, 그 구성은 국문총리와 국무총리급의 민간인을 공동위원장으로 하고, 관계부처 장관과 민간인 위원 총 20명으로 구성되었다. 이에 더하여 위원회에 상정할 안건을 사전에 검토·조정할 실무위원회를 두고, 위원회의 사무처리와 조사·연구 등의 업무를 담당할 기획추진단을 두었다. 사법개혁추진위원회는 2005년 1월부터 2006년 12월까지 본위원회 14회, 실무위원회 16회, 위원간담회 및 소위원회 18회, 외부전문가초청토론회 46회, 연구회 31회, 공청회 7회, 해외시찰 9회, 여론조사 4회, 모의재판 4회 등의 활동을 바탕으로 28개의 의결안건을 처리했다(김선수 2008, 21; 사법제도개혁추진위원회 2006, 28).

의 비실명처리의 문제를 두고 약간의 의견대립이 있었다. 많은 위원들이 프라이버시가 침해되지 않도록 비실명처리를 하여 하급심 판결문을 공개할 것을 주장하였다. 이는 하급심 판결의 양이 매우 많아 이들을 모두 비실명화 하는 데 어려움이 있으므로, 해당 판결에 대해 정보공개청구가 들어올 경우에 비실명처리를 하여 공개하는 것을 내용으로 하였다(사법개혁위원회 2005b, 313-315). 그러나 일부의 위원은 판결의 공개가 프라이버시를 침해한다고 보기 어렵다는 것을 강조하며 하급심 판결문을 확실하게 공개해야 함을 주장하였다(사법개혁위원회 2005b, 322). 이에 대하여 법원 측은 판결문이 정보공개청구를 통하여 누구든지 열람할 수 있으므로 개선의 필요성이 절실한 것은 아니라는 입장이었다(사법개혁위원회 2005c, 723). 이러한 논의 끝에 사법개혁위원회는 "앞으로 재판기록의 공개 범위를 더 확대하는 방안을 강구할 필요가 있습니다. 다만, 기록 공개가 제한 없이 확대될 경우 소송당사자의 프라이버시가 침해되거나 공개에 소요되는 비용이 엄청나게 증가하게 되는 등의 문제가 있으므로 프라이버시 보호문제나 비용문제 등 제반 여건을 고려하여 탄력적으로 시행해야 할 것입니다."라는 내용의 건의문을 의결하는 것으로 의견을 모았다(사법개혁위원회 2005a, 235-236).

  판결공개의 원칙과 프라이버시 보호의 문제는 이후 사법제도개혁추진위원회의 논의과정에서도 뜨거운 쟁점이 되었다. 사법제도개혁추진위원회의 논의는 사법개혁위원회의 건의안을 바탕으로 진행된 것인 만큼, 기본적으로 모든 재판공개의 원칙에 따라 모든 하급심 판결을 공개하는 것을 전제로 이루어졌다. 다만, 프라이버시 보호를 위한 적절한 제한의 필요성과 이를 위한 시간과 비용의 문제가 논의의 핵심이 되었다. 2005년 12월 16일 전문가 토론회에서 이종철 검사는 원칙적으로 모든 하급심 판결의 공개에 동의하면서도, 전면적인 판결문 공개에 따른 프라이버시 침해의 문제나 범죄 모방 등의 사회적 문제가 발생할 우려를 지적하면서 공개 대상 제한의 필요성을 주장하였다. 프라이버시 침해 문제를 방지하기 위한 비실명 처리를 위해 예상되는 막대한 비용과 판결문에 적시된 범죄 내용을 모방하는 범죄가 우려되므로, 법원의 예산범위와 판결문 일반 공개 시 우려되는 사회적 해악 등을 고려하여 공개대상의 범위 및 기준을 정해야 한다는 것이다. 따라서 하급심 판결문의 공개를 확대하되, 전산망을 통한 접근 시에는 접근 주체 및 접근 방법에 있어서 제한을 두어야 한다는 것이다(이종철 2006, 445-446). 이에 반대되는 입장으로서, 김배원 교수는 법령에서 규정하는 공개의 예외에 해당되지 않는 한 재량적이 아니라 의무적인 판결문 공개를 주장한다. 그는 개인의 프라이버시에 대한 침해 가능성과 비실명화에 필요한 재정적 문제를 우려하는 입장에 대해서 "판결공개의 원칙을 우선하기 보다는 프라이버시보호를 일방적으로 우선하는 입장"이라고 비판하면서, "판결공개의 헌법상 원칙은 '예외 없는' 절대적 공개 원칙"이라고 강조하면서 판결의 의무적 공개를 전제하고, 시간이나 재정적 문제로 모든 판결을 일시에 공개하기 어려운 경우에 대해서는 일정 시점 이후의 판결부터 공개를 의무화하고 그 이전의 판결에 대해서는 점차 단계적으로 공개하는 방안을 제시하였다(김배원 2006b, 464-465).

두 번째 쟁점은 법원 측이 제시한 판결문 공개 확대의 방식에 관한 문제였다. 판결문 공개 확대를 내용으로 하는 사법개혁위원회의 건의가 이루어지고, 이후 사법제도개혁추진위원회에서 이에 관한 논의가 진행되는 과정에서 법원은 판결문 공개 확대에 관한 방안을 제시하였다. 법원이 제시한 판결문 공개 확대 방안의 골자는 법원도서관에 특별

열람창구를 마련하고 그 안에 설치된 컴퓨터를 이용하여 내부용 종합 법률정보시스템과 판결문검색시스템에 접속하여 법관과 동일한 범위의 판결을 검색·열람할 수 있도록 하고, 이를 통하여 원하는 판결문이 있을 경우 개인정보를 삭제한 파일을 이메일을 통하여 신청인에게 송부하는 방식이다. 다만 열람을 통해 알게 되는 개인정보나 주요 정보를 악용할 소지가 있으므로 이용자의 범위와 이용 시간을 제한하며, 이용자는 법조직역 종사자들이나 혹은 도서관장의 승인을 얻은 자로 제한하는 것이었다(여미숙 2006, 395-397). 이러한 방식은 판결문 공개의 시간과 장소를 제한하는 것으로서, 이에 대한 비판이 제기되었다. 박경신(2006)은 법원의 특별열람창구에서 제한된 시간 안에 판결문 열람 및 검색을 허용하는 것은 판결문 공개요구의 취지에 맞지 않음을 지적하였다. 그는 "판결문 공개의 취지는 판결은 언제라도 판례가 될 수 있는 생명력이 있고 판례는 법의 본체의 한 축이기 때문이며 법의 실질적 내용이 공유되도록 하기 위해서 판결문 공개가 필요"한 것인바, 이를 특정한 장소와 제한된 시간 동안만 공개하는 것은 이 취지에 어긋나며, 현실성도 없다는 것이다. 또한 그는 사용자를 직업적으로 제한하거나 도서관장의 승인 여부로 분류하는 것은 "헌법 제109조가 규정한 재판정보 접근권에 대한 자의적인 제한"으로서 평등권에 대한 심대한 침해라고 주장하였고, 판결공개 원칙과 프라이버시 침해의 충돌을 구조적으로 해결할 수 있는 방안은 아니라고 비판하였다(박경신 2006, 486-487).

  세 번째 쟁점은 판결문 공개에 소요되는 비용에 관한 문제였다. 초기 사법개혁위원회에서 논의할 당시 법원 측은 판결문의 비실명처리와 공개에 소요되는 예산만 확보되면 곧바로 모든 하급심 판결을 일반 국민에게 공개할 수 있다는 입장이었으나, 연간 41만 건에 달하는 하급심 판결의 비실명화 작업에 소요되는 비용이 약 220억 원으로 예상된다는 검토결과를 근거로 전면적 공개에 대해 부정적인 입장으로 변화되었다(김선수 2008, 410-411). 이후 법원 측은 보다 구체적으로 연간약 17만 건의 대법원 판결과 연간 약 40만 건의 하급심 판결을 비실명처리 후 검색이 가능한 형태로 대법원 홈페이지에 공개하기 위해서는인건비와 자재구입비 및 운영비를 포함하여 연간 약 330억 원이 소요된다고 밝히고(여미숙 2006, 395), 이러한 문제를 고려하여 특별열람창구 설치와 신청된 판결문에 대해서 비실명 처리를 하어 이메일로 송부해주는 방안을 마련한 것이었다. 이러한 법원 측의 입장에 대한 비판적대안들이 제시되었는데, 김배원(2006)은 '선별적 비실명화'를 주장하였다. 그는 이름과 주민등록번호 등에 의해서 특정인을 식별할 수 있는개인에 관한 정보만으로는 개인의 사생활의 비밀이나 자유가 침해되었다고 볼 수 없음을 지적하고, 따라서 판결문 속에 포함된 모든 개인의실명을 비실명화 할 필요가 없으므로, 개정된 「정보공개법」을 고려하여 선별적으로 비실명화를 하여 비용을 절감할 수 있음을 주장하였다(김배원 2006b, 464). 또한 박경신(2006)은 미국의 사례를 참고하여 개인정보를 판결문에 기록하지 않고 재판기록에만 기재하는 방안을 제안하였다. 그는 판결문에 반드시 개인정보가 있어야 판결문의 집행이 가능한 것이 아님을 강조하며, 이름, 주민등록번호, 주소, 영업비밀 등의 주요한 정보를 판결생성 시점에서 판사의 판단으로 삭제하고 대신 재판기록에 기재하여 별도로 관리한다면, 판결문 비실명화에 드는 비용을절감하면서 판결문의 공개가 이루어질 수 있고, 개인정보가 기록된 재판기록을 별도로 관리하여 공개를 제한적으로 실시함으로써 개인정보나 영업비밀 등이 공개되어 악용될 수 있는 가능성을 차단시키는 효과를 얻을 수 있음을 주장하였다(박경신 2006, 487 – 489).

이처럼 사법개혁위원회와 사법제도개혁추진위원회에서 판결문 공개를 논의하는 과정에서 판결문 공개 확대에 대한 원칙적인 동의는 이루어졌다. 다만, 판결문의 전면적인 공개에 따르는 비용과 프라이버시 침해의 문제를 고려하는 과정에서 법원 측의 의견과 일부 위원이나 전문가들의 의견이 대립되는 갈등이 형성되었던 것이다. 법원 측은 예산의 문제와 프라이버시 침해나 정보의 악용에 대한 우려 등으로 판결문의 제한적 공개 방안을 제시하였고, 이에 대해서 일부의 위원과 전문가들은 법원이 제시한 방안에 대해서 비판하며 다른 대안을 제시하기도 했던 것이다. 결과적으로 판결문의 제한적 공개는 법률개정의 사항이 아니고, 법원 측이 제시한 방안의 시행계획을 밝힘에 따라 추가적인 입법 논의는 이루어지지 않고 시행되었다.

대법원은 사법개혁위원회의 건의를 받아들여 2006년 1월 사법제도개혁추진위원회에서 판결문 공개를 확대하는 방안을 마련하여 보고하였다. 그리고 4월에「판결문 검색·열람을 위한 특별창구의 설치 및 이용에 관한 내규」및「전자우편 등을 통한 판결문 제공에 관한 예규」를 제정하고 판결문의 제한적 공개를 실시하였다(사법제도개혁추진위원회 2006, 288; 이상원 2012, 94). 이는 법조직역 종사자나 법원도서관장의 승인을 받은 일반인이 법원도서관내에 설치된 특별열람실 안에서 2시간 이내로 법원 내부용 종합법률정보시스템과 판결문검색시스템에 접속하여 판결문을 열람 및 검색할 수 있도록 하고, 원하는 판결이 있을 경우 신청절차를 거쳐 비실명처리 후 송부 받게 되는 방식이었다. 즉 판결문을 열람 및 검색하는 데 있어서 시간과 공간, 자격 등이 별도로 규정됨으로써 판결문의 제한적 공개가 이루어진 것이다.

2. 전면적 공개를 위한 논의와 쟁점

2010년 국회의 사법제도개혁특별위원회는 판결문 전문을 인터넷 홈페이지에 게시하는 것을 의무화하는 법률개정을 추진하였다.[10] 여상규 의원이 대표발의한 「법원조직법 일부개정법률안」과 박영선 의원이 대표발의한 「사법정보등 공개에 관한 특례법안」은 재판의 판결문을 사생활이 침해되지 않는 범위에서 인터넷 등의 정보통신망에 즉시 게시하는 것을 내용으로 하는 것이었다. 이는 "국민들이 공정하고 충실한 재판을 받을 권리를 보장하고 나아가 책임 있는 사법체계의 확립을 통해 국민들로부터 신뢰받는 사법을 구현하고자" 제안된 것이며(여상규 외 2010), "오래전부터 시민사회나 학계에서 재판부의 판결에 대한 민주적 통제 확보를 위해서 주장되어왔던 것"이었다(대한민국국회 2010, 6).

이렇게 제안된 판결문 공개에 대한 법률안에 대해서 국회 내부에서는 물론, 정부나 대법원 측에서도 동의하면서 큰 갈등을 보이지 않았다. 그 이유는 이미 대법원에서 판결문 전면공개에 대한 의사를 밝혔기 때문이다. 대법원은 2010년 3월에 발표한 「사법제도 개선안」에서 대법원과 하급심 판결 등 모든 판결문을 공개할 계획임을 밝혔다. 대법원은 그동안 원칙적으로는 모든 판결문 공개에 찬성하는 입장이었으나 개인의 사생활 보호, 비실명화에 따른 비용 등의 문제로 전면적인 공개가

---

10 2010년 2월 제18대 국회에 설치된 사법제도개혁특별위원회는 "사법제도에 대한 국민의 신뢰를 회복하기 위하여 법원, 검찰, 변호사 등 사법제도 전반에 대한 개혁 방안을 마련하고, 관련 법률안을 심의하기 위"하여 20명의 국회의원이 위원으로 참여하였으며, 2010년 2월 18일부터 2011년 6월 30일까지 활동 기간을 2회 연장하여 활동하였다. 사법제도개혁특별위원회는 특별소위원회를 비롯하여 법원관계법심사소위원회, 검찰관계법심사소위원회, 변호사관계법심사소위원회 등 모두 4개의 소위원회를 구성하여 활동하였다. 대법관 증원에 대한 사항은 최종 입법에는 실패하였으나, 대법원장을 포함한 대법관을 현재 14명에서 6명 증원하여 20명으로 대법원을 구성하는 안이 특별소위원회에서 합의되기도 하였다. 이에 대한 보다 자세한 사항은 국회 사법제도개혁특별위원회(2011) 참조.

지연되었음을 밝히고, 법원 판결에 문제가 있어 비공개한다는 국민들
우려를 불식시키고 투명한 사법서비스를 제공하기 위하여 모든 판결문
을 전면적으로 공개할 계획이라고 밝혔다(대법원 2010, 2-3). 따라서
이러한 입장을 미리 밝혔던 법원 측이 국회에서의 논의에 반대할 이유
가 없었던 것이다. 다만, 법원은 판결문 공개에 대한 규정을 「법원조직
법」보다는 「민사소송법」과 「형사소송법」에 명시할 것을 건의하였고,
국회는 이를 받아들여 소송법의 개정을 시도하게 되었던 것이다(대한민
국국회 2011a, 2).

　논의 과정에서 일부의 위원이 전면공개의 필요성이 약하다는 반대의
견을 제시하기도 하였다. 홍일표 위원은 한국은 미국과 같은 판례법 국
가가 아니므로 공개의 필요성이 상대적으로 약하고, 재판공개의 원칙
과 판결을 공개하는 것은 다른 문제이므로 본인이 원하지 않는 경우에
는 판결문을 공개하지 않도록 해야 한다고 주장하였다. 이에 대해서 이
주영 위원장은 "확정판결의 공개는 공정한 재판을 담보하는 한 방법으
로 이런 것을 하자는 것인데 이것을 원치 않는 사람한테는 하지 않도
록 하는 이런 식으로 단서를 달게 되면 공개를 대부분 원치 않을 수도
있겠지요. 그렇게 되어 가지고는 이 입법취지를 살리기가 어렵다."고
반박하고, 사생활이나 개인정보를 보호하기 위한 안전장치들이 있음을
강조하였다. 이에 대다수의 의원들이 동의하고 시행 후 발생하는 추가적
인 문제들은 추후에 논의하기로 정리되었다(대한민국국회 2011b, 41-43).

　이처럼 판결문의 전면적 공개의 입법화는 2010년 국회의 사법제도
개혁특별위원회에서 추진되었다. 대법원 판결과 하급심 판결 등 모든
판결의 전면적 공개에 대해서 국회와 정부, 대법원 모두 원칙적인 동의
가 이루어졌다. 다만, 논의의 과정에서 전면공개의 불필요성과 소송당

사자에게 선택권을 부여하는 문제에 대한 논란이 있었으나, 갈등의 전선이 형성된 것은 아니었다. 결과적으로 사생활을 침해하지 않는 범위에서 모든 판결문의 전면적인 공개를 내용으로 하는 「형사소송법」과 「민사소송법」의 개정이 큰 마찰 없이 이루어질 수 있었다. 「민사소송법」과 「형사소송법」상에 판결문 공개에 관한 조항을 신설하여 개인정보 보호조치를 전제로 확정된 판결의 경우 그 판결문을 인터넷이나 전산정보처리시스템으로 열람 및 복사가 가능하도록 규정하게 되었다(민사소송법 제163조의2, 형사소송법 세59조의3).[11] 이로써 형사재판의 경우 2013년 1월 1일부터, 민사재판의 경우 2015년 1월 1일부터 판결문의 전면적인 공개가 시행되게 되었다.

---

11 판결문 공개와 관련된 「민사소송법」과 「형사소송법」의 주요 개정사항은 다음과 같다.

기존의 「민사소송법」 [법률 제10629호, 2011.5.19., 타법개정]	개정된 「민사소송법」 [법률 제10859호, 2011.7.18., 일부개정]
<신 설>	제163조의2(확정 판결서의 열람·복사) ① 제162조에도 불구하고 누구든지 판결이 확정된 사건의 판결서(「소액사건심판법」이 적용되는 사건의 판결서와 「상고심절차에 관한 특례법」 제4조 및 이 법 제429조 본문에 따른 판결서는 제외한다)를 인터넷, 그 밖의 전산정보처리시스템을 통한 전자적 방법 등으로 열람 및 복사할 수 있다. 다만, 변론의 공개를 금지한 사건의 판결서로서 대법원규칙으로 정하는 경우에는 열람 및 복사를 전부 또는 일부 제한할 수 있다. ② 법원사무관등이나 그 밖의 법원공무원은 제1항에 따른 열람 및 복사에 앞서 판결서에 기재된 성명 등 개인정보가 공개되지 아니하도록 대법원규칙으로 정하는 보호조치를 하여야 한다.

V. 판결문 공개의 성과와 한계

지금까지 살펴본 바와 같이, 국민의 알 권리를 보장하고 사법의 책
무성 강화를 위해 도입된 판결문의 전면적 공개는 형사재판의 경우
2013년부터, 민사재판의 경우 2015년부터 시행되었다. 그러나 이러한
성과에도 불구하고 판결문 열람의 절차가 복잡하고 요구사항이 많아서
완전한 공개가 아닌 형식적인 공개에 그친다는 비판이 지속적으로 제
기되었다. 실제로 대법원 홈페이지에서 판결문을 검색하기 위해서는
기본적으로 이용자의 개인정보를 제공해야 하며, 열람을 원하는 판결
의 법원명과 사건번호, 그리고 사건 당사자의 이름을 입력해야 검색이
가능하도록 했다. 판결문의 완전한 공개라고 하기에는 접근이 매우 제

기존의 「형사소송법」 [법률 제9765호, 2009.6.9., 타법개정]	개정된 「형사소송법」 [법률 제10864호, 2011.7.18., 일부개정]
<신 설>	제59조의3(확정 판결서등의 열람·복사) ① 누구든지 판결이 확정된 사건의 판결서 또는 그 등본, 증거목록 또는 그 등본, 그 밖에 검사나 피고인 또는 변호인이 법원에 제출한 서류·물건의 명칭·목록 또는 이에 해당하는 정보(이하"판결서등"이라 한다)를 보관하는 법원에서 해당 판결서등을 열람 및 복사(인터넷, 그 밖의 전산정보처리시스템을 통한 전자적 방법을 포함한다. 이하 이 조에서 같다)할 수 있다. 다만, 다음 각 호의 어느 하나에 해당하는 경우에는 판결서등의 열람 및 복사를 제한할 수 있다. 1. 심리가 비공개로 진행된 경우 2. 「소년법」 제2조에 따른 소년에 관한 사건인 경우 3. 공범관계에 있는 자 등의 증거인멸 또는 도주를 용이하게 하거나 관련 사건의 재판에 중대한 영향을 초래할 우려가 있는 경우 4. 국가의 안전보장을 현저히 해할 우려가 명백하게 있는 경우 5. 제59조의2제2항제3호 또는 제6호의 사유가 있는 경우. 다만, 소송관계인의 신청이 있는 경우에 한정한다. ② 법원사무관등이나 그 밖의 법원공무원은 제1항에 따른 열람 및 복사에 앞서 판결서등에 기재된 성명 등 개인정보가 공개되지 아니하도록 대법원규칙으로 정하는 보호조치를 하여야 한다.

한적이었고, 따라서 판결문 열람을 통해 유사한 사례를 참고하여 소송을 준비하거나 불필요한 소송을 줄이고자 하는 판결문 공개의 목적에도 합당하지 않다는 비판이 제기되곤 했다(이환춘 2013).

이러한 지적에 따라, 판결문 공개제도를 개선하여 2019년 1월 1일부터 '판결서 인터넷 통합열람·검색 서비스'를 개시함에 따라 종전과는 달리 어느 한 법원의 홈페이지에 접속하면 해당 법원의 판결뿐만 아니라 전국 모든 법원의 판결서 열람·검색이 가능하도록 했다. 이는 기존까지 해당 판결이 이루어진 법원 홈페이지에 방문해야만 검색이 가능하던 것을 전국 어느 법원의 홈페이지에서도 검색이 가능하도록 개선한 것이다. 또한, 희망하는 판결문을 열람하기 위해서는 사건번호와 피고인 성명을 정확하게 입력해야만 판결문 열람이 가능하도록 했던 것을 개선하여, 임의어(키워드) 검색을 통해 관련된 판결문들을 찾아 볼 수 있게 하였다.

이렇게 변화되어 시행되고 있는 판결문 공개는 '판결서사본 제공 신청', '판결서 인터넷 열람', '판결서 방문 열람' 등 크게 세 가지로 나누어 진행되고 있다. 먼저 '판결서사본 제공 신청' 제도는 대법원판결이나 각급법원의 판결문을 신청하여 제공받을 수 있는 제도이다.[12] 신청인 누구든지 법원과 사건번호를 특정하여 신청하면 대법원판결이나 하급심판결의 판결문을 이메일, 직접, 우편, 모사전송 등의 방법으로 제공한다. 다만, 판결문은 이름 등 개인에 관한 사항이 삭제된 사본으로 제공되며, 재판 당사자에게 교부되는 판결정본, 등본은 포함되지 않는다. '판결서 인터넷 열람' 제도는 확정된 민·형사상사건의 비실명 처리된 판결서를 인터넷을 통하여 검색 열람·복사할 수 있는 제도이다. 다만,

---

12 판결문 공개제도에 대한 자세한 사항은 대한민국 법원 홈페이지 참조(https://www.scourt.go.kr/portal/information/trialrecord_offer/overview/index.html)

이 경우에도 판결서 인터넷 열람 서비스에서 공개되는 판결문은 개인 정보 보호를 위해 이름, 주민등록번호, 주소 등 개인에 관한 사항은 비 공개 처리된 사본으로 제공되며, 재판 당사자에게 교부되는 판결정본, 등본은 포함되지 않는다.[13] '판결서 방문 열람' 제도는 법원의 종합법률 정보시스템과 판결문검색시스템을 이용하여 판결문을 직접 검색 및 열 람하는 제도이다. 판결서 방문 열람을 이용하기 위해서는 신청자가 검 사, 검찰공무원, 변호사, 법무사, 사법연수생 및 대학교수이거나 법원도 서관장의 승인을 받아야 하며, 사전에 예약 시스템을 통해 예약 후 법 원도서관에 방문하여 90분 동안 사용이 가능하다.

앞으로 판결문 공개의 범위가 보다 확장되고 판결문을 이용하는 것 이 보다 용이해질 것으로 보인다. 2020년 11월 관련법 개정을 통해서 2023년 1월 1일부터는 민사소송의 경우 미확정 사건의 판결문도 공개 하도록 범위를 확대했기 때문이다. 기존까지는 최종 확정된 사건 판결 문만 공개되던 것에서 최종 확정되지 않은 사건의 판결문도 공개하게 되는 것이다. 이와 더불어, 기존까지는 공개되는 판결문의 문자열이나 숫자열 검색이 되지 않았으나, 향후 검색어를 통해 판결문 내용을 검색 할 수 있는 형태로 판결문을 제공하도록 했다.

그러나 이러한 노력에도 불구하고 현재 운영되고 있는 판결문 공개 제도는 '판결문의 완전한 공개'를 통해 공정성과 투명성을 확보하기에 는 제한적이다. 현재 대법원 대국민서비스 시스템에서 검색이 가능한 판결은 대법원 판결의 9.75%, 각급 법원 판결의 0.19% 정도로 전체 판 결의 10% 미만이기 때문이다(강한, 2020). 이는 판결문 공개제도 도입

---

13 비실명 처리가 되는 사항들은 성명과 호, 아이디, 닉네임 등 성명에 준하는 것, 전 화번호, 이메일 주소, 거주지 주소 등의 연락처, 계좌번호, 신용카드 번호, 수표번호 등의 금융정보, 주민등록번호, 소유 부동산 주소, 차량등록번호 등 개인을 특정할 수 있는 정보 등이다.

을 논의하던 2005년 시점의 공개율인 대법원 판결 5%, 각급 법원 판결 0.1%와 큰 차이를 보이는 것이 아니다. 또한 법원도서관에 방문하여 직접 판결서를 열람하는 경우, 검색이 가능한 컴퓨터는 4대가 전부이고, 1인당 90분(60분 추가 연장 가능)으로 제한된 시간 동안 선고법원과 사건번호만 메모할 수 있도록 제한되고, 이후 판결문 사본을 별도로 신청해야 한다. 게다가 온라인으로 제공되는 판결문은 1회 20개까지, 1개당 1,000원의 수수료가 부과된다. 이와 같이, 공개하는 판결문의 비율이 매우 낮고, 판결문에 대한 접근이 용이하지 않고 제한적이라는 점을 고려하면, 판결문의 완전한 공개가 이루어지고 있다고 평가하기 어려운 것이 사실이다. 또한 공개되는 판결문은 개인정보 보호를 위해 개인정보가 비공개 처리되는데, 이때 사건에 관계된 개인, 법인, 단체 등을 비공개 처리함으로써 개인정보 보호의 수준을 넘어 국민의 알 권리를 과도하게 제한하고 판결문 공개의 취지를 약화시킬 수 있다는 비판이 제기된다.

따라서 현재 이루어지고 있는 판결문 공개는 완전하다기보다는 제한적이라고 할 수 있고, 이는 판결문 공개에 대해 법원이 밝히는 "사법절차를 더욱 투명하게 하고 나아가 재판에 대한 국민의 신뢰를 제고하기 위해 시행하는 제도"로 기능하기 위해서는 여전히 과제가 남아 있는 상황이라고 하겠다.[14] 2021년 10월 '대통령직속4차산업혁명위원회'가 미공개 상태인 판결서를 인터넷으로 열람할 수 있도록 조치하는 방안을 사법부와 행정부에 제안하기로 결정하는 등 판결문 공개의 확대를 위한 노력은 지속되고 있다(정윤주 2021). 판결문 공개는 불필요한 소송을 줄이고 재판에 대한 공정성과 투명성을 높여 사법의 책무성을 강화

---

14 대한민국 법원 홈페이지(https://www.scourt.go.kr/portal/information/trialeodes/overview/index.html)

하는 데 매우 중요한 요인이라고 할 수 있다. "책임 있는 사법체계의
확립"은 판결문 공개가 본래의 취지에 맞도록 운영될 때 실현될 수 있
을 것이다.

참고문헌

강한. 2020. "'미확정 판결문도 공개' 법조 민생법안 7건 통과." 『법률신문』
2020/11/23. https://www.lawtimes.co.kr/Legal−News/Legal−News
−View?serial=165917&kind=AF01(검색일: 2021. 10. 02).

국회 사법제도개혁특별위원회. 2011. 『사법제도개혁특별위원회 활동결과보
고서』. 서울: 국회 사법제도개혁특별위원회.

김배원. 2006a. "판결문의 공개 확대방안에 대한 헌법적 검토." 『법학연구』
제47권 제1호, 77−108.

_____. 2006b. "'재판기록 및 재판정보의 공개방안'에 대한 검토." 사법제
도개혁추진위원회, 『사법제도개혁추진위원회 자료집 제13권: 연구보
고서·참고자료 Ⅵ−9』, 464−465.

김선수. 2008. 『사법개혁 리포트』. 서울: 박영사.

김종철. 2010. "사법제도의 개정 필요성과 방향." 『헌법학연구』 제16권 제3
호, 109−110.

김형철. 2016. "비교론적 관점에서 민주주의 공고화 검토: 개념, 측정, 그리
고 우호조건." 강원택 편, 『대한민국 민주화 30년의 평가』. 서울: 대
한민국역사박물관, 331−370.

대법원. 2010. "사법제도 개선안." 『대법원보도자료』 2010/03/26.

대한민국국회. 2010. "제289회 국회(임시회) 사법제도개혁특별위원회 회의
록." 제5호 (2010/04/20).

_____. 2011a. "제299회 국회(임시회) 사법제도개혁특별위원회 회
의록(법원관계법심사소위원회)." 제12호 (2011/04/05).

_____. 2011b. "제301회 국회(임시회) 사법제도개혁특별위원회 회
의록(법원관계법심사소위원회)." 제16호 (2011/06/03).

류영재. 2019. "사법의 책무와 독립성을 조화시키기 위한 실천적 과제 제
안: 사법행정 제도개혁을 중심으로." 『법과 사회』 60권, 97−118.

문재완. 2005. "사법부의 독립성과 책임성." 『미국헌법연구』 제16권 제2호, 195-231.

박경신. 2006. "판결문의 공개의 필요성과 긴급제안: 판결문과 재판기록을 분리하자." 사법제도개혁추진위원회, 『사법제도개혁추진위원회 자료집 제13권: 연구보고서·참고자료 Ⅵ-9』. 서울: 사법제도개혁추진위원회, 484-489.

박상철 외. 1991. 『국민법의식조사연구: 법치주의의 정착가능성 진단』. 서울: 한국법제연구원.

사법개혁위원회. 2005a. 『국민과 함께하는 사법개혁: 사법개혁위원회 백서』. 서울: 사법개혁위원회.

_____. 2005b. 『사법개혁위원회 자료집 (Ⅳ): 제14차~제27차 회의 결과』. 서울: 사법개혁위원회.

_____. 2005c. "재판기록 및 재판정보의 공개," 『사법개혁위원회 자료집 (Ⅵ): 제14차~제27차 회의 자료』. 서울: 사법개혁위원회.

사법제도개혁추진위원회. 2006. 『사법 선진화를 위한 개혁: 사법제도개혁추진위원회 백서 (상)』. 서울: 사법제도개혁추진위원회.

신평. 2013. "전관예우의 근절책." 『법학논고』 제43집, 1-26.

여미숙. 2006. "판결 공개 범위 확대 방안." 사법제도개혁추진위원회, 『사법제도개혁추진위원회 자료집 제13권: 연구보고서·참고자료 Ⅵ-9』. 서울: 사법제도개혁추진위원회, 389-397.

여상규 외. 2010. 『법원조직법 일부개정법률안』 (2010/03/24 발의).

이상윤. 2009. 『법전문가의 법의식조사연구』. 서울: 한국법제연구원.

이상원. 2012. 『판결과 기록의 공개 그리고 투명한 사법』. 서울: 경인문화사.

이세정·이상윤. 2008. 『2008 국민법의식 조사연구』. 서울: 한국법제연구원.

이유봉·김대홍. 2020. 『한국인의 법인식: 법의식조사의 변화와 발전』. 한국법제연구원.

이종철. 2006. "재판기록의 공개 개선방안." 사법제도개혁추진위원회, 『사법제도개혁추진위원회 자료집 제13권: 연구보고서·참고자료 Ⅵ-9』.

서울: 사법제도개혁추진위원회, 436-450.

이해완. 2006. "사법정보의 공개에 대하여." 사법제도개혁추진위원회, 『사법제도개혁추진위원회 자료집 제13권: 연구보고서·참고자료 Ⅵ-9』. 서울: 사법제도개혁추진위원회, 471-484.

이환춘. 2013. "판결문 인터넷 공개 '취지 무색'." 『법률신문』 2013/02/10. http://www.lawtimes.co.kr/LawNews/News/NewsContents.aspx?serial=72120(검색일: 2021. 08. 20).

임혁백. 2017. "전환기 정의세우기." 김재한 편, 『1987년 민주헌정체제의 등장과 운영 Ⅰ: 김영삼』. 카오스북, 17-57.

정윤주. 2021. "4차산업혁명위 ' 판결서 공개해 인터넷 열람' 제언." 연합뉴스 2021/10/28. https://www.yna.co.kr/view/AKR20211028130600017?input=1195m(검색일: 2021. 09. 04).

정종섭. 2001. 『헌법연구 2』. 서울: 박영사.

정진경. 2001. "사법권의 독립과 관련한 사법개혁방안." 『인권과 정의』 통권 제293호, 116-130.

최선. 2015. "사법권력의 증대와 통제: 민주주의와 법치주의의 관계를 중심으로." 『헌법학연구』 제21권 제1호, 165-197.

한상희. 2011. "전관예우방지법." 『의정연구』 제17권 제3호, 217-224.

Choi, Sun. 2016. "Diagnosis of and Finding Alternatives to the Crisis of Judicial Trust for the Advancement of Democracy in South Korea." *East and West Studies* 28(3), 31-64.

Fearon, James D. 1999. "Electoral Accountability and the Control of Politicians: Selecting Good Types versus Sanctioning Poor Performance." Adam Przeworski, Susan C. Stokes, and Bernard Manin. eds. *Democracy, Accountability and Representation*. Cambridge: Cambridge University Press, 55-97.

Geyh, Charles Gardner. 2008. "The Endless Judicial Selection Debate and

Why it Matters for Judicial Independence." *21 Geo. J. Legal Ethics*, 1259－1281.

Geyh, Charles Gardner. 2006. "Rescuing Judicial Accountability from the Realm of Political Rhetoric." *56 Case W. Res. L. Rev*, 911－935.

Mainwaring, Scott. 2003. "Introduction: Democratic Accountability in Latin America." Scott Mainwaring and Christopher Welna. eds. *Democratic accountability in Latin America*. New York: Oxford University Press, 3－33.

Moncrieffe, Joy Marie. 1998. "Reconceptualizing Political Accountability." *International Political Science Review* 19(4), 387－406.

Mulgan, Richard. 2003. *Holding Power to Account: Accountability in Modern Democracies*. Basingstoke: Palgrave Macmillan.

Philp, Mark. 2008. "Delimiting Democratic Accountability." *Political Studies* 57, 28－53.

Przeworski, Adam, Susan C. Stokes, and Bernard Manin. eds. 1999. *Democracy, Accountability and Representation*. Cambridge: Cambridge University Press.

Schedler, Andeas. 1999. "Conceptualizing Accountability." Andreas Schedler, Larry Diamond, and Marc F. Plattner. eds. *The Self－Restraining State: Power and Accountability in New Democracies*. Boulder, Colo.: Lynne Rienner Publishers, 13－28.

Vanberg, Georg. 2008. "Establishing and Maintaining Judicial Independence." Keith E. Whittington, R. Daniel Kelemen, and Gregory A. Caldeira. eds. *The Oxford Handbook of Law and Politics*. Oxford ; New York: Oxford University Press, 99－118.

제7장

사법행정을 통해 본 사법의 책무성

최 유 경

Ⅰ. 법의 지배와 사법(司法)

지난 2017년, 우리는 한 나라의 대통령이 탄핵되는 장면을 목격하였다. 국민의 지지로 선출된 권력은 민주주의 체제가 정해 놓은 사법절차와 원칙에 따라 더 이상 권력을 유지할 수 없게 되었고, 새로운 권력이 창출되었다. 당시 사법부는 행정권의 건전한 견제자 역할을 전혀 수행하지 못했을 뿐 아니라 중앙집권적이고 폐쇄적인 사법행정권의 남용으로 법원 내외부에 실력을 행사하는가 하면, 적체된 모순과 한계를 고스란히 드러내고야 말았다. 이로써 우리는 정치적으로 필요하다면 재판마저 거래의 대상이 될 수 있고, 기관의 이익과 경제적인 가치를 위해서라면 법률가 윤리나 직역 간의 경계마저 가볍게 무시될 수 있다는 공공연한 좌절감을 명백히 확인하게 되었다. 사법부의 심상치 않은 행보에도 불구하고, 지금까지 어느 것 하나 명쾌하게 설명이나 답변이 이루어진 것 같지 않다. 신성화된 사법은 이른바 사법농단의 후속적인 처리 과정에서조차 절대적 독립성을 내세웠고, 전(全) 과정을 통틀어 주권자인 국민이 주체가 될 수는 없었다. 그동안 사법행정을 개선하기 위해 제왕적 대법원장의 권한을 분산시키자는 주장부터 전관예우의 폐단을 근절하기 위해 퇴직 후 공직자의 취업을 일부 제한해야 한다는 논의와 재판과 판결문 공개 범위를 확대하자는 등의 주장이 반복적으로 제기되어 왔음에도 불구하고 어느 것 하나 문제 해결의 근본적인 치유책이 되지 못했다. 사법농단의 충격은 법원 스스로 한발 물러나 법원행정처를 폐지하겠다는 과감한 결단으로 이어지는 듯 보였지만, 해당 법안들은 여전히 국회에 계류 중이다. 우리의 민주주의는 이대로 괜찮은 것인가?

이 장은 헌법상 보장된 사법의 독립성에도 불구하고 그것이 헌법의 기본 정신에 반(反)하는 수준의 독립까지 보장한다는 의미가 아니며, 외부로부터의 견제로부터 자유로울 수 없으나 궁극적으로는 사법의 책무성에 기인하여 온전하여질 수밖에 없다는 논증을 이어가는 데 목적이 있다. 한국에서의 사법개혁 담론은 사법의 독립성에 대비되는 개념으로 '민주적 정당성'을 제시하는 경향이 뚜렷했다. 하지만, 사법부가 반드시 입법부와 행정부와 같이 직간접의 선거를 통해 국민의 의사를 물어 구성되어야 하는 것은 아니다. 실제로 국가와 관할에 따라 법관의 자격요건과 임용의 방식은 다양하며, 우리의 사법부 역시 헌법과 법률에 근거하여 구성되고 운영되어 온 국가기관이다. 다만, 민주적 정당성의 결여를 강조하는 입장은, 사법부의 구성과 조직을 관통하는 원리로서의 사법의 독립과 대비되는 개념으로 사법의 책무 담론으로 이어지는 것이 자연스러워 보인다. 구체적으로는 법관의 선발과 양성, 법관의 평가와 직무 순환, 사건의 배당, 법관 징계와 탄핵 등 이른바 사법행정의 영역 등을 논의해 볼 수 있겠다. 우리 사법부는 그동안 법원행정처를 중심으로 법원의 인사, 보직, 보수, 평가, 징계 등 행정 전반에 관한 사항을 관장하면서 막강한 내부 권력을 창출하는 한편, 자유자재로 이를 운용해 왔다는 점에서, 그것이 21세기 대한민국의 민주주의가 사법부에 기대하는 역할로 여전히 충분한 것인지 성찰이 필요한 시점이다.

Ⅱ. 사법의 책무성을 논의해야 하는 배경과 이유

　헌정사상 사법(司法)은 여러 차례 개혁의 대상으로 인식되어 왔고, 90년대 중반부터 2000년대 중반 세 차례에 사법개혁의 흐름 속에서 국민 참여 재판제도의 도입을 비롯해 법학전문대학원 제도 도입과 법조일원화를 중심으로 한 법률가양성제도의 전면적인 개편을 이룬 바 있다. 그럼에도 불구하고 새로운 제도의 운영과정에서 새로운 문제점이 제기되는가 하면, 대표적으로 전관예우와 같이 민주적인 사법제도 발전에 고질적인 걸림돌이 되는 문제들은 근본적으로 해결되지 못하고 있는 것도 사실이다. 특히 2017년 전후 세상에 드러난 사법농단 사태는, 민주주의와 법치주의는 물론 권력 분립에 입각한 사법의 독립성이 더 이상 훼손될 수 없을 지경에 이르렀음을 진단받았음에도 여전히 치유되지 못한 채 공전하고 있다.

　우리 사법부는 주로 외부로부터의 독립을 지켜내기 위해 외롭고 처절한 노력을 기울여 왔지만, 지금은 역설적으로 주권자이자 헌법상 사법권의 위임권자인 국민의 접근을 어렵게 만들고, 법관들마저 법원 내부로부터의 완전히 독립적인가 자문하지 않을 수 없게 된 것이다. 2017년 법원 내 국제인권법연구회가 실시한 한 설문조사에서 "대법원장, 법원장 등 사법행정권자의 정책에 반하는 의사표시를 한 법관이 보직, 평정, 사무 분담에서 불이익을 받을 우려가 없다"라는 설문에 대하여 약 88.2%의 법관들은 "공감하지 않는다"라고 답변한 반면, 고작 11.8%만이"공감한다"라고 답변하여 충격을 안겼다(김영훈 2017). 그동안 사법부가 입법부와 행정부를 비롯한 외부로부터의 독립을 어느 정도 실현했다는 자부심 뒤에 정작 법원 내부의 사법행정권자로부터의 독립성을 충분히 확보하지 못하고 있는 것이 아닌가 하는 인정하고 싶지 않은 상황을 명확한 수치로 보여준 사실상 첫 설문조사 결과였기 때문이다. 그 외에도 이 설문에서, "주요 사건에서 상급심 판결례의 판단내용에 반하는 판결을 한 법관이나 행정부 또는 특정 정치세력의 정책에 반하는 판결을 한 법관이 불이익을 받을 우려가 없다"라는 질문에 대해 공감하지 않는다는 답변이 47%에 달하는 등 법원 내에서 판사들 스스로 대법원장과 법원장의 사법행정권 행사가 행정부 또는 특정 정치세력의 영향을 받을 수 있다고 생각하고 있다는 것을 보여주었다(김영훈 2017).

이 설문 가운데 각급 법원의 사법행정과 관련하여서는 "법관들이 소속 법원 법원장의 권한을 의식하는 편이라고 생각하십니까?(복수 응답)"라는 질문에 대하여 약 91.6%가 "의식하는 편이라고 생각한다"라고 답변하였고, 그중에서도 98.3%가 "행정 관련 권한"에 대해서, 약 67.3%는 "사무 분담의 결정 및 사건배당 관련 권한", 66.5%는 "해외연수 선발 의견 개진권"에 대하여 그 권한을 의식한다고 차례로 답변했다. 당시 설문조사는 법관들로 구성된 연구회가 동료 법관을 대상으로 실시했다는 점과 사법행정의 관점에서 사법의 독립성 여부를 간접적으로 확인할 수 있는 문항들로 구성되어 있었다는 점에서 의미가 크다. 이를 통해 누구보다 법관들이야말로 사법행정이라는 미명 아래 법원 내부의 수직적인 관료 구조가 사법의 독립성을 잠식해 왔음을 자각했을 것이기 때문이다(김영훈 2017).

현행 헌법은 제101조 제1항에서 "사법권은 법관으로 구성된 법원에 속한다"라고 규정하여 사법권이 원칙적으로 법원에 귀속되는 권한임을 밝히고 있다. 헌법은 제103조 및 제106조를 통해 '법원의 독립'과 '법관의 재판상 독립'을 각각 규정하고, 사법의 객관성과 공정성을 보장한다. 뿐만 아니라 헌법 제101조 제3항, 제102조 제3항 및 헌법 제108조는 다른 어떤 국가기관이나 권력도 법관의 재판에 간섭하거나 영향력을 행사할 수 없음을 천명하고 있다. 이러한 헌법의 원리 아래 우리는 사법부와 그 구성원인 법관은 어떤 내·외부적인 두려움이나 호의에 대해서도 완전히 독립되며, 정치적·경제적·실력적 영향력의 행사로부터 자유롭게 되었다고 믿었다. 하지만, 대외적 독립성을 확보한 사법부(대법원)가 오히려 폐쇄성과 관료화, 편향화를 극복하지 못하게 될 때 더 이상 이를 견제할 아무런 수단이 존재하지 않는다는 모순에 대해서는 치유책을 마련하기가 용이하지 않다(정종섭 2015). 그뿐만 아니라 현행 법원조직법이 정하고 있는 법원의 사법행정 구조는 대법원장이 전국의 모든 법관과 법원 공무원의 선발(임명), 승진, 전보와 같은 법관의 인사 문제를 비롯하여 각급 법원의 예산, 인력 운용, 사건의 배당 등을 철저히 관리·통제하는 결과를 낳고 있다. 즉 사법부 구성의 획일성이나 의견 수렴 구조의 폐쇄성이 합의제 정신이나 각급 법원의 자치 원리를 살리지 못하고 있는 것이다. 대법원은 위에 언급한 설문 결과의 공표를 막기 위해 무리한 시도를 감행했다. 이는 법원행정처 블랙리스트 사건으로 번지게 되었으며, 당시 대법원장과 법원행정처를 중심으로 한 재판 거래 의혹까지 불거지면서 관련 법관과 법원의 수장이 구속되는 결과를 낳기도 했다. 결과적으로 사법의 독립은 '책무(accountability)'의 개념에 근거를 둔 법원, 나아가 법관 스스로의 자정 작용 없이는 온전하게 달성할 수 없는 헌법적 장식물에 지나지 않게 될 뿐이다. 특히 법원이 그토록 간절히 원하는 국민으로부터의 '신뢰'야말로 사법부 이외의 그 누구도 보장해줄 수 없는 가치이기 때문이다(최유경 2015).

1. 헌법상 사법의 독립과 책무성 vs. 민주적 정당성 간 개념 구분의 필요성

사법의 독립은 사법 작용이 갖는 본질과 기능 때문에 사법권에 대해서는 정치권력으로부터 중립적일 것이 요청되고, 이 같은 원리가 재판은 물론 사법권의 구성이나 운영에서도 관철되어야 한다는 헌법적 당위로 이해되어 왔다. 2000년 초부터 행정수도 이전이나 대통령 탄핵, 정당해산 여부를 둘러싼 정치적 공방이 종국적으로 헌법재판소의 최종적인 유권해석을 통해 해결되는 듯한 양상마저 보이면서 우리나라에서도 '정치의 사법화'나 '사법의 정치화' 현상이 낯설지 않게 되었다. 한편 사법개혁 논의에서 사법의 대표성과 책임성을 강화하는 목적에서 사법의 민주화라는 수사가 습관처럼 동원되었는데, 구체적으로는 입법부나 행정부에 비하여 사법부가 선출된 권력에 기반하지 않고 있어, 민주적 정당성에 취약한 구조를 갖게 되었다는 인식에 기반하고 있었다. 이는 사법부를 구성함에 있어서 법관의 임명(재임용), 평가, 징계는 물론 심지어 재판의 과정에도 국민 참여를 (일부) 보장하고, 사법부 구성의 다양성을 확보하여야 하며, 재판과 사법행정의 투명성이 보장되는 전방위적인 개혁이 요구된다는 논의로 표출되곤 했다(최유경 2020).

다만 이 지점에서 "'사법의 책무성'에 관한 담론이 민주주의 내지 민주화라는 표현이 갖는 정치 관련성 논란을 차단하고자 하는 전략"이라는 분석은 앞선 개념들과 달리 사법의 책무성에 대한 헌법적 논의가 충분하게 발전하지 않은 우리의 상황을 고려할 때 오히려 이제야 사법의 독립에 대비되는 개념으로서의 사법의 책무성을 논의해야 하는 당위성을 다소 약화시키는 것이 아닌가 한다(Atchison 1999; Bandes 2006; Burbank 2007). 우리나라에서의 사법개혁 논의가 '민주적 정당성' 확보의 관점에서 이루어졌던 것은 1970년~1980년대 민주화 운동의 일환으로 사법이 개혁의 대상임을 논증하는 과정에서 다른 나라에서 찾아보기 드문 논의의 방향성을 가지고 있었다. 대부분의 선진 근대 사법제도를 경험한 국가들이 사법의 독립성과 책무성의 조화로운 모색의 관점에서 접근해 온 역사가 길다는 점을 감안하면 더욱 특수한 상황이라 하겠다. 그러므로 21세기 헌법적 지평에서 사법의 독립과 책무를 논하고자 한다면, 민주적 정당성 논의를 넘어서는 헌법 이론적 접근이 요구되는 것이다.

그뿐만 아니라 우리 사법은 역사적으로 먼저 외부로부터의 독립을 지켜내는 것이 일차적으로 중요했으며, 그러기 위해서는 사법행정권을 독립적으로 운영할 수 있도록 하는 과정에서 법원행정처를 중심으로 지나치게 사법관료화 현상을 강화해온 측면을 부정하기 어렵다. 따라서 헌법상 사법의 독립성과 책무성 조화 방안을 논의함에 있어서는 한국적 특수성을 반영하되 사법의 독립성, 책무성, 민주적 정당성의 개념을 보다 정치하게 구분하고, 이에 대한 헌법적 이론 구성이 요구된다(류영재 2019). 특히 이 글의 목적은, 구체적인 사법행정권의 종류와 사안에 따라 이를 누구에게로 어떻게 분산시켜야 하느냐에 대한 대안을 제시하기 위한 것이라기보다는 좀 더 큰 틀에서 사법행정권을 누가 행사하느냐와 무관하게 어떻게 '책무성을 강화할 것이냐'에 관한 논의를 발전시키는 데 있다.

2. 사법의 책무성의 개념과 범위

현행 헌법은 제101조 제1항에 "사법권은 법관으로 구성된 법원에 속한다."라고 규정하여 사법권이 원칙적으로 법원에 귀속되는 권한임을 밝히고 있다. 일반적으로 사법부의 구성 원리 또는 헌법원리로는 민주성·독립성·중립성·공정성·능률성·경제성 등을 들기도 하며(권영성 2010; 한수웅 2016), 논자에 따라서는 전문성·독립성·민주성(또는 대표성)을 법원의 구성 원리로 제시하기도 하나(정종섭 1998; 송기춘 2003), 그 으뜸에는 사법의 독립성이 있음은 분명하다(한상희 2012; 최유경 2015). 이는 사법기능의 이행에 있어서 법관은 오로지 헌법과 법률만을 기준으로 삼아야 하고, 법원 외부는 물론 내부의 어떠한 영향이나 지시나 명령에 따라서는 안 된다는 천명이기도 하다. 그간 우리나라에서의 사법개혁은 민주적 정당성의 요청에서 자유롭지 않았고, 법원 내 관료화·권위주의로부터 사법행정의 분권화, 민주화, 수평화를 추구하는 제도의 정비가 필요하다는 논의를 중심으로 이루어져 왔다(정종섭 1998). 다만 작금의 사법농단 사태 이후, 한국의 법원이 더 이상 민주적 정당성만을 확보하는 것으로도 손상된 신뢰를 온전하게 회복하는 것이 어렵고, 법원행정을 순수한 재판 업무와 분리하여 누구에게, 어떤 방식으로 맡길 것인지에 대한 근본적인 헌법적 질문으로 회귀하게 만든 셈이다 (Zemans 1996; Burbank 2005; Geyh 2006).

이 장에서는 필자가 2015년도에 수행한 선행 연구로부터 도출한 사법의 책무성 개념을 차용하기로 한다(최유경 2015).

"국민으로부터 사법권을 위임받아 이를 이행하는 사법 권력의 주체가 그 책임이나 의무를 수행하고[1] 그 과정과 이유, 결과에 대하여 책무요구자인 국민에게 보고 · 설명 · 해명하는 의무"

이에 따르면, 사법의 책무는 일방적이고 소극적인 의무를 넘어 보다 적극적인 개념으로서 의무수행을 전제로 그 결과에 대하여(① 사후성) '설명하거나 답변할 수 있는(② 설명 가능성/답변 가능성)' 개념을 포함할 뿐 아니라[2] 관련된 주체 간의 제한적인 법률적 양면 관계보다는 상호 이해와 협력을 전제로 한 소통(커뮤니케이션)과 상호작용(③ 상호성)과 같은 포괄적인 다자관계를 지향하는 개방적인 개념으로 볼 수 있다(Tarr 2012; 김규태 2005). 즉, 사법의 책무는 단순한 권한의 위임에 따른 의무의 이행을 넘어 '특정 활동에 대한 결과를 보고 · 설명 · 해명하는 과정'까지 포함되는 것으로서 사법 권력은 위임받은 권한의 이행 과정을 다른 국가권력 기관과 국민에게 설명하거나 답변하여야 한다(최유경 2015). 사법부가 부담하는 이와 같은 답책 의무는 일차적으로 사법부의 고유한 기능으로서의 재판(판결)에 관한 것이어야 할 것이고, 법관의 인사(선발, 교육, 평가, 전보, 재임용 등), 사건의 배당, 법원의 예산/회계

---

1 사법의 책무를 개념화함에 있어서는 책임이나 의무의 수행에 있어서 그 방법이 적법하고 예견 가능할 것 또는 정당하거나 위임의 범위 내일 것 등의 요건이 추가적으로 논의될 필요성이 있을 것이지만 본 장에서는 이에 대해서 상세히 다루지는 않았다.
2 책무성은 '설명책임'이라는 용어로도 사용되고 있으며 다른 주체에게 기업 및 조직 활동을 공개하고 설명하는 등 사회 구성원과의 원활한 커뮤니케이션을 전제로 한다고 하면서 특히 공적 서비스를 제공하는 기업의 경우 법적 윤리적 차원에서 운영 내용과 성과에 대한 평가를 받을 뿐 아니라 공적 서비스의 목표(공익)를 제대로 달성하였는가의 결과적 책무성까지 부여받게 된다고 설명하기도 한다.

외에도 법관의 징계나 탄핵 등에 관한 전반적인 사항에 관한 것을 포함하는 것으로 이해하는 것이 타당해 보인다.

　사법의 책무성은 헌법 제7조 제1항 "공무원은 국민 전체에 대한 봉사자이며, 국민에 대하여 책임을 진다"라는 규정에서 직접적으로 도출될 수 있다. 국가로부터 '사법권'을 위임받은 권력기관 또는 권력기관의 구성원(=공직자/법관)은 국민으로부터 도출되는 국가권력을 위임받은 수탁자의 지위를 가질 뿐이며, 공직은 신탁관계의 원리에 입각하여 국민에 대하여 책임을 부담하기 때문이다(주체). 사법의 책무를 부담하는 주체는, 국가기관으로서의 사법부와 그 구성원인 법관 전체로 보는 것이 타당하다. 또한 사법의 본질이 고도의 독립성과 전문성을 바탕으로 법 해석과 법 적용을 통한 분쟁 해결에 있으며, 주로 재판을 통해 그 작용이 이루어진다는 특징을 감안할 때, 일차적으로 소송당사자나 일반 국민에 대하여 그 책무를 부담하는 것으로 볼 수 있다(객체). 또한 사법의 책무는 사법기능 전반에 이르는 영역에 대한 것으로 이해하여야 하고, 좁게는 법 해석과 적용, 재판에 대한 것이라고 볼 수 있는 반면 넓게는 권력 분립상 다른 권력기관인 입법부와 행정부에 대해서까지 부담하는 의무로 이해할 수 있다(대상). 사법의 책무는, 제도적 책무와 행위적 책무, 나아가 판결에 대한 책무의 세 가지 책무로 구성해 볼 수 있겠다(최유경 2015). 특히 사법행정권의 행사와 관련하여서는 일차적으로 제도적 책무를 부담하는 것으로 이해할 수 있으나, 사법농단에 관여한 것으로 보이는 일부 법관들의 행위적 책무가 면제된다고 볼 수 없으며, 나아가 재판에까지 관여한 정황이 존재하는 한 판결에 대한 책무까지 크게 훼손한 것으로 보아야 한다(류영재 2021).

　요컨대 사법의 책무는 첫째, 명시된 의무사항의 이행 또는 수행 이

후의 시점에 측정과 평가가 이루어진다는 점에서 사후성(ex-post)을
지니며, 둘째, 의무수행의 과정 및 결과에 대한 설명과 입증이 가능해
야 한다는 점에서 설명가능성(answerability)과 응답성(responsiveness)을
주요 가치로 여긴다. 그 외에도 셋째, 사회적 동의를 구하는 과정에서
책무수행자와 대상자 간 상호소통 즉 상호성(mutuality, reciprocality)이
중시되므로 결과적으로 사법의 책무 관점에서는 사법행정의 조직구성
과 체계, 형식과 절차 등이 변경되더라도 본질적으로 제도적 책무, 행
위적 책무, 그리고 판결에 대한 책무를 부담하게 되는 것이라 할 수 있
다(최유경 2015).

Ⅲ. 사법행정 구조와 사법의 책무성 강화 방안

1. '사법행정'의 개념과 범위: 대법원장과 법원행정처를 중심으로

대법원에 따르면 사법행정이란, "법원의 조직, 인사, 예산, 회계, 시
설관리 등과 같이 사법부를 운영하는 데 필요한 행정작용"을 의미한다.
그 외에도 사법행정은 "사법기관인 법원의 인적·물적 시설을 운영하
는 작용으로, 법관 등의 인사행정, 법원의 조직·구성 등의 운영·관리,
물적 시설관리, 회계·예산·보수 등의 재무관리를 포함한다"라고 설명
하기도 한다(이헌환 2016). 우리나라의 사법행정의 두드러진 특징은 최
고 법원 산하에 법원행정처를 두고, 대법원장 1인이 권력 구조의 최고
정점에 위치하면서 법관의 인사, 예산, 전보, 보직, 평가와 징계 등 전
반에 걸친 사항을 관장할 수 있다는 점에 있다. 이는 비교법적으로도
쉽게 찾아보기 어려운 사법행정 권력 구조로 긍정적인 측면에서는 사

법부의 절대적인 독립성을 확보하기 위한 것으로 일면 수긍이 되는 제도사적 사유를 감안하더라도, 이미 용인하기 어려운 수준의 권력 남용의 한계를 넘어선 것으로 평가된다. 사법부는 결국, 사법행정권을 활용해서 헌법이 요구하는 '법관의 독립'을 저해하고, 법원 내부로부터의 독립을 훼손시킬 수 있다는 점을 보여주었고(이종수 2017), 현행 구도에서 사법행정상 대법원장이 사실상 모든 판사들에 대한 임명권과 재임용 여부 결정권, 모든 판사들에 대한 전국 단위 2~4년 주기 전보인사권, 모든 판사들의 해외연수 선발권, 모든 행정처 보직에 대한 발탁인사권, 모든 고등법원 부장판사 승진에 대한 결정권, 모든 30여 개 법원장 임명권, 모든 대법관에 대한 제청권 등을 권한을 가지고 있다는 점을 감안하더라도 '제왕적' 대법원장이라는 표현은 대한민국 사법행정의 슬픈 자화상이 아닐 수 없다(차성안 2017).

사정이 이러하다 보니, 법원 내에서 생존해야 하는 일선 판사들로서도 대법원장의 독점적인 법관 임명과 보직권 앞에서 자유로울 수만은 없었다는 점도 주지의 사실이다(김도현 2020). 그동안 법원 내의 관료화나 권위주의로부터 사법행정의 분권화, 민주화, 수평화를 추구하는 제도의 정비가 시급하다는 논의는 사법 개혁론의 주축을 이루어 왔다.

한편, 현행법상 사법행정의 근거는 「법원조직법」에서 주로 찾아볼 수 있다. 이 법에 따르면, 사법행정사무를 총괄하는 주체는 '대법원장'이며, 대법원장은 사법행정사무에 관하여 관계 공무원을 지휘·감독한다(법 제9조). 이에 따라 대법원장은 사법행정사무의 지휘·감독권의 일부를 법원행정처장, 각급 법원의 장, 사법연수원장, 법원공무원교육원장 또는 법원도서관장에게 위임할 수 있으며, 법원행정처는 사법행정사무를 보좌하고, 인사, 예산, 회계, 시설, 통계, 송무, 등기, 가족관계 등록, 공탁, 집행관, 법무사, 법령조사 및 사법제도 연구 등에 관한 사항을 관장한다(법 제19조). 이에 따라 사실상 우리나라 사법행정의 살림은 법원행정처장이 대법원장의 지휘를 받아 법원행정처의 모든 사무를 관장하고, 법원의 사법행정사무를 감독해 왔다고 볼 수 있다(김도현 2018).

반면, 고등법원장은 당해 법원의 사법행정사무를 관장하고(법 제26조), 지방법원장은 당해 법원과 소속 지원 등의 사법행정사무를 관장(법 제29조)하나 대법원장이 대법원규칙 또는 대법원장의 명을 통해서 사법행정의 지휘·감독권의 일부를 이들에게 위임할 수 있다(법 제9조).

다만, 중요한 사법행정사무에 관해서는 대법원장이 대법관회의의 의결을 거쳐 처리하도록 함으로써 마치 대법원장의 일부 권한에 대한 견제가 가능한 것으로 보일 수는 있다. 대법관회의는 사법행정상 최고 의결기관으로, 대법관으로 구성되며 대법원장이 의장이 되고, 판사의 임명 및 연임에 대한 동의, 대법원규칙의 제정과 개정 등에 관한 사항, 판례의 수집·간행에 관한 사항, 예산요구, 예비금지출과 결산에 관한 사항, 특히 중요하다고 인정되어 대법원장이 부의한 사항 등을 의결하도록 되어 있기 때문이다. 그럼에도 불구하고 대법관회의의 의결사항은 전체 사법행정권의 극히 일부분에 불과한 수준이어서, 실질적으로는 대법원장 1인이 방대한 사법행정권을 독점하다시피 운영하더라도 이를 막거나 견제할 수단이 거의 존재하지 않았다고 보아도 무방할 것이다(법 제17조). 그뿐만 아니라 고등법원 이하 각급 법원의 판사회의조차도 사법행정권의 남용을 견제하는 기구 또는 장치로 작동하지는 못한다고 보는 것이 타당해 보인다(김도현 2020). 그 외에도 대법원장은 법관의 '모든' 판사에 대한 임명권(법원조직법 제41조), 보직(동법 제44조), 전보(동법 제46조) 등에 관해서 절대적인 권한을 가지고 있으며, 대법관

제청권 역시 (대법관후보추천위원회의 추천을 거치도록 하는 절차적인 견제수단에도 불구하고) 대법원장이 전유하고 있는 것에 다름 아니어서, 사법부 구성에 관한 한 오롯이 '대법원장'만이 절대권력자로 군림할 수밖에 없는, 과도한 관료제의 한계를 노정하고 있다.

특히 법원행정처는 사법행정의 중추를 담당하는 기관으로, 현직 법관들이 법원행정처 보직을 겸하면서 보직 기간 동안 재판 업무에서 제외되고, 사법행정 업무를 전담하는 방식으로 운영됐던 것이다. 한편, 대법원장과 법원행정처에 의하여 독점적·폐쇄적으로 이루어져 온 사법행정에 관하여 그 투명성을 제고하고 민주성을 강화하기 위하여 대법원규칙 제2857호에 근거하여 사법행정자문회의를 설치하도록 규정하고 있다. 사법행정자문회의는 중요한 사법행정사무에 관하여 대법원장을 자문하는 기능을 담당하며(동 규칙 제2조), 사법행정자문회의는 사법행정사무에 관하여 대법원장이 부의하는 사항을 자문한다. 구체적으로는 동 규칙 제2조에 근거하여, ① 대법원규칙 등의 제정·개정 등에 관한 사항; ②「법원조직법」제9조 제3항에 따라 대법원장이 국회에 제출하는 의견에 관한 사항; ③ 예산요구, 예비금지출과 결산에 관한 사항; ④ 판사의 보직에 관한 사항; ⑤ 그 밖에 사법행정에 관한 중요한 사항 등을 자문한다.

2017년 불거진 사법농단 사태는, 사법행정권의 극단적인 남용이 이루어진 대표적인 사건으로 볼 수 있으며, 법관들로 하여금 사법행정 업무를 담당하도록 한 데 대한 사법행정권의 남용이 임계점에 달하여 폭발한 사건이라 하겠다.

사법행정자문회의는 대법원장을 포함하여 10인의 위원으로 구성하며, 대법원장이 그 의장이 된다(동 규칙 제3조 제1항). 또한 사법행정자문회의 위원은 다음의 자 중에서 대법원장이 임명 또는 위촉한다(동 규칙 제3조 제2항). 현재 사법행정자문회의 위원은 5인의 법관과 대한변호사협회장, 한국법학교수회 회장, 법학전문대학원협의회 이사장 및 한국젠더법학회 회장 등으로 구성되어 있다.

1. 전국법원장회의가 심급, 경력 등을 고려하여 추천한 법관 2인
2. 전국법관대표회의가 심급, 경력 등을 고려하여 추천한 법관 3인
3. 학식과 덕망이 있는 사람으로서 법관이 아닌 사람 4인

그러나 이와 같은 사법행정위원회가 본질적으로 앞에서 열거한 사법행정의 본질적인 문제를 치유함과 동시에, 사법의 책무성을 강화하는 역할을 수행할 수 없음은 진부한 '위원회' 구성 방식에서만 보더라도 쉽게 짐작할 수 있을 것이다.

2. 사법행정의 귀속 주체에 관한 담론과 입법 움직임

사법행정권의 남용과 그에 대한 개선방안에 대한 논의는 1990년대 이후 줄곧 논의되어 왔고, 1994년 김영삼 정부를 시작으로 김대중, 노무현 정부를 거쳐 사법개혁을 논의하는 과정에서 심각한 문제로 지적되어 왔다(최대권 1991; 한상희 2005; 이국운 2008 외 다수). 사법행정제도 개혁을 위해서는 조직의 수평화, 권력의 분권화, 작용의 개방화 등이 강조되어 왔으며, 그 대안으로 대법원장과 법원행정처를 중심으로 하는 수직적·폐쇄적 사법기구를 대신할 협의체로서의 전국법관대표회의 적극적인 활용 또는 사법행정회의 등의 신설 등을 통한 내외부적 통제 메커니즘의 재구성이 제안되는 정도이다.

2017년 사법농단 사태를 정점으로 사법행정 개혁에 관한 다수의 법

원조직법 일부개정법률안이 제20대 국회에 제안된 바 있다. 대법원이 제안한 법률안을 포함한 법안 대부분이 법원행정처의 폐지에 동의하고 있다는 것은, 당시 사법농단에 대한 우리 사회의 충격과 사법부 스스로의 위기 극복 의지를 가늠하기에 충분해 보인다. 법원행정처를 폐지하고, 법관을 사법행정으로부터 분리하는 대신 ① 사법평의회를 신설하는 안(주광덕 의원 대표발의, 의안번호 제2011859, 2018. 2. 8.), ② 사법행정위원회와 전국법관대표회의를 신설하는 안(안호영 의원 대표발의, 의안번호 제2015683, 2018. 9. 20, 박주민 의원 대표발의 의안번호 제2024449, 2020. 1. 2) 등이 제안되었다. 대법원 역시 법원행정처 폐지에는 동의하면서 비(非)법관만으로 운영되는 법원 사무처를 별도로 신설하는 방안을 제안하면서, 법원행정처를 대신해서는 사법부 내에 사법행정회의를 신설하겠다는 방침이었으나 사법행정권 남용의 주된 책임을 부담하는 사법부가 제시한 대안치고는 미봉책에 그친다는 비판을 많이 받는다. 이 같은 대법원의 제안은 여전히 법관 위원이 다수를 점하는 구조를 지닌 사법행정위원회가 근본적으로 우리 사법행정이 드러낸 관료화와 부조리 현상을 치유하고자 하는 본질적인 접근이 될 수 없을뿐더러 무엇보다 사법행정권을 사법부의 전유물인 것으로 헌법을 '잘못' 해석하고 있음에서 기인하는 소극적이고 임기응변적이라는 지적과 비판이 제기되기도 했다(김도현 2021).

한편, 제21대 국회에서는 대표적으로 이탄희 의원이 법원조직법 일부개정법률안을 대표 발의하였다. 이 법안은 "제왕적 대법원장, 법관의 관료화 문제 해결을 위한" 처방으로 "법원행정처를 폐지하고, 비법관 위원이 다수를 차지하는 사법행정위원회를 신설할 필요"를 강조하면서도, 별도로 국회에 사법행정위원회추천위원회를 두도록 하는 방안을 제안하고 있다(이탄희 의원 대표발의, 의안번호 제2101425, 2020. 7. 6). 또한 "사법행정의 영역과 재판의 영역을 엄격히 분리하여, 비법관위원이 참여하는 사법행정위원회가 사법행정을 전담하도록 하고, 대법원장 및 법관들이 재판 업무에 전념하도록 하는 것은 사법부의 독립을 침해하는 것이 아니라 헌법이 정한 사법권 독립, 재판의 독립을 현행 체제보다 더 강하게 보장하는 것"이라는 점을 강조한다. 더욱이 민주적 정당성 확보 차원에서 국회로 하여금 사법행정위원회추천을 하도록 별도의 위원회를 설치하도록 예정하는 등 일부 유럽 국가(독일, 프랑스, 이탈리아, 스페인 등) 모델을 참고해 사법행정기구의 구성에 관해서는 입법부가, 사법행정은 여전히 사법부가 담당하되 비법관위원들이 운영하도록 일종의 절충안을 제시하고 있는 것으로 분석된다.

사법행정권의 남용을 방지하고, 법관의 내부로부터의 독립을 보장하기 위해서 현행 사법행정 구조를 전면적으로 개편하여야 하는 데에는 이론이 없을 것이다. 다만, 사법부를 구성하고 운영하는 구성원 종전과 크게 다르지 않다는 점을 인식한다면 단지 제도의 외부적인 개편만으로 사법행정 영역에서 드러난 폐단과 모순을 충분히 제거하고, 새로운 거버넌스의 구축을 통해 사법행정의 공정성과 투명성, 나아가 독립성과 효율성을 회복할 수 있을 것인지는 불투명하다.

생각건대 헌법 해석상 사법행정은 필연적으로 사법에 포함되는 개념이 아니며, 그렇기 때문에 사법행정 또한 반드시 법원에 속하는 것은 더더욱 아니라는 관점에서는 사법행정권을 누구에게 귀속시킬 것인지는 결국 입법자의 결단에 따라 정해지도록 하면 되는 것이다(황도수 2017; 강용승 2017; 김도현 2021 외). 다만, 그렇다고 하여서 반드시 사법행정권을 일반행정권의 작용으로 보아 사법부의 재판 작용과 사법행정

작용을 단순하게 이분법적으로 나누어 제도적으로 분리하기만 하면 되는 문제로 간주해도 되는지는 신중한 접근을 요한다. 입법부 또는 행정부가 갑자기 사법행정 기능을 수행하게 되었을 때, 아니면 최소한 사법행정 기능을 수행하는 기구나 조직(위원회) 등을 구성하는 데 일정한 권한을 행사하도록 하였을 때, 권력 분립과 견제와 균형의 원리에 입각해서 사법의 독립성을 훼손하지 않으면서도, 사법행정의 효율과 전문성을 담보할 수 있을 것인지에 대한 현실적인 고민이 필요해지기 때문이다(김도현 2018).

바꿔 말하면, 사법행정의 민주적 정당성을 확보하는 차원에서는 이같은 접근의 처방이 당면한 현실에 대한 불가피한 최후의 비책이 될 수 있을지는 몰라도, 새롭게 등장한 사법행전권자들이 사법부 또는 법관에 대한 독립성을 침해하거나 재판의 독립에 영향을 미치게 되는 최악의 상황을 상정해 보지 않을 수도 없는 노릇이다. 근대 민주주의와 법의 지배 관점에서 우리 사법부가 충분히 성숙하지 못하여 작금의 문제들이 야기되었다고 가정한다면, 반대로 입법부와 행정부라고 하여서 반드시 이 문제에 있어서 필요한 만큼의 성숙성을 갖추었는지 여부도 고민하지 않을 수 없다. 무엇보다 사법행정권 자체가 입법부나 행정부로 이양될 때 사법의 책무성 이론이 최소한 사법행정권에 적용되지 않아도 되는 또 다른 공백이 발생하게 되는 점 또한 생각해 보아야 할 것이다.

Ⅳ. 나가며

2017년을 전후로 충격을 안긴 사법농단이 결코 우리 사법부가 가진 모습의 전부는 아닐 것이다. 다만, 우리 사법부가 오랫동안 지나치게 비대한 사법행정권의 구축과 남용으로 비판받았던 지점에 대해서 아무런 변명의 여지가 없게 되었음은 자명해 보인다. 무엇보다 사태의 처리 과정에서 사법부는 사법의 독립성과 억울함만 토로했을 뿐, 주권자를 향한 충실한 설명과 필요한 정보의 공개와 같은 기초적인 사법의 책무조차 수행할 의지를 보이지 않았다는 점은 부정하기 어렵다. 불행하게도 이 과정에서 검찰이 법원과 관련 법관을 압수·수색하는 지경에 이르렀고, 국회에서의 법관의 탄핵마저 논의되지 않을 수 없었다. 시민사회는 충분한 답변과 설명, 상호소통이 부재한 사법부에 실망했고, 제도적인 개선도 어느 것 하나 제대로 이루어진 것이 없다.

민주주의의 필연적 요소로서 권력 분립과 분립된 권력 상호 간의 견제와 균형의 원리는 양보될 수 없고, 더욱이 사법의 독립은 근대 민주주의 입헌국가에서는 포기하거나 간과해서는 안 되는 헌법적 가치로 이해된다. 그럼에도 불구하고 한국의 사법개혁은 대법원장과 법원행정처를 중심으로 한 사법 권력의 집중을 경계하고 분권화, 수평화, 민주화, 투명성을 강화하는 등의 방향으로 논의치 않을 수 없는 것이며, 그 어떤 새로운 제도라 하더라도 사법부와 법관이 그들의 책무에 대해서 깊이 자성하지 않고서는 앞으로도 이 문제는 해소되지 못할 것이다.

이 장에서 강조한 '사법의 책무성' 개념은, 사법부가 재판은 물론 사법행정의 영역에 대한 책임을 일부 부담하는 경우라도 (바꾸어 말하면, 현재의 사법행정권을 전면 재편성하여 입법부나 행정부에 이양하지 않더라도) 사법의 독립성을 폄훼하지 않으면서, 지금까지 드러난 폐단과 한계를 극복하는 최선의 처방으로 작동할 수 있게 하는 헌법적 처방이 될 것이다. 책무와 책임이 결여된 독립성은, 그것이 사법부라 할지라도 용인될 수 없다는 헌법적 결단의 표현이며, 사법행정권을 누구에게 귀속시킬 것이냐를 둘러싼 해석은 그 이후에 기술적으로 결정할 문제로 보는 것이 타당해 보인다.

　그동안 사법행정 개혁에 관한 수많은 논의가 학계, 정계, 일부 판사들을 비롯하여 시민사회와 관계자들을 통해 이루어진 바 있고, 그 대안들은 대체로 현재와 같은 방식으로 현직 법관들이 보직 순환의 구조로 법원행정처에서 사법행정을 전담하는 방식은 지양하고자 하는 데 어느 정도 합의점을 도출한 것으로 보인다. 그것이 법원행정처의 폐지라는 다소 극단적인 선택으로 귀결된 것은, 2017년 이전까지는 짐작과 우려로 점철되었던 사법행정권 남용이 법원 구성원 스스로에 의한 심각한 문제 제기와 폭로로 민낯을 드러내면서 사회적 수인한도를 과도하게 넘어섰기 때문이라고도 볼 수 있다. 대법원 스스로도 더 이상 법원행정처를 수호하기에는 명분이 사라진 지금, 더구나 그 이후 관련자들에 대한 후속적인 처리와 사실의 확인, 그 과정의 투명성 확보 등이 충분히 이루어지지 않은 사정을 고려한다면, 이미 현재의 사법부가 책무성에 기초해 충분하게 해야 했을 설명과 답변을 내놓지 못하고 있는 것은 분명해 보인다. 더 이상 법원행정처를 존립을 옹호하고, 종전과 같이 막강한 권력을 가진 법원 내부의 조직이자 기관으로 존속시켜야 한다는 합리적인 근거를 찾기는 쉽지 않을 것이고, 결국 이를 대체할 대안을 마련하는 것이 과제로 남았다.

　사법행정의 영역 중에서 단순한 행정업무로 볼 수 있는 부분은, 반드시 법원행정처 내지 법관이 구성원인 위원회 등에서 수행해야 할 이유가 없을 것이다. 반면 그보다는 다소 복잡한 연관성과 사법행정권 행사의 '효과' 면에서 영향력이 있는 사법행정권(대표적으로 법관의 선발, 전보, 승진, 유학, 재임용, 평가, 징계, 예산·회계 등)을 행사함에 있어서 한정된 법원의 인력과 업무 수준에서 현상 유지가 가능할 것인지도 우리 사회가 치열하게 고민해야 할 때이다.

지금까지 주로 사법의 민주화 또는 민주적 정당성 확보 차원에서 논의되어 온 사법개혁의 이론은 사법의 본질적 기능에서 도출되는 사법의 책무 담론(談論)으로 그 외연을 확장하지 않을 수 없을 것이다. 물론 사법의 책무라는 개념의 도입만으로 당장 해결해야 하는 사법행정의 합리적인 재구성이 이루어지는 것은 아니며, 예산, 회계, 인사, 전보, 승진, 평가, 징계 등과 같이 법원과 사법부, 나아가 법관 개인의 독립은 물론 재판 작용에 직간접적으로 영향을 미치는 중대한 사안이 사법의 책무라는 관념 속에서 필연적으로 해법을 제시할 수 있는 것도 아니다. 다만, 사법행정권을 재편했을 때 그 주체가 누가 되었든 - 지금처럼 법원 내부의 어떤 기관일지라도, 또는 독립적인 사법행정 기구나 새로운 합의체를 설치하든지 간에 - 유통기한이 끝난 20세기형 법원행정처의 전제적·전횡적 폐습은 과감히 버리고, 법관들로 구성된 전국법관대표회의나 개별 법관들로 하여금 일정한 권한과 책임을 부담하는 또 다른 기구의 설치 등을 시도해봄 직하다. 사법부 내부의 적극적이고 끈기 있는 도전과 시행착오가 아니고서는, 사법행정을 운영하는 제도의 투명성과 객관성, 전문성 등을 확보하는 것은 불가능하다. 사법의 책무를 강조하는 것은 마지막으로 우리 사법부에 다른 기관이나 타자(他者)의 개입 없이 독립성을 수호하고, 주권자인 국민에 대하여 책임을 다할 수 있는 기회를 부여하는 마지막 제안이기도 하다. 당장 시급한 사법행

정사무와 법관의 인사 등에 대해서 사법의 책무를 강화할 수 있는 실
질적인 제도를 고안하고, 소통을 강화하는 동시에 그 실현 정도를 측정
할 수 있는 다양한 지표를 개발함으로써 사법의 책무를 유형화하고, 정
기적으로 평가 및 분석하는 등 경험적·실증적 작업으로 연동될 수 있
는 방안을 고안해 내야 할 것이다.

참고문헌

강용승. "미국의 사법부의 독립성과 책무성.", 『국제적 비교를 통한 법관인
　　사제도의 모색; 법관독립강화의 관점에서, 법원 국제인권법연구회/연
　　세대학교 법학연구원 공동학술대회 자료집(2017. 3.25)』27－41.

공두현. 2021. "사법행정제도 개혁의 현황과 과제: 2017년－2018년 법원 자
　　체 개혁에 대한 점검을 중심으로", 『사법농단 이후의 법원, 법원개혁
　　의 평가와 전망 심포지엄 자료집(2021.9.25.)』127－158.

김규태. 2005. "교육의 책무성 한계에 관한 법적 고찰." 『한국교육』 32(4):
　　281－300.

김도현. 2005. "사법개혁과 법관인사제도－정당한 사법권력의 창출을 위하
　　여." 『민주법학』 29: 69－96.

＿＿＿. 2006. "한국 법관의 커리어 패턴 분석." 『법과사회』 31: 165－186.

＿＿＿. 2018. "법관에 의한 사법행정의 식민지화: 사법행정의 거버넌스 모
　　델과 관련하여." 『법과사회』 59: 177－213.

＿＿＿. 2020. "법관지배형 사법행정의 분권주의적 기초: 미국 연방사법행
　　정의 현황과 역사." 『법과사회』 65: 175－209.

＿＿＿. 2021. "사법행정의 본질과 개혁방향", 『사법농단 이후의 법원, 법
　　원개혁의 평가와 전망 심포지엄 자료집(2021.9.25.)』202－225.

김영훈. 2017. "법관의 독립 확보를 위한 법관인사제도의 모색", 『국제적
　　비교를 통한 법관인사제도의 모색; 법관독립강화의 관점에서, 법원
　　국제인권법연구회/연세대학교 법학연구원 공동학술대회 자료집(2017.
　　3.25)』43－96.

권영성. 2010. 『헌법학원론(개정판)』 파주: 법문사. 1079.

류영재. 2019. "권력분립 원리와 사법권의 독립－ 사법의 책무와 독립성을
　　조화시키기 위한 실천적 과제." 『2019 법과사회이론학회 춘계학술대
　　회 자료집(2019.3.30.)』 37.

송기춘. 2003. "대법원장의 대법관 임명제청권에 관한 헌법적 논의."『민주
　　법학』23: 271－280.

이국운. 2008. "분권사법과 자치사법: 실천적 모색."『법학연구』49(1):
　　369－399.

이인호. 2017. "사법평의회(司法評議會) 방안의 위험성과 그 대안", 국민을
　　위한 사법행정제도 개혁",『국민을 위한 사법개혁 심포지엄 자료집
　　(2017. 9. 20)』, 14－34.

이종수. 2017. "독일의 사법제도 개관 小考－ 특히 법관인사 등 사법행정을
　　중심으로."『국제적 비교를 통한 법관인사제도의 모색; 법관독립강
　　화의 관점에서, 법원 국제인권법연구회/연세대학교 법학연구원 공동
　　학술대회 자료집(2017. 3.25)』7－26.

이헌환. 2016.『사법권의 이론과 체계』, 서울: 유원북스. 105.

정종섭. 1998. "한국 법원제도의 변천과 과제."『헌법학연구』 4(1):
　　188－219.

＿＿＿. 2015.『헌법학원론(제10판)』서울:박영사 1427.

차성안. "(지정토론문) 제왕적 대법원장 권한의 분산을 위한 5대 입법과제
　　를 제시하며",『국제적 비교를 통한 법관인사제도의 모색; 법관독립
　　강화의 관점에서, 법원 국제인권법연구회/연세대학교 법학연구원 공
　　동학술대회 자료집(2017. 3.25)』107. 각주 1.

최대권. 1991. "사법권의 독립: 법사회학적 접근."『서울대학교 법학』32(1, 2):
　　26－50.

최유경. 2015. "헌법철학적 가치로서의 사법의 책무성."『법철학연구』
　　18(2): 65－96.

＿＿＿. 2020. "'사법의 민주적 정당성'에 대한 토론문."『공법연구』49(2):
　　136－137.

＿＿＿. 2021. "사법행정개혁 입법의 동향과 주요내용: 법원조직법 일부개
　　정법률안을 중심으로",『사법농단 이후의 법원, 법원개혁의 평가와
　　전망 심포지엄 자료집(2021.9.25.)』226－246.

한상희. 2012. "대법관 임명절차의 문제점과 개선방안", 『헌법재판관·대법관 어떻게 뽑을 것인가 자료집(2012. 8. 27.)』 26−27.

_____. 2005. "법원행정처의 개혁방향."『민주법학』 29: 51−68.

한수웅. 2016. 『제6판 헌법학』 서울:법문사 1332.

황도수. 2017. "국민을 위한 사법행정제도 개혁", 『국민을 위한 사법개혁 심포지엄 자료집(2017. 9. 20)』 1−12.

Atchison, Amy B., Lawrence Tobe Liebert and Denise K. Russell. 1999. "Judicial Independence and Judicial Accountability: A Selected Bibliography," *Southern California Law Review* 72(2&3): 723−810.

Bandes, Susan. 2006, "Judging, Politics and Accountability: A reply to Charles Geyh," Case Western Reserve Law Review 56:947−964.

Burbank, Stephen B. 2005. "Judicial Accountability to the Past, Present and Future: Precedent, Politics and Power," University of Arkansas at. Little Rock Law Review 28:19−61.

_____. 2007. "Judicial Independence, Judicial Accountability, and Interbranch Relations," Georgetown Law Journal 95:909−927.

Gehy, Charles Gardner. 2006. "Rescuing Judicial Accountability from the Realm of Political Rhetoric," Case Western Reserve Law Review 56:911−935.

Tarr, Alan. 2012. Without Fear of Favor, Stanford University Press.

Zemans, F. K. 1996. "Public Access: Ultimate Guardian of Fairness in Our Justice System." *JUDICATURE* 79(4): 173−175.

제4편

여론과
사법제도

제8장

여론의 법정에서 본 헌법재판소와 대법원

박 종 민

I. 서 론

이 장에서는 한국의 최고사법기관인 헌법재판소와 대법원이 여론의 법정에서 어떻게 평가되고 있는지를 분석한다. 1987년 민주화는 대통령 직선제와 더불어 국가 권력구조의 주요한 변화를 가져왔다. 입법부인 국회의 전통적 역할의 복원과 사법부의 독립성 강화 및 헌법재판소의 설치는 적어도 외견상 권력분립과 견제와 균형이라는 민주적 원리를 제도적으로 구현하는 것이었다. 특히 사법부와 구분되는 헌법재판소의 설치는 입헌 민주주의에 대한 열망을 드러내는 것으로 헌법 우위 국가의 등장을 의미하는 것이라고 할 수 있다(오향미 2020). 사법심사가 강화된 헌법재판소 중심의 독립된 사법부의 존재는 선거민주주의를 넘어 입헌 민주주의를 공고화시키는 주요한 제도적 조건이라고 할 수 있다(Ginsburg and Huq 2018; Helmke and Rosenbluth 2009).

민주주의에서 반다수주의(counter-majoritarian) 기구인 헌법재판소와 대법원이 헌법적 기능을 효과적으로 수행하려면 이들 기관은 국민 다수로부터 제도적 정당성을 인정받아야 한다.[1] 이들 기관의 역할과 권한에 대해 국민의 광범한 지지가 있어야 정치적 다수에 반하는 기관 판결에 대해 자발적 순응을 담보할 수 있기 때문이다. 헌법재판소와 대법원은 정부와 국회처럼 기관 결정을 강제할 힘이 없어 이들 기관이 국민 다수로부터 정당성을 인정받지 못하면 정치적 다수가 지지하지 않는 기관 결정에 대한 자발적 승복은 기대하기 어렵다. 최고사법기관의 제도적 정당성은 선거로 직접 문책되지 않는 이 반다수주의 기관이 정치적 다수의 전횡으로부터 개인의 자유와 소수의 권리를 보호하는 결정을 내릴 수 있도록 한다.

민주화 이후 최고사법기관으로서 헌법적 기능을 수행하는 과정에서 나타나기 시작한 '정치의 사법화'는 이들 기관을 이념적 및 당파적 정치의 소용돌이 속으로 밀어 넣었다(박은정 2010; 오승룡 2011; 박종현 2017; 조원빈 2018). '정치의 사법화'의 대표적 사례라는 신행정수도 이전에 대한 위헌 심판과 대통령 탄핵 심판 그리고 통합진보당 해산 심판은 헌법재판소에 대한 일반 여론을 이념의 진영에 따라 양분시켰다. '사법농단' 논란과 '사법 적폐 청산' 구호는 '사법부의 정치화'의 우려 속에 대법원을 포함한 사법부 전반에 대한 국민의 신뢰를 낮추었다.[2] 최고사법기관은 보수정권 시기에는 진보 진영의 불신에 직면했고, 진보정권 시기에는 보수 진영의 냉소에 직면했다. 최고사법기관의 정치

---

1 헌법재판소의 역할과 한계에 대해서는 김선택(2005) 참조.
2 민주화 이후 주요 국가기관에 대한 국민의 신뢰는 오르내리는 가운데 감소하는 추세를 보였다(박종민 2018). 다른 기관들과 비교해 덜하지만 이러한 전반적 경향에서 사법기관도 예외는 아니다. 법원을 '매우' 혹은 '약간' 신뢰하는 응답자들이 1997년 56.8%에서 2006년 26.6%로 크게 낮아졌고 2011년 35.9%, 2015년 41.8%로 반등하였으나 2019년 32.7%로 다시 낮아졌다.

적 중립성과 공정성에 대한 이념적 및 당파적 공격으로 이들 선출되지 않은 기관의 도덕적 권위는 크게 손상되고 반다수주의 기관으로서 불안정한 지위를 드러냈다.

기본적으로 헌법재판소와 대법원은 국회나 대통령과 달리 선거를 통한 직접적인 문책성(accountability)으로부터 자유로운 조건에 있다. 이러한 상황에서 이들 반다수주의 기관이 정치로부터 초연하고 불편부당하다는 평판을 유지하는 것은 기관의 존립과 권한의 유지에 핵심적이다. 이러한 정당성의 요소가 기관 결정에 대한 자발적 순응을 촉진하고 제도 개혁에 대한 정치적 압력을 줄일 수 있다. 최고사법기관이 정치적 중립성과 공정성에서 의심받기 시작하면 기관의 권한이 축소되거나 기관 자체가 폐지될 수 있는 근본적 위협에 직면할 수 있다.

이런 맥락에서 최고사법기관이 여론의 법정에서 어떻게 평가되고 있는지를 밝히는 것 즉, 최고사법기관의 제도적 정당성에 대한 대중의 인식이 어떠한지를 규명하는 것은 중요한 과제이다. 민주정치에서 특히 정치적 다수나 대의기관의 선호에 반하는 결정을 내릴 때 최고사법기관이 얼마나 대중의 지지를 누리고 있는지는 민주적 헌정질서를 유지하는데 결정적이다. 기관에 대한 선의의 저수지가 깊지 않다면 정치적 다수의 선호에 반하는 결정으로 최고사법기관은 여론의 역풍에 직면하면서 개혁의 대상으로 전락할 수 있다. 제도적 정당성이 광범하게 수용되어 있지 않다면 최고사법기관은 민주정치의 효과적인 동반자로 작동할 수 없다. 이러한 배경에서 이 장에서는 한국의 최고사법기관인 헌법재판소와 대법원이 여론의 법정에서 어떻게 평가되고 있는지를 다룬다. 즉, 우리나라 최고사법기관의 역할과 권한에 대한 대중의 지지가 어느 정도이며 지지의 근원은 무엇인지를 실증적으로 기술하고 분석한다.

II. 이론적 논의

1. 지지의 유형

민주주의에서 반다수주의 기구인 최고사법기관이 헌법적 기능을 효과적으로 수행하려면 일반 대중으로부터 제도적 정당성을 인정받아야 한다. 특히, 정치적 다수가 동의하지 않는 결정을 내릴 때 제도적 정당성이 충분히 비축되어 있지 않으면 그 지위가 위태로울 수 있다(Clark 2011). 최고사법기관의 역할과 권한에 대한 대중의 지지가 중요하다고 해서 기관의 결정이 여론에 따라야 한다는 것은 아니다. 최고사법기관의 제도적 정당성을 강조하는 것은 오히려 여론재판을 막으려는 것이다. 그러나 일반 여론과 유리된 판결이 지속되면 최고사법기관의 역할과 권한에 대한 대중의 지지가 철회되면서 기관의 축소나 폐지의 위기에 처할 수 있다. 따라서 최고사법기관이 여론에 민감하고 대중의 정책 선호에 영향을 받는다는 발견은 전혀 놀랍지 않다(McGuire and Stimson 2004; Mishler and Sheehan 1993).

심리학자 타일러(Tyler 2006)에 따르면 제도적 정당성(institutional legitimacy)은 제도가 적합하고 적절하고 공정하다는 신념과 태도이다.[3] 정당성은 사람들이 결정을 수용하고 규칙을 준수하도록 만드는 주요한 동기이다(Tyler and Darley 2000). 제도가 정당하다고 믿으면 처벌의 두려움이나 보상에 대한 기대에서보다 도덕적 의무에서 결정을 수용하고 규칙을 지킨다는 것이다. 따라서 제도적 정당성은 제도의 효과성을 담보해 주는 저비용의 주요한 조건이라고 할 수 있다.

정치학자 이스톤(Easton 1965)이 발전시킨 정치적 지지(political support)

---

3 정당성에 관한 심리학적 접근은 조스트와 메이저(Jost and Major 2001) 참조.

의 개념은 제도적 정당성을 분석하는 데 유용한 출발점을 제공한다. 그는 정치적 지지를 한 개인이 갖는 정치체제에 대한 긍정적 혹은 부정적 태도로 규정한다. 그리고 지지의 대상인 정치체제를 정치공동체, 통치체제 및 당국으로 세분한다. 첫째, 정치공동체(political community)는 정치적 분업으로 묶여 있는 개인들의 집단을 가리킨다. 둘째, 통치체제(regime)는 권위구조 및 이를 정당화하는 원리와 규범을 모두 가리킨다. 권력분립과 견제와 균형이라는 권위구조에 대한 태도는 통치체제 차원의 지지이다. 제도로서 최고사법기관의 역할과 권한에 대한 태도는 여기에 포함된다고 할 수 있다. 셋째, 당국(authorities)은 권위 역할의 점유자(행위자)를 가리킨다. 헌법재판소와 대법원의 현직자들은 당국을 구성한다. 이렇게 보면 제도로서 최고사법기관에 대한 지지는 당국으로서 최고사법기관에 대한 지지와 개념적으로 구분될 수 있다. 당국에 대한 불만은 권위 역할의 현직자가 바뀌면 달라질 수 있지만, 제도에 대한 불신은 권위구조가 바뀌지 않으면 달라지지 않는다는 점에서 이들을 개념적으로 구분하는 것은 중요하다.

지지의 근원과 체제에 주는 영향의 차이에 주목한 이스톤(Easton 1975)은 지지의 유형을 둘로 구분한다. 하나는 구체적(specific) 지지이고 다른 하나는 확산적(diffuse) 지지이다. 구체적 지지는 기관의 산출 혹은 성과에 대한 평가와 관련되며 주로 현직자인 당국에 대한 태도라 할 수 있다. 반면 확산적 지지는 기관의 결정이 이루어지는 권위구조에 대한 평가와 관련되며 산출이나 성과와는 독립적인 제도 자체에 대한 태도라 할 수 있다.

특정 시기 최고사법기관의 판결에 대한 태도가 당국 차원의 구체적 지지와 관련된다면 최고사법기관의 기본적 역할과 권한에 대한 태도는 제도 차원의 확산적 지지를 반영한다고 할 수 있다. 최고사법기관에 대한 확산적 지지는 제도적 정당성의 토대이다. 기관에 대한 지지가 목전의 산출이나 즉각적인 성과에 대한 만족에만 의존한다면 반다수주의 기구인 최고사법기관은 항상 위태로운 상황에 직면할 것이다. 특히 논쟁적 사안의 경우 어떤 판결이 나와도 사회 일부는 결정에 반대하고 불복의 정치적 동원을 시도할 수 있기 때문이다. 최고사법기관이 헌법적 역할을 효과적으로 수행하려면 권위 역할의 현직자에 대한 태도와는 구분되는 제도적 정당성에 대한 인식이 광범하게 형성되어 있어야 한다(Vanberg 2005). 즉, 제도로서 최고사법기관에 대한 '호의적 태도 혹은 선의의 저수지'(a reservoir of favorable attitudes or good will)가 구축되어 있어야 한다(Easton 1965, 273). 선의의 저수지가 깊으면 정치공동체의 '구성원들이 자신들이 반대하거나 자신들이 원하는 것에 해가 된다고 생각하는 산출을 수용 혹은 관용하도록 한다.' 확산적 지지는 기관이 결정을 내리는 절차, 즉 '게임의 규칙"에 대한 지지와 관련된다. 게임의 규칙에 대한 지지가 확고하다면 게임의 결과에 불만이 있어도 이를 수용한다는 것이다. 기관의 효과적 작동을 위해서는 산출이나 성과의 영향을 직접적으로 받지 않는 유형의 지지가 필요한 것이다. 선의의 저수지는 특히 정치적 다수에 반하는 결정을 내릴 때 최고사법기관이 의존할 수 있는 핵심 자산이라고 할 수 있다. 선의의 저수지가 충분한 수위를 유지하고 있지 못하면 정치적 다수에 반하는 결정을 하기 힘들고 그러한 결정에 대한 순응을 끌어내기 어렵기 때문이다.

　구체적 지지는 제도보다는 당국에 지향된 태도이다. 최고사법기관에 대한 구체적 지지는 특정 판결에 대한 평가에서 올 수 있다. 최고사법기관의 제도적 정당성을 전폭 지지하지 않는 사람들도 당국의 판결이

자신들의 기대와 일치하면 최고사법기관을 신뢰하고 그에 만족할 수
있다. 구체적 지지는 일반성과에 대한 만족을 반영할 수 있다. 특정 판
결에 대해 잘 모르더라도 최고사법기관이 일을 잘하고 있다고 인식하
면 지지를 보내고 뭔가 일을 잘못하고 있다고 인식하면 지지를 철회할
수 있다. 이러한 지지는 여전히 제도보다는 당국에 지향된 것이다. 당
국 차원의 최고사법기관에 대한 태도는 권위 역할의 현직자들의 성향
과 구체적 판결 및 일반적 성과에 대한 평가를 반영한다고 할 수 있다.

이렇게 지지의 유형을 구분하는 것은 첫째 확산적 지지가 구체적 지
지보다 더 안정적이고 더 오래가기 때문이다. 물론 확산적 지지가 전혀
변하지 않는다거나 짧은 간격을 두고 오르내림조차 없다는 것은 아니
다. 그러나 확산적 지지는 일단 약해지면 강화하기 어렵고, 강하면 쉽
게 약해지지 않는다고 할 수 있다. 제도에 대한 확산적 지지는 당국의
산출이나 성과와는 비교적 독립적이라 특정 판결에 반대하고 그에 불
만이 있어도 그것이 최고사법기관의 폐지나 권한 축소에 대한 지지로
바로 이어지지는 않는다. 물론 최고사법기관의 결정과 성과에 대한 불
만이 오랫동안 누적되면 제도적 정당성이 낮아질 수 있다. 둘째, 확산
적 지지가 구체적 지지보다 더 근본적이고 더 기초적이기 때문이다. 구
체적 지지가 권위 역할의 현직자에 대한 태도라면 확산적 지지는 권위
역할의 구조에 대한 태도로 후자가 전자보다 더 기본적이라는 것이다.
셋째, 확산적 지지는 산출이나 성과와는 독립적인 사회화의 영향을 반
영하지만 구체적 지지는 산출이나 성과에서 오는 이해관계와 더 관련
되기 때문이다.

민주주의의 역사가 그리 오래되지 않은 우리의 정치적 맥락에서 확
산적 지지를 강조하는 이유는 제도적 정당성이 약하면 최고사법기관이

정치적 다수에 반하는 결정을 내리기 어렵고 그러한 경우 권한 축소나 폐지의 위협에 직면할 수 있기 때문이다. 최고사법기관의 역할과 권위에 대한 광범한 지지가 있어야 민주적으로 선출된 대의기관의 결정과 해석에 반하는 결정도 불복의 정치적 동원 없이 수용될 수 있기 때문이다. 제도로서 최고사법기관에 대한 지지는 질 높은 민주주의의 공고화를 위한 정치문화의 주요한 요소라고 할 수 있다(Diamond and Morlino 2005).

2. 지지의 근원

최고사법기관에 대한 대중의 지지에 관한 경험적 연구는 대부분 미 대법원을 대상으로 이루어졌다. 민주주의의 역사가 오래되었고 사법심사의 전통이 확립된 미국에서 수행된 연구가 민주주의의 경험과 최고사법기관의 역사가 짧은 우리에게 그대로 적용되지 않을 수 있다. 이러한 점에 유념하면서 선행 연구에서 확산적 지지의 근원으로 다루어진 요인들을 우리의 최고사법기관에 대한 확산적 지지의 잠재 요인들로 검토한다(Murphy and Tanenhaus 1968; Caldeira and Gibson 1992; Gibson, Caldeira and Baird 1998; Gibson, Caldeira and Spence 2003).

첫째는 정치이념과 당파성이다.[4] 최고사법기관의 정책 결정 역할을

───────────

4 사법기관의 행태에 관한 규범적 연구는 법과 정치를 구분하며 법관의 행태가 정치적 영향으로부터 절연되어야 함을 강조한다. 반면 실증적 연구는 법관의 행태에 영향을 주는 개인적 및 제도적 요인에 주목한다. 특히 태도 모형은 법관의 이념 및 임명권자의 의도가 반영된 당파성에 주목한다(Friedman 2005). 이러한 시각에서 보면 이념과 당파성을 보여주는 최고사법기관의 행태로 인해 최고사법기관에 대한 태도는 응답자의 이념적 및 정파적 성향과 관련될 수 있다. 바위크와 더킨즈(Barwick and Dawkins 2020)는 사람들이 비당파적 방식으로 법원을 평가한다는 전통적 시각에 의문을 제기하면서 실험연구를 통해 사람들의 당파적 정체성이 법원의 불편부당성을 평가하는 데 강한 영향을 준다는 것을 보여준다. 즉, 사람들은 자신들이 지지하는 정당의 이념적 선호와 일치하는 판결을 내릴 때 법원을 더 공정하다고 인식

고려하면 이념적 선호와 당파성이 최고사법기관에 대한 지지에 영향을 줄 것으로 기대할 수 있다.[5] 이는 사람들이 제도로서의 최고사법기관과 특정 시기 최고사법기관이 추구하는 정책을 구분하지 않을 수 있음을 강조한다. 대법원이 추구하는 정책 노선을 선호하는 사람들은 제도로서 대법원을 지지할 명분이 많다는 것이다. 그와는 반대로 대법원이 내리는 대부분의 결정에 동의하지 않는 사람들은 대법원에 대한 지지를 철회한다는 것이다. 판결에 나타난 이념적 방향이나 인적 구성에서 드러난 이념적 색깔은 이념적 선호나 당파성이 최고사법기관에 대한 확산적 지지와 관련될 것으로 기대하게 한다. 그러나 최고사법기관에 대한 확산적 지지가 특정 시점의 산출이나 성과와 무관하다는 주장은 이념적 선호나 당파성이 최고사법기관에 대한 구체적 지지와는 관계가 있겠지만 확산적 지지와는 관계가 없을 것으로 기대하게 한다.

둘째는 정치제도에 대한 신뢰이다. 최고사법기관도 통치체제를 구성하기 때문에 최고사법기관에 대한 지지는 다른 통치기관에 대한 지지와 구분되지 않을 가능성이 있다. 즉, 사람들이 통치체제를 구성하는 다양한 권능의 기관들을 구분하지 못할 수 있다는 것이다. 따라서 헌법재판소와 대법원을 보는 시각이 정부를 보는 시각과 다르지 않을 수 있다는 것이다. 사람들은 정부와 헌법재판소를 중심으로 한 사법부가 이념적 혹은 당파적 코드가 비슷한 단일의 통치 연합을 구성하고 있다고 생각할 수 있다는 것이다. 통치체제를 구성하는 기관들에 대한 미분화된 시각을 가진 사람들을 고려하면 정부에 대한 신뢰가 최고사법기관에 대한 확산적 지지와 관련될 것으로 기대할 수 있다.

하는 것으로 나타났다. 그와는 반대로 법원의 판결이 자신들이 지지하는 정당의 정책 목표와 어긋나면 법원이 공정한 법의 심판자라는 인식이 낮아지는 것으로 나타났다.

5 미 대법원의 정책 결정 역할과 그 한계에 관해서 다알(Dahl 1957) 참조.

셋째는 정치적 가치와 규범이다. 여기서는 보수와 진보라는 이념적 선호보다는 더 근본적인 민주주의의 기본적 가치와 원리에 관심을 둔다. 독립된 사법부가 민주주의에서 중심적 위치를 차지하기 때문에 민주적 원리와 가치에 대한 일반적 태도는 최고사법기관에 대한 지지와 관련될 것으로 기대하게 한다. 즉, 자유의 가치와 소수의 권리, 권력분립과 견제와 균형의 원리, 법의 지배 등을 지지하는 사람들은 그렇지 않은 사람들보다 최고사법기관의 역할과 권한을 지지할 것으로 기대할 수 있다.

끝으로 정치지식과 정치활동이다. 즉, 정치를 많이 알고 정치에 적극적인 사람들은 그렇지 않은 사람들보다 최고사법기관에 대한 지지가 높다는 것이다. 이는 사회학습 과정의 영향을 강조하는 것으로, 정치적 지식이 많고 정치적 활동이 활발한 사람들은 정치체제의 가치와 이상을 더 습득하고 정치제도가 어떻게 작동하는지에 대한 이해가 더 높다는 것이다. 아는 것만큼 지지한다는 주장은 최고사법기관의 역할과 기능에 대한 이해가 기관에 대한 지지를 높인다는 점을 강조한다.

확산적 지지의 근원과 관련해 선행 연구는 두 가지 상반된 시각과 결론을 제시한다. 이들은 최고사법기관이 주요 결정을 내릴 때 확산적 지지가 어떻게 될 것인지에 관해 반대로 예측한다. 하나는 개인 수준에서 안정성을 예견하고 다른 하나는 체계적 변화를 예상한다. 일반적으로 수용되는 전통적인 시각은 확산적 지지가 최고사법기관의 판결이나 인적 구성의 이념적 성향에 대한 평가보다 법의 지배나 민주적 가치에 대한 지지에 뿌리를 두고 있다고 본다(Gibson and Caldeira 2009; Gibson and Nelson 2015). 즉, 최고사법기관의 정당성이 판결에 대한 정책적 동의에 기반을 두고 있지 않으며 이념과 당파성의 영향은 제한적이라는 것이다.

이러한 전통적 시각과 대비되는 새로운 시각은 확산적 지지가 판결이나 인적 구성의 이념적 경향을 반영하며 최고사법기관에 대한 확산적 지지는 기관의 이념적 성향의 변화에 대응해서 변한다는 것이다. 이념적 선호가 지지하는 정당과 관련된다는 점에서 최고사법기관에 대한 확산적 지지는 정파성에 따라서도 달라질 수 있다고 본다(Durr, Martin and Wolbrecht 2000; Bartels and Johnston 2013; Christenson and Glick 2015).

선행이론과 연구를 고려해 본 장은 한국의 최고사법기관에 대한 지지에 영향을 주는 요인들을 탐색한다. 특히 반다수주의 기구가 필요로 하는 확산적 지지는 어느 정도이며 이것이 이념이나 당파성에 토대를 두고 있는지 혹은 법의 지배와 같은 민주적 가치에 대한 지지에 뿌리를 두고 있는지를 살펴본다. 확산적 지지가 이념적 선호나 당파성에 토대를 두고 있다면 '정치의 사법화'가 진전될수록 최고사법기관의 지위가 여론에 따라 쉽게 흔들릴 수 있을 것으로 예견할 수 있다. 반면 확산적 지지가 눈앞의 산출이나 성과보다 법의 지배와 같은 규범에 대한 지지에 뿌리를 두고 있다면 '정치의 사법화'에도 불구하고 최고사법기관의 지위는 비교적 안정적일 수 있을 것으로 예견할 수 있다.

Ⅲ. 데이터

본 장에서 사용된 데이터는 전국 표본을 대상으로 대면 면접의 조사 방식에 의해 수집되었다. 표본의 크기는 1,268명이다. 조사 표본은 지역별 다단층화 후 성별과 나이별 인구수 비례 할당을 사용하여 무작위

추출해 구성하였다. 설문조사는 2020년 6월 29일부터 7월 17일까지 진행되었다. 이 기간은 코로나19 속에서 치러진 총선에서 여당 압승으로 끝난 직후이다.

민주화 이후 특히 지난 20년 동안 헌법재판소는 대통령 탄핵 심판과 신행정수도 이전 위헌 심판 등 정쟁의 중심에 있었다. 그리고 대법원은 최근 '사법농단' 논란 속에 언론 보도의 주요 대상이었다. 이들 최고사법기관에 대해 얼마나 알고 있는지를 질문하였는데 헌법재판소의 경우 '잘 알고 있다.'라고 한 응답자는 3.5%, '어느 정도 알고 있다.'라고 한 응답자는 35.7%였던 반면 '거의 모른다.'라고 한 응답자는 48.9%, '전혀 모른다.'라고 한 응답자는 8.7%였다,[6] 그리고 자발적으로 '모르겠다.'라고 한 응답자는 3.2%였다. '전혀 모른다.'를 선택한 응답자와 '모르겠다.'라고 한 응답자를 합하면 10명 가운데 1명은 대통령 탄핵 심판의 주역이었던 헌법재판소를 전혀 인지하지 못하는 것으로 나타났다.[7] 한편 헌법재판소보다 역사가 훨씬 긴 대법원의 경우 '잘 알고 있다.'라고 한 응답자는 3.1%, '어느 정도 알고 있다.'라고 한 응답자는 39.0%였던 반면 '거의 모른다.'라고 한 응답자는 48.4%, '전혀 모른다.'라고 한 응답자는 6.5%였다. 그리고 자발적으로 '모르겠다.'라고 한 응답자는 3.0%였다. '전혀 모른다.'를 선택한 응답자와 '모르겠다.'라고 한 응답자를 합하면 거의 10명 가운데 1명 정도가 '사법농단' 논란 속에 언론의 조명을 크게 받았던 대법원을 전혀 인지하지 못하는 것으로 나타났다. 헌법재판소보다 대법원을 좀 더 인지하는 것으로 나타났지만 거

---

6 최고사법기관에 관한 지식은 헌법재판관이나 대법관의 숫자, 임기, 임용방식 등 사실적 정보에 기초하여 구성할 수 있지만 본 장에서는 주관적 판단에 초점을 두었다.

7 헌법재판소를 인지하는 정도는 응답자의 교육 수준에 따라 차이가 있는데 중졸 이하의 경우 29.6%가 '전혀 모르겠다.'라는 범주를 선택하거나 '모르겠다.'라고 응답하였다.

의 차이가 없었다.[8]

최고사법기관에 대한 지지의 수준을 확인하고 그 근원을 탐색하는 연구에서 이들 기관에 대해 전혀 모른다고 한 응답자들을 포함하는 것은 분석 결과를 해석하는 데 어려움을 줄 수 있다. 대상을 인지하지 못하는 사람들이 그에 대해 표출한 긍정적 혹은 부정적 태도는 안정적 태도가 아닐 수 있다는 점을 고려해 최고사법기관에 대한 지지를 분석할 때 '전혀 모른다.'를 선택하거나 '모르겠다.'라고 한 응답자는 분석에서 제외하였다.

Ⅳ. 지지의 유형과 수준

1. 측정과 차원

태도 개념으로서 지지는 대상에 대한 긍정적 혹은 부정적 태도를 모두 포함한다. 지지는 대상에 따라 제도에 대한 지지와 당국에 대한 지지로 구분할 수 있고 체제에 주는 영향이나 근원을 고려해 확산적 지지와 구체적 지지로 구분할 수 있다. 구체적 지지는 산출이나 성과 평가에 기반을 둔 태도이다. 반면 확산적 지지는 산출이나 성과 평가와는 비교적 독립적인 제도 자체에 대한 태도이다. 최고사법기관의 기본적 구조와 역할을 지지하는 것은 이들 기관의 제도적 정당성을 인정하는 것으로 볼 수 있다. 정치적 다수에 반하는 결정을 내리는 최고사법기관을 폐지하자거나 권한을 축소하자는 것은 기관에 대한 확산적 지지가 낮은 것이라 할 수 있다.

---

8 대법원을 인지하는 정도는 응답자의 교육 수준에 따라 차이가 있는데 중졸 이하의 경우 22.9%가 '전혀 모르겠다.'라는 범주를 선택하거나 '모르겠다.'라고 응답하였다.

이러한 이론적 및 개념적 논의를 바탕으로 기존의 실증 연구는 최고 사법기관에 대한 확산적 지지의 측정을 시도하였다. 대표적으로 깁슨 외 (Gibson, Caldeira and Spence 2003)는 다음의 6개 문항을 활용해 미 대법원에 대한 확산적 지지를 측정하면서 제도적 헌신(commitment) 혹은 충성(loyalty)이라는 구성개념을 제안하였다.[9]

① 대법원이 대부분의 사람들이 동의하지 않는 결정을 많이 내리기 시작한다면 대법원을 없애는 것이 좋을지도 모른다.

② 특정 유형의 논쟁의 여지가 있는 문제를 결정하는 대법원의 권한은 축소되어야 한다.

③ 대법원은 나라 전체를 위해 올바른 결정을 내릴 것으로 일반적으로 신뢰할 수 있다.

④ 대법원의 결정은 다른 집단들보다 일부 집단에 더 유리하다.

⑤ 대법원은 너무 정치에 뒤섞여 있다.

⑥ 대법원은 국민 다수가 대법원의 결정에 동의하지 않을 때조차 헌법을 해석할 권한을 가져야 한다.

본 장은 그들이 사용한 문항 가운데서 다음의 5개 문항을 선택해 헌법재판소와 대법원에 대한 확산적 지지를 측정하려고 하였다.[10]

---

9 이보다 10년 전에 이루어진 연구에서 칼데이라와 깁슨(Caldeira and Gibson 1992)은 다음의 5개 문항을 사용하였다. ① 의회가 제정한 법에 대해 위헌 판결을 내리는 대법원의 권한은 없애야 한다. ② 대법원이 사람들이 동의하지 않는 결정을 계속 내리면 대법원을 없애는 것이 좋을지 모른다. ③ 대법원의 권한을 줄이기 위해 헌법을 다시 작성해도 나에게 큰 차이가 없을 것이다. ④ 특정 유형의 논쟁의 여지가 있는 문제를 결정하는 대법원의 권한은 의회에 의해 제한되어야 한다. ⑤ 사람들은 대법원을 폐지하려는 어떤 제안도 부결되도록 할 수 있는 일을 기꺼이 해야 한다.

10 응답 범주는 '1 = 매우 동의' '2 = 조금 동의' '3 = 동의도 동의 안 함도 아님' '4 = 별로 동의 안 함' '5 = 전혀 동의 안 함'이다.

① 헌법재판소(대법원)가 사람들이 동의하지 않는 판결을 많이 내리기 시작한
   다면 헌법재판소(대법원)를 없애는 것이 좋을지도 모른다.[11]
② 논란이 되는 사안에 대한 헌법재판소(대법원)의 결정권을 줄여야 한다.
③ 헌법재판소(대법원)가 나라를 위해 올바른 판결을 내릴 것이라고 신뢰할
   수 있다.
④ 헌법재판소(대법원)가 너무 정치에 휘말려 있다.
⑤ 헌법재판소(대법원)의 판결이 특정 집단에 기울어져 있다

공통요인을 찾는 요인분석 결과 이들 5개 문항은 하나의 단일 요인
이 아니라 2개의 요인으로 묶였다. 그리고 다른 문항들과 달리 ③의 신
뢰 문항의 공통성 값이 매우 낮게 나타났다.[12] 미 대법원을 대상으로
앞의 6개 문항을 사용한 선행 연구에서도 신뢰 문항의 공통성 값은 낮
았다. 미 대법원에 대한 확산적 지지의 측정을 선도한 연구자는 신뢰
문항을 지표 구성에 포함하지 말 것을 권고하였다(Gibson 2011).[13] 본
장에서는 신뢰 문항을 포기하는 대신 그 의미를 확인하기 위해 최고사
법기관의 일반성과를 측정하는 문항을 포함하여 다시 요인분석을 시도
하였다. 이 문항은 최고사법기관이 일을 잘하고 있는지 혹은 잘못하고
있는지 일반성과에 대한 만족을 측정하는 것이다.[14]

⑥ 헌법재판소(대법원)가 전반적으로 돌아가는 상황에 대해 얼마나 만족하십
   니까, 혹은 만족하지 않으십니까?

---

11 본 장을 위한 조사에서 '사람들' 대신 '많은 사람들'이라는 표현을 사용했다면 호의
   적인 반응(부동의)이 더 적게 나왔을 수 있다.
12 신뢰 문항의 공통성 값은 헌법재판소의 경우 0.079, 대법원의 경우 0.031이었다.
13 이론적 논의는 정당성과 신뢰를 확산적 지지의 두 차원으로 간주한다(Easton 1975).
14 응답 범주는 '1 = 매우 만족' '2 = 약간 만족' '3 = 별로 만족 안 함' '4 = 전혀 만족 안
   함'이다.

<표 8-1>과 <표 8-2>에 보고된 요인분석 결과에 따르면 헌법재판소의 경우든 대법원의 경우든 우리의 6개 문항은 3개의 요인으로 묶였다. 공통요인의 아이겐 값과 공통성 값을 고려하면 최고사법기관에 대한 한국인의 태도는 3개 차원으로 구분될 수 있다. 즉, ④의 중립성 문항과 ⑤의 공정성 문항이 묶인 첫째 차원, ①의 존폐 문항과 ②의 권한 축소 문항이 묶인 둘째 차원, ③의 신뢰 문항과 ⑥의 만족 문항이 묶인 셋째 차원이다. 원래 확산적 지지를 측정하기 위해 포함된 신뢰 문항이 만족 문항과 함께 묶였다는 것은 신뢰 문항이 제도 차원의 지지보다는 당국 차원의 지지를 더 반영함을 시사한다. 후술하지만 신뢰 문항과 만족 문항으로 구성된 지표와 존폐 문항과 권한 축소 문항으로 구성된 지표 간의 관계는 통계적으로 유의미하지 않아(헌법재판소의 경우 $r=0.008$이고 대법원의 경우 $r=-0.036$) 이들이 경험적으로 구분될 수 있음을 보여준다.

표 8-1 헌법재판소에 대한 태도의 차원

구분	제1요인	제2요인	제3요인	공통성
기관 중립성	**.890**	.158	.025	.817
기관 공정성	**.882**	.167	-.002	.805
기관 권한	.084	**.861**	-.051	.751
기관 존폐	.190	**.819**	.027	.708
기관 신뢰	-.164	-.026	**.886**	.812
기관 만족	**.471**	.004	**.659**	.656
아이겐 값	2.239	1.301	1.009	

주) 수치는 요인적재량으로 0.4 이상은 볼드체 표시. 요인추출 방법은 베리멕스 회전의 주성분 분석.

표 8-2 대법원에 대한 태도의 차원

구분	제1요인	제2요인	제3요인	공통성
기관 중립성	**.889**	.095	.008	.800
기관 공정성	**.884**	.092	.063	.793
기관 권한	.046	**.871**	.053	.764
기관 존폐	.131	**.846**	−.089	.742
기관 신뢰	−.162	−.030	**.848**	.746
기관 만족	.265	−.004	**.787**	.690
아이겐 값	1.935	1.423	1.177	

주) 수치는 요인적재량으로 0.4 이상은 볼드체 표시. 요인추출 방법은 베리멕스 회전의 주성분 분석.

2. 지지의 유형

본 장에서는 최고사법기관에 대한 지지를 확산적 지지와 구체적 지지로 구분한다. 확산적 지지는 존폐 문항과 권한 축소 문항은 통해 측정하였다. 사람들이 좋아하지 않는 결정을 많이 내리면 그 기관은 폐지되어야 한다는 주장에 반대하거나 논쟁적 사안에 대한 기관의 결정 권한은 축소되어야 한다는 주장에 반대하는 것은 제도에 대한 충성과 헌신의 수준이 높다고 볼 수 있다. 최고사법기관의 근본적인 구조나 기능을 바꾸려는 시도에 반대하는 것은 최고사법기관이 정당한 제도라는 인식을 반영한다. 제도적 정당성이 광범하게 인정되어 있으면 제도에 대한 선의의 저수지가 깊다는 것을 나타내며 이러한 여건에서는 특정 판결이나 성과에 대한 불만이 있어도 최고사법기관의 역할과 권한이 유지될 수 있다.

구체적 지지는 신뢰 문항과 만족 문항을 통해 측정하였다. 최고사법기관이 올바른 결정을 내릴 것으로 신뢰하는 것은 기관의 결정이 선호에 어긋나지 않을 것이라는 기대를 반영한다. 최고사법기관의 전반적 상황에 대해 만족한다는 것은 기관의 운영 성과를 승인한다는 것을 나타낸다. 여기서 신뢰와 만족은 제도보다 당국 차원의 최고사법기관에 대한 지지를 나타낸다고 볼 수 있다. 물론 장기간에 걸친 당국에 대한 신뢰와 만족은 제도에 대한 지지를 높일 수 있지만, 이 둘은 개념적으로 구분될 수 있다.[15]

선행 연구에서 중립성 문항과 공정성 문항은 종종 확산적 지지를 측정하기 위해 사용되었다. 그러나 우리 데이터에서는 이 두 문항이 제도에 대한 지지를 측정하는 문항들뿐만 아니라 당국에 대한 지지를 측정하는 문항들과도 구분되고 있어 지지의 유형이 아닌 다른 구성개념을 측정하는 것으로 볼 수 있다. 여기서는 이 두 문항을 사용해 독립성의 차원에서 최고사법기관의 제도적 질에 대한 평가를 측정하는 것으로 보았다. 제도적 질에 대한 평가가 제도에 대한 지지에 영향을 주지만 이 둘은 개념적으로 구분될 수 있다. 최고사법기관의 정치적 중립성과 공정성은 최고사법기관이 외부의 영향으로부터 독립적이어야 함을 강조한다. 최고사법기관의 독립성이 민주주의의 요소이며 법의 지배의 조건이라는 점에서 이에 대한 평가는 민주주의와 법의 지배의 실제에 대한 평가를 반영한다고 할 수 있다.

전술한 바와 같이 각 요인에 일차 적재량을 보인 2개 문항을 단순 합하여 3개 지표를 구성하였다. 상관관계분석 결과를 보면 확산적 지지와 구체적 지지 간에는 통계적으로 유의미한 관계가 없는 것으로 나

---

15 사하라 사막 남아프리카를 대상으로 한 제도적 정당성에 관한 연구는 법원에 대한 경험이 법원에 대한 신뢰를 낮추기는 하지만 사법적 권한에 대한 지지를 방해하지는 않음을 보여주면서 제도에 대한 신뢰와 제도적 정당성의 융합이 실제적 성과와 법적 권한 간의 구분을 간과하고 있다고 지적한다(Dreier and Lake 2019).

타났다. 즉, 당국으로서 최고사법기관에 대한 신뢰와 만족이 높다고 제
도로서 최고사법기관의 역할과 권한을 지지하는 것은 아니었다. 한편,
최고사법기관의 독립성 평가와 확산적 지지 간에는 강하지는 않지만
유의미한 상관관계가 있는 것으로 나타났다(헌법재판소의 경우 r=0.284,
대법원의 경우 r=0.204). 즉, 최고사법기관이 중립적이고 공정하다고 인
식할수록 최고사법기관의 역할과 권한을 지지하였다. 달리 말하면 최
고사법기관이 정치화되어 있고 편향적이라고 인식할수록 최고사법기관
의 역할과 권한을 지지하지 않았다. 이는 '사법부의 정치화'로 최고사법
기관의 제도적 정당성이 훼손될 수 있음을 시사한다. 최고사법기관의
독립성 평가와 구체적 지지 간에도 약하지만 유의미한 상관관계가 있
는 것으로 나타났다(헌법재판소의 경우 r=0.175, 대법원의 경우 r=0.093).
즉, 최고사법기관이 중립적이고 공정하다고 인식할수록 최고사법기관
에 대한 신뢰와 만족이 높았다. 여기서 흥미로운 것은 최고사법기관의
독립성 평가가 구체적 지지보다 확산적 지지와 관계가 더 강하다는 것
이다. 미 대법원을 대상으로 한 연구에서 타일러와 미첼(Tyler and
Mitchell 1994)은 결정 과정의 절차적 공정성이 정당성 판단에 주요한
영향을 준다는 것을 발견하였다. 그들이 강조하는 절차적 공정성은 결
정이 정치적 압력에 의해 영향을 받지 않고 편향적이지 않다는 것, 즉
정치적 중립성과 공정성(impartiality)을 포함한다. 우리 연구에서도 그
와 유사하게 최고사법기관이 정치적으로 중립적이고 공정하다고 인식
할수록 이들 기관의 역할과 권한을 지지하는 것으로 나타났다. 이는 최
고사법기관의 제도적 정당성의 근원이 절차적 공정성과 관련됨을 시사
한다.

3. 지지의 수준

1) 확산적 지지

<표 8-3>은 확산적 지지를 측정하는 2개 문항에 대한 한국인의 반응 패턴을 일단의 국가들에서 나온 결과와 함께 보여준다(Gibson, Caldeira and Baird 1998). 첫째, '헌법재판소(대법원)가 사람들이 동의하지 않는 판결을 많이 내리기 시작한다면 헌법재판소(대법원)를 없애는 것이 좋을지도 모른다.'라는 주장에 대해 호의적인(부동의) 응답자 비율은 헌법재판소의 경우 34.7%, 대법원의 경우 31.8%였다. 반면 비호의적인(동의) 응답자 비율은 헌법재판소의 경우 24.8%, 대법원의 경우 27.5%였다. 호의적인 비율이 비호의적인 비율보다 다소 더 많았지만 3명 가운데 1명 정도만이 최고사법기관의 폐지를 반대하였다.

둘째, '논란이 되는 사안에 대한 헌법재판소(대법원)의 결정권을 줄여야 한다.'라는 주장에 대해 호의적인(부동의) 응답자 비율은 헌법재판소의 경우 27.9%, 대법원의 경우 27.1%였다. 반면 비호의적인(동의) 응답자 비율은 헌법재판소의 경우 31.4%, 대법원의 경우 28.9%였다. 비호의적인 비율이 호의적인 비율보다 조금 더 많았는데 4명 가운데 1명 정도만이 최고사법기관의 권한 축소를 반대했을 뿐이다.

존폐 문항과 권한 축소 문항 모두에서 헌법재판소에 호의적인 응답자는 단지 19%에 지나지 않았다. 5명 가운데 1명만이 헌법재판소의 제도적 정당성을 지지하는 것으로 보인다. 이와 유사하게 두 문항 모두에서 대법원에 호의적인 응답자도 단지 17%에 지나지 않았다. 5명 가운데 1명 미만이 대법원의 제도적 정당성을 지지하는 것으로 나타났다. 전체적으로 최고사법기관에 대한 한국인의 제도적 충성은 낮은 것으로 보인다. 이는 최고사법기관에 대한 선의의 저수지가 깊지 않아 이

해관계가 첨예한 특정 판결에 대한 불만이 최고사법기관에 대한 개혁
압력으로 전이될 수 있음을 시사한다.

한편, 주요 국가들과 비교해 보면 우리나라 최고사법기관에 대한 확
산적 지지는 비교적 낮은 것으로 보인다. 우리보다 사법 적극주의가 강
한 미 대법원의 경우보다 훨씬 낮았다.[16] 그리고 최근 민주주의의 후퇴
를 경험하고 있는 폴란드나 헝가리의 1990년대 초보다 낮았다.[17] 반면
우리와 사법 적극주의의 수준이 유사한 프랑스와 스페인과는 비슷한
수준이었다.

2) 구체적 지지

<표 8-3>에 제시된 구체적 지지를 측정하는 2개 문항에 대한 한
국인의 반응 패턴을 보면 첫째, '헌법재판소(대법원)가 나라를 위해 올
바른 판결을 내릴 것이라고 신뢰할 수 있다.'라는 주장에 대해 호의적
인(동의) 응답자 비율은 헌법재판소의 경우 47.2%, 대법원의 경우
44.2%였다. 반면 비호의적인(부동의) 응답자 비율은 헌법재판소의 경우
13.8%, 대법원의 경우 12.1%였다. 호의적인 비율이 비호의적인 비율을
압도하였다. 이는 확산적 지지를 측정하는 문항에 대한 반응 패턴과 대
비된다. 주요 국가들과 비교해 보면 우리보다 사법 적극주의가 강한 미
대법원의 경우보다 신뢰 수준이 낮았다. 그리고 최근 민주주의와 법치
주의의 후퇴를 경험하고 있는 폴란드나 헝가리의 1990년대 초보다 낮
았다. 반면 우리와 사법 적극주의의 수준이 유사한 프랑스와 스페인과
는 비슷한 수준이었다.

---

16 주요 국가들의 사법 적극주의(judicial activism) 점수는 레이파르트(Lijphart 2012)
    참조.
17 헝가리와 폴란드의 경우 최근 헌법재판소의 독립성이 무너지고 법의 지배가 훼손되
    면서 입헌적 자유민주주의가 위기에 직면한 것으로 나타났다(Ginzburg and Huq
    2018).

　둘째, '헌법재판소(대법원)가 전반적으로 돌아가는 상황'에 대한 만족을 물어보는 질문에 호의적인(만족) 응답자 비율은 헌법재판소의 경우 43.3%, 대법원의 경우 45.9%였다. 반면 비호의적인(불만족) 응답자 비율은 헌법재판소의 경우 41.8%, 대법원의 경우 45.5%였다. 기관 신뢰와는 달리 호의적인 비율과 비호의적인 비율이 엇비슷해 당국으로서 최고사법기관의 일반성과에 대한 여론 평가는 양분된 것으로 보인다.

표 8-3　최고사법기관에 대한 태도

구분	비호의적 반응	유보적 반응	호의적 반응	N
기관 존폐				
한국-헌재(2020)	25.6	39.4	35.0	1081
한국-대법원(2020)	28.0	40.1	32.0	1111
프랑스(1993)	39.2	9.7	51.1	278
프랑스(1995)	39.0	26.4	34.6	659
스페인(1993)	61.2	8.1	30.6	258
스페인(1995)	38.0	27.7	34.3	658
폴란드(1993)	23.4	23.4	53.2	697
헝가리(1993)	43.6	23.7	32.8	659
미국(1995)	16.8	7.2	63.1	803
기관 권한				
한국-헌재(2020)	31.3	40.9	27.8	1095
한국-대법원(2020)	29.2	43.0	27.8	1127
프랑스(1993)	46.4	28.1	25.5	278
프랑스(1995)	30.6	39.7	29.7	657
스페인(1993)	57.0	17.4	25.6	258
스페인(1995)	30.9	33.6	35.6	658
폴란드(1993)	32.0	21.6	46.4	696
헝가리(1993)	25.9	28.6	45.5	618
미국(1995)	35.5	11.7	52.8	803

구분	비호의적 반응	유보적 반응	호의적 반응	N
기관 신뢰				
한국-헌재(2020)	14.5	36.9	48.6	1099
한국-대법원(2020)	12.8	37.7	49.4	1137
프랑스(1993)	13.3	23.7	62.9	278
프랑스(1995)	10.6	32.2	57.1	658
스페인(1993)	19.0	24.0	57.0	258
스페인(1995)	14.8	33.7	51.5	656
폴란드(1993)	9.6	22.2	68.2	698
헝가리(1993)	10.3	21.6	68.1	652
미국(1995)	25.1	9.6	65.3	804
기관 만족				
한국-헌재(2020)	47.2		52.8	996
한국-대법원(2020)	48.2		51.8	1076
기관 중립성				
한국-헌재(2020)	48.6	39.4	10.8	1092
한국-대법원(2020)	57.5	33.2	9.3	1126
기관 공정성				
한국-헌재(2020)	47.3	42.2	10.6	1098
한국-대법원(2020)	55.0	38.1	7.0	1135

표 8-3 최고사법기관에 대한 태도 (계속)

출처: 다른 나라의 데이터는 깁슨 외(Gibson, Caldeira and Baird 1998). 최고법원에 대해 '매우 잘 알고 있다'(very aware), '어느 정도 알고 있다'(somewhat aware), 혹은 '잘 알고 있지 않다'(not very aware)라고 응답한 사람들만 포함하였고 '들어본 적이 없다' 혹은 '모르겠다'라고 응답한 사람들 제외. 한국 데이터는 '전혀 모른다' 혹은 '모르겠다'라고 응답한 사람들 제외.

신뢰와 만족 문항 모두에서 호의적인 반응을 나타낸 응답자는 헌법
재판소의 경우 29.4%로 10명 가운데 3명 정도가, 대법원의 경우
32.3%로 3명 가운데 1명 정도가 각각 기관에 대한 구체적 지지를 보였
다. 흥미로운 것은 '적폐 청산'의 대상으로 떠오른 대법원이 대통령 탄
핵 심판의 중심에 있었던 헌법재판소보다 구체적 지지가 다소 더 높은
것으로 나타난 것이다. 주목할 것은 당국으로서 최고사법기관에 대한
지지가 제도로서 최고사법기관에 대한 지지보다 높은 것으로 나타난
것이다. 즉, 사법당국에 대해 긍정적 태도를 보인다고 사법제도에 대해
긍정적 태도를 보이는 것은 아니었다.

3) 기관의 독립성 평가

법의 지배를 구현하는 사법기관의 제도적 속성은 독립성이라고 할
수 있다. 사법기관의 독립성은 소송당사자들로부터의 독립성, 사법부
내 관료적 통제로부터의 법관의 개인적 자율성 및 정치적 기관들과 대
중으로부터의 정치적 분리성이 포함된다(Fiss 1993; Clark 2011). 정치적
중립성과 공정성은 최고사법기관의 독립성이라는 제도적 질을 구성하
는 핵심 요소라고 할 수 있다.

　<표 8-3>에 제시된 최고사법기관의 독립성 평가를 측정하는 2개
문항에 대한 한국인의 반응 패턴을 보면 첫째, '헌법재판소(대법원)가
너무 정치에 휘말려 있다.'라는 주장에 호의적인(부동의) 응답자 비율은
헌법재판소의 경우 9.9%였고 대법원의 경우 8.9%였다. 반면 비호의적
인(동의) 응답자 비율은 헌법재판소의 경우 49.1%, 대법원의 경우
56.8%였다. 헌법재판소의 경우 거의 2명 가운데 1명이, 대법원의 경우
2명 가운데 1명 이상이 기관이 정치화되어 있다고 인식하는 것으로 나
타났다. 이는 일반 여론도 '정치의 사법화' 혹은 '사법부의 정치화' 현상

을 확인하고 있음을 보여준다.

둘째, '헌법재판소(대법원)의 판결이 특정 집단에 기울어져 있다.'라는 주장에 호의적인(부동의) 응답자 비율은 헌법재판소의 경우 10.0%, 대법원의 경우 6.8%였다. 반면 비호의적인(동의) 응답자 비율은 헌법재판소의 경우 46.3%, 대법원의 경우 54.8%였다. 헌법재판소의 경우 2명 가운데 거의 1명이, 대법원의 경우 2명 가운데 1명 이상이 판결이 편파적이라고 인식하는 것으로 났다. 모두가 법정 앞에서 평등하지 않다는 여론이 광범한 것으로 보인다.

두 문항 모두에서 호의적인 반응을 나타낸 응답자는 헌법재판소의 경우 5.0%였고 대법원의 경우 3.6%였다. 헌법재판소와 대법원 모두 중립성과 공정성에서 문제가 있다는 여론의 평가가 압도적인 것으로 보인다. 최고사법기관이 정쟁에서 초연하지 못하고 공정한 심판자가 아니라는 광범한 인식은 최고사법기관이 법 앞의 평등이라는 민주적 원리를 구현하지 못하고 있다는 평가가 지배적임을 시사한다.

V. 지지의 근원

여기서는 개인 수준에서 최고사법기관에 대한 지지에 영향을 주는 요인들을 탐색한다. 지지는 확산적 지지와 구체적 지지를 구분해 각각 따로 분석한다. 분석에 포함된 주요 변수들은 정치이념,[18] 당파성,[19] 판

---

18 정치이념 변수는 2개로 이념적 성향과 이념적 거리이다. 이념적 성향은 '자신의 정치적 성향이 어디에 있다고 생각하는지'를 묻는 7점 척도(1=매우 진보적, 2=진보적, 3=약간 진보적, 4=중도적, 5=약간 보수적, 6=보수적, 7=매우 보수적) 문항을 통해 측정하였다. 이념적 거리는 응답자의 이념적 성향과 인식된 최고사법기관의 이념적 경향 간의 간격을 측정해 구성하였다. 인식된 최고사법기관의 이념적 경향은 '최근의 판결'을 볼 때, 헌법재판소(대법원)가 대체로 진보적인지, 혹은 보수적인지 아니면 중도적인지를 묻는 3점 척도(1=진보적, 2=중도적, 3=보수적) 문

결에 대한 태도,[20] 정부 신뢰,[21] 기관의 독립성 평가,[22] 법의 지배에 대한 지지,[23] 정치적 관심,[24] 기관에 대한 인지[25]이다.

항을 사용해 측정하였다. 인식된 최고사법기관의 이념적 경향 점수를 2=진보적, 4=중도적, 6=보수적으로 변환하였고 이 변환 점수에서 응답자의 이념적 성향의 점수를 감한 후 제곱하여 이념적 거리를 측정하였다.

19 당파성을 측정하기 위해 '가장 가깝게 느끼는 정당'이 어디인지를 물었다. 이 질문에 '없다'라고 한 응답자를 대상으로 '그래도 조금이라고 더 호감이 가는 정당'이 어디인지를 재차 물었다. 이 후속 질문은 지지하는 정당을 조사자에게 밝히기를 주저하는 응답자들에게 추가적 기회를 주기 위한 것이었다. 이 두 문항에 대한 반응을 모두 고려해 여당인 더불어민주당 지지자, 가깝게 느끼거나 호감이 가는 정당이 없는 무소속, 그리고 조사 당시 주요 야당인 미래통합당 지지자를 구분하였다. 표본 수가 작은 국민의당, 열린민주당, 정의당 지지자들은 분석에서 제외하였다.

20 판결에 대한 태도(1=매우 지지, 2=어느 정도 지지, 3=별로 지지 안 함, 4=전혀 지지 안 함)는 헌법재판소의 경우 낙태죄와 간통죄 위헌 판결에 대한 지지를 묻는 문항을 통해, 대법원의 경우 양심적 병역 거부자 판결과 강제 징용피해자 판결에 대한 지지를 묻는 문항을 통해 측정하였다. 지표는 기관별로 2개 문항을 단순 합하여 구성하였다. 이들 사안은 메가 정치(mega-politics)와 관련되지 않은 위험성이 높은 사안이 아니기 때문에(Hirschl 2008), 판결에 대한 찬반이 확산적 지지에 주는 영향은 미미할 수 있다. 그러나 판결이 정당성 인식에 영향을 준다는 선행 연구를 고려해 이 변수를 포함하였다(Grosskopf and Mondak 1998; Christenson and Glick 2019).

21 정부 신뢰는 '각 기관(중앙정부)을 얼마나 신뢰하는지를' 묻는 4점 척도(1=매우 신뢰, 2=약간 신뢰, 3=별로 신뢰 안 함, 4=전혀 신뢰 안 함) 문항을 통해 측정하였다.

22 이는 앞에서 상술한 것처럼 기관의 정치적 중립성과 공정성을 각각 측정한 2개 문항을 단순 합하여 구성하였다.

23 법의 지배에 대한 지지는 다음의 5점 척도(1=매우 동의, 2=조금 동의, 3=동의도 동의 안 함도 아님, 4=별로 동의 안 함, 5=전혀 동의 안 함) 5개 문항을 사용해 측정하였다: ① 부당하다고 생각하는 법은 지킬 필요가 없다. ② 법의 해결을 기다리는 것보다 법을 무시하고 즉시 문제를 해결하는 편이 나을 때도 있다. ③ 긴급한 사회, 경제문제를 해결하기 위해 정부는 법을 따를 필요가 없다. ④ 내가 투표로 지지하지 않은 정부에서 만든 법은 반드시 지키지 않아도 된다. 신뢰도 분석 결과 크론바흐 알파(Cronbach's alpha)는 0.775이다.

24 정치적 관심은 '정치에 얼마나 관심이 있는지'를 묻는 4점 척도(1=많이 있다, 2=어느 정도 있다, 3=별로 없다, 4=전혀 없다) 단일 문항을 사용해 측정하였다.

25 기관에 대한 인지를 측정하기 위해 '헌법재판소(대법원)에 대해 얼마나 알고 있는지'를 묻는 4점 척도(1=잘 알고 있다, 2=어느 정도 알고 있다, 3=거의 모른다, 4=전혀 모른다) 단일 문항을 사용하였다. '전혀 모른다'를 선택한 응답자는 분석에서 제외하였기 때문에 실제로는 3점 척도이다.

1. 상관관계분석

<표 8-4>의 왼쪽 패널은 헌법재판소에 대한 지지와 주요 변수 간의 상관관계를 보여준다. 먼저 확산적 지지와 통계적으로 유의미한 관계를 갖는 변수는 이념적 성향, 기관의 독립성 평가 및 법의 지배에 대한 지지이다. 이들 가운데서 가장 강한 관계를 보이는 변수는 법의 지배에 대한 지지이고 다음으로는 기관의 독립성 평가이다. 구체적으로 보면 이념적 성향이 보수적일수록 헌법재판소의 역할과 권한에 대한 지지가 높았다. 달리 말하면 진보적일수록 헌법재판소의 역할과 권한에 대한 지지가 낮았다.26 보수주의자들이 진보주의자들보다 국가 권력을 견제할 수 있는 제도로서 헌법재판소를 더 지지하고 있음을 보여준다. 주목할 것은 법치주의를 옹호할수록 그리고 헌법재판소가 중립적이고 공정하다고 인식할수록 헌법재판소의 역할과 권한에 대한 지지가 높았다는 것이다. 한편, 확산적 지지는 이념적 거리, 최근 (낙태죄와 간통죄 위헌) 판결에 대한 태도,27 당파성, 정부 신뢰, 정치적 관심 및 기관에 대한 인지와는 유의미한 관계가 없었다. 헌법재판소의 제도적 정당성은 법의 지배나 기관의 독립성과 관련되는 것으로 보인다.

다음으로 구체적 지지와 통계적으로 유의미한 관계를 보여주는 변수는 정치적 관심과 기관에 대한 인지를 제외한 모든 변수이다. 이들 가운데서 가장 강한 관계를 보이는 변수는 정부에 대한 신뢰이다. 구체적으로 보면 이념적 성향이 보수적일수록 헌법재판소에 대한 신뢰와 만족이 낮았다. 이 결과는 보수적일수록 헌법재판소의 역할과 권한에 대

---

26 진보주의자들이 사법심사를 대의민주주의, 국회의 입법권, 인민의 의사의 시각에서 비판적으로 본다면 보수주의자들은 사법심사를 입법권의 남용을 막는 입헌주의와 법치주의에 부합한다고 본다.
27 선정된 사례가 덜 논쟁적인 것들이어서 이러한 분석 결과가 나타난 것일 수 있다.

표 8-4　최고사법기관에 대한 지지: 상관관계분석

구　분	헌법재판소		대법원	
	확산적 지지	구체적 지지	확산적 지지	구체적 지지
이념적 성향(진보-보수)	.098**	-.131**	.085**	-.041
이념적 거리	-.062	-.081*	-.009	-.130**
당파성(민주당-미래통합당)	.070	-.139**	.047	-.087*
판결에 대한 태도	.053	.073*	-.011	.080*
정부 신뢰	.043	.314**	.055	.314**
정치적 관심	.036	-.059	.083**	.031
기관에 대한 인지	-.038	.061	.065*	.141**
기관 독립성 평가	.284**	.175**	.204**	.093**
법의 지배에 대한 지지	.451**	-.077*	.419**	-.016**

주) ** p<0.01. * p<0.05.

한 지지가 높은 것과 대비되는 것으로 헌법재판소에 대한 신뢰와 만족이 당국에 대한 태도를 반영한다는 주장을 뒷받침한다. 이념적 거리가 가까울수록 그리고 최근 판결을 지지할수록 헌법재판소에 대한 신뢰와 만족이 높았다. 이와 유사하게 민주당 지지자가 미래통합당 지지자보다 그리고 정부를 신뢰할수록 헌법재판소에 대한 신뢰와 만족이 높았다. 한편, 헌법재판소에 대한 신뢰와 만족은 헌법재판소가 중립적이고 공정하다고 인식할수록 높지만 법의 지배를 지지할수록 낮았다. 특히 후자는 법의 지배를 지지할수록 헌법재판소의 역할과 권한에 대한 지지가 높게 나타난 발견과 대비된다. 이는 헌법재판소에 대한 신뢰와 만족이 제도보다는 당국에 대한 태도를 나타낸다는 주장을 보강한다. 여기서 주목되는 변수는 확산적 지지와는 전혀 관계가 없는 반면 구체적

지지와는 가장 강한 관계를 보인 정부 신뢰이다. 정부 신뢰와의 높은 상관관계는 통치기구를 구성하는 주요 기관들이 구분되지 않고 헌법재판소와 정부가 코드를 공유하는 연합정부라는 인식을 반영함을 시사한다. 분석 결과는 헌법재판소에 대한 신뢰와 만족이 당국 차원의 지지를 측정하는 도구로서 구성타당도가 있으며 당국에 대한 구체적 지지가 제도에 대한 확산적 지지와 구분될 수 있음을 확인시켜 준다.

<표 8-4>의 오른쪽 패널에 제시된 것처럼 헌법재판소 분석에서 나타난 것과 유사한 결과가 대법원 분석에서도 발견된다. 먼저 확산적 지지와 통계적으로 유의미한 관계를 보여주는 변수는 이념적 성향, 정치적 관심, 기관에 대한 인지, 기관의 독립성 평가 및 법의 지배에 대한 지지이다. 헌법재판소의 경우와 달리 정치적 관심과 기관에 대한 인지가 유의미한 관계를 갖는 변수로 포함되었다. 이들 가운데서 가장 강한 관계를 보이는 변수는 법의 지배에 대한 지지이고 다음으로는 기관의 독립성 평가이다. 구체적으로 보면 이념적 성향이 보수적일수록 대법원의 역할과 권한에 대한 지지가 높았다. 달리 말하면 진보적일수록 대법원의 역할과 권한에 대한 지지가 낮았다. 헌법재판소의 경우와 유사하게 보수주의자들이 진보주의자들보다 제도로서 대법원을 더 지지함을 보여준다. 정치에 관심이 많을수록 그리고 대법원을 안다고 할수록 대법원의 역할과 권한에 대한 지지가 높았다. 법의 지배를 지지할수록 그리고 대법원이 중립적이고 공정하다고 인식할수록 대법원의 역할과 권한을 지지하였다. 반면 이념적 거리나 최근 (양심적 병역 거부자와 강제 징용피해자) 판결에 대한 태도,[28] 당파성, 정부 신뢰와는 유의미한 관계가 없었다. 헌법재판소의 경우와 유사하게 대법원의 제도적 정당

---

28 헌법재판소의 경우와 비슷하게 선정된 사례가 덜 논쟁적인 것들이어서 이러한 분석 결과가 나타난 것일 수 있다.

성은 법의 지배나 기관의 독립성과 관련되는 것으로 보인다.

다음으로 구체적 지지와 통계적으로 유의미한 관계를 갖는 변수는 이념적 성향과 정치적 관심을 제외한 모든 변수이다. 이들 가운데서 가장 강한 관계를 보이는 변수는 여기서도 정부에 대한 신뢰이다. 구체적으로 보면 이념적 거리가 가까울수록 그리고 최근 판결에 찬성할수록 그리고 민주당 지지자가 미래통합당 지지자보다 대법원에 대한 신뢰와 만족이 높았다. 정부를 신뢰할수록, 대법원을 안다고 할수록 대법원에 대한 신뢰와 만족이 높았다. 한편, 대법원이 중립적이고 공정하다고 인식할수록 대법원에 대한 신뢰와 만족이 높지만 법의 지배를 지지할수록 대법원에 대한 신뢰와 만족이 낮았다. 특히 후자는 법의 지배를 지지할수록 대법원의 역할과 권한에 대한 지지가 높게 나타난 발견과 대비된다. 이는 대법원에 대한 신뢰와 만족이 제도보다는 당국에 대한 태도를 나타낸다는 주장을 뒷받침한다. 여기서도 가장 주목이 되는 변수는 확산적 지지와는 전혀 관계가 없는 반면 구체적 지지와는 가장 강한 관계를 보인 정부 신뢰이다. 정부 신뢰와의 높은 상관관계는 통치기구를 구성하는 주요 기관들이 구분되지 않고 대법원과 정부가 코드를 공유하는 한 팀이라는 인식을 반영함을 시사한다. 여기서도 분석 결과는 대법원에 대한 신뢰와 만족이 당국 차원의 지지를 측정하는 도구로서 구성타당도가 있으며 당국에 대한 구체적 지지가 제도에 대한 확산적 지지와 구분될 수 있음을 확인시켜 준다.

전체적으로 보면 최고사법기관의 역할과 권한에 대한 지지는 법의 지배에 대한 지지와 가장 강하게 관련된다. 반면 최고사법기관에 대한 신뢰와 만족은 정부에 대한 신뢰와 가장 강하게 관련된다. 제도로서 최고사법기관에 대한 지지는 법치주의를 옹호하는 사람들 속에서 더 발견되고, 당국으로서 최고사법기관에 대한 지지는 정부를 신뢰하는 사람들 속에서 더 발견되는 것이다.

2. 회귀분석

여기서는 회귀분석을 통해 모형에 포함된 주요 변수들의 상대적 중요성을 평가한다. 종속변수는 확산적 지지와 구체적 지지이다. 독립변수는 이념적 성향, 이념적 거리, 당파성의 2개 가변수(무소속과 미래통합당), 판결에 대한 태도, 정부 신뢰, 정치적 관심, 기관에 대한 인지, 기관의 독립성 평가, 법의 지배에 대한 지지이다. 통제변수는 성, 나이(년), 교육 가변수(고졸과 대재 이상), 소득(집단)이다.

<표 8-5>의 왼쪽 패널은 헌법재판소에 대한 지지를 종속변수로 한 회귀분석 결과를 보여준다. 결정계수(R-sq) 값을 보면 분석 모형이 확산적 지지의 경우 27%, 구체적 지지의 경우 16%를 각각 설명하는 것으로 나타났다. 여기서 주목할 것은 모형이 당국보다 제도로서 헌법재판소에 대한 지지를 더 잘 설명한다는 것이다.

분석 결과를 보면 첫째, 확산적 지지에 유의미한 영향을 주는 변수는 법의 지배에 대한 지지, 기관의 독립성 평가, 기관에 대한 인지 및 무소속 가변수로 나타났다. 이들 가운데 법의 지배에 대한 지지(ß=.392)가 영향력이 가장 크고 다음은 헌법재판소의 독립성 평가(ß=.235)였다. 구체적으로 보면 법의 지배를 지지할수록, 헌법재판소가 중립적이고 공정하다고 인식할수록, 헌법재판소를 안다고 할수록 헌법재판소의 역할과 권한을 지지하였다. 주목할 것은 당파성의 영향이다. 흥미롭게도 여당인 민주당 지지자보다 지지하는 정당이 없는 무소속이면 헌법재판소의 역할과 권한을 지지하였다. 반면 민주당 지지자와 야

표 8-5 최고사법기관에 대한 지지: 회귀분석

구 분	헌법재판소		대법원	
	확산적 지지	구체적 지지	확산적 지지	구체적 지지
이념적 성향	.071	−.089*	.032	−.002
이념적 거리	−.007	−.013	−.005	−.017
당파성-무소속	.345*	.019	.284	−.039
당파성-미래통합당	.233	−.091	.212	−.134
판결에 대한 태도	.032	.056	.017	.088
정부 신뢰	.020	.447***	.071	.484***
정치적 관심	.055	−.073	.091	−.092
기관에 대한 인지	.250*	.392***	.295**	.285**
기관 독립성 평가	.208***	.054	.163***	.059
법의 지배에 대한 지지	.236***	−.036	.222***	−.057**
여성	.070	.079	.241*	.067
나이(년)	−.019	−.007	−.088	−.041
교육 고졸	.089	.127	−.259	−.104
대학 재학 이상	.127	−.170	−.348	−.142
소득	.037	−.002	.024	−.070
R-sq	.269	.156	.225	.155
(N)	(587)	(570)	(588)	(582)

주) 수치는 비표준화 계수. *** p<0.001, ** p<0.01. * p<0.5.

당인 미래통합당 지지자 간에는 차이가 없었다. 이념적 성향, 이념적 거리, 판결에 대한 태도는 영향이 없어 이념적 불만이 헌법재판소의 역할과 권한에 대한 지지를 낮추지는 않았다. 정부 신뢰와 정치적 관심도 영향이 없었다. 전반적으로 산출이나 이념보다는 법치주의에 대한 신념과 기대가 제도로서 헌법재판소에 대한 지지에 주요한 영향을 주는 것으로 나타났다.

둘째, 구체적 지지에 유의미한 영향을 주는 변수는 정부 신뢰, 기관에 대한 인지 및 이념적 성향으로 나타났다. 이들 가운데서 정부 신뢰(ß=.273)가 영향력이 가장 크고 다음은 기관에 대한 인지(ß=.172)였다. 구체적으로 보면 정부를 신뢰할수록, 기관을 안다고 할수록, 그리고 진보적일수록 헌법재판소에 대한 신뢰와 만족이 높았다. 정부 신뢰의 두드러진 영향은 통치기구에 대한 미분화된 태도, 즉 헌법재판소와 정부가 코드를 공유하는 연합정부라는 인식이 지배적임을 시사한다. 주목할 만한 발견은 확산적 지지에 주요한 영향력을 미치는 법의 지배에 대한 지지와 기관의 독립성 평가가 구체적 지지에는 영향을 주지 못한다는 것이다. 이념적 거리나 판결에 대한 태도, 당파성도 영향을 주지 못하는 것으로 나타났다. 이러한 결과는 헌법재판소에 대한 신뢰와 만족이 산출이나 이념 혹은 법치주의에 대한 신념보다는 정부 신뢰에 의존하며 이는 통치기구를 구성하는 다양한 제도에 대한 미분화된 인식을 보여준다.

<표 8-5>의 오른쪽 패널은 대법원에 대한 지지를 종속변수로 한 회귀분석 결과를 보여준다. 결정계수(R-sq) 값을 보면 분석 모형이 확산적 지지의 경우 23%, 구체적 지지의 경우 16%를 각각 설명하는 것으로 나타났다. 여기서도 모형은 당국보다 제도로서 대법원에 대한 지

지를 더 잘 설명하는 것으로 보인다.

분석 결과를 보면 첫째, 확산적 지지에 유의미한 영향을 주는 변수는 법의 지배에 대한 지지, 기관의 독립성 평가, 기관에 대한 인지 및 여성 가변수로 나타났다. 이들 가운데서 법의 지배에 대한 지지(ß=.384)가 영향력이 가장 크고 다음은 기관의 독립성 평가(ß=.164)였다. 구체적으로 보면 법치주의를 옹호할수록, 대법원이 중립적이고 공정하다고 인식할수록 그리고 대법원을 안다고 할수록 대법원의 역할과 권한에 대한 지지가 높았다. 이념적 성향이나 이념적 거리 그리고 판결에 대한 태도는 유의미한 영향이 없었다. 정부 신뢰와 정치적 관심도 유의미한 영향이 없었다. 사회인구학적 변수들 가운데서 유일하게 성별에 따라 차이가 나타났는데 여성이 남성보다 대법원의 역할과 권한에 대한 지지가 높았다.

둘째, 구체적 지지에 유의미한 영향을 주는 변수는 정부 신뢰, 기관에 대한 인지 및 법의 지배에 대한 지지로 나타났다. 이들 가운데서 정부 신뢰(ß=.292)의 영향력이 가장 두드러졌다. 구체적으로 보면 정부를 신뢰할수록 그리고 대법원을 안다고 할수록 대법원에 대한 신뢰와 만족이 높았다. 흥미로운 것은 법의 지배에 대한 지지의 영향이 부의 방향이라는 것이다. 즉, 법의 지배를 지지할수록 대법원에 대한 신뢰와 만족이 다소 낮아졌다. 이는 법의 지배를 지지할수록 대법원의 역할과 권한에 대한 지지가 높아진 발견과 대비된다. 이는 대법원에 대한 신뢰와 만족이 제도에 대한 지지가 아니라 당국에 대한 평가와 관련된다는 주장을 뒷받침한다. 법치주의를 지지하는 사람들이 대법원에 대한 신뢰와 만족이 낮다는 것은 대법원 당국이 그들의 규범적 기대에 미치지 못함을 시사한다. 이념적 성향, 이념적 거리, 판결에 대한 태도만이 아니라 당파성, 정치적 관심 그리고 기관의 독립성 평가 모두 유의미한 영향이 없었다. 이러한 결과는 대법원에 대한 신뢰와 만족이 기관 자체의 산출이나 성향보다는 정부 신뢰에 의존하며 이는 헌법재판소의 경우와 같이 통치기구를 구성하는 다양한 제도에 대한 미분화된 인식을 시사한다.

VI. 결 론

이 장에서는 우리나라 최고사법기관인 헌법재판소와 대법원이 여론의 법정에서 어떻게 평가되고 있는지, 그리고 그러한 평가의 근원은 무엇인지를 정치적 지지의 개념을 사용하여 접근하였다. 정치적 지지는 제도에 지향된 확산적 지지와 당국에 지향된 구체적 지지로 구분하였다. 본 장에서 주목하는 확산적 지지는 최고사법기관이 정치적 다수에 반하는 결정을 내릴 때 의존할 수 있는 선의의 저수지를 형성한다. 이는 최고사법기관의 제도적 정당성에 대한 신념과 관련된다고 할 수 있다. 민주화 이후 주요한 정치적 사안을 법을 통해 해결하려는 '정치의 사법화'가 촉진되고 아울러 '사법부의 정치화'가 우려되면서 반다수주의 기구인 최고사법기관의 제도적 정당성은 더욱 중요해졌다고 할 수 있다. 이런 맥락에서 본 장은 제도로서 우리나라 최고사법기관에 대한 대중 지지의 수준과 그 토대에 초점을 두었다.

제도로서 최고사법기관에 대한 지지의 근원과 관련해 두 시각이 대립해 있다. 전통적 시각은 확산적 지지가 산출과 성과에 의해 쉽게 변화될 수 없는 것으로 본다. 확산적 지지는 판결에 대한 이념적 평가나 당파적 선호에 따라 쉽게 오르내리는 것이 아니라는 것이다. 법의 지배

에 대한 지지나 정치적 관용 혹은 자유의 가치에 대한 지지 등이 확산
적 지지의 근원인데 이러한 정치적 가치와 규범에 대한 지지는 정치사
회화의 과정이나 경험을 통해 습득되는 것으로 본다. 그런 점에서 최고
사법기관의 제도적 정당성이 당파적 선호나 이념적 성향에 따라 쉽게
변하는 것이 아니라 비교적 안정적이라는 것이다. 이러한 전통적 시각
에 도전하는 새로운 관점은 최고사법기관의 제도적 정당성이 이념에
토대를 두고 있다고 본다. 최고사법기관이 판결이나 인적 구성에서 이
념적 성향을 보이고 그에 대해 다른 이념적 성향의 사람들은 기관의
제도적 정당성에 대한 믿음을 상실한다는 것이다. 본 장은 이러한 두
시각을 염두에 두고 헌법재판소와 대법원에 대한 확산적 지지의 근원
을 규명하려고 하였다.

　최고사법기관에 충성하고 헌신하는 사람들은 기관이 정치적 다수에
반하는 결정을 내리거나 논쟁적 사안에 적극적으로 개입해도 기관을
폐지하거나 그 권한을 축소하자는 시도에 반대한다. 분석 결과는 이러
한 제도적 충성과 헌신이 기본적으로 법치주의에 대한 지지와 관련됨
을 보여준다. 법의 지배에 대한 지지가 가장 강력한 예측변수로 나타난
것이다. 법치주의를 옹호할수록 최고사법기관의 역할과 권한에 대한
지지가 높았다. 그보다는 덜 강하지만 최고사법기관의 독립성도 제도
적 충성과 헌신을 강화하였다. 이러한 발견은 최고사법기관이 법치주
의 원리에서 일탈하면 제도적 정당성을 인정받지 못할 수 있음을 시사
한다.

　분석 결과에 따르면 이념적 성향이나 이념적 거리 및 판결에 대한
태도는 확산적 지지에 영향을 주지 못하였다. 판결에 대한 태도의 경우
분석된 사례가 대통령 탄핵이나 수도이전과 같은 메가 정치와 관련된

쟁점이 아니기 때문에 그런 결과가 나타난 것일 수 있다. 그렇지만 이념적 거리가 확산적 지지에 영향을 주지 못하고 있다는 것은 주목할 만하다. 판결을 통해 업데이트된 최고사법기관의 이념적 경향에 대한 인식과 응답자의 이념적 성향 간의 간격은 이념적 불만을 반영한다. 이러한 이념적 불만이 최고사법기관의 역할과 권한에 대한 지지에 영향을 주지 못한다는 것은 최고사법기관의 제도적 정당성이 이념에 직접적인 토대를 두고 있지 않음을 시사한다.[29] 헌법재판소와 대법원의 판결을 둘러싸고 여론이 양분되어 있지만, 최고사법기관의 역할과 권한에 대한 지지가 이념이나 당파성과는 거의 무관한 것으로 나타난 것은 최고사법기관의 제도적 정당성이 구체적 산출과 인적 구성에 대한 이념적 혹은 정파적 불만에 의해 현저히 훼손되지 않음을 시사한다.

한편, 정치적 다수에 반하는 결정을 내리거나 논쟁적 사안에 적극적으로 개입해도 기관을 폐지하거나 그 권한을 축소하자는 시도에 반대하는 응답자들이 여전히 소수라는 발견은 아직 최고사법기관의 제도적 정당성이 우리 사회에 견고하게 형성되어 있지 못함을 보여준다. 최고사법기관에 대한 긍정적 정향, 즉 선의의 저수지가 그다지 깊지 않다는 것이다. 이러한 상황에서 최고사법기관의 역할과 권한에 대한 지지가 이념적 및 정파적 불만에 민감하게 반응하지 않는다는 발견은 '정치의 사법화'에 직면한 최고사법기관을 위해서는 그나마 다행스러운 것일 수 있다. 최고사법기관의 역할과 권한에 대한 지지가 법의 지배에 대한 지지에 의존한다는 것은 법치의 정치문화가 성장해야 최고사법기관의 제도적 정당성의 토대가 강해질 수 있음을 시사한다. 문제는 정치문화의

---

29 이념적 거리가 멀수록 최고사법기관의 중립성과 공정성에 대한 평가가 낮게(헌법재판소의 경우 $r=-.115$, 대법원의 경우 $r=-.148$) 나타난 것은 이념적 불만이 기관의 독립성 평가를 통해 확산적 지지에 간접 영향을 줄 수 있음을 시사한다.

변화는 더디다는 것이다.

한편, 당국으로서 최고사법기관에 대한 지지의 가장 강력한 예측변수는 정부에 대한 신뢰이다. 정부를 신뢰할수록 최고사법기관에 대한 신뢰와 만족이 높은 것이다. 이러한 결과는 정부에 대한 태도와 최고사법기관에 대한 태도가 밀접히 관련되어 있음을 시사한다. 사람들은 종종 권위구조를 구성하는 기관들을 구분하지 못하고 헌법재판소와 대법원이 정부와 통치 연합을 구성하고 있다고 인식할 수 있다. 따라서 정부를 신뢰하는 사람들은 최고사법기관이 '올바른 판결을 내릴 것이라고 신뢰'를 보내고 최고사법기관이 '전반적으로 돌아가는 상황'에 대해 만족을 나타낼 수 있다는 것이다.

결론적으로 본 장의 결과는 전통적 시각과 유사하게 한국에서도 법치주의에 대한 지지가 최고사법기관의 제도적 정당성의 주요한 근원임을 보여준다. 법의 지배를 지지하기 때문에 최고사법기관의 권한을 축소하거나 이를 폐지하는 시도에 반대한다는 것이다. 입헌 민주주의를 지향하면서 민주화된 지 30년이 지났지만, 최고사법기관의 제도적 정당성이 아직 광범하게 수용되어 있지 않다는 발견은 나쁜 소식이지만 최고사법기관의 제도적 정당성이 이념이나 당파성에 토대를 두고 있지 않다는 것은 '정치의 사법화'에도 불구하고 우리의 최고사법기관의 헌법적 지위가 그렇게 위태롭지 않음을 시사하는 그나마 좋은 소식이라고 할 수 있다.

참고문헌

김선택. 2005. "국가기능체계에 있어서 헌법재판소의 역할과 한계: 국가조
직 관련 헌법재판소 판례의 분석과 평가." 『공법연구』 33(4):
179 – 209.

박은정. 2010. "'정치의 사법화'와 민주주의" 『서울대학교 법학』 51(1):
1 – 26.

박종민. 2018. "민주주의에 대한 시민들의 태도: 변화와 지속." 박종민·마
인섭(편)『한국 민주주의의 질: 민주화 이후 30년』, 351 – 387. 서울:
박영사.

박종현. 2017. "정치의 사법화의 메카니즘: 헌법재판에 의한 정치의 사법화
현상에 대한 분석 및 평가. 『법학연구』 27(1): 101 – 141.

오승룡. 2011. "한국 민주주의의 위기와 법의 지배: 정치의 사법화를 중심
으로." 『민주주의와 인권』 10(3): 163 – 196.

오향미. 2020. "헌법재판권에 의한 국가권력 구조 변화: 사법우위와 행정우위
국가 사이에서." 박종민(편). 『민주화 이후 한국의 국가』, 265 – 295.
서울: 박영사.

조원빈. 2018. "수평적 책임성과 민주주의의 질." 박종민·마인섭(편)『한국
민주주의의 질: 민주화 이후 30년』, 225 – 264. 서울: 박영사.

Bartels, Brandon L. and Christopher D. Johnston. 2013 "On the
Ideological Foundations of Supreme Court Legitimacy in the
American Public." *American Journal of Political Science* 57(1):
184 – 199.

Barwick, Corey and Ryan Dawkins. 2020. "Public Perceptions of State
Court Impartiality and Court Legitimacy in an Era of Partisan
Politics." *State Politics & Policy Quarterly* 20(1): 54 – 80.

Caldeira, Gregory and James L. Gibson. 1992. "The Etiology of Public Support for the Supreme Court." *American Journal of Political Science* 36:635－64.

Christenson, Dino P. and David M. Glick. 2015. "Chief Justice Roberts's Health Care Decision Disrobed: The Microfoundations of the Supreme Court's Legitimacy." *American Journal of Political Science* 59(2): 403－418.

─────────────────────────────. 2019. "Reassessing the Supreme Court: How Decisions and Negativity Bias Affect Legitimacy." *Political Research Quarterly* 72(3): 637-652

Clark, Tom S. 2011. *The Limits of Judicial Independence.* New York: Cambridge University Press.

Dahl, Robert A. 1957. "Decision－Making in a Democracy: The Supreme Court as a National Policy－Maker." *Journal of Law* 6(2): 279－295.

Diamond, Larry and Leonardo Morlino. 2005. *Assessing the Quality of Democracy.* Baltimore: Johns Hopkins University Press.

Dreier, Sarah K. and Milli Lake. 2019. "Institutional Legitimacy in Sub－Saharan Africa." *Democratization* 26(7): 1194－1215.

Durr, Rovert H., Andrew D. Martin, and Christina Wolbrecht. 2000. "Ideological Divergence and Public Support for the Supreme Court." *American Journal of Political Science* 44(4): 768－776.

Easton, David. 1965. *A Systems Analysis of Political Life.* New York: John Wiley.

─────────────. 1975. "A Re－Assessment of the Concept of Political Support." *British Journal of Political Science* 5:435－57.

Fiss, Own M. 1993. "The Limits of Judicial Independence." *University of Miami Inter－American Law Review* 25(1): 57－76.

Friedman, Barry. 2005. "The Politics of Judicial Review." *Texas Law*

Review 84: 257−337.

Gibson, James L. 2011. "A Note of Caution about the Meaning of 'The Supreme Court Can Usually Be Trusted⋯'." *Law & Courts: Newsletter oif the Law & Courts Section of the American Political Science Association* 21(3): 10−16.

Gibson, James L. and Gregory A. Caldeira. 2009. *Citizens, Courts, and Confirmations: Positivity Theory and the Judgments of the American People.* Princeton: Princeton University Press.

Gibson, James L., Gregory A. Caldeira, and Vanessa A. Baird. 1998. "On the Legitimacy of National High Courts." *American Political Science Review* 92(2): 343−358.

Gibson, James L., Gregory A. Caldeira, and Lester Kenyatta Spence. 2003. "Measuring Attitudes toward the United States Supreme Court." *American Journal of Political Science* 47(2): 354−367.

Gibson, James L. and Michael J. Nelson. 2015. "Is the U.S. Supreme Court's Legitimacy Grounded in Performance Satisfaction and Ideology?" *American Journal of Political Science* 59(1): 162−174.

Ginsburg, Tom and Aziz Z. Huq. 2018. *How to Sace a Constitutional Democracy.* Chicago: University of Chicago Press.

Grosskopf, Anke and Jeffery J. Mondak. 1998. "Do Attitudes Toward Specific Supreme Court Decisions Mater? The Impact of Webster and Texas v. Johnson n Public Confidence in the Supreme Court." *Political Research Quarterly* 51(3): 633−654.

Helmke, Gretchen and Frances Rosenbluth. 2009. "Regimes and the Rule of Law: Judicial Independence in Comparative Perspective." *Annual Review of Political Science* 12: 345−66.

Hirschl, Ran. 2008. "The Judicialization of Mega−Politics and the Rise of Political Courts." *Annual Review of Political Science* 11:93−118.

Jost, John T. and Brenda Major (eds). 2001. *The Psychology of Legitimacy: Emerging Perspectives on Ideology, Justice, and Intergroup Relations.* New York: Cambridge University Press.

Lijphart, Arend. 2012. *Patterns of Democracy: Government Forms and Performance Thirty−Six Countries.* Second Edition. New Haven: Yale University Press.

McGuire, Kevin T. and James A. Stimson. 2004. "The Least Dangerous Branch Revisited: New Evidence on Supreme Court Responsiveness to Public Preferences." *Journal of Politics* 66(4): 1018-35.

Mishler, William and Reginald S. Sheehan. 1993. "The Supreme Court as a Countermajoritarian Institution? The Impact of Public Opinion on Supreme Court Decisions." *American Political Science Review* 87(1): 87-101.

Murphy, Walter and Joseph Tanenhaus. 1968. "Public Opinion and the United States Supreme Court: Mapping of Some Prerequisites for Court Legitimation of Regime Changes." *Law & Society Review* 2(3): 357−384.

Tyler, Tom R. 2006. "Psychological Perspectives on Legitimacy and Legitimation." *Annual Review of Psychology* 57: 375−400.

Tyler, Tom R. and John M. Darley. 2000. "Building a Law−Abiding Society: Taking Public Views about Morality and the Legitimacy of Legal Authorities into Account When Reformulating Substantive Law." *Hofstra Law Review* 28(3): 707−740.

Tyler, Tom R. and Gregory Mitchell. 1994. "Legitimacy and the Empowerment of Discretionary Legal Authority: The United States Supreme Court and Abortion Rights." *Duke Law Journal* 43(4): 703−815.

Vanberg, George. 2005. *The Politics of Constitutional Review in Germany.* New York: Cambridge University Press.

제9장

법원과 경찰에 대한 시민의 태도: 정당성 인식을 중심으로*

김 다 은

Ⅰ. 들어가는 말

법의 지배(Rule of Law)는 민주주의 국가가 법의 집행을 통해 달성하고자 하는 목표 중 하나이다. 법의 지배의 실현은 권력을 통제하고 법 앞의 평등을 보장함으로써 개인의 자유와 권리를 보호하며 나아가 사회의 안정 및 질서와 정의에 기여하기 때문이다(최장집 2008, 10). 와인개스트(Weingast 1997)는 법의 지배(rule of law)를 "모든 시민에게 공평하게 적용되는 일련의 안정된 정치 규칙과 권리"로 정의한다. 이에 따르면 법의 지배는 정치참여자들 간 지배와 통치를 둘러싼 경합, 즉 민주적 선거제도와 규칙의 도입뿐만 아니라, 공동체의 문제를 자유롭고 자발적인 시민들의 사회참여를 통해 해결하는 시민사회의 성숙에 이르는 민주화의 전 과정에 필수적인 요건이다(최경준 2017, 314). 만약 법

---

* 이 글은 『정부학연구』 제28권 제1호(2022년 4월)에 게재된 글을 일부 수정한 것이다.

의 지배가 제대로 이루어지지 않는다면 공정한 법집행을 통한 국민의 기본권 보장 역시 원활하지 않을 것이다. 나아가 사회적 신뢰 관계 형성을 제약함으로써 선거를 비롯한 정치적 게임의 규칙에 대한 동의와 그 결과에 대한 수용, 자발적인 사회참여의 활성화 역시 저해될 수 있다. 이처럼 오직 확고한 법의 지배 아래에서만 민주주의가 존재할 수 있다(Dworkin 2006).

그러나 법의 지배의 원칙이 제대로 구현되기 위해서는 단순히 법과 사법제도의 존재만으로는 부족하다. 예컨대 권위주의 체제에서 목격되는 바와 같이 법이 효율적인 지배의 수단에 불과하다면 이는 법의 지배가 아닌 법에 의한 지배(rule by law)에 불과하기 때문이다. 법의 지배는 입법, 행정, 사법이라는 국가권력의 전 과정이 객관적이고 공정한 법에 구속되도록 할 때 그리고 국민이 법과 규칙을 스스로 존중하고 준수할 때 비로소 실현된다. 법을 집행하는 가장 이상적인 방식은 '물리적 힘(physical force)'을 동원하는 사회적 통제가 아닌, '도덕적 힘(moral force)'에 의하여 자발적으로 법을 준수하게 만드는 것이기 때문이다(최경준 2017, 312). 그렇다면 시민의 법에 대한 존중과 준수를 어떻게 확보할 것인가? 이를 위해 본 장은 우리 사회에서 사법과 법 집행의 중요한 역할을 담당하는 법원과 경찰에 대한 시민의 태도에 주목하였다.

법원과 경찰은 시민과의 직접 접촉을 통해 현실에서 법의 지배 원칙을 지키고 구현하는 중요한 역할을 담당하는 국가기관이다. 따라서 다른 국가기관보다도 이들 법 관련 기관(legal institution)에 대한 시민의 주관적인 인식은 궁극적으로 이들 기관의 행동과 결정에 대한 지지와 준수뿐 아니라 나아가 법에 대한 협력과 순응과 더욱 밀접하게 연계된

다(Tyler 2004; Tankebe 2009). 먼저 법원은 국민으로부터 사법권을 위
임받아 이행하는 기관으로서 시민들 간에 발생하는 다양한 법적 분쟁
에 대한 심판을 통해 우리 사회에서 법치주의 원칙을 실현하는 역할을
한다.1 그리고 시민들의 행동이 법을 위반한 것인지에 대하여 판결을
내림으로써 시민들을 제약한다. 그러므로 원활한 사법권의 행사를 위
해 국민이 법원이 내리는 결정을 적극적으로 받아들이고 동의와 지지
를 보내게 하며, 나아가 이들의 순응을 확보해야 한다. 마찬가지로 경
찰 역시 사람들의 행동을 제약하는 법규범을 집행하는 기관(law
enforcement agency)이다. 경찰에게 주어진 임무는 국가 사회의 공공질
서와 안녕을 보장하고 국민의 안전을 도모하고, 재산을 보호하는 일을
담당하는 것이다. 따라서 범죄 예방, 진압, 수사 등의 업무를 수행하는
과정에서 경찰은 법 위반을 방지하고 법에 대한 준수를 확보하기 위해
시민의 동의와 지지를 통한 협력과 순응이 필요로 된다.

　이러한 맥락에서 본 장에서 특히 다루고자 하는 것은 경찰과 법원에
대한 시민들의 정당성(legitimacy) 인식이다. 정당성이란 결정을 내릴
권리(도덕적이고 법적인) 또는 자격과 관련된 일종의 규범적 개념이다.
국가기관의 존재가 정당하다면, 공동체를 위한 결정을 내릴 수 있는 권
한이 존재하기 때문에 사람들은 그 결정 역시 정당한 것으로 받아들인
다. 즉, 국가기관에 대한 시민의 정당성 인식은 해당 기관의 결정에 따
르거나 복종할만하다고 느끼게 한다. 따라서 시민들의 정당성 인식은
경찰과 법원의 지시 혹은 결정을 받아들여 순응하고 협력하게 만드는
중요한 정치적 자산(chief political capital)이다(Gibson 2006). 이를 바탕

---

1 본 장에서 법원은 일반법원(지방법원, 고등법원, 대법원)과 전문법원 등을 구별하지
　않고 이들을 통칭하는 포괄적 개념으로서의 삼권분립 체계 안에서 사법권을 행사하
　는 법원을 의미한다.

으로 아래에서는 경찰과 법원에 대한 시민의 정당성 인식에 대하여 먼저 알아보고, 이에 영향을 주는 다른 인식 요인에 대해 가설을 제시한다. 분석에 사용된 자료는 SSK 정부의 질과 거버넌스의 다양성 연구단에서 수집한 '2020년 법의 지배 국민 인식조사'이다. 본 장은 경찰과 법원에 대한 시민의 정당성 인식을 각각 지지와 준수의무로 나누어 이에 영향을 미치는 요인들을 분석함으로써, 시민의 순응과 협력을 통해 주어진 임무를 보다 효과적으로 수행하고 법의 지배 원칙을 확립시키기 위한 함의를 주는 것을 목표로 한다.

Ⅱ. 법원과 경찰에 대한 정당성 인식과 그 영향요인

1. 정당성 인식의 개념과 중요성

앞서 서론에서 언급한 바와 같이 본 장에서는 법원과 경찰에 대한 시민들의 정당성 인식이 일종의 규범적 관점으로서 이들 기관의 지시와 결정에 순응하고 협력하도록 만드는 주요한 요인이라고 본다.[2] 국가 기관들이 시민들의 순응을 두고 이를 보상하거나 제재하는 수단을 보유했는지와 상관없이, 기관 고유한 특성으로서의 정당성이 시민들에게 이들 기관에 순응하고 따르도록 만들기 때문이다(Beetham 1991). 특히 법원과 경찰은 국민에 의해 직접 선출되거나 구성되지 않으며, 민주적 책무성을 담보할 수 있는 제도적 장치가 결여되어 있다(Bühlmann and Kunz 2011, 317). 그러나 이들 역시 주어진 임무를 실현하기 위해 법

---

2 이러한 맥락에서 본 장의 정당성 개념은 국민주권 원리에 기초하여 주권을 지닌 국민으로부터 선거를 통하여 선출됨으로써 부여받는 직접적인 의미의 민주적 정당성과는 구분되며, 국가기관으로서 지니는 제도적 정당성(institutional legitimacy)에 가까운 개념으로 볼 수 있다.

집행 과정에서 국민이 법의 지시를 받아들여 자신의 행동을 제한하거
나 변화시키도록 요구해야 한다. 예컨대 규칙을 적용하고 그 위반을 적
발하며 위반 여부 판단을 통해 이를 처벌하는 과정에서 대상이 되는
시민들에게 사법부와 법 집행기관의 지시와 결정이 내려지게 마련이
다. 직접 법을 적용받는 대상이 아니더라도, 범죄와 범죄자에 대한 경
찰 신고와 증언, 법정에서 배심원과 증인으로서 역할 수행 등 시민들과
의 호혜적 상호작용은 매우 중요하다(Huang and Vaughn 1996). 만약
법원에 대한 정당성 인식이 낮은 편이라면, 법원이 정치적 소수자를 보
호하기 위하여 다수의 여론에 반하는 결정을 내리는 상황에서 시민들
의 거센 반발과 저항을 경험할 수 있다(Bühlmann and Kunz 2011, 320).
경찰 역시 정당성 인식이 낮다면 시민들이 경찰에게 도움을 요청하지
않거나, 범죄를 목격해도 신고하지 않을 수도 있다. 이처럼 특정 기관
이 지지와 준수를 기대할 권리와 자격이 충분히 있다고 여기는 정당성
인식은 법원과 경찰의 업무수행에 시민들의 순응과 협력을 확보하기
위한 중요한 요소로 작용한다.

  그렇다면 법원과 경찰에 대한 시민의 정당성 인식을 구성하는 구체
적인 내용은 무엇인가? 본 장은 기존 선행연구에서 정당성 측정에 사용
된 '일반화된 정서적 지지(generalized affective support)'와 '준수의무
(obligation to obey)'라는 두 가지 차원에 주목하였다(Tyler 2006a; Tyler
and Huo 2002; Sunshine and Tyler 2003; Gao and Zhao 2018). 첫 번째
로 정서적 지지는 그 동기에 있어서 '지지(support)'에 근거한 정당성
인식으로서, 국가기관에 대한 시민들의 일종의 제도적 충성(institutional
loyalty), 혹은 호의적인 정서적 성향(favorable affective orientation)에
해당한다. 즉, 시민들로부터의 충성(allegiance)과 지지(support), 그리고

신뢰(confidence)가 법원과 경찰의 정당성에 대한 인식을 나타낸다는 것이다. 이러한 맥락에서 정서적 지지는 정치적 지지(political support) 의 일종으로서 장기간에 걸쳐 형성되고 축적되는 호의적인 태도나 정서적인 호의의 장기적인 저장고(long-term reservoir)로 비유되는 확산적 지지(diffuse support)에 해당하는 개념이다.3 따라서 특정한 법원 판결이나 경찰의 처분 등 기관의 즉각적 산출에 대한 만족 여부와 관계된 구체적 지지(specific support)와는 구별된다. 두 번째로 준수의무는 '권한(authority)'에 근거한 정당성 인식이다. 국가기관에 대한 준수의무가 높은 시민들은 직접적이고 개인적인 손익 혹은 도덕적 견해와 관계없이 당국의 지시와 명령을 준수해야 한다고 인식한다(Weber et al. 1947). 베버에 따르면 법적인 제재를 사람들이 준수하는 것은 그들이 법을 시행하는 것에 대한 정당성을 받아들이기 때문이다(Sunshine and Tyler 2003). 사람들은 사법기관이 옳고 그름에 있어서 자신과 다른 결정을 내리는 경우라도, 그들이 사회적 차원에서 권한을 행사할 수 있도록 승인받았기 때문에 사법기관의 권한에 따르는 것이 맞다고 인식한다. 단순히 사법기관이 처벌 또는 보상을 내리기 때문이 아니라, 그들의 결정을 준수하는 것이 정당하고 당연하다고 느끼도록 만드는 기관의 특성 때문에 준수하게 된다는 것이다(Beetham 1991).

  기존 연구들에서 준수의무는 정서적 지지(주로 신뢰)와 함께 시민의 협력과 순응에 영향을 미치는 정당성을 측정하는 하위 척도로 함께 사용되어 왔다(Tyler and Huo 2002; Sunshine and Tyler 2003; Tyler 2006;

---

3 이스턴(Easton 1965)은 시민의 정치적 지지에 있어서 그 수준을 구체적인 것과 확산적인 것으로 구분하였다. 구체적 지지(specific support)는 주로 단기적 관점에서 정책 산출에 대한 동의 내지 승인을 의미한다면, 반대로 확산적 지지(diffuse support)는 장기적 관점에서 형성되는 '제도적 충성(institutional loyalty)', 즉 즉각적인 산출이나 결과에 대한 만족과 무관한 지지를 나타낸다.

Hinds and Murphy 2007; Tyler and Fagan 2008). 그러나 최근 들어 정당성 측정에 있어서 이들 기관에 대한 정서적 지지와 준수의무는 구분되어야 하며, 하나의 정당성 척도로 통합하는 것에 부정적인 의견도 존재한다(Reisig et al. 2007; Tankebe 2009, 2013; Sargeant 2017). 타일러(Tyler 2006a) 역시 경찰과 법원에 대한 인식을 알아보기 위한 설문 연구에서 이들에 대한 지지와 준수의무 인식이 정당성을 구성하는 두 가지 차원에 해당되지만, 이들 간 상관관계가 그다지 강하게 나타나지 않았다고 밝혔다. 즉, 응답자들은 그들의 법원과 경찰에 대한 일반적으로 긍정적인 정서(generally positive affect toward the courts and police)와 그들의 개인적인 법 준수의무(obligation to obey the law) 사이를 구분한다는 것이다. 이러한 맥락에서 단순 정당성을 측정하기 위한 하위 척도가 아닌 독립적 개념으로서 준수의무 자체를 연구하기도 한다(Tankebe 2013; Johnson et al. 2014; Pryce et al. 2017; Sargeant 2017; Bello and Matshaba 2021). 무엇보다 정서적 지지와 준수의무는 근본적으로 사법기관의 지시에 따르게 만드는 동기의 명확성에 있어서 차이가 있다고 볼 수 있다(Tyler 2006a, 27 - 29). 준수의무가 정당성의 역할을 직접 드러낸다면, 확산적 지지는 간접적으로 드러낸다고 볼 수 있다. 따라서 본 장은 경찰과 법원의 정당성에 영향을 미치는 시민들의 인식 요인을 분석하는 데 지지와 준수의무를 하나의 정당성 인식을 구성하는 요인이 아닌, 정당성 인식의 서로 다른 측면으로 구분한다. 그리고 각각을 종속변수로 활용하여 이러한 정당성의 차원들에 영향을 주는 요인들을 알아보고자 한다. 특정 대상에 대한 시민의 태도는 기억으로부터 그 태도 자체가 직접 상기되는 것이 아닌, 자신의 태도를 드러내는 시점까지 경험하고 느낀 그 대상과 관련된 수많은 긍정적, 혹은 부정적인 인식들로부터 추출되는 것이기 때문이다(Zaller and Feldman 1992).

선행연구들 역시 법원과 경찰을 대상으로 하는 시민의 정당성 인식의 중요성에 주목하여 왔다(Tyler 2003, 2006a, 2006b; Sunshine and Tyler 2003; Tyler and Fagan 2008; Bühlmann and Kunz 2011; Kochel et al. 2013). 그러나 그동안 시민의 경찰과 법원에 대한 정당성 인식을 다룬 연구들은 주로 북미와 유럽과 같은 선진국 중심으로 진행되어 왔다는 한계를 지닌다. 시민들이 각자 자신이 속한 사회 안에서 사회화 과정과 경험, 그리고 정보 습득 등을 통해 태도와 인식이 형성된다는 점을 고려하면 개별 국가가 처한 정치적, 문화적 그리고 사회적 맥락에 따라 분석 결과가 다를 수 있다. 무엇보다 정당성 인식은 정량적 지표를 통해 평가된 객관적 성과가 아닌, 국민의 기대에 따른 상대적인 인식으로, 앞서 서론에서 제시한 바와 같이 급격하게 변동하기보다 장기간에 걸쳐 점진적으로 변화되는 경향이 있다. 오랜 기간에 걸쳐 민주화가 공고화되어왔던 서구 선진국들과 권위주의 정권을 거쳐 단기간에 걸친 급속도의 경제성장과 민주화 과정을 경험하고 있는 우리나라의 상황은 차이가 있을 수밖에 없는 것이다. 따라서 현재 우리 사회를 구성하는 시민들의 인식을 조사하고 그 결과를 분석하는 것은 중요한 의미를 지닌다.

최근 들어서는 기존 연구에서 제시된 모형과 설문 문항들을 활용하여 아시아나 남미, 아프리카 일부 국가 등으로 연구가 확대되고 있다(Tankebe 2009; Salzman and Ramsey 2013; Jiang et al. 2013; Bradford et al. 2014; Johnson et al. 2014; Cheng 2018; Gao and Zhao 2018). 우리나라를 대상으로 한 연구의 경우 경찰행정 영역에서는 경찰을 대상으로 한 시민들의 인식과 태도를 조사한 연구들이 비교적 많이 수행된 편이다(김구 2005; 이재영 2011; 이수창 2014; 임창호 2018, 2020; 전용재·이창배 2021).

그러나 법학 분야에서는 주로 법원 신뢰에 대한 규범적인 논의 혹은 사법개혁 논의의 일부로 국한되어 왔다(이상원 2012; 김도균 2013; 노영보 2013; 하태훈 2013). 무엇보다 일반 시민을 대상으로 법원에 대한 인식을 알아보는 대규모 설문조사를 수행하고 그 결과를 실증 분석하는 연구는 드문 편이다.[4] 유성진(2010)의 연구에서는 2008년 한국정치학회가 수행한 여론조사자료를 실증 분석하여 사법부가 갖는 위상과 역할에 대한 국민의 인식을 제시하였으나 이는 대중매체에 의해 전달된 재판 관련 보도를 중심으로 법원 판결 평가에 미치는 영향을 살펴보는데 국한되었다. 때문에 법원과 경찰에 대한 시민들의 인식을 조사하고 이러한 인식이 정당성 인식에 어떠한 영향을 미치는지 알아보는 것은 법의 지배 원칙의 확립을 위해 고민해야 하는 현시점에서 매우 중요하다.

다음에서는 시민들의 정당성 인식에 영향을 미치는 요인을 알아보고 가설을 제시한다. 그리고 실제 이러한 요인이 미치는 경찰과 법원에 대한 신뢰에 어떠한 영향을 미치는지 실증분석을 통해 검증해보도록 하겠다.

2. 시민들의 정당성 인식에 영향을 주는 요인

앞서 살펴본 바와 같이 국가기관에 대한 정당성 인식은 단기간에 단편적인 경험으로 결정되기보다, 비교적 장기간에 걸쳐 형성되는 전반적인 태도를 드러낸다. 따라서 현재의 특정한 당국과 그 안의 개별 법관이나 경찰관 등에 대한 평가보다 기관에 대한 전반적인 인식, 그리고 제도를 포괄하여 전반적인 사법 시스템이 제대로 작동하고 있는 것인

---

4 한국형사·법무정책연구원에서 수행된 '우리나라 형사사법 운용실태에 관한 국민의식조사', 대법원의 '법원 관련 의견조사', 한국법제연구원에서 수행하는 국민법의식조사, 사법정책연구원의 국민의 사법절차에 대한 이해도 및 재판에 관한 인식 조사 등 일반 국민을 대상으로 하는 인식조사들이 있으며, 이러한 데이터를 활용한 실증연구들이 일부 존재하고 있다.

지에 대한 인식까지 포함된다. 여기에 더하여 다른 국가기관과 구별되는 법원과 경찰에 대한 정당성 인식의 특성을 파악하는 것도 중요하다. 각각의 제도와 그것을 시행하는 개별 국가기관들은 고유한 특성을 지니고, 이는 신뢰를 비롯한 이들 기관에 대한 시민들의 인식에도 서로 다른 영향을 줄 수 있기 때문이다(김도균 2013, 568). 예컨대 시민들의 인식과 태도에 효과성이나 효율성과 같은 가치가 중요하게 영향을 미치는 제도가 있는가 하면, 형평성이나 공정성과 같은 가치가 강조되는 제도가 있을 수도 있다. 후자에 해당하는 사법제도, 그리고 그 안에서 작동하는 법원의 경우 공정성과 불편부당성과 같은 가치들이 매우 중요하게 여겨진다(Bühlmann and Kunz 2011).

입법 또는 행정 영역의 국가기관들은 시민들이 사회적으로 구체적인 입법 산출물이나 정책 등의 성과를 접하기 쉽고 자의 혹은 타의든지 간에 이에 대한 노출 역시 각종 언론 보도 등을 통해 빈번하게 이루어진다. 반면 법원과 경찰의 경우 구체적이고 개별적인 접촉 경험 자체가 부재한 경우가 더 많아서, 법률을 집행하는 주체로서의 인상이나 이미지와 같은 정서적 태도가 미치는 영향이 더 클 수 있다. 특히 법원의 경우 시민들이 사법 영역에 대한 전문 법적 지식에 어려움을 느끼는 경우가 많아서 사회적으로 형성되어 온 추상적이고 포괄적인 인식의 영향을 받을 가능성이 더 크다. 즉, 법원에 대한 부정적인 인식은 시민들에게 전달된 판결 등의 정보에 기반을 두기보다 법원에 대한 상징적 이미지나 인상에 더 크게 기인한다(유성진 2010, 84). 실제 법원이나 경찰에 대한 경험을 지닌 사람들을 연구 대상으로 한정하더라도, 구체적인 경험이나 정보가 이들에 대한 인식에 주된 영향을 미치는 것은 아니다. 예컨대 타일러(Tyler 2001)에 따르면 응답자들은 구체적인 법원이나 경찰의 결정이나 행동이 자신에게 유리한 결과를 가져왔기 때문에 신뢰하는 것이 아니라 이들이 공정하게 작동한다고 인식하기 때문에 신뢰한다. 해당 기관에 대한 개별적인 경험이 부재한 경우에도 일반적으로 지닌 공정성에 대한 인식, 그리고 전반적으로 얼마나 효과적으로 업무를 수행하고 있는지에 대한 평가까지 포괄적으로 정당성 인식에 영향을 줄 수 있는 것이다(Gao and Zhao 2018, 171).

이러한 점들을 고려하여 아래에서는 선행연구들을 토대로 시민들의 경찰과 법원에 대한 인식을 크게 두 가지로 나누어 살펴본다. 첫 번째로 공정성에 대한 인식, 그리고 효과성에 대한 인식을 살펴보겠다. 또한 형사사법작용을 담당하는 경찰과 판결을 통해 사법권을 행사하는 법원에 대한 인식은 국민의 준법의식, 즉 법치주의에 대한 의식에 영향을 받을 수 있다는 점을 고려하여 법의 지배에 대한 지지를 각각의 모형에 포함한다.

1) 공정성 인식

법을 현실에 적용하고 이를 집행하는 기관으로서 법의 지배 원칙을 구현하는 법원과 경찰은 공정성을 기초로 이러한 업무를 수행할 것으로 기대 받는다. 흔히 공정성은 '절차 공정성(procedural justice)'과 '배분 공정성(distributive justice)'의 두 가지 측면으로 구분된다. 절차 공정성이란 경찰이나 법원의 업무수행 과정에서 그 절차가 공정하였는가에 관한 것이다. 시민들은 이들 기관이 법적 권한을 행사하는 과정에서 공정하고 객관적이며 일관적인 방식으로 결정이 내려지고, 자신들이 그 과정에서 존중받는다고 느꼈을 때 절차 공정성을 인식하게 된다. 이는 구체적인 결과와 무관하게 절차가 수행되는 과정에 대한 인식이며, 단순히 결과를 선호하는지 내지는 결과가 공정한 것인지와는 구별된다

(Tyler, 2006a).[5] 반면 배분 공정성은 특정한 개인이나 집단을 차별하지 않고 결과에 대한 공정한 배분이 이루어졌는가에 초점을 둔다.

타일러와 그의 동료들은 이러한 공정성 인식 중에서도 절차 공정성에 초점을 두고 절차 공정성이 정당성 인식에 미치는 영향을 다루는 심리적 모형으로서 동기부여에 대한 절차 공정성 모형(Procedural model of motivation)을 연구하였다(Lind and Tyler 1988; Tyler 2006a, 2006b; Tyler and Huo 2002; Sunshine and Tyler 2003). 법원이나 경찰로부터 절차적으로 공정한 대우를 받는 시민들은 이들과의 접촉에서 결정과 지시에 쉽게 순응하게 될 것이며, 이들의 권위에 순응해야 한다는 의무감과 같은 사회 규범과 가치를 내재화하게 된다(Reisig and Lloyd 2009). 따라서 이들은 시민의 절차 공정성에 대한 인식이 결과에 대한 평가나 인식보다 사법기관 정당성 인식을 결정짓는 주요한 요인이라고 밝혔다(Sunshine and Tyler 2003; Tyler 2006a). 이처럼 절차 공정성의 확보를 통해 시민들에게 내재화된 규범과 가치는 시민들로 하여금 법원과 경찰을 지지하고 이들에 순응하게 만드는 강력한 행동의 기준점으로서 정당성 인식을 강화한다. 여기에 더하여 절차 공정성은 인지의 한계로 인하여 법원과 경찰에 대한 시민의 다른 인식들보다 큰 영향을 미칠 수 있다고 여겨진다(Tyler 2006a, 108-109). 개별적 이해관계나 기대가 다르기 때문에 결과나 성과에 대한 평가가 복잡하고 어렵다. 그러나 관련된 사안을 어떻게 해결하는지 그 절차를 평가하는 것은 상대적으로 보편적인 기준에 따라 이루어질 수 있다. 마찬가지로 결과의 공

---

5 또한 절차 공정성은 형사소송법의 기본원칙인 적법절차의 원리와도 다른 개념으로 볼 수 있다. 적법절차의 원칙의 경우 법에 정해진 모든 절차가 준수되었는지를 기준으로 평가된다. 따라서 모든 절차가 지켜졌다고 하더라도 절차가 공정하지 않았을 수도 있으며, 절차가 공정하더라도 적법절차 원칙이 제대로 지켜지지 않는 경우도 존재한다.

정성에 대하여 평가 기준이 될 일반적으로 통용되는 도덕적 가치를 확정하기 어렵지만, 의사결정 절차의 공정성에 대해서는 사람들로부터 동의를 얻어내기 쉽다. 따라서 시민들은 특정 기관을 대상으로 자신들의 태도나 인식을 형성하는 과정에서 결정 또는 정책에 대한 평가보다는 해당 기관이 수행하는 절차에 초점을 맞추기 쉽다.

시민들이 소송주체로서 공정한 기회를 부여받고 법 앞에서 공평한 대우를 받는다면, 혹은 소송에 참여하는 행위자로서 그 과정에서 법원에 의해 존중받는다면 법원에 대한 정당성 인식이 높아질 것이다. 마찬가지로 경찰 역시 법을 준수하도록 강제하고 법 위반을 방지하는 과정에서 안정적이고 공정한 법의 집행이라는 원칙에 따를 것으로 기대된다. 따라서 시민들이 이처럼 경찰과 법원에 의해 법이 집행되는 과정에서 절차적 공정성을 인식하게 된다면 이들에 대한 정당성 인식이 높아질 것이다.

> 가설 1-1: 법원의 절차 공정성을 높게 인식할수록 법원에 대한 정당성 인식이 높아질 것이다.
> 가설 1-2: 경찰의 절차 공정성을 높게 인식할수록 경찰에 대한 정당성 인식이 높아질 것이다.

배분 공정성은 정부 기관이 성과를 공정하게 배분하는가, 즉 결과적 측면에서 공정성의 인식을 나타낸다. 즉, 다른 이들에게 주어지는 성과와 자신이 받은 혹은 받게 될 성과를 비교하여 이러한 배분이 공정하게 이루어졌는가에 기초한다. 우리나라 헌법 제11조 제1항 역시 모든 국민은 법 앞에 평등하며, 성별·종교 또는 사회적 신분에 의하여 정치적·경제적·사회적·문화적 생활의 모든 영역에 있어서 차별을 받지 아니한다는 평등의 원칙을 밝히고 있다. 이러한 헌법적 책무에 따라서 경찰은 업무를 수행하면서 모든 집단에 속하는 사람들에게 공평하게 도움을 주고 서비스를 제공해야 한다. 마찬가지로 법원의 재판 역시 재판과 상관없는 요인들로 인해 차별적인 불공정한 판결이 내려지지 않고 이들이 마땅히 얻어야 할 결과를 공정하게 배분해야 한다. 배분 공정성에 대한 인식은 시민들로 하여금 법원과 경찰에 대한 지지를 높이고, 이들에 대한 준수의무를 다하게 한다(Pryce et al. 2017; Bello and Matshaba 2021). 반면 자신에 대한 대우가 불공평하고 부당하며, 차별적이라고 느낄 때 시민들은 법원과 경찰에 분노하고 복종과 협력 의무에 대해 부정적 인식을 가질 것이다(Tankebe 2009; Akinlabi 2017).

> 가설 2-1: 법원의 배분 공정성을 높게 인식할수록 법원에 대한 정당성 인식이 높아질 것이다.
> 가설 2-2: 경찰의 배분 공정성을 높게 인식할수록 경찰에 대한 정당성 인식이 높아질 것이다.

2) 효과성 인식

일반적으로 개별 국가기관의 효과성 내지 성과에 대한 인식은 이들이 맡은 바를 원활하게 수행하며 제대로 작동하고 있는가에 대한 평가에 따라 결정된다. 따라서 이들이 얼마나 효과적으로 자신들에게 주어진 권한을 행사하는지에 대한 시민들의 기대, 그리고 실제 이를 충족시켰는가에 대한 인식과 직접 연계된다. 예컨대 법원의 업무 처리가 지연되고 이들이 서로 다른 실질적 영역에서의 상충하는 요구들을 제대로 관리할 수 있을지에 대해 의혹을 갖게 되면, 시민들의 법원에 대한 지지가 낮아질 것이다(Dougherty et al. 2006, 180). 마찬가지로 선샤인과 타일러(Sunshine and Tyler 2003)는 시민들의 눈에 경찰이 주어진 직무를 효과적으로 수행한다고 여겨질 때 경찰의 정당성 인식이 높아질 것이라고 보았다. 이처럼 경찰의 효과성 또는 성과란 이들에게 주어진 책임과 관련된 경찰의 전반적인 업무수행 평가와 연계된다(Bello and Matshaba 2021, 267). 대부분의 선행연구에서도 절차적 공정성 등 다른 요인에 비해 상대적으로 약하기는 하지만 효과성에 대한 인식 역시 경찰과 법원에 대한 정당성 인식에 영향을 줄 수 있다고 보았다(Tyler 2001, 2004, 2009; Sunshine and Tyler 2003; Murphy et al. 2008). 따라서 시민의 경찰과 법원에 대한 정당성 인식 수준은 시민들이 이들의 효과성을 인식하는 수준에 따라 달라질 수 있다.

가설 3-1: 법원의 효과성을 높게 인식할수록 법원에 대한 정당성 인식이 높아질 것이다.
가설 3-2: 경찰의 효과성을 높게 인식할수록 경찰에 대한 정당성 인식이 높아질 것이다.

3) 법의 지배에 대한 지지

법리에 대한 높은 존중을 지닌 개인들은 일반적으로 사법이나 법 집행 등 법의 지배 원칙을 지탱하는 기관에 대한 보다 높은 신뢰를 보인다(Salzman and Ramsey 2013, 78). 어떤 사회든지 시민들이 법원이나 경찰에 대한 구체적인 지식을 갖는 경우는 드물다. 하지만 일반적으로 이들이 법을 집행하는 기관으로서 법치라는 가치를 지키고 증진 시킨다는 것에 대한 인식은 보편적이다. 따라서 이들 기관이 시민들이 지지

하는 가치를 증진시키는가는 시민들이 이들에 대해 갖는 신뢰에 영향
을 줄 것이다(Caldeira and Gibson 1992). 이처럼 법원과 경찰에 대한
지식을 얼마나 알고 있는가와 무관하게 이들 기관이 표방하고 지키고
자 하는 법의 지배 원칙에 대한 지지가 시민의 태도에 영향을 주기 쉽
다. 법의 지배에 대한 지지가 높은 시민들은 현실에서 이를 구현하고
수호하는 법원과 경찰에 대하여 호의적인 감정을 보일 것이며, 이들 기
관이 법의 테두리 안에서 작동한다면 이들이 내리는 지시와 결정을 준
수할 것이다.

> 가설 4-1: 법의 지배 원칙에 대한 동의가 강할수록 법원에 대한 정당성 인식
> 이 높아질 것이다.
> 가설 4-2: 법의 지배 원칙에 대한 동의가 강할수록 경찰에 대한 정당성 인식
> 이 높아질 것이다.

Ⅲ. 자료 및 분석방법

1. 자료의 수집

본 장은 이론적 논의에서 제시한 바와 같이 경찰과 법원에 대한 시
민의 신뢰 영향요인을 알아보기 위하여 기존 선행연구들에서 제시한
주요 요인들을 토대로 연구 모형을 구성하였다. 분석 자료로 사용된 것
은 SSK 정부의 질과 거버넌스의 다양성 연구단에서 수행한 2020 사법
제도 인식조사 결과이다. 한국갤럽에 조사를 의뢰하였으며, 조사 대상
은 제주를 제외한 전국 만 19세 이상 남녀이고 2020년 6월 29일부터
7월 17일에 걸쳐 지역별 다단층화 후, 성/연령별 인구수 비례할당을

통해 추출된 표본 1,268건이 수집되었다. 무응답은 모든 변수에서 결
측값으로 처리하였다.

2. 변수의 측정 및 분석 방법

　주요한 변수들의 측정은 타일러(Tyler 2006a)가 개발한 설문 문항들
을 활용하였으며 개별 설문 문항 및 척도는 다음 <표 9-1> 및
<표 9-2>에 제시한다.6 먼저 본 장의 종속변수에 해당하는 경찰과
법원에 대한 정당성은 각각 법원에 대한 정서적 지지와 준수의무로 구
성된다. 정당성을 측정하기 위한 접근으로 국가기관들이 '정부에 대한
신뢰'라는 주제로 포괄되는 시민의 지지, 충성, 신뢰를 얼마나 누리는
지를 알아볼 수 있다. 이러한 정서적 지지의 구체적인 측정을 위해서
시민들은 정부 지도자나 기관들에 대한 정서적 정향을 나타내는 질문
을 받는다. 여기서 지지를 정의하는 필수적인 개념은 당국에 대한 '호
의적인 정서적 지향'이며, 이는 시민들로 하여금 당국의 지시에 따라
행복하도록 만드는 지향성이라고 볼 수 있다(Easton 1965, 1975; Easton
and Dennis 1969). 특히 그중에서도 국가기관에 대한 신뢰는, 정부에
대한 지지와 관련된 연구뿐 아니라 기관 정당성 연구에서도 강조되고
있다(Tyler 2002, 76).

　이외에도 정당성을 측정하는 가장 직접적인 방식은 개인적인 손실이
나 이득과 무관하게 해당 기관의 지시에 순응해야 한다고 여기는 의무
감을 측정하는 것이다(Tyler 2006a, 27). 이러한 정당성의 개념은 준수

---

6 타일러(Tyler 2006a)는 1984년 시카고 지역 시민들을 대상으로 법원과 경찰에 대한
　경험과 태도, 행동을 조사하는 설문조사를 수행하였으며, 1년 후 한 차례의 조사를
　재수행하여 분석한 결과를 토대로 'Why people obey the law'라는 책을 집필하였
　다. 본 장에서는 해당 책과 이후 타일러와 동료들의 연구에서 사용된 설문 문항들
　을 한글로 번역하여 설문 조사를 진행하고, 그 결과를 활용한다.

의무(obligation to obey)에 대한 인식을 강조한 베버(Weber 1947)의 연구에서 파생된 것이다. 구체적인 측정 문항들은 해당 기관에 대한 의무를 개인적인 사익이나 도덕적 견해보다 우선시할 것인가에 대한 질문들로 구성되어 있다. 이처럼 정당성을 표현하는 두 가지 방식은 서로 상당히 구별된다. 본 장에서도 정당성을 측정함에 두 가지 차원에 속하는 문항들을 하나로 통합하기보다 각각을 정당성 인식을 나타내는 별개의 종속변수로 활용한다.

　주의할 점은 타일러(Tyler 2006a)는 시카고 시민들을 대상으로 한 설문에서 경찰과 법원의 정당성을 측정하는 데 준수의무의 차원에서 법에 대한 준수의무(obligation to obey the law)라는 동일한 문항을 양자 모두에 사용하였다. 즉, 일반적인 법 원칙에 대한 준수의무를 측정한 것이다. 그러나 본 장에서는 법 원칙에 대한 준수의무와 경찰과 법원의 결정에 대한 준수의무는 다르다고 구분한다. 따라서 경찰과 법원에 대한 준수의무는 구체적인 준수 대상으로서 경찰과 법원을 포함한 문항들로 구성하였다. 종속변수로서 정당성 외에 주요 변수로서, 공정성 인식을 측정하는데 사용된 문항 또한 타일러(Tyler 2006a)의 설문에서 사용된 절차적 공정성 관련 문항들과 배분적 공정성에 관한 단일 문항을 각각 활용하여 측정하였다. 배분 공정성의 경우, 단일 문항이며 응답 척도가 모두를 동등하게 대한다＝배분 공정성에 대한 긍정적 응답, 어떤 사람들을 다른 사람들보다 호의적으로 대한다＝배분 공정성에 대한 부정적 응답으로 양분된 것을 고려하여 전자를 1, 후자를 0으로 변경하여 코딩하였다. 경찰과 법원의 효과성 평가에 대한 문항은 전반적으로 이들이 일을 얼마나 잘 하고 있는지에 대한 질문과 이들의 문제해결 능력에 대한 만족, 만족스러운 업무 처리 결과 빈도에 대한 만족도

문항으로 측정되었다. 위에서 설명한 주요 변수들을 구성하는 개별 설
문 문항들과 이들의 신뢰도 계수는 법원의 경우 아래 <표 9-1>, 경찰의
경우 <표 9-2>에 각각 제시한다. 법원과 경찰에 대한 인식이 호의적
일수록 높은 값을 갖도록 역코딩을 수행하여 합산하였다.

표 9-1　법원 관련 주요 설문 문항과 변수 구성

변수명		설문 문항	평균 (표준편차)	신뢰도 계수
정서적 지지 (Support)	Q10	○○ 님은 법원을 얼마나 신뢰하십니까? (4점 척도: ①매우 신뢰-④전혀 신뢰 안함)	2.330 (0.716)	0.700
	Q48	동의 정도 - 법원은 시민의 기본권을 잘 보호한다 (4점 척도: ①매우 동의-④전혀 동의 안함)	2.460 (0.717)	
	Q50	동의 정도 - 전반적으로 판사들은 정직하다 (4점 척도: ①매우 동의-④전혀 동의 안함)	2.313 (0.719)	
준수의무 (Obligation to obey)	Q98	동의 정도 - 모든 사람은 법원의 최종 판결을 지지할 의무가 있다 (5점 척도: ①매우 동의-⑤전혀 동의 안함)	2.432 (0.747)	-
절차공정성 (Procedural Justice)	Q34	○○님은 법원의 재판 절차의 공정성에 대하여 얼마나 만족하십니까? (4점 척도: ①매우 만족한다-④전혀 만족하지 않는다)	2.430 (0.576)	0.727
	Q39	○○님은 법원이 사람들을 얼마나 자주 공정하게 대한다고 생각하십니까? (4점 척도: ①항상 공정하다-④거의 공정하지 않다)	2.256 (0.594)	
배분공정성 (Distributive Justice)	Q35	○○님은 법원이 "모두를 동등하게 대한다"고 생각하십니까, 아니면 "어떤 사람들을 다른 사람들보다 호의적으로 대한다"고 생각하십니까? (2점 척도: ①모두를 동등하게 대한다, ②어떤 사람들을 다른 사람들보다 호의적으로 대한다)	1.157 (0.364)	-

표 9-1 법원 관련 주요 설문 문항과 변수 구성 (계속)

변수명		설문 문항	평균 (표준편차)	신뢰도 계수
효과성 (Effective- ness)	Q32	○○님은 전반적으로 법원이 일을 얼마나 잘 하고 있다고 생각하십니까? (5점 척도: ①매우 잘하고 있다-⑤매우 못하 고 있다)	2.546 (0.419)	0.801
	Q33	○○님은 법원의 문제 해결 능력에 대해 얼마 나 만족하십니까? (4점 척도: ①매우 만족한다-④전혀 만족하 지 않는다)	2.465 (0.576)	
	Q37	법원을 통해 ○○님은 얼마나 자주 사건이 만 족스럽게 해결된다고 생각하십니까? (4점 척도: ①항상 만족스럽게 해결된다-④ 거의 만족스럽게 해결되지 않는다)	2.251 (0.598)	

표 9-2 경찰 관련 주요 설문 문항과 변수 구성

변수명		설문 문항	평균 (표준편차)	신뢰도 계수
정서적 지지 (Support)	Q15	○○님은 경찰을 얼마나 신뢰하십니까? (4점 척도: ①매우 신뢰-④전혀 신뢰 안함)	2.501 (0.641)	0.766
	Q40	동의 정도-나는 경찰을 매우 존경한다 (4점 척도: ①매우 동의-④전혀 동의 안함)	2.290 (0.690)	
	Q41	동의 정도-전반적으로 경찰관들은 정직하다 (4점 척도: ①매우 동의-④전혀 동의 안함)	2.327 (0.730)	
준수의무 (Obligation to obey)	Q84	경찰의 결정에 동의하지 않더라도 그 결정을 지지해야 한다 (11점 척도: 0 '전혀 나의 의무 아님'-10 '전 적으로 나의 의무')	6.12 (1.686)	0.832
	Q85	이유를 이해하지 못하거나 동의하지 않는 경우 에도 경찰의 지시대로 해야한다 (11점 척도: 0 '전혀 나의 의무 아님'-10 '전 적으로 나의 의무')	6.05 (1.839)	

표 9-2 경찰 관련 주요 설문 문항과 변수 구성 (계속)

변수명		설문 문항	평균 (표준편차)	신뢰도 계수
절차공정성 (Procedural Justice)	Q26	○○님은 경찰의 문제 해결 절차의 공정성에 대하여 얼마나 만족하십니까? (4점 척도: ①매우 만족한다–④전혀 만족하지 않는다)	2.495 (0.584)	0.730
	Q31	○○님은 경찰이 시민들을 얼마나 자주 공정하게 대한다고 생각하십니까? (4점 척도: ①항상 공정하다–④거의 공정하지 않다)	2.298 (0.610)	
배분공정성 (Distributive Justice)	Q27	○○님은 경찰이 "모두를 동등하게 대한다"고 생각하십니까, 아니면 "어떤 사람들을 다른 사람들보다 호의적으로 대한다"고 생각하십니까? (2점 척도: ①모두를 동등하게 대한다, ②어떤 사람들을 더 호의적으로 대한다)	1.192 (0.394)	–
효과성 (Effective- ness)	Q24	○○님은 전반적으로 경찰이 일을 얼마나 잘하고 있다고 생각하십니까? (5점 척도: ①매우 잘하고 있다–⑤매우 못하고 있다)	2.594 (0.411)	0.772
	Q25	일반적으로 ○○님은 경찰의 문제 해결 능력에 대해 얼마나 만족하십니까? (4점 척도: ①매우 만족한다–④전혀 만족하지 않는다)	2.539 (0.565)	
	Q29	사람들이 경찰에 도움을 요청할 때, ○○님은 경찰이 만족스러운 서비스를 얼마나 자주 제공한다고 생각하십니까? (4점 척도: ①항상 제공한다–④거의 제공하지 않는다)	2.314 (0.624)	

　법의 지배에 대한 지지의 구체적 측정에는 타일러(Tyler 2006a)의 연구에서 제시된 법의 지배 원칙 관련 문항들 가운데서 일반적인 법 원칙에 대한 지지 관련 질문들을 사용하였다. 문항들에 대한 동의 정도는

원칙에 대한 준수의무를 높게 느낄수록 값이 크도록 역코딩을 수행하고 평균을 내어 변수화하였다.

3. 응답자의 특성

다음으로 종속변수인 정당성 인식과 주요변수들의 관계를 보다 명확하게 살펴보기 위하여 통제가 필요한 응답자의 특성들을 변수화하여 모형에 포함하였다. 먼저, 경찰 및 법원과의 접촉 또는 경험은 이들에 대한 태도와 인식에 영향을 줄 수 있지만, 그 영향력이 모든 선행연구에서 항상 일관적으로 나타나는 것은 아니다. 특히 본 장에서는 이러한 경험 여부 외에는 그 상황이 긍정적 혹은 부정적인 인식을 가져왔는지에 대한 평가가 어렵다. 따라서 관련된 문항들을 통합하여 각각 법원과 경찰에 대한 경험 유무를 묻는 가변수로 변환하여 분석모형에 포함하였다(0 = 경험이 없다, 1 = 경험이 있다).[7] 그리고 응답자의 정치적 성향이 정부 신뢰에 미치는 영향을 고려하여, 정치적 특성 또한 통제변수로 반영하였다. 이는 크게 정치적 관심과 당파적 성향으로 측정되었다. 먼저 정치적 관심은 "○○님은 정치에 얼마나 관심이 있으십니까?"라는 단일 문항으로 측정되었다. 정치적 성향을 알아보기 위한 변수로는 정당 지지도(2020년 총선 등록 정당을 기준으로 민주당(더불어민주당과 열린민주당)지지, 미래통합당 지지, 무당파의 3개의 가변수)를 포함하였다.

---

7 경찰과 관련된 경험으로는 경찰에 전화 또는 접촉 경험(지난 몇 년간 범죄를 신고하거나, 민원을 제기하거나 어떤 종류의 도움을 요청하기 위해 경찰에 전화하거나 접촉한 적이 있습니까?)과 경찰로부터 정지요구를 받은 경험(지난 몇 년간 길을 가다가 혹은 운전 중 검문이나 교통법규 위반으로 경찰로부터 정지요구를 받은 적이 있습니까?)을 질문하였다. 법원과 관련된 경험은 피고 또는 원고로 법정에 출석한적 있는지, 또는 증인이나 방청, 배심원으로 출석한 적이 있는지를 질문하였다. 두 문항 중 하나라도 그렇다고 대답한 경우 1을 부여하고, 모두 아니라고 대답한 경우에만 0을 부여하였다.

변수명		설문 문항	평균 (표준편차)	신뢰도 계수
법의 지배 지지 (Rule of Law)	Q52	동의 정도 – 사람들은 자신들이 옳다고 믿는 것에 반하는 법일지라도 이를 지켜야 한다 (4점 척도: ①매우 동의-④전혀 동의 안함)	2.20 (0.651)	0.754
	Q53	동의 정도 – 나는 법이 틀렸다고 생각하더라 도 항상 법을 지키려고 노력한다 (4점 척도: ①매우 동의-④전혀 동의 안함)	2.14 (0.721)	
	Q54	동의 정도 – 법을 지키지 않는 것은 정당화하 기 어렵다 (4점 척도: ①매우 동의-④전혀 동의 안함)	2.09 (0.816)	
	Q55	동의 정도 – 법을 위반하면서 품위를 지키는 것은 어렵다 (4점 척도: ①매우 동의-④전혀 동의 안함)	2.27 (0.821)	

표 9-3 법의 지배 원칙에 대한 지지 관련 주요 설문 문항과 구성

　그 외에 기타 선행연구들에서 식별된 인식에 영향을 주는 인구통계 특성들로서 연령과 성별, 교육수준이 있다. 사회화 과정과 삶에서의 경험들에 따라 각각 다른 성별, 연령의 사람들은 법원과 경찰에 대한 태도와 이에 영향을 미치는 인식들이 서로 다를 수 있다. 그러나 개별 연구에 따라 법원과 경찰에 대한 태도와 인식에 긍정 혹은 부정적인 영향을 주거나, 영향이 없다는 연구들이 비일관적으로 혼재되어 있다. 따라서 인구통계적 특성이 미치는 영향은 다소 불확실하다고 볼 수 있다. 이에 연령대, 성별(1=여성, 0=남성), 교육수준(1=대학 재학 이상, 0=고등학교 졸업 이하)을 통제변수로 모형에 포함하였다. 여기에 더하여 법과 이를 집행하는 기관들에 대한 개인의 태도는 개인적 특성 이외에도 사는 지역과도 관련이 있을 수 있다(Reisig and Parks 2000; Jiang et al. 2013, 498). 이에 응답자의 거주 지역에 대한 가변수를 포함하였다. 본 장에서 사용한 설문 응답자의 특성을 표로 정리하면 다음과 같다.

표 9-4 설문 응답자의 특성

변수명	구분	N	평균 (혹은 비율)	표준 편차	최솟값	최댓값
경찰 경험	없음	1,059	(84.3%)	—	—	—
	있음	197	(15.7%)	—	—	—
법원 경험	없음	1,239	(98.4%)	—	—	—
	있음	20	(1.6%)	—	—	—
법의 지배 인식		1,267	2.823	0.577	1	4
정치적 특성	정치적 관심	1,180	2.270	0.692	1	4
	민주당 지지	508	(40.1%)	—	—	—
	미래통합당 지지	297	(23.4%)	—	—	—
	무당파	326	(25.7%)	—	—	—
연령대	19~29세	217	(17.1%)	—	—	—
	30대	209	(16.5%)	—	—	—
	40대	246	(19.4%)	—	—	—
	50대	252	(19.9%)	—	—	—
	60세 이상	344	(27.1%)	—	—	—
성별	남성	634	(50.0%)	—	—	—
	여성	634	(50.0%)	—	—	—
교육	고졸 이하	676	(53.3%)	—	—	—
	대학 이상	592	(46.7%)	—	—	—
지역	서울	257	(20.3%)	—	—	—
	인천/경기	415	(32.7%)	—	—	—
	강원	39	(3.1%)	—	—	—
	대전/충청	129	(10.2%)	—	—	—
	광주/전라	122	(9.6%)	—	—	—
	대구/경북	121	(9.5%)	—	—	—
	부산/울산/ 경남	185	(14.6%)	—	—	—

앞의 <표 9-4>에서 제시한 설문응답자의 주요 특성을 살펴보면, 법원과 경찰을 대상으로 대부분 응답자가 경험이 거의 없는 것으로 나타났다. 경찰의 경우 15.7%가 전화 내지 접촉 경험이 있지만, 법원의 경우에는 전체 응답자 중 20명만이 법원 관련 경험이 있는 것으로 나타나 이들에 대한 응답이 사법당국과의 실질적 경험에 근거하여 구체적으로 형성되었다기보다, 간접적으로 인식되거나 포괄적인 사법제도에 대한 인식에 가깝다는 점을 유추할 수 있다. 법의 지배 인식에 있어서는 법의 지배 원칙에 부정적인 편이 아니라, 이를 지지하는 쪽에 가깝다는 점을 알 수 있다. 응답자의 정치적 특성에 해당하는 정치적 관심에 있어서는 응답 빈도가 많이 있다(3.2%), 어느 정도 있다(30.8%), 별로 없다(54.3%), 전혀 없다(11.3%)로 나타나서, 관심이 없는 쪽에 해당하는 응답 비율이 높았다. 다음에서는 시민들의 법원과 경찰에 대한 정당성 인식 영향요인에 대한 분석 결과를 각각 기술통계와 회귀분석 결과 순으로 제시하도록 한다.

Ⅳ. 분석 결과

1. 법원에 대한 시민들의 인식과 태도

1) 기술통계 분석 결과

다음 <표 9-5>에서는 분석에 포함된 주요 변수들의 기술통계와 상관관계 분석 결과를 살펴보겠다. 각각 종속변수가 법원에 대한 정서적 지지와 준수의무인 모형에서 분석에 사용된 설문 응답들을 토대로 기술통계를 측정하였다.

표 9-5 법원 관련 주요 변수들의 기술통계

	변수	N	평균	표준편차	최솟값	최댓값
종속변수	정서적 지지	1,222	2.369	0.569	1	4
	준수의무	1,213	3.639	0.789	1	5
법원변수	절차공정성	1,213	2.350	0.519	1	4
	배분공정성	1,213	0.153	0.360	0	1
	효과성	1,213	2.428	0.448	1	4

　　최솟값과 최댓값의 차이를 고려하더라도 종속 변수 중에서 정서적 지지는 준수의무보다 그 응답이 부정적인 쪽에 더 가까운 것을 알 수 있다. 이는 법원에 대한 시민들의 정당성 인식에 있어서 일반적으로 호의적인 정서적 정향에 기인한 지지가 이들의 결정과 지시를 따라야 한다는 의무감보다 낮다는 점을 나타낸다. 정서적 지지를 구성하는 개념 중 법원에 대한 신뢰에 관한 기존의 설문 결과들을 추가로 살펴보면 법원에 대한 지지에 있어서 시민들의 다소 부정적인 태도가 일시적인 것이 아니라, 일반적인 현상이라는 점을 알 수 있다. 법원에 대한 신뢰를 지닌 시민들은 법원에 대한 정당성 인식 또한 높은 경우가 많다 (Gibson et al. 2003). 비록 제도적 정당성 개념 전체를 반영하지는 못하지만, 신뢰에 대한 측정은 정당성을 구성하는 필수적인 요소 중 하나이다. 다음 <그림 9-1>은 왼쪽은 한국행정연구원에서 2013년부터 2020년까지 법원에 대한 신뢰를 조사한 결과이며, 오른편은 2020년 조사에서 법원에 대한 응답자들의 신뢰 수준을 나타낸 그래프이다.

그림 9-1 법원 신뢰도 조사 결과

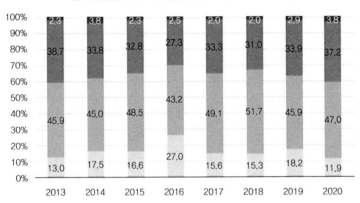

<한국행정연구원 사회통합실태조사(2013~2020)>

▨ 전혀 믿지 않는다　▨ 별로 믿지 않는다　▨ 약간 믿는다　■ 매우 믿는다

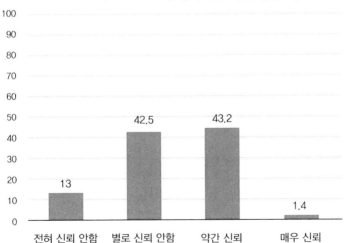

<SSK/VoG 2020년 법의 지배 국민 인식조사>

약간의 번동이 있기는 하지만 그래프 상단 '신뢰한다.'는 응답의 비율은 하단에 위치한 '신뢰하지 않는다.'는 응답의 비율보다 지난 8년간 꾸준히 낮게 나타났다. 그래프 상단의 '매우 믿는다.'는 응답은 '전혀 믿지 않는다'와 비교했을 때 현저히 적은 수준이다. 우리나라 법원은 만성적인 저신뢰 현상을 경험하고 있는 것이다. 사법비리와 사법부패, 여기에 사법 농단에 이르기까지 법원을 중심으로 한 법원은 그동안 국민의 기대 수준에 미치지 못하는 모습을 보여 왔다. 민주화 이후 오히려 이들에 대한 불신이 더욱 커지고 있다는 평가도 존재하며, 사법신뢰의 위기라고 이를 표현하기도 한다(최선 2016; 장영수 2017; 서한별·황의갑 2019). 최근의 조사에서도 법원에 대한 일반 시민들의 신뢰 수준은 이들에게 주어진 기대를 제대로 충족하고 있다고 단언하기 어려운 정도이다. <그림 9-1>의 오른편에 제시된 2020년의 설문 결과에서도 법원을 전혀 신뢰하지 않는다고 응답한 비율이 13%에 달하였으며, 신뢰한다고 응답한 비율의 합(44.6%)이 신뢰하지 않는다고 응답한 비율의 합(55.5%)보다 낮았다. 한국행정연의 신뢰 조사결과보다는 다소 높은 신뢰 응답이 나타났지만, 법원에 대한 저신뢰, 즉 정서적 지지가 저조한 현상에서 벗어났다고 보기엔 어렵다.[8]

법원 관련 주요 변수들의 상관관계 분석은 다음 <표 9-6>과 같다.

---

8 같은 설문에서 측정된 다른 제도에 대한 신뢰와 비교해보면, 신뢰하지 않는다는 응답과 신뢰한다는 응답의 격차로 비교해보면 국회(85.8%), 정당(74.9%), 중앙정부(23.9%), 법원(10.8%), 경찰(-7.8), 행정기관(-13.6%) 순으로 신뢰가 낮은 것으로 나타났다. 즉, 이러한 경찰과 법원에 대한 저신뢰 현상이 이들 기관에만 한정된 것이 아니라 국가기관 전체에 대한 만연한 저신뢰 현상의 일부일 수 있으며 그 안에서 경찰과 법원은 상대적으로 대중으로부터 신뢰를 받는 기관에 해당한다고 평가할 수도 있다. 그러나 경찰과 법원을 각각 놓고 보았을 때 매우 신뢰와 약간 신뢰 범주에 대한 선택이 적거나 크게 높지 않은 점, 그리고 이러한 추세가 일관적으로 나타났다는 점으로 인하여 신뢰가 높지 않은 상태라는 평가를 내릴 수 있다.

| 표 9-6 | 법원 관련 주요 변수들의 상관관계 분석 |

법원	정서적 지지	준수 의무	절차 공정성	배분 공정성	효과성	법치 의식
정서적 지지	1	.298**	.602**	.331**	.611**	.341**
준수의무		1	.182**	.150**	.169**	.313**
절차 공정성			1	.407**	.789**	.199**
배분 공정성				1	.411**	.069*
효과성					1	.169**
법치의식						1

주) **〈0.01

　종속변수 중 정서적 지지는 마찬가지로 정당성을 구성하는 또 다른 차원으로서의 법원의 지시에 대한 준수의무와 통계적으로 유의한 상관관계를 지니지만, 다른 변수들에 비하여 상관계수 값이 크게 높지 않은 것을 알 수 있다. 반면 정서적 지지와 절차 공정성, 효과성은 상관관계가 높게 나타났다. 정서적 지지와 비교하여 법원에 대한 준수의무는 변수들과 상관관계가 낮은 편이다. 법의 지배에 대한 의식은 주요 변수들 대부분과 상관관계가 높지 않은 것으로 나타났다.

2) 회귀분석 결과

　법원에 대한 정당성 인식 영향요인을 알아보기 위하여 하위 차원으로서 정서적 지지와 준수의무를 각각 종속변수로 구분하여 회귀분석을 수행한 결과는 다음 <표 9-7>과 같다.

표 9-7 법원 정당성 인식 회귀분석

변수명	정서적 지지		준수의무	
	Coef.	S.E.	Coef.	S.E.
절차공정성	0.280***	0.038	0.163**	0.069
배분공정성	0.116***	0.036	0.092	0.067
효과성	0.411***	0.044	0.071	0.081
법의 지배 지지	0.214***	0.022	0.270***	0.040
법원경험	0.006	0.103	0.342*	0.187
정치관심	−0.036*	0.019	0.038	0.034
연령	0.003**	0.001	0.001	0.002
여성	0.048*	0.025	−0.007	0.045
대재 이상	0.086***	0.031	0.093*	0.056
민주당 지지	−0.006	0.044	0.042	0.080
미통당 지지	−0.002	0.048	0.060	0.088
무당파	−0.029	0.045	0.144*	0.083
인천/경기	−0.164***	0.033	−0.202***	0.061

| 표 9-7 | 법원 정당성 인식 회귀분석 (계속) |

변수명	정서적 지지		준수의무	
	Coef.	S.E.	Coef.	S.E.
강원	−0.166**	0.075	−0.105	0.137
대전/충청	0.003	0.046	−0.213**	0.085
광주/전라	−0.240***	0.048	−0.397***	0.088
대구/경북	−0.107**	0.048	−0.065	0.087
부산/울산/경남	−0.099**	0.040	−0.244***	0.073
상수	0.110	0.114	2.240	0.210
N	1,222		1,213	
R^2	0.491		0.119	

주1) ***p<0.01, **p<0.05, *p<0.1
주2) 지역 변수의 기준 범주(reference category)는 서울임

첫 번째로 정서적 지지 모형에서는 법원에 대한 공정성 인식, 효과성 인식, 법의 지배에 대한 지지의 주요 변수들이 모두 통계적으로 유의한 양(+)의 영향을 미치는 것으로 나타났다. 이는 앞에서 제시한 법원 정당성 인식에 대한 모든 가설을 지지하는 결과이다. 회귀계수를 비교하면 법원 효과성 혹은 성과에 대한 인식의 회귀계수는 0.411(p<0.05)으로 정서적 지지에 가장 큰 영향을 주는 것으로 나타났다. 기존 연구들에서 절차적 공정성의 영향력이 가장 강하게 나타났고 상대적으로 효과성의 영향이 약했던 것과는 다소 다른 결과로 볼 수 있다. 두 번째로 법원 지시에 대한 준수의무 모형에서는 첫 번째 모형과 다르게 주요 변수 중에서 절차 공정성 인식과 법의 지배 원칙에 대한 지지만이 통계적으로

유의한 양(+)의 영향을 주는 것으로 나타났다. 해당 모형에서 배분 공정성 인식과 효과성 인식이 미치는 영향을 알 수 없다는 점은, 정당성이라는 개념으로 함께 논의되고 있지만, 법원에 대한 정서적 지지와 준수의무가 별도의 개념으로 구분되어야 한다는 점과 일치하는 결과이다.

기타 통제변수들의 경우, 두 가지 모형에서 모두 유의한 영향을 주는 것으로 나타난 것은 지역 변수를 제외하면 응답자의 교육수준이다. 기타 응답자의 특성 요인들은 두 가지 모형에서 각각 다른 영향을 미치는 것으로 나타났다. 법원 관련 경험은 빈도 자체가 높지 않았지만, 법원 지시에 대한 준수의무에만 통계적으로 유의한 양(+)의 영향을 주었다. 반면 정치에 대한 관심은 법원에 대한 정서적 지지에서만 통계적으로 유의한 음(−)의 영향을 주었다. 이는 정치에 대한 관심이 높을수록 법원에 대해 오히려 부정적인 태도를 갖게 된다는 다소 의외의 결과를 의미한다. 이외에 연령이나 성별은 법원에 대한 호의적인 감정에는 영향을 주었지만 준수의무에 미치는 영향은 분석을 통해 알 수 없었다.

2. 경찰에 대한 인식과 태도

1) 기술통계

법원과 마찬가지로 종속변수에 해당하는 경찰에 대한 정서적 지지와 준수의무, 그리고 절차공정성과 배분공정성, 효과성의 기술통계량을 각각 제시하고, 다음에서는 주요 변수들 간 상관관계를 살펴보겠다.

| 표 9-8 | 경찰 관련 주요 변수들의 기술통계 |

	변수	N	평균	표준편차	최솟값	최댓값
종속변수	정서적 지지	1,228	2.370	0.558	1	4
	준수의무	1,225	6.091	1.630	0	10
경찰변수	절차공정성	1,225	2.401	0.522	1	4
	배분공정성	1,225	0.184	0.387	0	1
	효과성	1,225	2.487	0.440	1	4

　위의 <표 9-8>은 결측값과 무응답을 제외하고 경찰 정당성 인식에 대한 회귀분석에 사용된 응답들을 대상으로 한 기술통계 결과이다. 평균값을 보면 경찰에 대한 정서적 지지와 준수의무 인식은 다소 긍정에 가까운 쪽으로 치우쳐 있다는 점을 알 수 있다. 다음 <그림 9-2>는 경찰에 대한 감정적 지지의 한 구성요소로서 응답자들의 경찰 신뢰 수준을 나타낸 그래프이다. 법원 신뢰와 마찬가지로 한국행정연구원의 자료와 2020년 설문의 응답 결과를 정리하였다.

　왼편에 제시된 한국행정연구원의 사회통합실태조사 결과를 보면, 별로 믿지 않는다고 응답한 비율이 가장 많은 것을 볼 수 있다. 법원과 마찬가지로 대부분 연도에서 경찰을 믿는다는 응답이 믿지 않는다는 응답보다 적게 나타났다. 오른편에 제시된 2020년 법의 지배 설문 결과를 보면, 매우 신뢰한다고 응답한 사람들의 비율은 1.8%로 낮았지만, 약간 신뢰한다고 응답한 비율은 52%로 신뢰하지 않는다고 응답한 비율의 합(46.3%)보다 근소하게 큰 편으로 나타났다.

그림 9-2 경찰 신뢰도 조사 결과

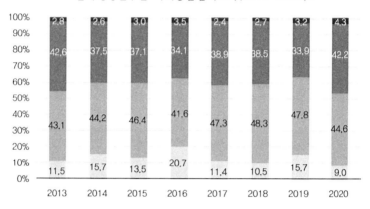

<한국행정연구원 사회통합실태조사(2013~2020) >

전혀 믿지 않는다   별로 믿지 않는다   약간 믿는다   매우 믿는다

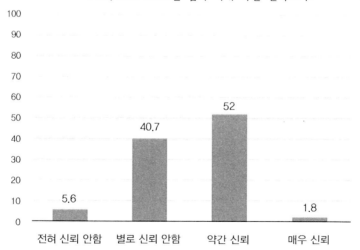

<SSK/VoG 2020년 법의 지배 국민 인식조사>

전반적으로 경찰의 경우 신뢰한다는 응답이 과반 이상으로(53.8%), 법원을 신뢰한다는 응답이 44.6%로 과반에 미달한 것과 비교하면 경찰에 대한 신뢰와 법원에 대한 신뢰의 양상이 다소 차이가 있다는 점을 알 수 있다. 그러나 법원과 마찬가지로 매우 신뢰 범주에 응답한 확률이 현저히 낮게 나타났으며, 행정연구원의 조사에서는 믿지 않는다는 쪽의 응답이 지속적으로 높았다. 경찰 역시 저신뢰 현상을 경험하고 있으며, 이러한 현상은 오랜 기간에 걸쳐 지속적으로 나타나고 있는 것이다(임창호 2020, 220). 다음으로 경찰 관련 주요 변수들의 상관관계를 살펴본 결과를 제시하면 다음의 <표 9-9>와 같다.

표 9-9 경찰 관련 주요 변수들의 상관관계 분석

경찰	정서적 지지	준수 의무	절차 공정성	배분 공정성	효과성	법치 의식
정서적 지지	1	.272**	.644**	.368**	.669**	.260**
준수의무		1	.284**	.191**	.320**	.125**
절차 공정성			1	.412**	.804**	.223**
배분 공정성				1	.405**	.092**
효과성					1	.180**
법치의식						1

주) **<0.01

위의 <표 9-9>에서 제시된 상관관계 분석 결과를 보면, 경찰 관련 주요 변수들 사이에 통계적으로 유의미한 상관관계를 볼 수 있다. 절차 공정성은 준수의무보다 정서적 지지와 상대적으로 큰 상관계수 값의 크기를 가지고 있었다. 마찬가지로 효과성 역시 정서적 지지와의 상관계수 값이 경찰의 결정과 지시에 대한 준수의무보다 더 큰 것으로 나타났다. 법의 지배 원칙에 대한 지지는 대부분 변수와 상관관계가 약한 것으로 나타났다.

2) 회귀분석

다음 <표 9-10>은 시민들의 경찰에 대한 인식이 응답자의 경찰 정당성 인식에 미치는 영향력을 분석한 결과이다.

표 9-10 경찰 정당성 인식 회귀분석

변수명	정서적 지지		준수의무	
	Coef.	S.E.	Coef.	S.E.
절차공정성	0.255***	0.037	0.191	0.141
배분공정성	0.123***	0.032	0.281**	0.123
효과성	0.488***	0.043	0.808***	0.166
법의 지배 지지	0.128***	0.021	0.145*	0.079
경찰경험	−0.036	0.031	0.192	0.120
정치관심	−0.035*	0.018	0.181***	0.068
연령	0.001	0.001	0.002	0.004
여성	0.008	0.024	0.045	0.090
대재 이상	0.029	0.029	0.031	0.112

표 9-10 경찰 정당성 인식 회귀분석 (계속)

변수명	정서적 지지		준수의무	
	Coef.	S.E.	Coef.	S.E.
민주당 지지	0.051	0.041	−0.045	0.159
미통당 지지	0.073	0.046	0.065	0.175
무당파	0.015	0.043	0.264	0.165
인천/경기	−0.104***	0.032	−0.805***	0.122
강원	0.024	0.070	−0.477*	0.270
대전/충청	0.169***	0.044	0.084	0.168
광주/전라	0.039	0.046	−0.555***	0.175
대구/경북	−0.085*	0.045	−0.229	0.171
부산/울산/경남	−0.011	0.038	−0.302**	0.147
상수	0.154	0.109	2.908	0.420
N	1,228		1,225	
R²	0.519		0.172	

주1) ***p<0.01, **p<0.05, *p<0.1
주2) 지역 변수의 기준 범주(reference category)는 서울임

정서적 지지 모형에서는 절차 공정성과 배분 공정성, 효과성 인식뿐 아니라 법의 지배 원칙에 대한 지지 모두 종속변수에 양(+)의 영향을 주는 것으로 나타났다. 주요변수들을 비교하면 효과성이 경찰에 대한 정서적 지지에 미치는 영향이 상대적으로 가장 큰 것으로 나타났다(0.488, p<0.05). 경찰의 결정이나 지시에 대한 준수의무를 살펴보면, 정서적 지지와 마찬가지로 효과성이 미치는 영향이 가장 큰 것으로 나타났다(계수값=0.808). 그러나 주요변수 중에서 기존의 연구들에서 주

요한 영향을 미치는 것으로 나타난 절차 공정성은 유의한 영향을 미치는지 알 수 없었다. 아마도 연구 대상이 되는 시민들이 경찰과 직접 경험이나 접촉이 없었기 때문에 그러한 과정에서 경험하게 되는 절차적 공정성의 중요성 자체를 인식하지 못하였다는 점에 기인할 수 있다 (Dougherty et al. 2006).

법원과 경찰 모형을 비교해보면, 정서적 지지를 종속변수로 하는 모형은 유사한 결과를 보여주었다. 반면 법원에 대한 준수의무와 경찰에 대한 준수의무는 공통적으로 영향을 미치는 법의 지배 원칙에 대한 지지를 제외하면 각각 변수들의 영향이 다르게 나타났다. 법원에 대한 준수의무에는 절차 공정성이 유의한 반면, 경찰에 대한 준수의무에서는 배분 공정성과 효과성 인식이 유의한 양의 영향을 주었다. 이는 법을 집행하는 기관으로서 사법 권력을 행사하는 법원과 사회질서와 치안을 유지하고 범죄에 대한 예방과 수사를 담당하는 경찰에 대한 시민들의 기대와 이에 따른 인식이 다르다는 점을 보여준다.

기타 응답자의 특성 변수 중에서는 법원에 대한 정서적 지지와 마찬가지로 경찰에 대한 정서적 지지 역시 정치에 대한 관심이 높을수록 통계적으로 유의한 음(−)의 영향을 받는 것으로 나타났다. 이는 입법, 사법, 행정의 각 영역에 속하는 국가기관들이 경험하는 전반적인 저신뢰 현상을 토대로 할 때, 정치에 관심이 높을수록 이들 국가기관에 대하여 더욱 냉소적인 태도를 보이게 된다는 것으로 해석할 수 있다. 반면 경찰에 대한 준수의무는 정치에 대한 관심이 유의한 양의 영향을 미치는 것으로 나타났다. 이러한 상반된 분석 결과는 경찰의 결정과 지시에 따라야 한다는 의무감은 이들에 대한 감정적인 태도와 별개라는 점을 보여준다.

V. 맺는말

정당성 인식은 장기간에 걸쳐 형성되는 규범적인 인식이나 태도로서 다양한 요인들로부터 영향을 받아 형성되며, 단기간의 변화에 크게 좌우되지 않는 안정성을 지닌다. 그러나 만약 이러한 정당성 인식이 부정적인 방향으로 악화되고 있다면, 단기간의 노력만으로는 이를 멈추거나 역전시키기 쉽지 않다. 이러한 문제의식을 바탕으로 본 장은 시민들의 법원과 경찰에 대한 정당성 인식으로서 정서적 지지와 준수의무가 각각 절차적 공정성과 배분적 공정성, 효과성 인식 그리고 법의 지배 원칙에 대한 지지에 어떠한 영향을 받고 있는지 살펴보았다.

분석 결과, 가설에서 제시한 바와 같이 시민들의 일반적인 법의 지배 원칙에 대한 지지는 법원과 경찰 모두의 정당성 인식에 긍정적으로 작용하였다. 이외에 영향을 미치는 공정성이나 효과성 인식의 경우에도 정당성 인식의 세부 차원에 있어서 차이가 있었지만, 정당성 인식을 전체로 두고 봤을 때 가설과 마찬가지로 긍정적인 영향을 주는 것으로 나타났다. 그러나 일부 선행연구에서는 절차 공정성이 미치는 영향이 컸던 반면, 우리나라 시민들을 대상으로 한 조사에서는 법원과 경찰 모두에서 절차 공정성보다 효과성이 더 큰 영향을 주는 것으로 나타났다. 유사한 결과를 제시한 연구 중에서 선샤인과 타일러(Sunshine and Tyler 2003)는 사회에 분쟁이 많고 혼란스러운 경우 절차나 권리의 문제보다 경찰의 효과성에 집중하게 된다고 보았다. 이는 우리 사회 역시 시민들에게 법원과 경찰에 대하여 절차 공정성보다 효과성이 더 중요하다고 여기게 만드는 불안정한 상황으로 인식되고 있는 것은 아닌지 돌아보게 만든다. 또 다른 종속변수인 기관의 지시나 결정, 명령 등에 따르고 복종해야 하는 준수의무의 경우에는 법원과 경찰에서 유의한 변수들이 각각 다르게 나타났다. 이러한 분석 결과는 시민들로부터 정서적 호감을 바탕으로 한 지지를 얻는 것과 결정이나 지시에 대한 준수 의무감을 높이는 것에 있어서 서로 다른 영향요인이 작용할 수 있다는 점을 알려준다.

앞서 이야기한 바와 같이 시민들의 법원이나 경찰에 대한 정당성 인식은 장기간에 걸쳐 여러 가지 인식의 영향을 통해 구축되는 태도에 가깝다. 따라서 당장 필요로 된다고 해서 급하게 형성할 수 없기 때문에 오랜 기간 노력을 기울여야 한다. 그러나 정당성 인식을 바탕으로 이들 기관이 누리는 '지지의 완충(Cushion of Support)'이 쉽게 바뀌지 않는 성향이 있다고 하더라도 이것이 항상 절대적인 보호로 이어지는 것은 아니다(Tyler 2006a, 30). 만약 법원과 경찰에 대한 부정적인 인식들이 사회 전반에 팽배한다면, 시민들의 정당성 인식 역시 점차 감소하게 될 것이기 때문이다. 따라서 법원과 경찰은 각자 맡은 바 업무 처리에 대한 효과성과 효율성을 향상시키고, 절차뿐 아니라 그 결과에 있어서 공정성이 확보될 수 있도록 노력해야 한다.

동시에 이러한 분석 결과는 법원과 경찰에 대한 정당성 인식이 단순히 법원과 경찰 그 자신들에게만 귀인 하는 것이 아니라는 점을 알려준다. 응답자의 경찰에 대한 경험 여부는 이들의 정당성 인식에 유의한 영향을 주는지 알 수 없었다. 반면, 법의 지배 원칙에 대한 지지는 모든 모형에서 긍정적인 영향을 주었다. 이는 시민들의 법원과 경찰에 대한 정당성 인식이 보다 추상적이고 포괄적인 차원에서 사법제도와 그 근간이 되는 원칙에 대한 태도로부터 영향을 받는다는 점을 나타낸다. 따라서 개별 기관들의 노력 이외에도, 시민을 대상으로 법의 지배 원칙과 사법제도에 대한 이해를 높이고 보다 호의적인 태도를 가질 수 있도록 지속적인 교육과 홍보 등이 필요하다.

추가로 흥미로운 점은 응답자의 정치적 관심이 높을수록 법원과 경찰에 대한 정서적 지지에 부정적인 영향을 주었다는 점이다. 본 장에서 활용한 설문에 포함되지 않았지만, 정치적 관심이 높은 사람들은 관련 뉴스나 정보 등을 적극적으로 찾아보기 때문에 상대적으로 법원과 경찰이 어떤 역할을 수행하고 실제 어떻게 작동하는지에 대한 지식 역시 얻기 쉽다. 즉, 이들 기관에 대해 더 많이 알고 더 관심을 가질 가능성이 높은 경우에 오히려 이들을 감정적으로 지지하지 않게 된다는 것이다. 이와 유사한 결과를 보였던 일부 선행연구들에 따르면 주로 민주주의 수준이 낮은 국가들에서 선진국들과 달리 국민의 정치의식(political awareness) 수준(정치 참여, 교육 수준, 정치에 대한 관심으로 측정된)이 높을수록, 그리고 정치적 지식과 교육수준이 높을수록 사법에 대한 냉소주의 혹은 신뢰에 대한 부정적인 영향이 증가하였다(Salzman and Ramsey 2013; Çakır and Şekercioğlu 2016). 사법부는 법에 대한 해석 권한뿐 아니라 최종적 구속력을 갖는 법적 판단을 내릴 수 있는 기본권 보장자로서의 역할을 수행하며, 입법과 행정부를 견제함으로써 민주주의를 지키는 최후의 보루이다(하태훈 2013). 그러나 정치적 관심이 높을수록 오히려 법원에 대한 정당성 인식이 낮아진다는 점은, 사법부가 현재 이러한 역할을 제대로 수행하고 있는가에 대한 의구심을 다시 한번 불러일으키게 만든다. 마찬가지로 경찰 역시 민중의 지팡이로서 시민의 곁에서 이들을 보호하고 버팀목이 되어주어야 하지만, 무능력과 기강 해이 등이 드러나면서 신뢰가 붕괴되고 있다는 비판에 직면하고 있다. 이처럼 법원과 경찰에 대한 신뢰와 정당성 인식이 훼손되고 있는 현실을 고려할 때, 우리나라의 상황과 특수성이라는 맥락을 고려한 추가적인 연구가 필요할 것이다.

참고문헌

김구. 2005. "지역경찰활동에 있어서 경찰신뢰의 영향에 관한 실증적 분석:
경찰활동의 성과 측면을 중심으로."『한국정책과학학회보』 9(3):
49－72.

김도균. 2013. "집합행동, 신뢰, 법 -공적 신뢰의 토대에 관한 고찰."『서울
대학교 법학』 54(3): 543－599.

노영보. 2013. "사법에 대한 신뢰."『저스티스』 593－601.

서한별·황의갑. 2019. "처벌의 공정성에 대한 인식이 법위반 합리화에 미
치는 영향: 형사사법기관에 대한 신뢰도의 매개효과."『한국경찰연
구』 18(1): 191－218.

유성진. 2010. "국민의 사법부에 대한 인식과 신뢰: 대중매체의 재판 관련
보도와 법원 판결에 대한 평가."『한국과 국제정치』 26(4): 57－87.

이상원. 2012. "사법신뢰형성구조와 재판의 공개."『서울대학교 법학』
53(3): 307－381.

이수창. 2014. "시민의 경찰 신임성 결정요인 분석."『경찰학연구』 14(2):
183－213.

이재영. 2011. "경찰－주민접촉이 경찰에 대한 신뢰에 미치는 영향."『사회
과학연구』 18(3): 27－52.

임창호. 2018. "경찰에 대한 청소년의 신뢰에 영향을 미치는 요인."『한국
공안행정학회보』 27(2): 245－276.

_____. 2020. "경찰에 대한 시민 신뢰에의 영향 요인: 절차적 공정성 인식
과 경찰 효과성 인식의 중요성."『한국공안행정학회보』 29(2):
215－244.

장영수. 2017. "사법개혁, 사법민주화와 사법부독립의 사이에서."『유럽헌
법연구』 24: 263－290.

전용재·이창배. 2021. "경찰접촉과 공정성인식이 경찰신뢰에 미치는 영향 :

영향요인 간 비교를 중심으로.”『한국치안행정논집』 18(4): 133−151.

최경준. 2017. “선거 민주주의와 법치: 한국의 정치적 민주화와 법집행의 공정성.”『한국경찰학회보』 19(6): 309−342.

최선. 2016. “Diagnosis of and Finding Alternatives to the “Crisis of Judicial Trust” for the Advancement of Democracy in South Korea.”『동서연구』 28(3): 31−64.

최장집. 2008. “법의 지배와 민주주의 한국어판 서문.” 안규남·송호창 옮김, 아담 쉐보르스키 외『민주주의와 법의 지배』. 후마니타스

하태훈. 2013. “사법에 대한 신뢰.”『저스티스』 579−592.

Akinlabi, Oluwagbenga Michael. 2017 “Do the police really protect and serve the public? Police deviance and public cynicism towards the law in Nigeria.” *Criminology & Criminal Justice* 17(2): 158−174.

Beetham, David. 1991. *The Legitimation of Power.* Atlantic Highlands, N.J.: Humanities International Press.

Bello, Paul Oluwatosin and Thabiso Donald Matshaba. 2021. “Exploring procedural justice, obligation to obey and cooperation with the police in a sample of university students,” *Contemporary Justice Review* 24(2): 262−277.

Bradford, Ben, Kristina Murphy, and Jonathan Jackson. 2014. “Officers as mirrors: Policing, Procedural Justice and the (Re)Production of Social Identity.” *BRIT. J. CRIMINOL.* 54: 527−550.

Bühlmann, Marc, and Ruth Kunz. 2011. “Confidence in the Judiciary: Comparing the Independence and Legitimacy of Judicial Systems,” *West European Politics* 34(2): 317−345,

Çakır, Aylin Aydin, and Eser Şekercioğlu. 2016. “Public confidence in the judiciary: the interaction between political awareness and level of democracy.” *Democratization,* 23(4): 634−656.

Caldeira, Gregory A., and James L. Gibson. 1992. "The Etiology of Public Support for the Supreme Court." *American Journal of Political Science* 36(3): 635−664.

Cheng, Kevin Kwok−yin. 2018. "Legitimacy in a Postcolonial Legal System: Public Perception of Procedural Justice and Moral Alignment Toward the Courts in Hong Kong." *Law & Social Inquiry* 43(1): 212-228.

Dougherty, George W., Stefanie A. Lindquist, and Mark D. Bradbury. 2006. "Evaluating Performance in State Judicial Institutions: Trust and Confidence in the Georgia Judiciary." *State & Local Government Review* 38(3): 176−190.

Dworkin, Ronald. 2006. *Justice in Robes.* Cambridge, MA and London: Belknap Harvard.

Easton, David. 1965. *A Systems Analysis of Political Life.* Chicago, IL: University of Chicago Press.

_____. 1975. "A Re−Assessment of the Concept of Political Support." *British Journal of Political Science* 5(4): 435−457.

Easton, David, and Jack Dennis. 1969. *Children in the Political System: of Political Legitimacy.* Chicago, IL: University of Chicago Press.

Gao, Jingkang, and Jinhua Zhao. 2018. "Legitimacy versus Morality: Why Do the Chinese Obey the Law?" *Law and Human Behavior* 42(2): 167−180.

Gibson, James L. 2006. "Judicial Institutions." in R.A.W. Rhodes, Sarah A. Binder, and Bert A. Rockmann (ed.), *The Oxford Handbook of Political Institutions.* New York: Oxford University Press.

Gibson, James L., Gregory A. Caldeira, and Lester Kenyatta Spence. 2003. "Measuring Attitudes toward the United States Supreme Court." *American Journal of Political Science* 47(2): 354-367.

Hinds, Lyn, and Kristina Murphy. 2007. "Public satisfaction with police: Using procedural justice to improve police legitimacy." *The Australian and New Zealand Journal of Criminology* 40: 27-42.

Huang, Wilson W.S., and Michael S. Vaughn. 1996. "Support and confidence: Public attitudes toward the police." In T. J. Flanagan, & D. R. Longmire (Eds.), *Americans view crime and justice: A national public opinion survey* (pp. 31-45). Thousand Oaks: Sage.

Jiang, Shanhe, Yuning Wu, and Jin Wang. 2013. "Citizens' Obligation to Obey the Law: An Empirical Study of Guangzhou, China." *International Journal of Offender Therapy and Comparative Criminology* 57(4), 495−518..

Johnson, Devon, Edward R. Maguire, and Joseph B. Kuhns. 2014. "Public Perceptions of the Legitimacy of the Law and Legal Authorities: Evidence from the Caribbean." *Law & Society Review* 48(4): 947−978.

Kochel, Tammy Rinehart, Roger B. Parks, and Stephen D. Mastrofski. 2013. "Examining police effectiveness as a precursor to legitimacy and cooperation with police." *Justice Quarterly* 30(5): 895-925.

Lind, E. Allan, and Tyler, Tom R. 1988. *The Social Psychology of Procedural Justice.* NewYork, NY: Springer.

Murphy, Kristina, Lyn Hinds, and Jenny Fleming. 2008. "Encouraging Cooperation and Public Support for Police." *Policing and Society* 18: 138-157.

Pryce, Daniel K., Devon Johnson, and Edward R. Maguire. 2017. "Procedural Justice, Obligation to Obey, and Cooperation with Police in a Sample of Ghanian Immigrants." *Criminal Justice and Behavior* 44(5): 733−755.

Reisig, Michael D., and Roger B. Parks. 2000. "Experience, Quality of life, and Neighborhood context: A Hierarchical Analysis of Satisfaction with Police." *Justice Quarterly* 17(3): 607−630.

Reisig, Michael D., Jason Bratton, and Marc G. Gertz. 2007. "The Construct Validity and Refinement of Process−based Policing Measures." *CRIMINAL JUSTICE AND BEHAVIOR* 34(8): 1005−1028.

Reisig, Michael D., and C. Lloyd. 2009. "Procedural Justice, Police Legitimacy, and Helping the Police Fight Crime: Results from a Survey of Jamaican Adolescents." *Police Quarterly* 12(1): 42−62.

Salzman, Ryan. and Adam Ramsey. 2013. "Judging the Judiciary: Understanding Public Confidence in Latin American Courts." *Latin American Politics and Society,* 55(1): 73−95.

Sargeant, Elise. 2017. "Policing and collective efficacy: the relative importance of police effectiveness, procedural justice and the obligation to obey police," *Policing and Society* 27(8): 927−940.

Sunshine, Jason. and Tom R. Tyler. 2003. "The Role of Procedural Justice and Legitimacy in Shaping Public Support for Policing." *Law and Society Review,* 37(3): 513−548.

Tankebe, Justice. 2009. "Public cooperation with the police in Ghana: Does procedural fairness matter?" *Criminology* 47(4): 1265-1293.

_____. 2013. "Viewing Things Differently: The Dimensions of Public Perceptions of Police Legitimacy." *Criminology* 51(1): 103−135.

Tyler, Tom R. 2001. "Trust and Law Abidingness: A Proactive Model of Social Regulation." *Boston University Law Review,* 81(2): 361−400.

_____. 2002. "A National Survey for Monitoring Police Legitimacy." *Justice Research Policy* 4: 71−86.

_____. 2003. "Procedural Justice, Legitimacy, and the Effective Rule of Law." *Crime and Justice* 30: 283−357.

_____. 2004. "Enhancing police legitimacy." *Annals of the American Academy of Political and Social Science* 593(1): 84-99.

_____. 2006a. *Why People Obey the Law.* New Haven, Conn.: Yale University Press.

_____. 2006b. "Psychological Perspectives on Legitimacy and Legitimation." *Annual Review of Psychology* 57: 375 – 400.

_____. 2009. "Legitimacy and Criminal Justice: The Benefits of Self – Regulation." *Ohio State Journal of Criminal Law* 7:307 – 359.

Tyler, Tom R., and Jeffrey Fagan. 2008, "Legitimacy and cooperation: why do people help the police fight crime in their community?" *Ohio State Journal of Criminal,* 6(1): 231 – 276.

Tyler, Tom R., and Yuen J. Huo. 2002. Trust in the Law: *Encouraging Public Cooperation with the Police and Courts.* New York: Russell – Sage.

Weber, Max, Alexander Morell Henderson, and Talcott Parsons. 1947. *The theory of social and economic organization.* New York, NY: The Free Press.

Weingast, Barry R. 1997. "The Political Foundations of Democracy and the Rule of Law." *The American Political Science Review,* 91(2): 245 – 263.

Zaller, John, and Stanley Feldman. 1992. "A Simple Theory of the Survey Response: Answering Questions versus Revealing Preferences." *American Journal of Political Science* 36(3): 579-616.

사항색인

▌집필진 약력

김다은
고려대학교 행정학 박사
고려대학교 정부학연구소 연구교수

김정
Yale University 정치학 박사
북한대학원대학교 부교수

박종민
University of California, Berkeley 정치학 박사
고려대학교 행정학과 명예교수

박지광
Columbia University 정치학 박사
고려대학교 국제학부 강사

배진석
University of Texas, Austin 정치학 박사
경상대학교 정치외교학과 조교수

이황희
서울대학교 법학 박사
성균관대학교 법학전문대학원 부교수

최선
연세대학교 정치학 박사
조선대학교 정치외교학과 조교수

최유경
University of California, Berkeley 법학 박사
한국법제연구원 연구위원

한국의 민주주의와 법의 지배

초판발행   2022년 6월 20일

엮은이   박종민
펴낸이   안종만 · 안상준

편 집   양수정
기획/마케팅   김한유
표지디자인   이수빈
제 작   고철민 · 조영환

펴낸곳   (주) **박영사**
                  서울특별시 금천구 가산디지털2로 53, 210호(가산동, 한라시그마밸리)
                  등록 1959. 3. 11. 제300-1959-1호(倫)
전 화   02)733-6771
f a x   02)736-4818
e-mail   pys@pybook.co.kr
homepage   www.pybook.co.kr
ISBN   979-11-303-1554-6   93350

정 가   22,000원

이 저서는 2018년 대한민국 교육부와 한국연구재단의 지원을 받아 수행된 연구임
(NRF-2018S1A3A2075609)